新编国际贸易投资规则教程

石士钧　宾建成　主编

格 致 出 版 社
上海人民出版社

内容简介

随着经济全球化的深入发展和世界形势的变化，立足于WTO框架的传统国际经贸规则已经陷入瓶颈，而多哈回合僵持十六七年更显示出这种困境。有些世界主要经济体开始转而绕开传统国际经贸规则，通过一些FTA和RTA尤其是TPP、TTIP、TISA以及RCEP等协议，试图形成许多新的国际贸易投资规则，一方面旨在适应全球经贸活动的客观需要，另一方面帮助发达国家占领新国际贸易投资规则的制高点和主导权。这些新国际贸易投资规则究竟新在哪里？中国需要如何应对这些国际经贸规则的新变化？这是一般国际贸易教材尚未涉及的领域。

本教材循序渐进地向学生阐述一些已经出台或正在谈判的重要协议所涉贸易投资新规则的内容和特点，适合于高等院校本科生和研究生国际经贸类专业课学习和辅修，是这一领域不可多得的最新教材。

作者简介

石士钧，上海对外经贸大学教授，硕士生导师，主要研究国际贸易学、国际经济学以及国际经贸规则体系，公开出版专著10余部，发表学术论文120余篇。

宾建成，上海对外经贸大学教授，经济学博士，硕士生导师，主要研究国际贸易与国际投资，出版专著多部，发表论文200余篇，承担国家和省部级项目30余项，曾获安子介国际贸易优秀论文奖。

目　录 Contents

第1章
总　　论

　　本书旨在对正在形成之中的新国际贸易投资规则体系展开一个较为系统的阐述和前瞻。本章先在总体上就该主题涉及的相关内容进行一些阐发。

第1节　重构国际贸易投资规则是大势所趋

　　当今,重构国际贸易投资规则是一个非常热门的经济话题,且已被人们积极地实践着。必须指出,这种重构可以说势在必行,是时代赋予的伟大使命,因而当代人理应担负起这个历史重任。

一、全球经贸活动离不开国际规则的约束

　　不能不看到,国际贸易投资规则在当今的全球经济活动中具有极端的重要性。作为一种公共产品,国际贸易投资规则起着多方面的重要功能。

　　第一,它规范着人们的经济行为。在一个经济社会里,人们作为消费者、生产者和销售者有着各自不同的愿望和诉求,他们的具体行为千姿百态、各具特点,有时还会发生龃龉甚至激烈的冲突。这意味着,用一定的标准规范人们的经济行为是维护整个社会经济秩序的必要之举。但是,要有效地进行这种规范,仅仅依靠人们的自律或者全社会的道德劝说是难以完全奏效的,它还是离不开一定的强制性和约束力。因此,制定和履行带有一定强制性的统一的国际经贸规则,无疑是规范全球经济行为的一大利器。

　　第二,它影响着整个世界的认知方式。大家知道,人们总是依据一定的思维方式来认识这个世界,而思维方式的形成和发展又会受到诸多因素的影响。现在,国际经贸规则作为经济行为与政策的一种标杆,长期并反复地被宣扬和强调,实际上起着一种潜移默化的熏陶和引领作用。于是,整个经济社会就出现了这样的倾向,即人们常常会不知不觉地按照它们的要求去看待很多经济现

象与问题,并由此力图寻找到解决的办法与出路。显然,国际经贸规则直接影响到整个经济社会的认知方式。

第三,它帮助着构建现实世界。人类社会要不断进步,就需要对所面临的现实世界进行持之以恒地构建和改造。这种构建和改造既要扎根于现实的物质基础和生产力水平,一步一个脚印地深入进行,又需心怀长远愿景和宏大规划,高瞻远瞩地广泛展开。这种构建首先是物质层面的,它不断且极大地增加着整个世界的物质产品和基础设施,使之从仅够维持人类生存阶段逐步走向繁荣强盛。同时,这种构建又是与精神因素息息相关和相辅相成的。显然,国际经贸规则是形成愿景和规划的指路明灯,是与物质生产力相辅相成的制度因素和精神生产力。

第四,它形成着某些共同的市场文化。毫无疑问,世界各国都有着自己独特的文化传统,直接或间接地影响着它们参与世界市场的形式、思路和做法。就此而言,各国文化具有显著的差异性。然而,在经济全球化的现实背景下,市场化经济已经迫使各国的市场文化必须具有某些相通的共同之处,否则将会严重阻碍各国之间在世界市场上进行自由的经济交往。这样一来,国际经贸规则就是一座非常有用的桥梁。这是因为,拥有一定强制性质的国际经贸规则,一般而言是各国必须认真遵循的,因而,其中体现出的经济理念和重要经济原则,不管各国是采取积极主动的吸纳立场还是消极被动的应付态度,是一定会被吸收进自己的市场文化之中。换言之,没有一整套统一的国际经贸规则,就难以形成各国市场文化共同接受的认知、原则和基本做法,从而无法把大家共同聚集到一个全球性的大市场以推进世界经济的长远发展。

第五,它维系着市场经济的正常运作。这是因为,受到国际经贸规则的引领和制约,全球就能维系和推进市场经济的正常运作,避免世界经济陷于无序和混乱之中。这恰似在一个繁华的大城市里,没有了交通规则,必然会到处出现道路堵塞、车祸不断的混乱局面。就此而言,它是当今世界市场经济不可或缺的决定性因素之一。这就是说,没有现行的国际经贸规则,就不可能有当今世界经济的良好发展。

总而言之,倘若缺乏系统而健全的国际规则体系,那么,不仅全球经贸活动会陷于一片混乱之中,而且对于人们完善认知方式、构建现实世界和形成共同的市场文化都是重大的损害或缺憾。至于它对市场经济运作来说,更是须臾不可离开的根本条件。

二、国际经贸发展趋势需要新国际规则

再从当今的国际经贸发展趋势来看,它们不仅需要现行的国际经贸规则,

而且还需要诸多新国际规则的不断涌现。这是因为：

第一，国际经贸的迅猛发展需要更多的新国际经贸规则。随着国际贸易数量和种类的日益增多，越来越多的贸易业务必须被纳入统一的国际经贸规则加以运作，否则整个世界的经贸活动就可能陷入一片混乱。

第二，服务贸易领域的新内容、新业态、新形式的不断涌现，特别是全球价值链上的贸易活动已远远超越货物贸易的范畴等，都要求补充、发展和更新现行的多边贸易规则。例如，数字经济的迅猛发展就迫切需要用新的国际经贸规则予以规制，而以前并没有这类国际规则。

第三，不同领域经济活动紧密结合、互相交融，已经需要人们从新的视角加以分析和处置。例如，按照传统的经济学分析，国际贸易与国际投资活动分别被视为相对独立的经济行为，彼此可以互不相干或依赖。可是，在当今的国际经济运作中间，它们的相互交融和影响已经达到一个全新的阶段，以至于彼此紧密结合到难以分离的程度。这意味着，一整套把贸易与投资活动紧密糅合在一起加以约束的系列规则自然呼之欲出。

可见，这些新情况都需要制定新的规则来协调它们彼此之间的关系。

然而，现行多边贸易规则却难以胜任这样的历史使命。WTO 的多哈回合贸易谈判已经延续了 16 年之久，却至今未能落下帷幕。其中，一些新列入的谈判议题（如贸易与劳工待遇、统一的竞争政策等）实际上已经被搁置而胎死腹中；有的重要议题（如贸易与环境等）至今纷争不已而无法达成最终协议；有的现行规则（如服务贸易规则等）还是没有针对新趋势和新情况增加必不可少的新内容；而农产品贸易这个核心谈判议题，依旧处于停滞不前的困境。这表明，现行的多边贸易规则体系如果不加以丰富与创新，恐怕已经难以挑起时代赋予的重任。可见，对它的变革与重构可谓箭在弦上，不得不发。

我们还应看到，"逆全球化"动向正在猛烈冲击着当今的国际经贸规则体系。经济全球化是一股不可逆转的历史潮流，可是它在带来诸多正面效应的同时，也会产生一些负面影响，如它扩大着各国之间或一国内部的贫富差距等。于是，"逆全球化"的思潮或情绪便易于在一些弱势群体或贫穷阶层传播和蔓延。由于种种原因，作为经济全球化重大产物的现行国际经贸规则体系，以往却没有高度重视和认真处置这类负面效应及其造成的社会后果，反而还给人以纵容和加剧这类负面效应的误解。所以，那些对经济全球化抱有不满或抵触情绪的人们，自然会将其视为首当其冲的攻击对象。显然，强化围绕全球化负面效应的整治作用和约束功能，是正确推进经济全球化的紧迫之举，也是构建新国际规则的当务之急。

第2节 现行多边贸易体制的成就与缺陷

现行多边贸易体制是当今国际经贸规则最主要的体现者,而它获取的成就和面临的困境也折射出这些系列规则的适切性或显著缺陷。事实上,它们的缺陷正是国际经贸规则需要重构的又一个重大原因。

一、现行多边贸易体制的主要成就

WTO 自 1995 年 1 月 1 日成立以来,对于全球贸易活动发挥着积极的推动作用,尤其在如下方面取得了比较显著的成就。

(一)自由贸易进程得以大力推进

积极推动国际贸易的自由化进程,可以说是 WTO 的首要目标,它在这方面获取了不可抹杀的突出成绩。其中尤为瞩目的主要有:第一,实现纺织品与服装贸易的基本自由化。WTO 在积极推动纺织品与服装贸易自由化的基本思路下,直接用 ATC 协定取代了 GATT 时期实施的《多种纤维协定》。ATC 明确规定,自 2005 年起这类国际贸易活动一律取消进口配额,后来又如期付诸实施。这是货物贸易第一个领域基本实现了自由贸易,为全球贸易自由化的深入发展充当了开路先锋的角色。第二,形成取消农产品出口补贴的协议。在 2005 年底的香港会议上,WTO 全体成员承诺将在 2013 年全面取消农产品的出口补贴。后来,由于多哈回合谈判的一再拖延,直至 2015 年召开的部长级会议才最终通过了取消农产品出口补贴的协议。农产品贸易自由化一直是多边贸易体制最为棘手的谈判议题,其三大障碍(即出口补贴、市场准入和国内支持)可谓个个难以逾越。尽管现在这个协议只有在多哈回合最终宣告成功结束后才会得以兑现,但是,它至少扫除了农产品自由贸易的一大障碍,并为另两个障碍的最后被跨越增添着巨大的推动力。第三,有效限制某些非关税壁垒。与 GATT 时期相比,WTO 对于非关税壁垒设置了更多的制约甚至禁令,并具体落实到相关实践之中。例如,SPS 协定强调其实施的目的单一性(见该协定序言),《进口许可程序协定》提出一些具体明确的基本规则(见该协定第 1 条),《保障措施协定》甚至明确规定成员方不应寻求、采取或维护任何"灰色区域措施"(见该协定第 11 条),等等,都是比较显著的例子。

我们必须看到,这些年来国际贸易自由化的不断深入,主要依靠着 WTO 正式规则的有力推动,这正是其制度绩效的明显体现。所以,不是空喊自由贸易的口号或语句,而是扎扎实实地把自由贸易精神落实到制度环境的每一个方面,理应成为 WTO 今后运作和制度创新的重要方向。

(二)贸易争端解决机制行之有效

WTO 体制绩效最为显著的表现,是比较成功地发挥着业经完善的贸易争端解决机制的作用,从而维护了全球贸易环境和秩序的相对平稳和公平。其中,它先后多次有效惩处美国违规行为的做法,可谓最具代表性。从所谓 WTO 第一大案对美国不利的裁决,到否决美国 2002 年对进口钢材实施的保障措施,直至授权欧盟采用报复手段以逼迫美国最终不得不取消违反公平竞争原则的伯德修正案,都是当年的 GATT 体系难以望其项背的。尤其是,能够迫使美国政府和国会最终低头,依据国际经贸规范去撤销美国自己的国内法律,实在是一个具有标志性意义的事件。大家知道,美国历来以本国的基本利益为自己在国际舞台上的行动圭臬,并把国内法凌驾于国际法之上,其违反国际法或国际规范的做法随处可见。而 WTO 体制坚持要美国认真履行相关的国际规范,还迫使其立法机构取消了原先违规的国内反倾销法案,这不能不说是现行多边贸易体制的一次胜利。

我们应当看到,这种做法能够获取成功,首先就归功于 WTO 相关机制的有效设置。在《WTO 协定》里,它对 WTO 成员增加着一项重要的义务,即:成员国(方)法律、法规和行政诉讼程序必须符合 WTO 的义务规定(见《WTO 协定》第16 条)。这意味着,所有成员的国内法规与行政诉讼程序务必同 WTO 的相关规定保持一致。毋庸置疑,正是这项规定构成了对美国有关作为的重大约束,并为贸易争端解决机制进行公正的裁决提供着坚实的法理基础。

(三)贸易政策审议机制作用显著

大力启动贸易政策审议机制,努力监督其成员贸易政策的规范运作,是 WTO 发挥出其体制绩效的又一突出方面。这项新设置的审议机制尽管具有非强制性的特点,似乎并不会对受到审议的成员方形成巨大压力,实际上却在发挥多层面的特殊影响,起到了比较切实有效的监督功能。形象地说,它实际上是受审议成员开展对外经贸活动的指示灯、智囊会、宣讲台和警报器。即:它通过众多成员方提出的要求和质疑,以及受审议成员自己书面与行动的具体回应,实际上指示着某一经济体实施有效对外经济运作的许多具体参考目标;客观上蕴含着帮助受审议成员完善自己贸易政策的众多启示;有力地提供着正确

宣示受审议成员贸易政策的广阔舞台;准确地预警着受审议成员与其他 WTO
成员产生经贸摩擦的导火索和突破口。因此,其积极功能不宜低估。

以中国为例。正是在贸易政策审议会议的推动下,中国政府才最后排除了
各种障碍和干扰,顺势取消了外资企业享受 15% 的优惠所得税待遇;认识到某
些补贴措施的不合规性,及时修改或撤销了这些做法;意识到原先实施的某些
贸易政策的敏感性或不恰当性,对它们作了适当的调整和补充。同时,中国政
府还充分利用这个国际舞台,有力宣传着自己的政策主张,并澄清或驳斥了一
些对中国贸易政策的不实传言或荒谬评论。它对中国的正面作用显而易见。

总之,在推进世界贸易的深入发展时,通过这种相对平和、有效且不损害彼
此重要利益的审议方式,可以阻遏、减少或预防 WTO 成员某些不利于自由贸易
的政策作为,并把它们之间的某些贸易摩擦消灭在萌芽之中。同时,它对受审
议成员亦有着明显的正面作用,有利于其贸易政策的规范与完善。在这种比较
全方位的审议和监督之下,各个成员方的经济制度必然走向贸易自由化和国际
规范化,从而大大夯实了整个多边贸易体制的运作基础。可以讲,这类来自贸
易政策审议机制的制度绩效,也是其他国际经济组织或机构较为少见的。

(四) 具体运作机制逐步完善

建立和完善具体运作机制,WTO 亦多有斩获。这在 WTO 规则新适用的领
域表现得更为显著。以服务贸易领域为例,能够把当时 155 个具体部门的贸易
活动都纳入一个统一的框架结构予以规范和制约,本身就反映了 WTO 正在努
力顺应时代潮流和国际贸易发展趋势。同时,它在这方面较为成功的制度演进
还直接依赖于一些重要运作机制的明确设置和有效运用。比方说,有条件的最
惠国待遇、国民待遇的部门承诺制、自由的市场准入等规定以及对一些未尽事
宜的明确安排等,这些有着一定特殊性的具体条款都发挥着独特的作用。它们
的长处在于,充分考虑到各种复杂情况可能给予既定经贸规则的直接冲击,并
进而发挥着实在的维护功能。因此,决不能低估这类机制对于 WTO 获取体制
绩效的实际贡献。

上述这些都足以说明,与其他国际经济机构(如世界银行、IMF 等)相比,
WTO 还是获取了较多的体制绩效,有力地推动着全球经贸活动的深入开展。
这就充分表明,建立 WTO 体系以替代 GATT 体系,大力推动全球贸易的健康发
展和自由化进程,是恰当和必需的。在这里,制度演进与创新发挥着至关重要
的作用。因此,一个力图顺应经济全球化的负责任的国家,都应当大力维护和
积极推进 WTO 体制的正常运作和不断完善。

二、现行多边贸易体制的明显缺陷

然而,WTO 在 20 余年的具体运作过程当中,仍然在不少重要方面没有获取原先设计的体制绩效,甚至损失了有些本可取得的制度利益。而前些年发生的国际金融危机更加凸显了 WTO 的某些体制弱点和缺陷。

(一)贸易谈判机制依然陷于软弱无力的境地

平心而论,WTO 决策机制在接受了 GATT 的教训之后,已经作了比较显著的改进。这表现在,为了克服 GATT 体制只拥有"协商一致"机制而常常无法推动谈判成功的软肋,它专门增设了必要时进行投票表决的重要规定。可令人遗憾的是,这个"投票表决"机制有时却给人以形同虚设之感,仍旧无法解决或缓和贸易谈判中间的某些僵局。最典型的是多哈回合的农产品贸易谈判。它在经过艰难曲折的谈判历程之后,可以说当时已基本跨越了三大主要障碍,即:形成了全球农产品贸易将在 2013 年取消出口补贴的共识,欧盟和美国最终表示分别在市场准入和国内支持方面作出重大让步。照理说,农产品贸易谈判终于有望获得重大突破。但是,这场攸关多哈回合成败的关键之战依然还是陷入了困境。其主要原因是美国和印度这两个国家在农产品保障机制的有关指标上互不相让。个别国家在一个相对次要的贸易议题上争执不下,就可能毁掉一个事关全球经济前景的谈判大局,而 WTO 和其他成员却对此束手无策。这不能不说是 WTO 体制及其决策机制的悲哀。

(二)发展中国家特殊待遇未能更多落到实处

尽管 WTO 的根本宗旨强调了发展中成员的特殊待遇,可是从大量的具体实践来看,它仍然没有得到较好的落实。这集中体现在三大方面。一是发展中国家那些拥有比较优势产业的贸易自由化程度远没有达到它们的预期水平,甚至还明显落后于各行业的平均程度。如多哈谈判连农产品贸易问题至今无法满足发展中成员的基本要求。二是未能有效帮助它们应对那些处于劣势的行业所面临的切实困难。如服务贸易领域的开放和知识产权保护问题等。三是WTO 业已写进正式协议的关于援助它们的承诺至今不能很好地得到落实。如SPS 协议和 TBT 协议许诺给予发展中成员的技术援助,目前大多还属"空头支票"。在这种情况下,WTO 还怎么去要求发展中国家接受更多可能短期会不利于其自身发展的新国际规则呢? 这是令 WTO 非常头疼的一个难题。

（三）无力应对某些违反自由贸易的行为

随着国际金融危机的爆发,许多国家特别是发达国家的贸易保护主义明显抬头,其中不少政策措施是 WTO 无能为力或颇感棘手的。其中比较典型的表现有三类。一种是并不违背 WTO 规则的保护措施,但实际上导致了全球贸易活动呈现倒退的趋势。如有些国家把自己原先较低的实际关税率提高到向 WTO 承诺的约束水平。这种做法并没有悖逆它们对于多边贸易体制的义务承诺,但确确实实强化了这些国家的贸易保护主义色彩。二是过度炒作贸易救济措施,将其演变为实际的保护手段。WTO 的反补贴和反倾销规则本是为了反对不公平竞争而设立的,但是,有些发达国家却利用 WTO 有些模糊的规定以及给予进口国某些宽松的权利,反而成了不公平竞争的得益者。三是利用 WTO 已有的难以操作的含混规定,为自己的贸易保护主义张目。美国曾经多次抨击人民币汇率运作违反 WTO 规定,就是一个明显例证。这些都表明,WTO 的有关制度安排还存有明显的漏洞和缺陷。

（四）难以切实遏制恶意利用规则的企图

为了维护和扩大自身的经贸利益,有些国家还会采取一些恶意利用国际经贸规则的做法。例如,2002 年美国对进口钢材加征 8%—30% 的紧急关税,就是一个恶意违规的典型例子。美国要启动保障措施机制,是它作为 WTO 成员所能享受的一项权利。这本身无可非议,但是它必须按照 WTO 的有关规定和程序来操作。依据 WTO 的有关规则,它必须与相关国家进行磋商,给予相应的经济补偿,并且一般不能对发展中国家产品采取此类措施等。可是,美国对于这些规定基本上不予理会。实际上,其采取这个做法的背后目的在于充分利用 WTO 关于贸易争端解决的时间长度规定(最多可达 2 年多),以实现自己的目的。这样,它一来可以为美国钢铁行业获取该时段的贸易利益,从而有利于美国的经济增长,二是可以平息该利益集团的强烈反弹,从而为自己获取巨大的政治好处(如增加总统竞选的选票)。尽管最后在 WTO 的压力之下美国取消了该项措施(这种结果本来就应该在美国政府意料之中),可是,它的追求目的已完全实现而无须付出多大代价。这个案例实际上树立了一个恶意利用 WTO 规则的坏榜样,并且引发了一场相关国家都相继对进口钢材实施保障措施的贸易风暴。美国的这种做法明显不利于全球贸易的健康发展和贸易自由化的顺利推进。然而,WTO 好像始终拿不出强有力的打击手段以有效遏止这类恶意利用国际规则的有害作为。

（五）推进制度创新更是步履维艰

毫无疑问，一个国际经济组织如果不能与时俱进，及时地进行制度变迁与创新，那它就没有灿烂的发展前景。WTO 目前制度变迁与创新的具体进展，主要体现在多哈回合究竟能够获取多大的成果。可是，这个持续了 16 年的全球贸易谈判，让人们看得到的比较大的谈判成果好像只有两项，即形成了贸易便利化协议和取消农产品出口补贴的有关协议。其他众多议题的谈判则依然称得上是错综复杂、混战一片。请看：

推进农产品贸易自由化困难重重。乌拉圭回合达成的《农产品协议》在实现农产品贸易自由化上，分别采取了五六个方面的重大措施，如非关税措施关税化、削减出口补贴、减少进口关税和进口替代水平、维持现有的保护程度等。可是，WTO 直至 2015 年底，才在内罗毕举行的部长级会议上通过了一个取消农产品出口补贴的协议，而其他方面均无实质性进步。

不少谈判议题已被实际搁置。新加坡会议确立的多哈回合新议题共有四项，其中围绕劳工协议和竞争政策协议的两项谈判现在实际上已经被取消。投资措施协议原先拟进行全面系统的扩充，目前这种努力似乎也基本放弃。服务贸易总协定中间一些原先空设的条款，本来旨在推动这次贸易谈判加以具体落实，可它们至今依然没有得到预期的补充。而贸易与环境协议谈判依然尚无最终结果。此外，如何修订不少规则的遗漏和不当之处，更是众说纷纭、莫衷一是，并没有取得成果。

显然，上述所有这些方面都折射出 WTO 存有绩效低下甚至体制失效的诸多缺陷，它们都是警示 WTO 的制度因素亟待深入变革的显著征兆。事实上，这种制度变革恰恰是现行多边贸易体系能够有效服务于全球经济发展的关键所在。正是基于这个重要的理论认识，重构国际经贸规则就显得尤为紧迫。

第 3 节　新国际贸易投资规则体系简述

新国际贸易投资规则体系的建立，必须在理论思路上对其重要特征、形成渠道、主要决定因素及其国际博弈等有一个准确的定位和把握。这里拟对它们作些简述。它的基本框架和主要内容十分丰富，将在第 2 章专门展开阐述。

一、新规则体系的重要特征

需要重构的国际经贸规则体系至少应当具有这样一些特征：

第一，适用领域大幅增加。与现行的多边贸易规则体系相比，新规则体系不仅要覆盖货物贸易、服务贸易以及与贸易有关的知识产权领域的相关活动，而且还要大幅增加它的适用领域。例如，对与贸易有关的环境保护、劳工待遇、竞争政策等领域加以规则约束，就必定会成为其关注的重要方面。这样一来，这些领域将不仅出现以往还没有过的普遍适用的多边贸易系列规则，而且它们的规则层级实际上将会与上述的货物贸易等系列规则并驾齐驱。

第二，遵循水平显著提高。与现行的多边贸易规则体系相比，新规则体系将摒弃以往多边贸易规则那些低门槛、软要求、宽尺度的做法，力求把规则要求和履行标准提升到一个新的高度。这意味着，规定的高水平和履行的严要求会是它的一个显著标志，这无疑增加了各国遵循它们的实际难度。当然，这种高水平严要求仍然是相对而言的，它们还无法脱离各国的实际状况而随意拔高。

第三，治理机制明显转变。与现行的多边贸易规则体系相比，新规则体系要在制度设计与运作的层面上，力求铲除以往多边贸易体制关于治理机制的各种弊害。从规则体系的完整性和影响力而言，WTO 无疑在各种国际经济机构中独占鳌头。可是，它的治理机制却显得相对不合理，从而明显抑制了自身的体制效益。其中，谈判与决策机制低效耗时、一揽子履行方式难以提升规则水平、运作机构缺乏权威与动力等，都是首当其冲的变革对象。这意味着，重构国际经贸规则同样包含着相关治理机制的变革，而高效务实则是这类变革的核心内容。

第四，决策群体重新组合。与现行的多边贸易规则体系相比，新规则体系要在制度层面上，真正改变以往那种由美国以及其他少数发达国家一手遮天的决策格局，努力形成一个可以代表广大国家利益的决策群体，从而公正且有效地处置全球经贸事务。推动决策群体的重新组合，会面临两方面的重大阻力。一个是以美国为代表的发达国家并不情愿让出自己以往对于这类决策权和话语权的垄断地位，围绕这个主题会有激烈的国际博弈。比如，美国现在力图冷落或绕开 WTO 来处置国际经贸事务，就是一个显著的例证。另一个是要真正推动它的重新组合，还得从根本上改变现行多边贸易体制的某些机制。例如，WTO 的"搭便车"机制虽降低了一些国家在 WTO 的运作成本，却多少削弱了发展中国家努力参与多边贸易决策的积极性。总之，这个由于各种经济力量此消彼长而正在激烈变动着的世界经济格局,需要充分反映各方利益的公正的贸易决策。

第五,协调风格有所变化。与现行的多边贸易规则体系相比,新规则体系需要扭转以往贸易谈判中那种易走极端的"协调"做法,在制度层面上设置出追求非零和博弈的经济协调风格。众所周知,当今各国开展国际经济活动必须秉承互利多赢的理念和做法,才能乘风破浪、不断前进。相反,那种还停留在零和博弈思路上的所作所为,必定会寸步难行。这就要求坚决防止经济协调中两种极端现象的有害干扰。一种是对那些无端行为采取过分软弱的退让妥协,另一种是无视对方的诚意而采取过分强硬的拒绝协调的态度,它们都直接延缓或冲击着重大国际经贸问题的及时协调和最终决策。

总之,在构建新国际贸易投资规则的进程中,任何人或国家提出的规则主张或建议倘若不能鲜明地体现出上述特征,就难以被吸收进新的规则体系。换言之,在相当的程度上,这些特征都可以成为"新"规则的重要衡量尺度。

二、新规则体系的形成渠道

我们一定要清楚地认识到,承袭、变革和创新是新国际贸易投资规则体系的主线和根本方向。它的形成或重构必须从当今国际经贸活动的迫切需要出发,至少可以经由四个渠道进行梳理和展望。

一是针对 WTO 许多重要规则的不足和缺陷,系统提出需要进一步补充和发展的新规则,进而使得它们成为新国际贸易投资规则体系的重要组成部分。之所以还是要承袭现行多边贸易规则体系的众多内容,是因为它们毕竟弘扬着不少正确适时的经济理念,秉承着许多恰当有用的重要原则,包容着一整套行之有效的基本规则。毫无疑问,它们都是全球经济运作不可丢弃的宝贵财富。因此,在这里重要的是,如何对现行多边贸易规则进行行之有效的变革和创新,而绝不能简单地丢弃或排斥现有的诸多规则。因此,多哈回合业已形成的共识和协议,如贸易便利化协议、取消农产品出口补贴等,自然是新规则体系的组成部分。同时,针对 WTO 规则体系中存有明显缺陷和疏漏的重要规则,必须坚决而有效地加以修订和补充。修订和补充之后的那些重要规则,无疑同样应该被列入新国际贸易投资规则体系。

二是对现有的区域性经济协议(如北美自由贸易区、欧盟的相关协议等)进行全面梳理,寻觅和丰富其中 WTO 所不具备或相对欠缺的规则内容,进而为新规则体系提供丰富的素材或思路。这类协议大多具有一个比较显著的特点,即它们的规则相对前瞻和严格一些。比如,对于生态环境保护和劳工待遇问题,北美自由贸易区和欧盟都给予了高度的关注,并相应制定了许多具体规则,其中不少内容是值得新规则体系吸纳或借鉴的。诚然,美国现在强调要与加拿大、墨西哥重新谈判北美自由贸易区协议。不过,这是美国政府为了从中获取更多贸易利益份额而采取的策略手段,它并不会削弱或取消那些比较前瞻和要求更高的重要规则。因此,人们不能因为该协议将被重新谈判而忽略了其中非常可能成为新国际贸易投资规则组成部分的那些内容。

三是对刚刚达成或还在进行谈判中的其他重要区域性经济协议(如 TPP、TTIP、RCEP、诸边服务贸易协定等)展开仔细分析,从中提炼和总结相关的新规则。由于它们刚刚达成或还在谈判之中,尤其可能具有与时俱进的特色,加之居中多数由发达国家发挥主导作用,体现出较敏锐的问题意识和较高的规则水平。显然,这一类协议可以被借鉴和吸收的内容必然比较广泛。即便像 TPP,尽管美国已经宣布退出该协议,可是其他 11 个签署国经过不懈努力,冻结了原协议中的 20 个条款,强调了它的全面性和进步性的基本特点,实际上形成了第二版的 TPP(或称 TPP11)。在这个新的区域性经济协议中,人们已经可以发现不少新国际贸易投资规则的雏形。

四是中国与其他发达国家开展的相关经济协议(如分别与美国和欧盟的贸易投资协议)谈判中的新规则内容。这类谈判有着一个鲜明的特点,即一方是国际经济话语权正在显著增强的世界第二经济大国,另一方则是原先握有制定国际规则主导权的发达国家。通过这类协议可以探究到,围绕新规则体系的适用范围、约束程度和纠结之处等重大问题,发达国家与发展中国家及新兴经济体之间究竟能够采取什么样的方式和策略以实现有效的经济协调。这样,人们就可由此寻觅到一座比较便捷通畅的桥梁,直接沟通着彼此的认知和做法。就此而言,它们无疑能够给予新规则体系的构建以非常切实有效的帮助或参考。

三、新规则体系的制约因素

我们必须看到,相关系列规则是否合理有据以及它是否切实可行,是新国际贸易投资规则体系之形成不得不需要认真处置好的两大关键,否则这种规则构想无论多么完善周全,都只可能是空中楼阁。这就是说,那些制约着新规则体系合理有据或者切实可行的重要因素,人们必须予以充分的关注和深入的分析。

（一）需要展开必要的经济学分析

判定新规则体系的相关内容是否合理有据,除了应该符合当今全球经贸的现实状况和基本实践之外,还需要展开必要的经济学分析。道理很简单,全球贸易投资活动都是经济领域里的实际运作,它们的游戏规则自然应当符合公认的经济学分析,即追求经济自由、效率、公正和社会福利。因此,判定新规则体系是否所谓合理有据,就是着眼于它们能否推动全球经贸活动更加高效有序、全世界的经济发展更加健康均衡、各国社会经济福利普遍得到更多的增进等。显然,无法达到这些经济目标的任何新规则,都不能被允许列入新规则体系。

这种经济学分析固然离不开现代主流经济学(它通常以新古典经济学为代表)的众多方法和工具,但是绝不能仅止于此。新制度经济学、国际贸易的政治经济学分析、宪政经济学、经典博弈论和演化博弈论等的许多公认成果都将被广泛应用于多边贸易规则体系的研究之中。另外,其研究方法还必须关注多边贸易体制和国际经济规则的特殊性。因此,规则多层次研究的制度分析和体系研究方法也应得到比较深入的应用。这种经济学研究还一定要避免个人主义方法论和集体主义方法论的各自缺陷。

（二）需要关注各国政治因素的掣肘

国际经贸规则的重构看似只是一项经济事务,实际上却受到各国国内政治因素的诸多掣肘。所以,密切关注各国政治因素的掣肘,是构建新国际贸易投资规则体系必不可少的重大环节。这就是说,那些忽略切实可行性的规则构想一定是脱离实际的海市蜃楼。大致说来,这方面需要充分关注的因素尤其表现在:

一是基本政治格局的掣肘。这里所谓的基本政治格局可以包括多重含义。有时是指一国政治的传统立场。例如,同样是欧洲的发达国家,从历来的政治传统来看,英国的经济自由主义倾向就比较强烈,而有些南欧国家(如意大利、西班牙等)的保护主义色彩相对要浓厚。有时是指一国国内权力结构的相互制约。例如,美国政府的对外经贸谈判权和决策权受到了立法机构的重大掣肘,它只有得到其国会的批准,才能与外国进行重大的贸易谈判和签署经贸协定。有时是指掌权党派的基本政策倾向。例如,与共和党相比,美国民主党的经济政策往往会较多地顾及劳工阶层的某些利益,因而就可能多一点贸易保护主义色彩。它们都使得一国在国际经贸规则的谈判或协调过程中间,会采取有所不同的立场和策略。

二是国内利益集团的掣肘。一国在对待国际经贸规则问题上的态度与策略,必然受到国内利益集团深刻和潜在的制约。出于维护和扩大自身经贸利益的实际考虑,利益集团一定会竭尽全力地影响甚至决定本国的经济政策,尤其是对外经贸政策。可是,国际经贸规则对于各国政府经济政策与行为却具有一定的约束作用,从而客观上削减着某些利益集团的既得利益。于是,当国际经贸规则迫使一国政府不得不实施一些不利于某些利益集团的政策或做法时,这些利益集团就可能会对相关的国际规则采取一种不满、排斥或反对的立场。有些利益集团的政治能量大到足以影响或者左右本国政府的谈判立场,甚至会直接阻碍着不少新国际规则的形成和出台。比如,围绕贸易救济新规则的构建,尤其会凸显各国利益集团之间的激烈博弈。

三是主流意识形态的掣肘。在与发达国家开展经贸活动的过程中,它们的主流意识形态同样在发挥着不可低估的重要作用。这突出表现在,在有些情况下,发达国家的政府当局会直接秉承或者被迫按照主流意识形态的要求进行经济决策和运作,其立法机构的部分议员可能会过于纠缠于自身意识形态的考虑,而国内流行的经济伦理或商业习惯同样多少受到主流意识形态的支配,等等。这些都直接影响到他们对于构建和实施新国际经贸规则的态度。比如,现行国营贸易企业系列规则的形成与履行,以及发达国家对此的诠释和利用,就是这方面一个比较突出的例子。

(三) 需要立足于全球治理思考

将来出台的新国际经贸规则体系是否切实可行,还有一个从全球治理角度加以思考的问题。这类规则能够有利于全球治理,它们就比较切实可行,反之则是纸上谈兵的空话。这样,尤其需要考察新规则体系与下述因素之间的关系,即:其一,主要大国之间对于它们的共同认可程度和积极协调水平;其二,发展中国家经济发展水平对于它们的承受程度;其三,它们与 WTO 规则体系的有效对接程度;其四,主要国家解决国内利益集团抗争的有效程度等。毫无疑问,那些避开这些重要因素的考虑而制定出来的所谓新规则,或者明显不具备这类可行性的任何规定,都不宜列入新规则系列。

出于全球治理思考的新规则体系同样应当遵循世界经济与国际政治相结合的基本做法。因此,在理论思路上,新规则体系的建立同样需要重视那些将经济因素与政治因素相融合的公认理论成果。各种(基于经济学、政治学和国际关系学的)国际政治经济学研究成果,便是一个值得参考的重点。例如,当今国际关系理论三大流派的相关判断与见解,就可以予以比较广泛的借鉴。事实上,那些完全不考虑现实政治因素制约作用的相关思路和做法,在国际经济事务中也无法行得通。

从当前实际状况来看,新规则体系的构建还得认真关注"逆全球化"的动向及其影响。比如,其代表性观点及其影响力、新总统上台后的美国政策走向、主要国家对于国际新形势的基本态度和大致反应等方面,它们给予全球治理格局和趋势的实际影响,都是需要深入分析的重要内容。置于这些背景下的可行性分析,应当是比较可靠和有用的。

四、新规则体系的多边博弈

如果说上述的阐述旨在勾勒国际经贸规则重构的基本框架和主要脉络的话,那么,现实世界中的这种规则重构多少会与其存有这样那样的差异。这是因为,各国的经济发展水平和实际国情大相径庭,由此形成的经济诉求自然千人千面,而由它们谈判而成的国际系列规则,必然会受到各种因素(如基本价值观、经济学理论支撑等)的制约,是一个妥协折中的产物。这意味着,各国之间的经济博弈是现实版国际经贸规则体系得以出台的最终决定因素。这种多边博弈主要体现在:

(一)南北歧见严重

必须看到,发达国家与发展中国家之间的经济发展水平和各自承受经济冲击的能力,存在着相当显著的差距。因此,它们对于新规则体系的关注和诉求自然有着各自的倾向和重点。比方说,发达国家重点关注一些新议题的规则构建,这些规则的出台更有利于它们经贸利益的有效增加,而发展中国家仍然在追求自身比较优势产品(如农产品等)的国外市场自由准入的权利。这样,它们之间的规则谈判一定会涌现比较多的分歧和争执,有时候甚至陷入难以协调的困境。

(二)新兴经济体正在崛起

一部分新兴经济体的崛起,给当今世界经济活动及其规则博弈增添了一个前所未有的特点。所谓的新兴经济体,既带有一般发展中国家的基本经济特点,如经济结构比较单一、民众生活水准相对低下等,又呈现出经济发展比较迅猛的特点,并在国际经济竞争中开始占据某些方面的优势。于是,在制定新国际经贸规则的过程中,新兴经济体已经具有一定的话语权,在某些领域或方面甚至可能扮演一种可以与发达国家叫板的"急先锋"角色。例如,在多哈回合贸易谈判中,印度和巴西围绕农产品自由贸易问题,就发挥着这样的作用。

（三）发达国家的影响力有所衰落

这些年来随着世界经济力量的此消彼长,发展中国家和新兴经济体的总体实力得到较为显著的增长,相应地,发达国家的经济影响力却有所削弱和减退。在多边贸易体制里,发达国家对规则制定和争端解决的完全主导权已经不复存在,它们不得不认真对待和真正尊重发展中国家的各种诉求和意见。特别是美国,它不仅早已丧失了昔日地位,而且还因为违反规定而多次遭遇 WTO 的惩处,这在以往是难以想象的事情。其重要的实际后果之一是,发达国家对现行多边贸易规则体系的态度发生了微妙的变化,不再像以往那样全力以赴地维护和支持它。

于是,在新国际贸易投资规则体系逐步形成的过程中,围绕 WTO 这个现行的多边贸易体制,出现了一些看似奇特的倾向。第一种是热衷于区域经济协定而冷落多边贸易协定。例如,美国奥巴马政府时期,它积极参与 TPP、TIPP 等区域性经济协定的谈判,却对 WTO 的多哈回合贸易谈判采取了消极被动的态度。第二种是着眼于双边贸易谈判而无视多边贸易协定。例如,美国现任总统特朗普上台后,完全将多边贸易规则体系搁置一边,大力推进所谓的双边贸易谈判,试图凭借自身的超级大国实力来重新制定双方贸易的游戏规则。为此,他甚至要求对方重新谈判已经实施了多年的区域经济协定(如北美自由贸易协定),还退出了一些美国原先加入的区域经济协定(如 TPP 等)。第三种是追求诸边贸易协定而分割多边贸易协定。例如,WTO 已经有一个用于约束服务贸易的《服务贸易总协定》,可是发达国家对于它迟迟没有得到全面的修订和补充甚为不满。于是,它们正在积极推动《诸边服务贸易协定》的谈判,而且还蓄意把有些国家排斥在这个谈判之外。显然,这些都对新多边贸易投资规则体系的最终形成起着不利的影响。

第4节　新国际贸易投资规则体系与中国

那么,新国际贸易投资规则的构筑与中国的经济发展究竟有着什么样的紧密关系呢?

一、新国际贸易投资规则对中国的重要影响

首先,这种规则重构对于一个正在融入国际经济体系且需承担大国责任的

中国来说,其影响极其全面、深刻和持久,有些还是潜在和隐性的。限于篇幅,这里仅仅简要提及它的主要方面。

(一)关于国际角色的转换

对于把握和遵循国际经贸规则,中国以往处于一个相对被动消极的位置。然而,随着中国经济的迅速崛起和世界经济格局的重大变化,中国的经济影响力和国际话语权已经得到很大的提升。同时,中国经济的进一步发展还需要更加全方位地融入国际经济体系。在这种情势下,充当一个负责任大国的使命已经历史地落到了中国的肩上。特别在国际经贸规则亟需重构的关键时刻,美国的态度诡异多变,其他国家又可能力不从心或退避三舍。因此,中国应当完全改变以往的态度和做法,与其他国家一起积极主动地完成这个历史使命。

尤其我们必须看到,当前中美之间发生的严重贸易摩擦,有可能演变为一场双方都是输家的贸易战。对于中国来讲,这个局面实际上涉及两个层面的严峻挑战。一方面,美国政府出于"美国优先"的考虑,为了减少其贸易逆差和获取更多的经贸利益,强悍地发动了这场主要针对中国的政策攻势,且肆意违反着多边贸易规则体系。这样,本来是一种正常的贸易纠纷,却被美国无视国际规则的霸道行径推向两败俱伤的恶劣境地。对此,为了维护国际规则的权威和自身合法的经济权益,中国必须坚守原则、敢于应对。另一方面,中国经济体制与贸易运作机制毕竟存在一些明显不足。无论从遵循国际经贸规则的需要,还是就建立完善的市场经济体系来讲,或者以负责任大国的担当加以衡量,这些不足都是应该尽快加以弥补或改进的。就此而言,中国必须进一步对外开放国内市场,继续加快自身经济体制改革,努力成为一个全面遵守和维护国际经贸规则的有担当的大国。

(二)关于经济制度的变革

多边贸易规则体制本身就是全球经济制度的重要组成部分,何况 WTO 又有成员方的国内经济制度需要与其基本规则相吻合的明确规定。可以设想,新规则体系的出台将全方位地冲击着中国的经济制度,会要求中国更加全面和深入地与其接轨。这里有两点尤其需要强调。

其一,高水平的规则体系带给一国经济制度的变革同样是高水平的。尽管当年入世对中国经济制度起着重大影响,但是,这种影响的深刻程度恐怕还无法与新规则体系的出台相提并论。这是因为,当年中国在入世谈判过程中,尽管已经作出了相当多的具体承诺,随后也很好地兑现了其中的绝大部分内容,但是,这并不等于中国的经济体制已经完全符合 WTO 基于市场经济运作的规则体系。事实上,当时发达国家放弃了一些非常重要的谈判诉求,如人民币汇率制度的改革等,从而导致中国在这些方面的制度安排与实际运作至今与 WTO 的相关规则存有一定的差距。同时,中国至今没有兑现的一些承诺也集中暴露了中国现行经济体制的症结所在。其中,原本承诺中国入世之后要加入 WTO 的《政府采购协定》,可现在已经过去 16 年有余了,这项承诺依然无法落地,就是一个典型的例子。其基本原因在于中国提交的加入方案始终无法跨过该协定的起码门槛。另外,中国经济体制的某些方面是在具体贸易实践中才比较充分地显示出与 WTO 相关规则的明显差距。比方说,这些年来,中国大型国有企业的经济运作就反复被发达国家当作中国悖逆 WTO 重要规则的典型例证。可见,即便以现行的多边贸易规则体系加以衡量,中国的经济体制尚且有不少方面还需变革或改进,而新国际贸易投资规则体系的问世,更会推动中国经济体制进行再一次重大变化。

其二,经济制度有着丰富的内涵,涉及的方面相当广泛,人们不能作狭隘的理解与应对。例如,中国建立市场经济体制已经有 30 年左右的历程,可围绕市场与政府之间关系的种种不正确或不恰当的观念与看法,依然在中国设置和实施经济制度的方方面面留下了浓重的痕迹或产生着明显的影响,这与现行国际经贸规则都是不相吻合的。此外,新国际贸易投资规则体系还涉及一国某些政治、社会、文化等制度的相应变革。这意味着,新国际经贸规则的出台将会显著倒逼着中国广义经济制度的进一步重大变革。

(三)关于经济格局的重塑

我们一定要看到,由于中国在世界经济中的角色地位发生根本变化,需要发挥更多的带头或推动作用,因而新规则体系带给中国国内经济格局的重塑,与 2001 年加入 WTO 所产生的影响无法相提并论。中国以前遵守国际经贸规则多少带有被动应对的意味,现在负责任大国的身份势必迫使自己要自觉和主动地对待新国际规则体系。这意味着,新规则体系形成之后,中国的企业、产业和地区必然面对中央政府众多政策措施的巨大压力,不得不认真地遵循那些未必对自己有利的新国际规则。于是,新规则体系的出台必定带来国内经济格局的大洗牌,一些自觉顺应它的企业、产业和地区将独领风骚,反之,那些对此缺乏足够认知和积极作为的则陷于困境,其核心竞争力日趋下降。于是,全国经济格局的重塑势必成为各个企业、产业和地区所需面对的新宏观图景。

(四)关于政策机制的升华

这种国际规则的重构还将导致中国政策运作发生重大变化,它主要集中于两大方面。一个是政策内容发生显著变动,有些重要做法需要被丢弃,因为它们与新规则体系的高水平要求格格不入或不相吻合。这方面的变革,本章最后部分将有所阐述。另一个则是政策机制将需要具体转换或加以丰富,进一步积极采取更为灵活有效的经济手段。由于中国目前的政府经济职能尚未真正转换,它们还得不到足够的重视和充分的发挥。这恰恰是中国正确面对新国际贸易投资规则的重要制约因素之一。

(五)关于核心竞争力的变化

在国际经贸活动中,如果说原先还可以把廉价的原材料或劳动力当作自己的比较优势和竞争优势的话,那么,在新国际贸易投资规则面前,中国企业或产业的核心竞争力的内涵已经发生巨大变化。其中,创新固然是提升自身核心竞争力的根本之道,善于顺应新国际规则体系来提升自己的效率和竞争优势同样是其核心竞争力的重要组成部分。这意味着,要具有强大的核心竞争力,首先必须了解和把握正在形成之中的新国际规则,然后还要善于结合自身的经济实践加以认真履行和充分利用。显然,这对中国大多数企业和产业而言,却是一个陌生且并不擅长的研究课题。总之,那些对新国际规则体系不甚了解或不能自觉加以利用的企业或产业,势必会让自己原先拥有的所谓比较优势和竞争优势大为逊色,甚至有丧失的危险。

(六)关于市场文化的改造

中国当前流行的市场文化虽然在基本方面应予肯定,却存在着不少与市场经济运作格格不入的糟粕。这集中表现在:整个社会普遍缺乏规则意识、起码的诚信原则被严重摧残、人为垄断行为流行、过度行政干预普遍等非市场经济行为,却被人们视为理所当然的正常现象,甚至还有意无意地推波助澜。这种市场文化十分不利于中国社会主义市场经济体系的建设,而且在它支配下的经济行为常常还可能成为国际经贸规则的惩处对象。这就是说,倘若这种市场文化得不到比较及时且彻底的改造,日后将导致中国经济在新国际规则体系面前会被动挨打甚至难以招架。特别是,这种市场文化的积极改造只能循序渐进、稳扎稳打,它至少需要经历数十年甚至更长的时间,才能发挥出其重大的积极效应。对此,我们必须具有足够的危机感,并立即着手这种市场文化的深刻变革。

(七)关于国民意识的更新

我们还要看到,新规则体系的形成将对中国国民更新经济理念与认知产生重大的潜在影响。这就是说,中国现在实际上面临着一个紧迫的学习任务,即:必须大力更新广大国民的经济理念和认知,进而大力净化和提升中国发展经济的社会氛围和软实力。例如,中国国民缺乏规则意识是一个相当严重且顽劣的社会恶习,它对中国经济发展的无形羁绊已经相当严重,而在围绕遵循国际规则问题上的负面影响更是十分深远。我们必须看到,新国际规则体系形成之后,它对中国主流国民意识的巨大冲击力可谓难以估量。倘若中国不从现在开始自觉地推动国民规则意识的大觉醒和大提高,那么,将来自身经济发展恐怕难以避免这方面的长期困扰和沉重打击。

二、中国的基本战略、运作策略和相关做法

面对全球构建新规则体系的全新格局,中国作为世界第二大经济体,必须尽快确定自己一整套的分析思路和政策措施。具体地说,中国在基本战略、运作策略和具体做法三个层面上,都应当尽速形成和推行相当完整和科学的思路、机制和措施。

中国的基本战略应该是:积极参与,接受挑战,重构秩序。现在美国和欧盟国家出现"逆全球化"的强烈倾向,中国应当主动地担当起负责任大国的角色,与它们一起努力推动新规则系列的构建和推行。在这个过程中,中国的经济体制、运作机制和发展进程可能会遭遇种种困难和挫折,对此要有足够的思想准备和改革决心。必须指出,大力深化自身经济体制的变革,积极推进经济建设的市场化运作,是中国主动应对新国际规则体系降临的根本之道。同时,新国际规则体系的构建过程十分错综复杂,也为中国变革(而不是推翻)现行国际经济秩序和显著扩大国际经济话语权提供着巨大的契机。比如,现在出现了一股正在冲击整个世界的"逆全球化"思潮,我们一定要利用这个难得的机遇,高举经济全球化和贸易自由化的大旗,进而推动现行国际经济秩序得以适当和有效的改造。

基于这样的战略思考,中国可以拥有丰富的运作思路,其中以下几方面可能特别重要。一是把多边贸易体制和国际经济规则真正当作"公共产品"来认识和处置,致力于它们的改革和创新。这就是说,中国政府和广大企业应当把遵循和变革现行的多边贸易规则体系视为世界贸易与本国对外经济活动的强大推动力,而决不能将它们作为一个被动消极的包袱加以对待。二是始终不渝地坚持和发展国际经济协调的基本策略和运作思路,不要被目前一些"逆全球化"的倾向乱了自己的方寸。比如,面对美国现在企图对中国挑起贸易摩擦甚

至于可能大打贸易战,中国的国际经济协调策略就需要有新的内容和做法,而绝不能丢弃这个已经成功使用了40年的国际经济运作法宝。三是努力探究中国其他国际经济活动与多边贸易体制之间的平衡运作和积极互动。我们必须看到,与多边贸易体制缺乏互动甚至同它们不尽协调的任何做法,都明显不利于中国其他国际经济活动的顺利实施。四是恰当对待区域经济一体化的两面性,即它对于多边贸易体制的实际冲击以及在构筑新规则体系上的推动作用。这是因为,专注于区域经济合作而冷落多边贸易体制,正是一些发达国家当今开展国际经济运作的一大策略;而恰当的做法应该是,积极推动多边贸易体制与区域经济一体化的相互促进。五是正确对待美国在国际经济事务中的"领头羊"作用。我们绝不能低估美国这个唯一超级大国在国际经济领域的巨大影响力,更不宜试图去替代它目前的这种地位。在这里,中国特别要警惕自我膨胀和被人捧杀,处理不当可能会犯下重大的战略错误。基于上述这些思路,中国可以采取很多有效的具体策略和做法。

我们还必须清楚地认识到,新贸易投资规则体系一定会严重冲击中国政府历来擅长运作的一些经济机制和政策措施,某种程度上还颠覆着我们原先的经济认知。这是中国政府必须高度正视和认真应对的。换言之,原先这些政策措施必须变革或调整,否则它们将成为中国的政策包袱或软肋。这里略举数例。

例如,关于国营贸易企业政策。长期以来,发达国家依据WTO有关规则一直对中国国营贸易企业提出很多批评,明确要求中国政府:对所有企业的经济待遇应该相同,而不能特别优待国营企业;政府定价或政府指导价的做法必须遵守WTO规定;对国营企业的有些关税和国内税费减免必须符合WTO规定;关税配额制度不能特别关照国营贸易企业;许多用于国营贸易企业的补贴行为应通知WTO;国营贸易企业进口不可有特殊规定等。应该说,其中有些直击了中国国营企业政策的软肋。必须强调的一点是,追求高水平的新规则体系必然直接冲击中国国营企业现行政策及运作的许多具体做法。

又如,关于产业政策。中国以往的产业发展主要是依靠产业政策这个主轴来带动的,尽管其中也有着若干值得争议的地方,可它毕竟没有被完全否定。但是,按照新国际贸易投资规则的要求,中国原先实施的产业政策就可能会遭遇沉重的打击。按照WTO的要求,一国的产业政策应当严守自己的边界,如它们必须统一实施,不能演变为贸易工具,不能导致人为垄断,不能成为行政过度干预的驱动力等。特别是,政府不能在扶植的名义下,大量发放财政补贴。至于以后的新规则体系必定会有更加明确的标准和更高层次的要求。毋庸赘言,它们将直接且严重地冲击中国现在流行的一些认知和政策,如果现在不做及早的应对,将来甚至会让我们手足无措。

再如,关于特殊经济区政策。对于特殊经济区的建立和运作,中国在经济理念和具体实施中间始终存在三大问题。一是过于频繁地设置各种特殊经济区域,扭曲了特殊经济区的应有位置与功能。二是没有清晰区分关境与非关境的不同性质与各自做法,常常把这两者混为一谈。三是滥用优惠政策,严重违反 WTO 的贸易制度统一性原则。新规则体系可能会明显挑战中国的这类做法。

>>

【思考题】

1. 为什么说构建新国际贸易投资规则体系是大势所趋?

2. 现行多边贸易规则体系存在哪些显著的缺陷?

3. 新国际贸易投资规则体系具有哪些比较显著的特点?

4. 怎样弥补现行多边贸易规则体系的明显疏漏? 请举例说明。

5. 人们可以从 WTO 的治理机制中间吸取什么样的经验教训?

6. 中国应该如何顺应新国际贸易投资规则即将出现的发展趋势?

第 2 章
新国际规则体系的基本框架

目前,新贸易投资规则体系正处在逐渐形成的过程之中,尚无成熟的系统的相关国际协议正式出台。但是,无论从国际经贸发展趋势来看,还是就不少国家的各自诉求而言,或者由相关区域性经济协议的大致走向所实际提示的,新规则体系的基本框架已隐然可见。大概而言,这个基本框架至少应该覆盖如下方面的重要内容。

第 1 节 积极弘扬正确的经济理念

我们必须认识到,正确适时的经济理念是多边贸易规则体系的精神支柱,起着引导和支撑的重大作用。特别是,不少偏颇的经济理念当前正在前所未有地冲击着多边贸易体制。因此,新规则体系必须旗帜鲜明且全面准确地阐述和凸显那些正确适时的经济理念。其中这样一些经济理念显得尤为重要。

一、关于经济全球化

所谓的经济全球化,是指各国的经济活动都已经被连接在一个统一的全球大市场之中,它们的生产、交换和消费有着十分紧密的联系,有时候一件完整的产品甚至可能是多国联合生产出来的。毫无疑问,这个经济大格局深刻影响乃至渗透各国经济活动的方方面面。同样,人们必须从这种全球化的视角来思考和解决各种各样的国内外经济问题。

经济全球化是一股不可抗拒的历史潮流。人们必须充分认识到,大力顺应这种时代潮流来开展国际经济运作,理当是一国必须坚守的经济理念和基本立场。倘若不这样做的话,那么,它的所作所为就会四下碰壁、寸步难行。所以,能够站在经济全球化的高度,去审视和处置各种国内外经济问题,并充分发挥全球化的积极作用,是一国经济发展得以抢占先机和顺利进行的根本保证。

我们还要看到,经济全球化作为一把双刃剑,同样会产生一些负面影响。在积极维护和有力推动经济全球化的根本前提下,也需要高度关注其伴随着的众多副产品,并努力予以有效的治理。例如,它会加剧对国内经济的严重冲击;削弱本国相关的经济福利制度;产生财富分配的巨大差距;破坏文明社会的道德源泉;导致货币投机活动几乎不受控制;诱惑人们为了经济利益而放弃环境与健康保护、民主及人权等。应该说,这些都是经济全球化进程中必须加以注意和予以解决的重要问题或现象。不从根本上治理经济全球化带来的负面效应,就可能逐渐出现各种逆全球化的表现和民粹主义活动,从而影响全球的经济发展和社会进步。

在经济全球化的背景下,各国经济的相互依赖程度明显增加。这种"相互依赖"包含着两层含义:一方面,其他国家发生的经济状况对本国的经济发展产生着直接或间接的影响;另一方面,本国要进行的经济事务在一定程度上也依赖于或受制于其他国家的行动和政策。例如,中美两个大国之间的这种"相互依赖"就达到了前所未有的程度。这意味着,当今世界经济格局所具有的这一新特点是人们分析和处置国际经济问题绝不能忽略或轻视的重要出发点。

在经济全球化的背景下,经济主权的内涵也发生了重要变化。本来,一国维护自己的主权是天经地义的神圣职责。但是,现在的经济全球化却使得各国的经济主权出现了某些所谓的让渡或共享。这种主权的让渡或共享,来自国际或地区协定的明确规定,它们是参与各方共同谈判商定的,并具有权威的法律效力。因而,这种让渡或共享对于所有参与国家都具有自愿的性质,一般来说也是对等和公平的。其实际结果是,有些本来应当由一国自己决定的经济事务现在变成了需要按照共同制定的经贸规则来运作,不能再随心所欲地决策或变化了。

例如,WTO 的成员必须遵守它的规则体系,并循此相应地改革自己国家的法律、制度和政策。这样一来,原先归属于本国经济主权的这类自主决定权利反倒不能完全由自己支配了。同样,参与区域经济一体化的国家,都必须按照相关协定的规定,不同程度地调整自身的关税与外贸政策,有的一体化水平高的组织(如欧盟)甚至连三大宏观经济政策的大部分制定权力,都需上缴给一个超国家的经济组织。在这类情况下,把已经让渡或共享的经济权利还当作"经济主权"来作出判断和主张,去反对一些基于国际经贸规范的政策措施,实在是远离了经济全球化的现实背景。

二、关于自由贸易

在自由贸易论者看来,一般而言,自由贸易政策比贸易保护政策要优越得多,因为自由贸易可以带来最佳的生产效率和最大的经济福利。世界作为一个整体,如果各国都参加其中的国际分工,并且实行完全的自由贸易,那么在市场机制的作用下,全世界生产资源就能得到最佳的配置。具体地说,不仅世界各国的生产资源配置处于最佳境地,而且各种具体产品的要素投入、人们的收入以及消费水平都最为理想。同样,自由贸易能最大限度地为社会获取经济福利,而进口关税这一类保护手段则使少数人受益和多数人受损。简言之,自由贸易政策的两大基本长处,一是经济效率高,二是社会福利大。可以说,这是自由贸易信奉者共同持有的基本理由。

此外,开展自由贸易还能对贸易双方的经济和社会发展产生间接的积极影响。首先,一国实行自由贸易政策,使得出口企业不得不同外国生产同类商品的企业竞争,国内企业不得不同进口商品竞争,这无疑是提高企业素质和竞争能力的必要途径。其次,开展自由贸易可以促使出口企业去寻求新的市场,而国际市场的扩大及其带来的新需求又会促进原有工业企业的发展和新工业企业的产生,从而促进经济增长。第三,实行自由贸易可以促使一国发展本国具有现实或潜在比较优势的产业,淘汰和放弃某些设置不合理的产业,促进企业的技术进步,促进产业结构由劳动密集型向资本密集型和技术密集型转变。最后,开展自由贸易必然带来人员的交往、文化的传播和思想的交流,特别是现代商品经济和社会化大生产孕育出的效率观念、福利观念、服务观念、冒险精神、开拓进取精神等,必然会对一国的政治、经济、文化和社会进步产生积极影响。上述这些见解同样成了有些自由贸易论者的主要理论根据。

我们还应看到,这些年来自由贸易反对者把抨击锋芒集中于四大方面:即自由贸易缺乏公平、破坏生态环境、降低劳工待遇以及同提高社会与道德进程不相容。换言之,他们是以公平、社会正义、自然和道德这些似乎令人无法抗拒的基本标准来批判自由贸易的。但是,自由贸易论者却认为,恰恰是自由贸易可以使得这些目标得到更好的或有效的实施,而上述各项批评程度不同地曲解了自由贸易在其中发挥的作用或功能。

必须强调,多边贸易体制主张和推进的所谓自由贸易,同样基本上肯定和秉承着上述这些理论阐述。但是,它又有着自己的显著特征。其中的两大特征尤其具有重要意义。

第一,它强调贸易自由化不能与贸易保护简单地绝对地相对立。自由贸易与贸易保护作为两种不同的基本贸易政策,自然有相对立的一面。从历史发展进程来看,它们各自都在有些国家取得过辉煌的经济成就。然而,在经济全球化的现实背景下,贸易自由化已经成为大多数国家的共识和前进目标,即便经济相对落后的发展中国家也不再片面强调贸易保护政策,更不应将其用作一国的外贸战略。更令人瞩目的是,多边贸易体制在追求贸易自由化这个基本目标的同时,更是充分认可了适度贸易保护的必要性和可行性,甚至还把有些重要贸易保护理论(如保护幼稚工业论)吸收进自身的规则体系之内。这一切都表明,贸易自由化这个基本理念包含着对于适度贸易保护的认可,两者非但不是绝对排斥的,反而有着可以融合和共存的一面。

第二,它主张当今世界普遍追求的贸易自由化,必须以国际经贸规范为导向和约束。以多边贸易规则体系为代表的国际经贸规范,既要体现现代市场经济运作的基本要求,又要凸显经济全球化时代潮流所涌现的新理念与新机制,还得考虑各国经济发展水平不同所带来的利益相对平衡问题,从而才能有效推进贸易自由化的实际进程。其实,经济全球化所呼唤的新理念与新机制,如"主权让渡"的理念与实践等,还可能是现代市场经济的一般要求所无法企及的。因此,公正制定和认真遵循这类国际经贸规范,当是主张和推动贸易自由化的应有之义。可以认为,这种国际贸易自由化的理念是在新的历史条件下,对于亚当·斯密当年所建自由贸易理论的一种引申和发展。换言之,它同有些人心目中的所谓自由市场经济理论还是有差别的。

三、关于贸易保护

大致而言,关于贸易保护的相关理念,人们至少应该从四个方面加以理解和秉承。在大多数情况下,人们实际上对此的理解是不够完整的,甚至有支离破碎之嫌。

(一)应该从不同角度全面认识贸易保护

讲到贸易保护,人们不能进行笼统粗略的阐述和讨论,而应当从不同角度展开具体分析。一种是作为贸易理论加以研究。显然,有些贸易保护主张颇具说服力,它们应该得到高度赞赏或基本肯定。"保护幼稚工业"论即为典型的一例。另一种是作为贸易战略加以考察。必须强调,在贸易自由化已经成为各国的共识和多边贸易体制统领全球贸易的现实背景下,任何一个国家还试图把贸易保护当作自己的外贸战略,必定在国际经济竞争中败得惨不忍睹,因而是绝对不可取的。还有一种是作为贸易政策加以剖析。在具体判断一项贸易政策时,一切应当以时间、地点、条件为转移。换言之,有时候一国采取一些贸易保护的做法或许是可以理解甚至是必要的。所以,简单地以自由贸易政策已成主流为理由来压制和反对一国的有些贸易保护措施,同样可能是一种有失偏颇的态度。

（二）不要把贸易保护和自由贸易根本对立起来

如果一种贸易保护做法并不完全排斥国外竞争，而只是把这种竞争限制在本国经济能够承受的范围之内，那么，这种贸易保护措施同自由贸易政策用竞争机制刺激经济活动就并非势不两立。同时，自由贸易也不可能无条件地绝对进行，因为国际贸易是主权国家之间的经济交换关系，如果贸易双方经济实力悬殊，或者贸易利益只被一方独占甚至另一方受害，要长久地维持这种贸易关系则十分困难。比如说，在当今世界贸易中，发达国家之间的贸易额占据世界贸易额的大多数，其国际竞争力明显居于优势，而且它们与发展中国家的不平等交换时有所见。在这种贸易格局下，要开展纯粹的自由贸易显然行不通，即使一时实施了，也必然难以为继。因此，经济后进国家在一定范围内采取保护政策，逐渐增强其产品的国际竞争力，既是维护本国正当贸易利益的需要，又是在为最终实施全面的自由贸易积极创造条件。即便是其他类型的国家，在一些特定情况下，一段时间里适当推行某种贸易保护措施，也可能有其实际需要。应该说，在特定条件下的适度贸易保护，与自由贸易政策完全可以相辅相成。

（三）充分肯定适度贸易保护的必要性

一定要看到，多边贸易规则体系同样认可在特定条件下采取适度贸易保护的做法。以推动国际贸易自由化为宗旨之一的WTO，至少在两个层面上允许或支持特定条件下的适度贸易保护措施。一方面，它同样接受了一些有说服力的贸易保护学说或主张，允许和支持发展中国家必要时采取恰当的贸易保护措施。如同意发展中国家"保护幼稚工业"，就是典型的一例。另一方面，它甚至明确规定非发展中国家在一定条件下，同样可以在一定范围内实施某些贸易保护措施。如保障措施规则就是一个具体例证。显然，这些做法都有利于发展中国家保护自身的国内市场和出口产品。所以，认为主张自由贸易就一定反对适度的贸易保护，是一种张冠李戴的误读。

（四）准确认识适度贸易保护的运作条件

必须指出，对于一个经济发展水平和竞争力不高的国家来说，在面临激烈的国际经济竞争时，尽管适度的贸易保护是其必不可少的应对思路之一，但是，正确把握贸易保护的含义及其运作条件也至关重要。

第一，保护的目的：主要在于推动经济后起国家的工业制成品行业与服务贸易行业能够迅速地健康地发展壮大。

第二,保护的对象:主要是那些对经济后起国家起着支柱作用的少数新兴工业或服务贸易行业。

第三,保护的手段:货物贸易领域主要采取高税率的关税措施;服务贸易领域则主要通过市场准入条件的变动加以落实。

第四,保护的条件:不能无视保护成本过高对于整个社会经济福利的巨额净损失,不能把保护蜕变为形成垄断和为少数集团谋利的工具,不能悖逆以WTO为代表的国际经贸规范。

第五,保护的时限:一般控制在这个行业成长期所需用的时间,不能实行长期保护。

这些都明确提示着人们,凡是同上述要求相背离的贸易保护措施,在理论上是难以站住脚的,在经贸实践中也无法得到多边贸易体制的认可,因而完全是行不通的。所以,即使是合理的适度保护措施都不能超越这些运作边界。

四、关于国际经济协调

所谓的国际经济协调是指,面对经济全球化的历史潮流,各国应当把双赢或多赢作为基本的追求目标,发扬合作协调的精神,努力在国际经济规范的体系框架之内,积极地有效地解决与其他国家的各种贸易摩擦与纠纷,进而共同推进各自的贸易增长和经济发展。

大力弘扬国际经济协调理念,以及努力将一国贸易政策立足于国际经济协调之上,有着相当的重要性和紧迫性。各国之所以都需要这样做,是因为:

从经济理论来看,以博弈论为理论基础的经济学原理早就告诉人们,合作性竞争明显优于非合作性竞争。这意味着,在当今世界的国际经济活动中间,追求零和博弈的竞争形式,以冷战思维来处置各国之间的经贸关系,往往会搞得两败俱伤,这显然不符合彼此的基本经济利益。相反,用合作多赢的精神对待国际经贸舞台上的种种矛盾与纠纷,力图实现共同增加各自经贸利益的目标,才是一种正确和有效的根本之道。

从世界经贸基本格局来看,世界各国在经济上互相联系与彼此依赖的程度越来越深,大多数开放国家的经济状况都已经是"我中有你,你中有我",受到了其他相关国家的明显制约和重要影响,有些还达到了相当紧密的境况。在这种新的格局下,它们实际上并不希望关系密切国家的经济状况产生大的麻烦或困难,因为对方出现经济疲软或衰退一定会冲击甚至重创自己的经济增长。反之,如果它们动辄以一种对抗好斗的姿态来处理彼此间的经济摩擦与纠纷,则一定会落个两败俱伤的结局,谁都不可能是赢家。这就决定了,彼此唯有采取合作协调的立场,才能实现各自的经济目标和贸易利益。

从各国对外经贸实践来看,它们只有始终坚持以国际经济协调精神处置对外经贸活动,才能切实解决自己与其他国家之间的经济分歧与贸易摩擦,进而为本国外贸发展创造平和的稳定的外部环境。以中国为例,从改革开放之初与美国互相提供贸易最惠国待遇,到排除种种重大障碍加入 WTO,再到最近这些年来围绕各种贸易壁垒同发达国家斗智斗勇,其中每一项辉煌成就的取得,莫不同出色的国际经济协调运作紧密相关。由此可见,始终不渝地坚持和弘扬这种国际协调精神,是各国不断赢得对外经贸成就的重要法宝。

在这里,牢固树立互利多赢的理念至关重要。在经济全球化的背景下,国际贸易的竞争活动固然仍旧激烈,但已不纯粹是"商场如战场"那种你死我活的氛围,而应该追求一种"双赢"或"多赢"的结果。通常来讲,这种"双赢"或"多赢"主要是指贸易双方或实行妥协的各方都实现了自己基本或主要的利益追求。我们应该看到,这种目标追求是可能实现的。这是因为,当今世界的经济竞争早已不是简单的"零和博弈",即我的获利必定是他人的损失,而应该是做大蛋糕共同分享,竞争只是在于增大部分中如何使自己获得更多。不具备这种互利多赢的理念来展开所谓的经济竞争,微观经济主体将会碰得头破血流、寸步难行,而一个国家如此运行,同样只可能成为孤家寡人,时常腹背受敌。同时,各国在同一经济问题上的各自贸易利益,事实上一般都会表现在不同的层面或方面。处置得当的话,它们之间可以没有大的冲突或对立。

总而言之,可以这样认为,倘若某个区域性经济协议或双边经贸协议的相关阐述或规定,与上述这些重要经济理念格格不入或者有所悖逆,那么,它们由此而形成的规则或规定都必然在本质上有悖国际贸易的发展趋势。因此,其绝不可能被吸收进新贸易投资规则体系之中。

第 2 节　坚决深化行之有效的重要原则

我们必须看到,多边贸易规则体系一定需要若干重要经贸原则加以引导和支撑。在一定的意义上讲,这些重要经贸原则就是多边贸易规则体系的基石和支柱。这是因为,它们既符合多边贸易体制所积极弘扬的基本经济理念和所大力提倡的市场经济运作机制,又在实际的国际经贸活动中为大多数国家和各类经济主体所认可和遵循,还得到了公认的经济学研究成果的理论支撑。事实上,与许多基本规则和具体规定相比,重要经贸原则是一些立意更高、内涵更加丰富深刻的基本规定,因而它们的适用范围更具普遍性,并且直接统领着各种各样的规则和规定。鉴于此,新贸易投资规则体系同样必须坚定地维护和遵循这些重要原则,并需要结合各种现实情况加以发展和深化。

一、非歧视原则

非歧视原则也可称为无歧视原则,或非差别原则、无差别原则。它主要包含两个重要内容,一个叫贸易最惠国待遇,另一个为国民待遇条款。前者是指,成员国(方)可以无条件地、互惠地、一视同仁地享受贸易最惠国待遇。这种优惠待遇首先表现在进口关税上,同时也体现在海关的其他税费以及征收这些关税和税费的法规和方法等方面。后者规定,通过合法渠道进入东道国的外国商品,应该享受与同类国内产品一样的经济待遇,即承担同样的义务和获取同样的权利(它比较集中地体现在国内税的征收上)。它对最惠国待遇原则起着补充的作用。

该原则意味着,通过互相提供最惠国待遇,成员国(方)承诺成员国(方)之间不能实行歧视,同时,在国际货物贸易的所有问题上,一个成员国(方)也不能提供比另一个成员国(方)更少优惠的待遇。这实际上包含着通常所讲的互惠原则的意思。

二、关税稳定减让原则

关税稳定减让原则是指,各成员国(方)为了保护其国内产品而实施的关税措施应当通过成员国(方)之间的谈判加以减让和消除,同时已经减让的关税则应受到不得重新提高的明确约束。这就是说,这种关税减让的任务是双重的,即:一方面要不断削减平均关税水平,使之越来越不成为外国商品进口的障碍;另一方面又要保证有关关税固定或约束在削减之后的新水平,换言之,进口国在不付出任何代价的情况下,它不能重新再提高这类关税,这就是"稳定"的含意。需要指出的是,它是多边贸易体制建立以来始终优先追求的基本目标之一。

同时,还应该对各国减让表的修改和关税谈判的技术性规则作出进一步的明确规定。每个国家都要有一份关税减让的承诺表,它必须遵守该表所涉及的关税、其他税收或费用的有关规定,也有义务不采取数量限制一类的措施。所以,这种承诺表同样是落实关税稳定减让原则的有机组成部分。由此可见,对该原则的完整理解实际上还涉及关税约束、关税升级、关税上限等规定的把握和遵守。

三、禁止数量限制原则

禁止数量限制原则是指,在一般情况下,国际贸易活动应当反对或禁止对进出口商品实行数量限制。这意味着,在多边贸易规则体系里,数量限制手段的地位是远远不及关税措施的。按照其规定,即便成员国(方)需要实施适度的贸易保护时,它们也应当尽可能使用进口关税这个唯一的手段。所以,禁止数量限制原则有时又可被称为关税优先原则。

我们应当看到,现行多边贸易体制正在一些重要贸易领域里,进一步强化着这个禁止数量限制原则的贯彻落实。例如,在货物贸易领域里,WTO 就有 6 个具体协议是专门针对有关的非关税壁垒而设置的。另外,影响很大的典型例子便是,WTO 在农产品贸易实施单一的关税化措施,以及规定纺织品与服装贸易从 2005 年起完全取消一切进口限制(包括进口配额)的做法。

四、公平竞争原则

公平竞争是市场经济运作的重要前提和基本要求。而该原则目前的实际应用主要针对的是贸易补贴和商品倾销。具体地说,它反对向输往国外的产品提供出口补贴,以及不允许对本国产品提供进口替代补贴以抵御外国产品占领国内市场,因为这些会导致价格扭曲和市场扭曲,形成不公平竞争。对于商品倾销而言,只要它确实给东道国同类产业带来了实质性的损害或损害威胁,扭曲了竞争的条件,就同样应予以反对。在这种情况下,进口国(方)政府可以对那些从不公正做法中得益的出口产品征收具有补偿性质的税收,即反补贴税或反倾销税。

但是,多边贸易规则体系本身并没有简单地谴责或反对商品倾销或补贴。这是因为,实施倾销或补贴的进口产品通常价格较为低廉,显然有利于进口国的消费者和有关生产者。同时,不同种类的补贴起着并不一样的作用。所以,只有在它们导致了不公平竞争的条件下,才是必须加以反对的。据此,征收反补贴税或反倾销税,不能只是以产品已经从补贴中收益或产品正在倾销为理由加以实施,而必须遵循比较严格的条件和程序。这常常易于被人们忽略、误解甚至曲解。

五、透明度原则

在多边贸易体制看来,透明度是其体系本身的重要组成部分。它规定,成员国(方)所有关于国际贸易的普遍适用的法律、法规、司法判决和行政裁定应迅速公布;两个成员国(方)政府机构之间实施的影响国际贸易政策的协定也应予以公布。同时,每个成员国(方)应以统一、公正和合理的方式管理上述的法律、法规、判决和裁定。现行多边贸易体制又进一步要求,如果一个成员国(方)上述法律和政策发生变动时,应及时通知 WTO;各成员国(方)还需设立有关咨询站,向其他成员及其企业提供所有可以公开的信息。一句话,有关国际经贸活动的各种信息应该公开透明。

六、发展中国家优惠待遇原则

发展中国家优惠待遇原则强调了一个重要的理念,即给予发展中国家以特殊和有差别的待遇,或者讲得通俗一点,即发展中成员得到了比非发展中成员"更加优惠"的经济待遇。这项原则的实施大致表现为:各国应当采取措施促进发展中成员的贸易活动;发展中成员在接受多边贸易体制规定的义务时可以享有灵活性;各国对发展中成员提高执行协议能力方面提供技术帮助等。

必须指出,这项原则的确立,实际上使得多边贸易体制所有成员存在一个基本身份的辨识问题,即属于发展中成员还是非发展中成员。两者在享受优惠待遇的广度和程度方面存在一定的甚至较大的差别。

七、贸易制度统一性原则

贸易制度统一性原则是指,在一国的关境范围里,其贸易制度与政策必须统一,不能采取有差别的做法。讲得通俗一点,它不允许一国在本国海关管辖的范围之内实施各不相同的经济政策和贸易措施。这是因为,实施有差别的贸易制度与政策,势必导致市场的分割和破裂,无法形成统一的大市场,从而彻底毁坏市场机制的经济资源配置功能,并且导致严重的不公平竞争。这同时意味着,一国政府在自己的关境范围之内实施各种拥有特殊优惠待遇的贸易制度与政策,需要谨慎和节制。当然,在一国国境之内关境之外地区的贸易制度与政策,则不受统一性原则的限制与约束。必须指出的是,与其他重要原则不同,该原则常常易于被人们所忽视。在中国,如何准确理解和遵循该项原则也存在较多的问题。

毋庸赘言,随着全球经贸活动的不断深化,人们需要确立和遵循的重要经贸原则还会继续增加。但是,上述这些重要原则却是各国始终必须准确把握和认真遵循的。我们一定要清醒地认识到,那些抛弃或背离它们的所谓贸易规则或规定,即便一度会被某些国家大肆渲染或四下兜售,还是依然无法在新规则体系里找到它们的位置。

第3节　努力构建现行体制根本匮缺的重大规则

随着国际贸易数量和种类的不断增加,人们的经济贸易行为越来越多地与政治、社会、伦理等因素交织在一起。这样,国际贸易投资规则必然要广泛地辐射到一些与国际经济活动紧密相联的领域。WTO 成立时,就对原先只适用于货物贸易领域的 GATT 规则作了一定的拓展,进一步将 WTO 规则体系适用于服务贸易领域和与贸易有关的知识产权领域。在多哈贸易谈判回合中,谈判尽管列入了几个新议题,试图让多边贸易体制规则覆盖更加广泛的范围,但是,它看起来并没有获取预期的效果。换言之,在多个与贸易有关的重要领域里,WTO 在根本上尚未制定和履行一系列的基本规则和重要规定,从而让这些领域至今游离于多边贸易规则之外。因此,从国际贸易的发展趋势来看,新贸易投资规则体系首先应该致力于贸易与环境、劳工待遇、竞争政策之间关系等领域取得相当的突破或进展。这里仅以贸易与环境为例作简要说明。

一、确立恰当可行的绿色贸易目标

众所周知,生态环境问题已经是直接危及全球生存的紧迫课题,而绝大多数国家业已签署和开始履行的《巴黎协议》,更是衡量和约束各国政府相关行为的主要标杆。理论上说,现行多边贸易体制在这方面的表现应得到比较充分的肯定,因为它早已在自己的规则体系中显示出对于生态环境的高度关注。例如,它强调了走可持续发展之路是其根本宗旨的组成部分,设置了专门用于保护生态环境的相关条款(如 GATT 第 20 条),还在一些协议中制定了不少具体规则来维护国际经贸活动中的生态环境(如 SPS 协议和 TBT 协议等)。可事实上,现行多边贸易体制受到了诸如世界环境保护组织等国际机构及其有关人士的严厉抨击和责难。这是因为,多边贸易体制不仅至今未能达成贸易与环境之间的正式协议,无法出台这方面的系列规则,而且还在处理各类贸易冲突中貌似显现出一种忽视或轻视生态环境问题的有害倾向。有些人士甚至认为,它本身就是全球生态环境遭受严重污染的根源之一。由此可见,尽快出台和履行贸易与环境之间关系的系列规则,是新规则体系何等紧迫的一个使命。

在处置贸易与环境关系的议题上,WTO 虽给予了相当优先的考虑,可是,由于错综复杂的种种因素,特别是许多经济发展水平较低的国家存在的实际困难,它并没有首先确定一些相对集中的绿色追求目标。这些目标本来经过各国努力是有望较快实现的。相反,这些年来 WTO 只是进行四面出击式的广泛争论。所以,新规则体系一定要优先考虑如何尽快确立一些有望较快实现的绿色贸易目标,在此基础上再构建相应的落实机制与规则。

二、制定切实有效的绿色贸易系列规则

我们一定要清醒地认识到,WTO 原先关于绿色贸易的一些规定已经远远落后于客观实际的紧迫需要。现在,新规则体系必须在"贸易与环境"这个主题的统领下,尽快形成和推行这方面的系列规则。这个系列规则的构建需要致力于三方面的全面梳理和深入挖掘。

一是用一个统一的框架全面梳理 WTO 以往的绿色贸易规定。这些规定不仅集中体现在《WTO 协定》序言、GATT 第 20 条、SPS 协议和 TBT 协议等之中,同时也散见于其他不少协议或条款里面。该框架还必须对有些有意无意地有悖绿色贸易信条的以往规定,予以删除、澄清或修订。

二是积极吸纳其他国际机构和有些国家的有用做法。无论是世界环保组织等国际机构还是不少国家都先后出台过一些具有普遍意义的绿色措施,它们体现了生态文明的发展趋势。例如:通过相关法规与政策不断扩大或提高环境保护的管束范围和实际水平;预防性原则被越来越多地应用于各项环境保护措施之中;一些绿色措施已经扩展到针对产品的生产工艺过程和方法等方面;尽量采取强有力的制约或惩处手段来打击和惩罚各种破坏生态环境的恶劣行为等。所以,新体系应该积极吸收或借鉴那些具有趋势特征的相关机制及其规定,尽可能多地将其纳入自身的规则框架,进而以国际规范的高度来引领全球

的贸易活动。

三是力图以生态文明的新高度提出一些新规则。在多边贸易体制里,以往较多地考虑到有些国家的经济承受能力,因而没有对国际经贸活动中的环境保护提出较高的要求,另外针对有害或破坏生态环境的有关政策和贸易行为,采取的惩处手段或措施也往往相对疲软和有限。现在,确立这方面规则的相关思路需要有所变化,必须坚决树立这样的重要理念:对有些国家实际承受能力予以考虑的思路固然不能丢弃,但是,通过一些经过努力有望实现的绿色贸易目标与规则的制定和实施,来引领和提升国际经贸活动中的生态文明程度,则是十分可取且紧迫的做法。同时,大力强化多边贸易体制里的监督与惩处手段,努力形成足以约束和威慑一切有害或破坏生态文明行为的贸易纪律和经济氛围。显然,这是新体系需要积极开拓的处女地。

三、丰富独具优势的绿色贸易手段

在制定与推行绿色贸易系列规则的过程中,如何充分发挥多边贸易体制自身的独特优势,是一个亟待深入思考和拓展的重要课题。其中,两方面的独特优势务必在新规则体系里得到高度的重视和充分的发挥。

一个是关税手段的独特优势。本来,关税减让是 GATT 推动贸易自由化的最初突破口和重点攻坚目标,而 WTO 继承了这种传统,并使得它成为自己的一种"独门武器"。更何况,多边贸易体制内部在这方面已凝聚了较多的共识和丰富的经验,因而是相对易于协调和操作的。所以,围绕贸易与环境这样一个诉求各异、歧见纷纭、难度很大的谈判议题,首先选择将关税绿化当作突破口,且充分发挥其多方面的积极功能,那么,谈判各方就比较容易达成一定的妥协,并使得这方面的新系列规则较快付诸实施。即使贸易与环境协定一时无法出台,业已形成的关税绿化共识也可先试先行,发挥多边贸易体制在全球生态文明事业中积极而独特的作用。

另一个是非关税手段的积极作用。WTO 重视非关税手段可能产生的负面影响,这自然应予以明确肯定。不过,充分关注其中有些做法对于推动全球生态文明的独特长处,可以使得它形成一些比较高效的治理手段。比方说,非关税手段的歧视性特点似乎并不符合 WTO 的非歧视性原则,然而,在对付那些恶意破坏生态环境的行为时,它恰恰具有针对性。非关税措施的灵活多变也正好是那些处处钻环境保护空子之恶行的"克星"。所以,在生态环境保护领域里,机械僵硬地禁止非关税措施的做法十分不明智。新规则体系在这方面一定要有新的思维和做法,以免重蹈 WTO 的覆辙。

四、尽快落实相应的制度安排

我们还要看到,尽快形成绿色贸易系列规则离不开相关制度安排的有效落实。这种制度安排是指,新规则体系不仅要确立包括上述思路或内容的绿色贸易规则系列,而且还需要纳入那些落实它们的履行机制和治理结构。没有后一方面内容的绿色贸易规则,依然可能如海市蜃楼一般虚无缥缈。目前可以做的至少有:

一是把绿色贸易规则的谈判和制定提升到最高层级。这是指,将它与货物贸易、服务贸易和知识产权等三大系列规则的实际地位等量齐观,用一个宏大的框架结构来统领该领域的所有规则。从这个高度来谈判和制定绿色贸易规则,既可以避免其不周全性或较多的规则空白,又便于摆脱那些细枝末节带来的不必要干扰。所以,任何意在降低其规则层级的做法只会增加更多的实际障碍。

二是该规则体系的实施要确立具有一定强制性质的时间表。可持续发展是当前紧迫的时代呼唤,又是 WTO 根本宗旨中意义重大但却落实得最薄弱的部分,这种被动局面已严重损害多边贸易体制的国际形象和影响力。因此,这样做可以确保相关规则体系尽快问世。

三是积极履行严厉而高效的惩处机制。只有采用严厉而高效的惩处机制,才能从根本上解决好贸易动机(一般是为了盈利)与环境保护动机(一般是为了生态文明)之间的潜在冲突。这是因为,破坏生态环境的高成本同样可能使得自己的贸易活动无利可图甚至蚀本亏钱,从而不得不认真对待环境保护问题。所以,新规则体系必须坚决构建合理且有效的严惩机制。诚然,这样做时,经济后进国家的实际状况仍然需要得到充分的考虑。

第4节 全力丰富现行体制尚嫌粗略的相关规则

我们应当看到,当年乌拉圭回合通过的《WTO 协定》对原先的 GATT 规则体系作了一些变革,体现了一定的与时俱进精神。可是,由于各种因素的掣肘,它在一些重大领域的系列规则以及若干方面的基本规则存在粗略表层的明显缺陷,严重影响这类规定对于贸易实践的引领作用和制约功能。这正是新规则体系务必要精雕细琢的重大方面。

其中,服务贸易系列规则就是一个典型的例证。乌拉圭回合出台的《服务贸易总协定》(GATS),虽然顺应了国际贸易发展趋势的迫切要求,但由于各个成员方经济发展水平的显著差距而难以全面协调,从而导致这个因妥协而生成的贸易协议十分粗略,其系列规则并不足以解决服务贸易的众多问题。可以这样说,进一步打磨和深化全球服务贸易系列规则,是新规则体系最为紧迫的使命之一。

一、认真补充 GATS 尚未确立的相关规则

我们不能不看到,全球服务贸易的迅猛发展使得 GATS 规则体系已经远远不能适应实际经贸活动的广泛需要。首先,GATS 对有些领域或方面的服务贸易活动根本没有任何明确的规则约束。这集中表现为,最近 20 多年来,全球服务贸易的迅速发展早已进一步增加着形态各异、独具特点的贸易种类甚至具体部门,它们都需要多边贸易规则体系来规范相关的市场秩序和运作行为。可是,GATS 连一些最重要的具体部门(如金融业等)都还没有制定出行之有效的实施规则,自然没有精力顾及那些新事物的规则约束了。换言之,GATS 对于那些服务贸易活动中新出现的业态、型式和部门,其规则约束至今还是一张白纸。其中,跨境电子商务活动和所谓的数字经济就是明显的例子。

二、制定 GATS 相关具体规则

当年乌拉圭回合在谈判服务贸易规则时,人们认识到有些方面的基本规则或重要规定是不可或缺的,然而,由于各国服务贸易发展水平差距悬殊,由此而形成的相关诉求难以协调。因此,最终出台的 GATS 出现了一个奇特的现象,即有些条款的设立只有一个标题,却并无任何具体内容。可是,这些人们想制定又没有能够制定的相关规则,已经越来越成为处置国际服务贸易的瓶颈,阻碍着服务贸易的自由开展。

例如,GATS 第 9 条"商业惯例"、第 10 条"紧急保障措施"、第 13 条"政府采购"、第 15 条"补贴"等,都分别程度不等地存有这方面的弊端。它提到:有些商业惯例会抑制竞争和服务贸易,因而在其他成员方的请求下,应该进行磋商和合作;紧急保障措施问题应在非歧视原则基础上进行,此类谈判结果应在《WTO 协定》生效三年之内实施;GATS 三项条款不适用于政府采购行为,并规

定在《WTO 协定》生效二年之内进行政府采购问题的多边谈判;某些情况下补贴可对服务贸易产生扭曲作用,因此应进行谈判以建立必要的多边纪律,需要时还应进行双边磋商与合作,同时应该认识到补贴对发展中国家的作用,因而需要灵活性等。

可以看出,这些条款的设立说明它们对于全球服务贸易顺利运作和不断发展的重要性,没有这方面的规则是无法积极推进这类贸易发展的。然而,稍微认真阅读一下这些条款的内容便可发现,它们除了指明这些问题的重要性之外,就是强调必须进行磋商和谈判,至于具体规则直至今日还难见踪影。这表明,由于各国的诉求明显不同和分歧严重,导致这些条款的具体规则尚未真正形成。显然,这种实际上的规则空白不利于全球服务贸易的顺利开展,亟待尽快予以弥补。

三、努力丰富 GATS 过于粗略的相关规则

还应当指出,GATS 制定出来的一部分规则尚显粗略简单,远远解决不了当今贸易实践面临的诸多问题。其中,关于市场准入的衡量标准就值得一议。

应该看到,针对服务贸易领域的复杂性,GATS 已经对相关的市场准入作出了比较明确的规定,在其第 16 条提出了在市场准入承诺的部门不得采取的六类措施。它们可以被视为关于市场准入的六条禁行标准,具体是指:限制服务提供者的数量;限制服务交易或资产总值;限制服务业务总数或以指定数量单位表示的服务产出总量;限制特定服务部门或服务提供者可雇佣的自然人总数;限制或要求服务提供者通过特定类型法律实体或合营企业提供服务的措施;以限制外国股权最高百分比或限制单个或总体外国投资总额的方式限制外国资本的参与等。显然,能够出台这方面的具体规则是应当充分肯定的。

然而,这样的规定毕竟尚属比较原则笼统,它们对于有着至少 155 个具体部门的服务贸易领域来说,无疑显得过于粗略简单。首先是,GATS 允许各个成员方实施国民待遇的部门承诺制,东道国不作承诺的服务贸易具体部门根本无须遵守这些规定。同时,需要遵守这类规定的具体部门则要看东道国拿出的承诺清单,即减让表。这意味着,如何限定成员方及时交出合格的减让表,以及怎样严格规范和具体细化减让表的相关要求,就显得相当要紧。这样做,既有利于切实履行各自的市场准入承诺,又能够有效解决相关规则过于粗略简单的不足。但是,在 WTO 体系里,提交这类出价清单的步伐缓慢,如提交成员数量少、承诺开放的部门数量也只涉及 50 余个等,至于严格规范减让表的做法恐怕更

是与预期目标距离甚大。

还需要注意的是,减让表可以有两种范式,即正面清单和负面清单。前者是指列出所有可以自由市场准入的商品类别,而后者是指列出仅仅需要禁止准入的商品类别,换言之,不在清单上的商品类别统统能够自由准入。应当看到,在用于减让表的市场准入和国民待遇等方面要求上,正负面清单的不同分类会产生大相径庭的实际效果。由此,深入探究这两类清单的功能就颇为重要。总之,上述这两方面都是新规则体系理应全力以赴予以解决的重要课题。

四、重新审视 GATS 并不恰当的相关规则

必须指出,GATS 原先制定的有些重要规则并不恰当,甚至存有明显的漏洞,其中,它确立的服务贸易领域实行国民待遇部门承诺制就是其中一例。

非歧视原则作为 WTO 奉行的最基本的原则,是以最惠国待遇和国民待遇为其两大支柱的。然而,在 GATS 框架里,东道国向外国资本开放自己的服务贸易部门采用的是部门承诺制。这是指,由于服务贸易领域涉及的具体部门过于繁多,这些部门的开放及其提供国民待遇自然是分批逐步进行的,而且是由东道国自己拿出相关的清单。这意味着,东道国交出的清单上没有列入的那些服务贸易具体部门,目前就可以不对外资开放,或者不向外资提供国民待遇。可这样一来,作为 WTO 规则体系之基石的非歧视原则就受到了明显的侵害,因为国民待遇条款会在大量具体贸易领域里实际上被丢弃,而该条款本来应该是普遍适用的。毋庸赘言,这种不恰当性直接触及 WTO 规则体系的基石,需要认真正视并妥善解决,否则它一定会成为服务贸易逐步自由化的绊脚石。

显然,新规则体系必须对此加以有力的弥补与改进。其基本思路应该是:一方面,必须尊重服务贸易领域里采用国民待遇部门承诺制的合理内核,即在各国服务贸易发展水平存在巨大差距和服务贸易具体部门相当繁多的两大背景下,要求各国像在货物贸易领域那样全面统一地开放国民待遇,显然是不现实且不合理的。另一方面,应当有效填补这种国民待遇部门承诺制与非歧视原则似乎不一致的漏洞,即国民待遇条款如何得到最大程度的合理体现,不能因为东道国十分有限的开放承诺而导致外国资本在该国大多数服务贸易部门享受不到国民待遇。平心而论,采用负面清单方式来限制外国资本进入本国某些服务贸易部门,可能会较好地协调上述两者的表面冲突,从而是一种比较合适可取的途径。

五、大力强化服务贸易分支领域的具体规则

毋庸赘言,作为一个具有至少 155 个(按照 1995 年的统计)具体部门的服务贸易领域,仅仅用一个 GATS 进行规则约束是远远不够的。GATS 只是制定了一个规则体系的基本框架,以及提出了体现服务贸易特点的若干重要原则与基本规则。可是,服务贸易领域拥有那么多不同的具体部门,它们各自呈现出的特殊之处又是如此繁多,使得多边贸易体制必须针对它们的特点展开有所区别的具体规则约束,至少在一些非常重要的具体部门(如金融业等)能够较快地形成比较系统的明确规定。可以说,这是全球服务贸易领域一项极为重大的基础性工作,关系到全球服务贸易的长治久安。

然而,多边贸易规则体系受到各方面的掣肘,根本无法及时针对那些重要具体部门(如金融业等)作出进一步的相应规定。目前,WTO 只有围绕四五个具体部门制定了所谓的议定书,还来不及照顾到其他绝大部分,而且这些现有的议定书仅仅涉及一些相关承诺或谈判的时间表,根本没有提出任何真正结合自己部门特点的有关规则约束。必须强调,这是现行的服务贸易规则体系的一大软肋。事情当然要一步一步地做,可 WTO 成立 20 余年还没有制定出任何一个具体部门的实施规则,它对全球服务贸易活动的巨大负面影响可想而知。因此,在大力强化服务贸易分支领域的具体规则上,新规则体系尚需作出长期的不懈努力。

第5节　显著改进现行体制疏漏甚多的相关规则

毫无疑问,与其他国际经济组织的相关规定相比,WTO 的规则体系自然是最为全面和深入的。但是,我们不能不看到,它的不少基本规则依然存有明显的缺陷和疏漏,并对现实的国际贸易活动造成了明显的不良影响和实际困境。它主要出自两大原因:一个是任何一种庞大繁复的规则体系,无法做得面面俱到,总会存在疏漏和不足。另一个则是它的形成、发展和完善往往涉及众多国家的利益博弈,因而有些规则完全是彼此妥协让步的产物,不可避免地带有这类漏洞。

这意味着,新规则体系在充分肯定其基本内容之必要性和合理性的基础上,必须针对以往贸易实践暴露出的规则缺陷或疏漏,加以显著改进和补充。

这些需要重点关注的规则疏漏至少表现在以下方面。

一、根本宗旨的具体落实缺乏制度安排

推动可持续发展是 WTO 根本宗旨新的重要内容,为此,它不仅形成了 SPS、TBT 等多个重要协议,而且还将贸易与环境列入新一轮谈判议题。关键在于,WTO 现有的协议和规则已远远不能适应客观形势的实际需要,而贸易与环境议题谈判至今仍难以凝聚足够多的共识和显现系列规则的雏形。这意味着,仅仅把环境议题纳入谈判框架并不足以具体落实 WTO 的相关宗旨,这种制度安排完全可能最终化为泡影。

二、新职能的有效实施难以得到机制保障

与 IMF 等国际机构展开更紧密的协调和合作,是 WTO 新设置的一个基本职能。这个职能的设置体现了经济全球化和贸易自由化的客观需要,应该予以充分肯定。不过,WTO 对于如何具体设置那些用以保障该职能的相关机制,还缺乏深入的考虑和全面的落实。另外,作为一项新职能加以履行,WTO 不能停留在只是上述义务的实施上,还必须进一步关注自身居中的积极功能。遗憾的是,在顺应世界经济根本趋势的战略协调上,在解决当前重大国际经济问题的政策对接上,在相关具体机制的相互沟通和借鉴上,WTO 至今看来没有形成令人瞩目且切实有效的合作思路和措施,更鲜见这方面的显著效果。

三、有些贸易规则的运作边界比较模糊

WTO 的有些规定比较笼统模糊,不易明确划定其边界,因而可能加剧具体实践中的激烈冲突。例如,WTO 涉及贸易汇率的规则就导致了这方面的严重纠纷。

GATT 第 7 条第 4 款规定:"一缔约方有必要将以另一国货币表示的价格兑换成其本国货币,则其对每一种所涉及货币使用的外汇汇率应依据按照《IMF 协定》确定的平价或 IMF 认可的汇率。""如不存在此种确定的平价或此种公认的汇率,则兑换率应有效反映此种货币在交易中的现值。"麻烦的是:其一,可以由 IMF 确定平价的固定汇率制度背景早在 40 多年之前就消失了,这个规定基

本上已成空话。其二,如果再根据由 IMF 认可的汇率来确定,则同样会出现争论,它又是根据什么而定的? 能否得到大家的共同接受呢? 其三,再退一步,如果用它的交易现值来考虑货币兑换率,则目前各国普遍以市场供求为基础的时时在浮动的货币汇率,其现值又该如何确定? 其四,第 7 条第 4 款还规定了另一种做法:"或依据依照本协定第 15 条订立的特殊外汇协定确定的平价。"可是,GATT 第 15 条所谓的特殊外汇协定是指,没有加入 IMF 的 WTO 成员与其他 WTO 成员全体之间的一种货币汇率约定。但是,这种情况不但没有什么普遍性,甚至不再具多大实际价值。总之,这里规定的每一环节都有边界模糊的缺陷,难以真正付诸实施。这就为当今全球贸易活动中的货币与汇率争论留下了隐患。

四、有些贸易规则的具体约束存在缺陷

WTO 的有些规定不够严密完整,存在比较明显的疏漏,因而容易让违规者钻空子,偷运其保护主义做法。可以说,WTO 关于三大贸易救济措施的规则都有这类的缺陷或不足,这里仅以反倾销规则为例。作为公平竞争原则的组成部分,它的重点对准了进口商品,这本无可非议。可是,倘若进口国利用反倾销手段明显实施贸易保护,那么,WTO 的有关规则对此显然是缺失具体约束的。

这主要表现为,它在有些情况下赋予了进口国过于宽松的反倾销权利。例如,进口国主管机构必要时可在合理的基础上推定进口商品的出口价格;在考虑反倾销手段时,如认为接受价格承诺不可行,则不必接受这种处置方式。更有甚者,在判断反倾销争端的事实时,如果专家组认为进口国主管机关对事实的确定是适当的,且评估是无偏见和客观的,那么,即使专家组可能得出不同的结论,也不得推翻该评估。

相反,当进口国明显过度操作反倾销措施时,被反倾销者的权利则显得十分有限,其唯一办法就是求诉于 WTO 来获得取消这类做法的裁决。但 WTO 似乎也没有更多的其他手段可用来约束或惩处进口国的这类行为,从而使得后者几乎无须付出多大的代价。这同进口商品一旦违反 WTO 规定便难以躲避进口国的反倾销措施,形成了十分鲜明的对照。因此,这种权利与义务的明显不平衡,有可能大大削弱这个旨在反对不公平竞争之反倾销规则的公正性,有时反而使得进口产品成了真正受害者。其实际结果是,这个规则缺陷无形助长了当今反倾销运作中的贸易保护主义,严重损害了许多发展中国家的重要经贸利益。

五、有些贸易规则的实际履行易走偏锋

WTO 还有一些规则阐述得相对简要,比较空泛,实际上却易于被话语权强大的发达国家所曲解和利用。GATT 第 17 条大概就是一个比较突出的例子。

GATT 第 17 条在"国营贸易企业"的名义下,一共确立了四项条款。第一款强调了国营贸易企业的国际贸易活动应该遵循非歧视原则,仅仅依照商业因素或商业惯例展开充分竞争,并且规定成员方不得阻止其他国内企业这样做。第二款规定,第一款不适用于那些直接或最终供政府消费使用而进口的产品。关于这类产品,应对其他成员方的贸易给予公平和公正的待遇。第三款指出,国营贸易企业在经营中可能对贸易造成严重障碍,因此,在互惠互利的基础上进行谈判以限制或减少此类障碍对国际贸易的扩大具有重要意义。第四款则要求各成员方应把如下信息通知所有成员方,包括国营贸易企业的进出口产品和实行进口垄断下的该类产品的进口加价(或转售价格);特别是,如果某一成员方有理由认为其利益受到有些国营贸易企业经营活动的不利影响,在其请求下,成员方全体可请建立该企业的成员方提供关于其运用本协定条款情况的信息。

还必须注意,GATT 的 1994 年文本对此又增加了一个《关于解释 1994 年关税与贸易总协定第 17 条的谅解》。它特别强调了五方面的规定,要求经由通知、审议、工作组等环节及程序的运作,加强各成员方国营贸易活动的透明度和合规性。这意味着,它同样应当被视为"国营贸易企业"条款的构成部分。

在具体的履行过程中,发达国家常常利用该条款的一些提法或规定,对于它们所谓的"非市场经济国家"做出苛刻的责难和不合理的诉求。例如,国营企业的定位经常被曲解,起着混淆视听的作用。有时候一些国营企业的具体运作被直接当作一国经贸政策来看待,进而得出其违反 WTO 有关规则的结论,然后便可堂而皇之地采取种种限制或制裁措施了。其实,一个具体的国营企业决不能与一国政府等量齐观,而它的业务运作更代表不了一国的重要经贸政策,这种错误的定位何其荒谬。可近年来美国对中国的有些反补贴措施,用的就是这个套路。

又如,笼统断言国营企业对国际贸易造成严重障碍,借此引发本可避免的贸易摩擦。事实上,各类企业的不当行为都可能对国际贸易造成障碍,所以只需依据 WTO 有关规定予以统一的裁量和制约即可,根本没有必要专门对国营企业大做文章。尤其是,在可能对贸易造成严重障碍的借口下,发达国家有时

还进一步要求展开相关谈判,这就更在为那种极端贸易保护主义行径提供一条便捷的通道了。

再如,有时要求一国提供其运用该条款情况的信息,还可能纠缠着更加复杂和激烈的冲突。一国的国营企业被指责为对国际贸易活动产生不利影响,这本身就可能产生歧见,由此还要该国提供相关信息,而这类信息数量之大足以让双方在较长时间里难以协调。更加麻烦的是,这类争执的背后常常可能有非经济因素在作怪。发达国家本来就对国营企业的运作抱着一种强烈不信任甚至不认可的态度,夹杂着一些令人无法认同的意识形态或理念偏差,现在更是有了淋漓尽致加以发挥的机会。总之,这个规定有时候很可能起着与其初衷背道而驰的效果。

确实,由于其所有权与政府有着一定的联系,人们需要关注国营贸易企业在公平竞争中的所作所为,国营企业本身自然必须按照国际规则行事。可是,该条款在没有任何明确衡量标准的情况下,就可以对国营贸易企业提出笼统的责难和额外的要求,难免有另眼相看的歧视性嫌疑,这明显有悖最重要的非歧视性原则。更何况,贸易规则如此空泛笼统,更在为某些发达国家的好走偏锋大开绿灯。因此,新规则体系对于此类规则务必要重新审视并加以修订。

六、有些贸易规则的具体表述不够明晰

WTO 对于有些重要规则的具体表述不够集中和明确,从而使得大多数人容易忽略或误读它们。它的统一性原则之所以常常被有些人所忽视,就多少同这个表述缺陷直接有关。这表现在,WTO 虽把统一性视为一个务必遵循的重要原则,却没有专门设立一项条款予以集中的阐述和规定,只是分别在其他几个条款里作了零星的表述。GATT 第 10 条第 3 款(a)指出:"每一缔约方应以统一、公正和合理的方式管理本条第一款所述的所有法律、法规、判决和裁定。"应该说,这里已经针对贸易法规的公布和实施问题强调了统一性规定,但还是比较简约且不够突出。此外,WTO 有些协定还是明确强调了对该原则的履行。例如,《海关估价协定》前言指出"认识到需要一个公平、统一和中性的海关对货物估价的制度",并强调"在执行中提供更大的统一性和确定性"。《装运前检验协定》第 2 条第 1 款在"非歧视"标题下规定:"所有检验人员统一执行检验。"《原产地规则协定》前言强调:"保证原产地规则以公正、透明、可预测、一致和中性的方式制定和实施。"但是,这些规定仍然可能被人作狭隘或片面的理解,误认为只是一个较小范围内的具体要求。总之,统一性原则在 GATT 里

缺乏集中和全面的表述,明显损害了该重要原则的影响力和被执行力。所以,尽管中国入世文件开篇就强烈指出中国经济运作违反统一性规定的严重程度,可中国入世 16 年之后在这方面依然还是问题多多,令人深思。毋庸赘言,新规则体系一定要对这些方面存有疏漏或缺陷的重要贸易规则加以改进或变革。

第 6 节 适当修订现行体制明显落伍的相关规则

WTO 服务贸易规则、贸易投资规则和贸易汇率规则等在明显落伍的弊端上,表现得尤为显著。这里仅对国际投资规则的缺陷与不足展开简要分析。

一、一些重要领域尚无基本规则

WTO 的国际投资规则主要体现在《与贸易有关的投资措施协定》(TRIMS 协定)之中。但是,该协定仅仅筹划了一个粗线条的目标框架,旨在逐步放松各国对投资自由的限制,进而实现投资自由化,所以,它并没有涉及国际投资有些重要领域的基本规则。其中,三方面重要规则的匮乏尤其突出。

其一,它对外国直接投资者的经济行为没有作出具体限制。本来,外国直接投资者应该与东道国企业一样,在就业、健康、安全、环境、信息披露、劳工待遇等方面承担相应的责任。可是,该协定并没有这方面的明确规定。

其二,它对东道国管理外国投资活动的权利缺乏应有的尊重。该协定在重点强调投资自由化的同时,却丝毫不涉及东道国对此的宏观管理权利。事实上,在实行完全的投资自由化之前,各国出于多方面的考虑,在资本项目的开放程度、引进外资的规模与水平、国内产业发展的重点与平衡等方面,都必须对外国资本的进入尤其是外国直接投资活动加以管理和监督。因此,该协定需要这方面比较具体明确的系列规则。

其三,它不涉及母国的投资限制问题。从实际情况来看,许多国家出于种种考虑,都会对本国的对外投资活动加以某些限制甚至禁止。这种限制或禁止与该协定所强调的投资自由化是相背离的。于是,如何区分这类做法的合理与否以及加以必要的规范,理应成为旨在推动投资自由化的系列规则的组成部分。可惜的是,由众多国家激烈博弈而形成的该协定,还无法涉及这个主题。

二、原先一些规则还存有明显疏漏

相对而言,WTO《TRIMS 协定》所涉及的国际投资规则,写得过于简单且模糊,因而明显存在比较多的缺陷和疏漏。

例如,它的适用范围不易确定。WTO 的国际投资规则是针对与贸易有关的投资活动而制定的,但它对"与贸易有关的投资"却没有进行具体界定。这样一来,每项投资措施都需要具体加以认定,具有不确定性。同时,缺乏明确界定又容易导致各国有各自的解读,更容易产生歧见和纠纷。这多少损害了该协定的相关适用性。

再如,它没有考虑跨国公司的行为规范。众所周知,跨国公司是国际直接投资的重大力量,且具有强大的市场垄断力量。那些拥有雄厚实力的跨国公司能够与东道国政府的一些做法直接相抗衡,进而削弱后者的政策效果。而且,它们常常会在东道国内部,或者与其特殊利益集团相结合,或者与其政府达成这样那样的经济合约,或者通过专业领域与其科技、贸易、金融等团体建立合作关系,来影响甚至决定东道国的相关政策措施及其具体实施。这对经济落后、管理滞后的发展中国家而言,尤其感到棘手。显然,作为一项多边投资协定,它应该对跨国公司的经济行为作出明确的规范和限制。可惜的是,由于当年在制定这方面规则时的激烈博弈,该协定并未能这样做。

又如,它对东道国投资措施的规范还比较粗略。在该协定附录的解释性清单中,它列举了四项必须明确禁用的投资措施,即东道国不能对外国投资者提出当地成分、贸易平衡、外汇限制和国内销售等四方面的要求。但是,从实际情况来看,有些国家在特定产业对外资的限制更多地体现在其他方面,比如更加注重于出口实绩、当地股权比例、汇兑限制等手段。这意味着,按照投资自由化的要求来规范东道国行为,该协定还需要大大地细化和深化。

三、原先一些运作机制缺乏可操作性

这里仅以争端解决机制为例。《TRIMS 协定》虽设置了 WTO 的与贸易有关的投资措施委员会,可以专门处置这方面的国际争端,但它的实际效率比较低下,有时甚至缺乏可操作性。这主要表现在两方面。一方面,该争端解决机制提供的具体方法只能用于国家与国家之间。可是,发生实际纠纷或争端的其中一方必定是外国直接投资者,让他们的政府与东道国进行相关的交涉或磋商,其实际效果终究还是有些隔靴搔痒的意味。另一方面,WTO 只涉及与贸易有关的国际投资活动,且其界定并不够清楚明白,这必定会导致大量时间与精力纠缠于该协定对于有关争端的适用性问题。显然,这种解决机制难有效率可言。

第7节　深入变革现行体制缺陷严重的治理机制

作为维护和推进整个世界市场秩序的国际经贸规则,不仅必须制定得全面、明确和合理,而且需要得到有效和准确的实施。就规则实施的有效性和准确性而言,相关机构的治理机制可以直接发挥激励和惩处的功能,从而对此起着至关重要的作用。不得不承认,WTO 目前面临的困局与其自身的治理机制有着密不可分的关系。有时候,相关的规则本身是合理的或可行的,可是,WTO 的现行治理结构却把有关事宜或经济摩擦搞得节外生枝、错综复杂,从而使之陷入僵局。总之,新系列规则同时需要认真吸取和有效解决这类治理机制的缺陷和弊端。

一、必须大力提升谈判进程的实际效率

众所周知,WTO 的多哈回合贸易谈判已经进行了 16 年之久,目前依旧处于困境之中。这足以表明 WTO 的谈判效率低下。要大力提升贸易谈判的实际效率,必须切实解决 WTO 决策机制在这方面的严重缺陷。请看,仅仅因为两个国家在农产品保障机制这个相对不属谈判关键的问题上互不相让,就可能导致原本有望成功结束的多哈回合谈判再次陷入危局,而 WTO 的决策机制却对此徒唤奈何、束手无策。其实,这正是 WTO 体制本身必须检讨和改进的。

事实上,正是因为深知 GATT 将磋商作为决策唯一手段的做法存在重大缺陷,所以 WTO 特别改进了自身的决策机制,专门增加了必要时进行投票表决的规定。既然如此,那么它同样应当进一步设置和推行某些必要的具体机制,以防止诸如上述事情卷土重来。譬如,当个别国家甚至个别谈判代表在比较枝节问题上的僵硬固执而阻碍了贸易谈判大局顺利进行时,这类机制至少应当切实保障:或者适当强化投票表决机制的具体应用(即用多数票来压服这种争执,不过该手段不适用于新一轮贸易谈判的正式议题);或者对这个争执作个案的特殊处置(如仍形成一个争执双方参加的多边协议,但其中设置一项专门条款对该争执作特殊安排);或者让纯属个别者的争执双方以某种方式暂时出局(如签

订一个争执双方暂时不参加的多边协议)等。其运作目的就是为了避免不必要的干扰白白耗费了相当巨大的谈判成本和招致极为严重的经济损失。必须指出，WTO 这个机制缺陷已经并将更加严重地产生难以估量的实际后果。这就是说，新规则体系的建立和履行，必须充分吸取 WTO 在这方面的惨痛教训，构建一套可以避免重蹈覆辙的新谈判与决策机制，从而大力提升自己的实际效率。

二、必须积极探索决策机制的有效方式

一揽子协议的方式就值得一议。它在当时有其必要性，这是因为，既然推行自由贸易已经成为各国的共识，那么，在货物贸易以及服务贸易领域共同遵循一些基本的自由贸易规则自然是水到渠成的事情。而为了避免受到不必要的干扰和纠缠，采用同时接受各项谈判协议的一揽子解决显然是一种合适且有效的方式。但是，现在出现的新贸易投资规则系列却有着大不相同的两个特点。一个是它需要涵盖更多领域的系列规则。随着国际贸易数量与种类的不断扩大，它们受到越来越多因素的深刻影响和相互掣肘，因而更多领域的系列规则必须被容纳在多边贸易体制之内。为此，新贸易投资规则体系承担着这方面的时代重任。另一个是它追求更高水平的规则内容。随着国际贸易活动的不断深化，现行国际经贸规则已经不能适应客观现实的紧迫需要，而新规则体系正是为了满足这种渴望和追求，力图构建出一整套更为严格和精细的贸易投资规则。

我们不能不注意到，谈判和构建具有这两大特点的新规则系列，几乎不可避免地伴随着另一个副产品，即一部分国家不会轻易认可和履行它们。这是因为，在各国经济发展水平显著不平衡的现实背景下，蕴含这两个特点的新规则系列的本身要求与实际结果，都必然导致一部分经济后进国家难以履行和无法承受。换言之，在这种情势下，还要强调一揽子方式等于是宣告新规则系列根本无法出台。这意味着，要在这方面真正打开一条行之有效的成功之路，必须改变思路，另觅他途。于是，在确保乌拉圭回合一揽子成果的基础上，即在必须遵循 WTO 关于货物贸易的一整套基本规则的前提下，人们需要在所有新领域以及服务贸易、投资等领域里，探索采用非一揽子协议的方式来制定和遵循新的高水平的相关规则。

具体来说，当今至少有两种非一揽子协议的方式可以加以探索。一种是诸边协议方式，即 WTO 的所有成员在保证履行其必要义务的前提下，可以依据自愿加入的方式，决定自己是否参与那些高水平新规则的谈判与履行。愿意者可

以签署有关协议并全面遵守。不愿意者则可以不签署并不遵守该协议。这就是说，当年 GATT 曾经有过的诸边协议形式又在某种高水平上得以恢复。另一种则是作出更加明确的有差别对待的系列规定，即在同一个协议里，用表达清晰、边界鲜明、易于执行的一系列具体规定或清单，直接允许一部分发展中国家可以较长时间里不遵守一些相关的重要规则。我们应该看到，WTO 现有规则中那种显得比较含糊空洞的所谓发展中国家有差别待遇条款及其口惠而实不至的"空头支票"，在这里必须真正得以杜绝。目前，在丰富和完善 WTO 的服务贸易规则系列这个重大问题上，采用诸边协议的方式加以突破与创新，似乎就显得相当必要。

三、必须努力发挥多边贸易机构的权威运作

必须指出，一个国际组织的设立和运作，是为了通过自身的权威地位来确保和推进相关领域（如国际经贸领域）的全球秩序和业务活动。这种权威地位，需要通过直接赋予其领导机构以足够的权力得到真正实现。可是，在所有重要的国际经济机构中间，WTO 秘书处却是一个最无实际权力的国际经济机构。这表现在，与其他国际经济机构不同，WTO 是一个由成员们决定权力的国际组织，即它的最高权力机构是成员方各国直接参与的部长级会议，而 WTO 秘书处只是一个依从其决策的具体办事机构，秘书长不能越雷池一步。于是，其整个日常机构缺乏起码的决策权和足够的管理权。

其实际结果是，它在根本上导致一个国际组织机构应具的权威地位及其统领作用荡然无存。本来，WTO 是一个正式的国际经济组织，与 IMF、世界银行并列为世界经济三大支柱，并且它的规则体系之完整及其约束力的有效性是后两者无法望其项背的。同时，WTO 拥有一大批专业知识与实际经验都值得称道的管理人员。显然，它具备发挥其权威作用的扎实基础。然而，WTO 体制却把足够的权力留给了其成员们去磋商与谈判，去掌握很多甚至足够的决策权，相反，其组织机构本身仅仅是带有从属性质的办事部门，受到了极多的限制。这种治理格局看似十分民主公正，实际上却带来了诸多弊端。其中一大症结便是直接损害乃至剥夺了 WTO 秘书处一类常设机构的权威运作，而任凭各具不同诉求的成员们把大量时间和精力消耗在无端的争论和无效的谈判之中。毫无疑问，新规则体系的建立和履行绝不能让这种缺乏权威运作的局面再次重演。

综上所述，在经济理念和重要原则方面，新贸易投资规则体系应该承袭和

发展多边贸易体制现有的传统和思路,严防逆全球化思潮与作为的冲击和侵蚀。而在其他许多方面,则必须发挥与时俱进的精神和务实协调的态度,着重于变革和创新,努力把这类国际规则系列提升到一个新的层次和更高的水平,以不断推进世界经济的健康发展。总之,在构筑新贸易投资规则体系的整个过程里,承袭、变革和创新始终是贯穿其间的主线和核心。

>>>

【思考题】

1. 新贸易投资规则体系应该贯穿哪些正确适时的经济理念?

2. 简述新规则体系必须承袭和发展的重要贸易原则。

3. 结合 GATS 的有关规定,谈谈怎样细化和深化现行多边贸易体系的相关规则。

4. 如何弥补现行多边贸易规则体系的各种明显疏漏? 请举例说明。

5. 新贸易投资规则体系需要从 WTO 的治理机制中间吸取什么样的经验教训?

6. 我们可以从哪些方面去前瞻新贸易投资规则体系的构建方向?

第 3 章
WTO 规则体系探析

新国际贸易投资规则体系的构建,并不是简单排斥或全面否定现行的多边贸易规则制度,相反,它仍然必须承袭和发展着 WTO 那些行之有效的基本规则和重要机制。本章将对此进行简要的阐发。

第 1 节　应该纳入新体系的 WTO 规定

在繁复众多的 WTO 规定中间,它的许多基本规则既得到经济学理论的重大支撑,又在国际贸易实践中行之有效,因而它们理当在新国际贸易投资规则体系里占据重要的或应有的位置。其中,WTO 的如下重要规则尤其应该提及。

一、关于经济互惠的基本规则

在国际贸易投资活动当中,通过彼此提供优惠待遇明显有利于自由贸易的顺利开展,因而这方面的规则应该说是不可或缺的。WTO 的经济互惠规则主要表现在两个条款上。一个是贸易最惠国待遇,即让彼此的进口商品在关税和其他方面享受优惠待遇。另一个是国民待遇,即让彼此的进口商品在国内税等方面享受同类国产商品的一样经济待遇。显然,这样的经济互惠规则是新国际规则体系不能丢弃的。

不过,我们必须看到,当初制定这项重要规则是存在显著分歧和争论的。这主要表现为,有些国家不赞成将其视为 WTO 其他规则的基石,认为这种定位过高。同时,该规则所蕴含的经济对等思想也被予以不同的解读。有的把它看作基于不同经济发展水平上的相对的对等,有的则强调绝对意义上的对等。例如,当前爆发的中美贸易摩擦同样显露出这方面的歧见。

二、关于关税稳定减让的基本规则

长期以来,对进口商品征收很高或较高的关税,历来是一国实施贸易保护主义的一大利器。因此,主张自由贸易的国际规则体系自然必须对关税措施加以大力约束。具体而言,WTO下述一些关于关税措施的重要规则,是会被新国际规则体系吸收或参考的。

(一) 不断削减关税

在全球贸易完全自由化之前,关税手段一定是各国用于经济竞争和贸易保护的重要工具。但是,征收关税毕竟有损东道国的社会经济福利,加之全球自由贸易在不断深化,因此,不断削减关税是主张自由贸易的多边贸易体制理所当然的基本规则。而且,从长远的趋势来看,全球贸易活动一定会朝着全面取消关税的方向发展。

(二) 削减关税要用适当的形式予以落实

这主要是指,各国必须向多边贸易体制作出削减关税的各项承诺并具体兑现。这些承诺包括:各国需要对多少百分比的进口商品类别进行关税减让;这些进口商品关税削减的平均水平是多少;这些进口商品各自类别的约束关税(即进口国可以对其征收的最高关税水平)是多少;对哪些类别出口商品可以征收出口关税及其最高的出口关税水平为多少,等等。

(三) 削减关税必须具有稳定性

这是指,一旦某个种类的商品关税被确定为要削减一定的比例,那么,相关的国家就不能再随意地恢复至原先的关税水平。为此,应该采取一些手段来确保这种稳定性的有效履行。例如,被削减的关税确定后必须实施而不可在一定期限里(如三年)变卦;一国要求把关税重新恢复至原先的水平必须同利益相关国进行协商;恢复至原先水平后还需向后者作出补偿等。

三、关于非关税壁垒的基本规则

所谓的非关税壁垒是指关税之外的一切用于贸易保护的政策措施。应该看到,WTO对待关税手段采取的是稳定减让的做法,而对非关税措施则采取迴然相异的态度。大概而言,以下一些非关税措施的基本规则理当被新规则体系所承袭和发展。

(一)坚决反对非关税措施的普遍实行

该规则的实际做法是,通过有关规定把这种做法限制在非常有限的范围之内,有的干脆全面禁止。例如,WTO《纺织品与服装协议》明确规定,自 2005 年起,全球纺织品与服装贸易不得再实施进口配额一类的进口数量限制措施。这意味着,该领域的贸易活动已经不允许再实施这类非关税手段了。另外,在WTO 现有的关于货物贸易的 12 个具体协议中间,居然就有 6 个协议的主旨是直接用来约束各种非关税措施的,足见其对非关税手段所具负面影响的高度关注。

(二)努力推动非关税措施关税化

WTO 还强调了这样一个规则,即在需要采取适度贸易保护措施的情况下,应当优先考虑关税手段,而不宜随意实施非关税措施。从这个意义上讲,该原则又可称为关税优先原则。例如,在《农产品协议》里,关税优先的重要精神得到了更为显著的体现。它强调,那些用来对待进口农产品的非关税措施被要求转换为关税手段,并不能重新再恢复。这即为通常所说的非关税措施关税化。

(三)积极约束非直接的数量限制做法

有一些非关税措施与进口配额这类直接限制做法有所不同,它们似乎并没有直接涉及外国商品的进口数量问题,可事实上却与后者有着异曲同工之妙。鉴于此,WTO 制定有一些关于非关税措施的协议,如涉及卫生和植物卫生措施、技术性贸易壁垒、海关估价、装运前检验、原产地标准和进口许可程序等,旨在努力约束这类措施的所谓非直接数量限制功能,以深化国际贸易的自由化程度。

(四)对于非关税措施进行有差别处置

非关税措施种类繁多、表面形式各不相同,可最终都发挥了限制进口数量的实际效果。但是,就减损社会经济福利的负面效果而言,它们各自所具的负面经济效应又可能差别甚大,因而还需要区别对待。必须看到,WTO 非关税措施的系列规则还是较好地体现了有差别对待的经济学基本思路。其具体做法大致可以分为三种。

第一种是,直接限制进口数量的做法受到严格约束。直接限制进口数量最常用的手段就是进口配额措施。其通常的做法是,进口国预先设置一份相关的清单,只有对榜上有名的商品类别才可以采取一定的限制手段。应该说,WTO对于大力制约这类直接限制进口数量的非关税壁垒,态度是坚决的,规定是严格的。

第二种是,非直接限制进口数量措施同样受到限制。这类做法并没有对外国商品的进口数量加以直接限制,可就其实际效果而言,它们还是起到了限制外国商品进口数量的作用。不过,它们有的或许具有一定的合理成分,有的尚属可以探讨商量的范围,有的看似是技术层面的具体要求。所以,既要防止贸易保护主义从中作祟,又不宜采取断然态度简单禁止。为此,WTO 制定了很多旨在有效约束它们的具体规则。

第三种是,有些非关税措施被明确禁止。自动出口限制一类"灰色区域措施"就是其中的典型例子。所谓的自动出口限制,实际上是在进口国的强大压力下,出口国不得不对自己某些种类的出口商品作出"自愿安排",不过同时丧失了向进口国索取赔偿或者实施报复的权利。WTO 予以明令禁止,就因为它是一种被"自愿"外衣所掩盖的不公平贸易。

四、关于公平竞争的基本规则

作为主张市场经济运作的多边贸易体制,自然关注和强调市场机制得以充分发挥所需具备的基本前提和相关条件。关于公平竞争的基本规则可谓是其中最首要和最重大的部分。从具体规定来看,WTO 目前主要涉及反倾销和反补贴两大内容,今后针对公平贸易的各项规则还会得到拓展和深化。但是,至少 WTO 的下述规则依然会在新贸易投资规则体系里得到比较充分的体现。

(一)明确界定不公平贸易行为

例如,在反倾销的基本规则里,WTO 首先对倾销作了明确界定,即该出口商品的销售价格低于它的价值或价格。接着又用三项标准来具体确定商品的正常价值。这三项标准分别是:该商品在国内市场上的正常销售价格;在第三国或单独关税区市场上的正常销售价格;商品成本价格。在此基础上,它再对进口商品需要反倾销明确规定了三个基本条件,即:进口商品进行倾销、进口国同类产业遭受实质性损害和这两者存在因果关系。换言之,对不符合这三个条件的进口商品并不能够实施反倾销措施。

又如,在反补贴的基本规则里,WTO 首先把补贴分为三类,它们分别是不可诉补贴、可诉补贴和禁止性补贴。其中,普遍实施的补贴以及三类只给部分地区、产业和企业的补贴是 WTO 允许的,这三类不可诉补贴分别是:用于环境保护、用于研究与发展(如治疗癌症的研究)和给予贫困地区的补贴。而严格禁止的补贴有出口补贴和进口替代补贴两种。大量可诉补贴行为则要具体分析,然后才能确定它们是否违规。总之,反补贴措施只能针对禁止性补贴和违规的可诉补贴,而绝不能应用于不可诉补贴和没有违规的可诉补贴。

(二)具体规定反不公平贸易的可用手段

例如,针对进口商品的违规倾销行为,WTO 允许进口国采取一定的反倾销措施。大致而言,这类措施可以细分为三种形式。

第一种是临时反倾销措施。由于反倾销调查程序比较复杂,时间也比较长,因此当初步裁定进口商品违规时,就可以采取临时反倾销措施。它有两种形式,一种是征收临时反倾销税,另一种是要求提供保证金、保函或者其他形式的担保。它们的具体金额应该等于临时估算的反倾销税金额,不可高于临时估算的倾销幅度。这种临时措施只能在发起反倾销调查 60 天之后实施,一般不应该超过 4 个月。如果面临各种特殊情况,至多延长到 6 至 9 个月。

第二种是价格承诺。它是指出口商承诺提高其出口商品的价格或者停止以倾销价格向进口国出口商品,而进口国接受这种承诺并中止或者终止反倾销调查。价格承诺是一种贸易协议,首先是确定最低限价,出口商必须把其商品的出口价格提高到这个限价或以上。同时它还规定交易的条件、支付方式和货币兑换水平等,并有许多其他技术性和程序方面的要求。价格承诺的做法应该由出口商提出,而进口国相关机构也可做出这样的建议。通常只有在该商品的倾销和由此造成的损害已经被初裁予以肯定,这种价格承诺才能提出,否则属于滥用反倾销措施。一旦进口国相关机构接受了出口商的价格承诺,就可以中止或终止有关调查程序,也不采取临时措施或征收反倾销税。反之,倘若出口商违反了所作出的价格承诺,进口国相关机构则拥有单方面的制裁权。

第三种是最终反倾销措施,即征收最终反倾销税。反倾销税的具体税率根据该种商品的倾销幅度加以计算,不得随意提高。由于终裁与初裁确定的倾销幅度可能不一样,因而临时与最终反倾销税的税率同样会不一样,这就需要进行调整。反倾销税的纳税人是进口商,其他人不得代替缴纳,也不能给予进口商以变相的补偿。一般在 5 年之后,进口国相关机构应该主动撤销对该商品的反倾销税。

（三）反不公平贸易还须遵循一定程序

还要看到，没有公正的程序就不可能有真正公平的贸易，因此，反不公平贸易还必须按照 WTO 规定的具体程序来进行。例如，反倾销程序是指，一国相关机构进行反倾销时必须遵循的步骤和方法，也包括有关利益方维护其合法权益所应遵循的步骤和方法。其具体程序一般包括申请、立案、调查、裁定、行政复审、司法审查等环节。

具体来说，反倾销调查应在收到由国内产业或其代表提出的书面申请后发起。书面申请需要提供 WTO 关于反倾销的三大要件的相关证据。国内主管机构在对相关资格、信息和证据的准确性和充分性进行审核之后，决定是否予以立案。倘若正式立案，主管机构必须向所有利害关系方发出书面通知，要求他们提供所有相关的信息和证据，并且在整个调查期间向他们提供为自己利益进行辩护的充分机会。至于涉及属于机密性质的信息，WTO 都有比较细致具体的处置规定。在此基础上，主管机构做出初步裁定，如果其中一个初裁是否定性意见，那么，就可以得出不可实施反倾销的法律结论。反之，如果初裁持肯定性意见，那么，主管机构还要继续进行调查，包括举行听证会和进行现场调查，作出是否实施反倾销措施的最后结论。倘若确信对该案实施反倾销是有充分依据的，则征收最终反倾销税。反之，主管机构一旦确信该案继续进行不具正当性，就应该迅速终止调查。同时，反倾销调查应该在一年之内结束，最多不超过 18 个月。

应该说，上述的可用手段和主要程序仍然都是新规则体系在反不公平贸易时可以应用和发挥的工具。

（四）反对过度处置进口商品的违规行为

由于反倾销和反补贴措施都是进口国依据 WTO 相关规则加以判定和实施的，有时难免会夹杂一些贸易保护主义的私货，因此，不得过度处置进口商品的违规行为，即维护它们的正当权益，仍然是 WTO 这方面基本规则不容忽视的重要内容。事实上，上述关于反不公平贸易的标准、措施和程序的规定，它们既是对进口国相关运作的一种约束，同时也是对进口商品免遭不恰当处置的一种保护。除此之外，WTO 还有一些专门体现这种精神的具体规定。这里且以征收反倾销税为例。如：征收反倾销税的数额不得超过该类进口商品的倾销幅度；不得以某些情况为理由而征收反倾销税；有些情况下不得同时征收反倾销税和反补贴税；征收反倾销税必须有一定年限等。可以看出，WTO 对于过度处置进口商品违规行为的做法同样是加以明确反对和约束的。

五、关于透明度的基本规则

透明度问题是多边贸易体制非常注重的一项基本规则,强调的是各国政府的经济体制、政策及相关运作必须公开透明,不得暗箱操作。透明度规则的设立,主要在于确保经济活动的可预见性和相关监督的有效实施。经济可预见性是开展市场经济运作的一项基本要求,否则经济主体无法开展成本与收益的分析,并进行理性的决策与运作。政府当局或者超国家的经济组织对各项经济运作实施有效监督,是其维护正常经济市场秩序的必要之举,而各国政府模糊不清的经济决策和相关运作,必定使得对它们的有效监督成为一句空话。正因为如此,透明度规则同样是各种国际经济协定和区域性经济协定必不可少的重要内容。

WTO 的透明度规则尤其注重四个环节的运作与监督。一是公布,即各成员方新出台或更改自己的经济法规与政策,必须通过公开形式(如在指定的公开刊物上发布等)向全世界宣布。二是通知,即它需要把上述新出台或更改的法规与政策,一方面向 WTO 汇报备案,另一方面提醒其他利益相关方引起应有的重视。三是咨询站,即各成员方应该成立一个类似咨询站的官方机构,专门提供解释本国法规政策和交流相关经济信息的专业服务。四是贸易政策审议,即定期对各成员方贸易政策开展公开透明的全面审议。可以预见,新规则体系将会在 WTO 现有做法的基础上进一步丰富和完善透明度规则。

六、关于经贸制度统一性的基本规定

统一性要求在于市场机制必须在统一的大市场里才能充分发挥它的资源配置功能。倘若一个国家内的众多区域各自推行一些自己的经济制度与政策,那么,实际上就把该国家分割为各不相同的区域市场,也就无法充分发挥市场机制优胜劣汰的配置功能。在这种情势下,市场经济体系及其运作完全成为一个空洞的口号。所以,要建立一个统一的大市场,首先必须建立统一的经济制度和实施统一的经济政策,这是一国开展市场经济运作必不可少的基本条件。这正是 WTO 建立经贸制度统一性规则的根本出发点。毋庸赘言,基于市场经济运作的新规则体系自然应该秉承这个经贸制度的统一性规定。

七、关于服务贸易的基本规则

WTO 的服务贸易规则是一个覆盖面十分广泛的规则体系。如 1995 年 WTO 刚成立时,服务贸易领域就有 155 个具体部门,而影响力非常巨大的银行业仅仅只是其中的一个具体部门。这些具体部门情况相异、各具特点,要用一个共同的规则体系来规范它们的经济行为,它只可能是框架性的原则规定,而具体部门的运作规则尚需进一步细化。这意味着,服务贸易领域国际规则的丰富与完善一定会经历一个漫长的时期。

鉴于服务贸易规则的上述基本特点,WTO 体系依据现有规则来判定成员们的违规行为,就明显比货物贸易领域要薄弱和逊色。从具体实践来看,它有着三个重要的特征。第一,由于服务贸易规则过于原则笼统,需要专家组和上诉机构根据实际情况对有关规则予以更多的解释和发挥,于是,后者往往作为相关规则本身被比较广泛地援引。第二,各成员的具体承诺表成为了衡量它们遵循 WTO 相关义务的主要标准。可是,这个承诺表是成员们在谈判过程中自己提出来的,开放水平和自由贸易色彩大不相同。第三,服务贸易具体部门发展很快,不断涌现新的业态和形式,而 WTO 根本来不及制定出相应的规则去约束和衡量它们。如数字经济的发展就是典型的例子。这样,WTO 服务贸易规则的权威性、一致性和时代性都受到了人们的一定质疑,它必须尽快地大力发展。

然而,WTO 服务贸易规则所获取的辉煌成就仍然不容抹杀,而它如下方面的有关规则还是值得新规则体系予以丰富和深化的。

(一)关于服务贸易具体方式

WTO 把服务贸易的具体方式概括为四类,即跨境服务、境外消费、境外的商业存在和自然人流动。其中有些方式的提出,极大地拓展了服务贸易规则的纪律范围,同时也会逐渐强化对于政府管理外商投资的约束力。新规则体系可以在此基础上,对服务贸易方式作出更加科学和精细的明确界定。

(二)关于服务贸易最惠国待遇

非歧视被视为 WTO 规则体系的核心原则,而贸易最惠国待遇又是其中最重要的两项规则之一。WTO 在服务贸易领域自然要坚持这个非常要紧的重要规则,基本上确立了在该领域同样需要遵循无条件最惠国待遇的义务。同时,针对发展中国家的实际情况,又明确制定了可以让它们豁免的规则及其具体清单。新规则体系当然应当承袭这项重要规则,不过还可以在"互惠"问题上做得更为妥当。

（三）关于透明度

透明度规则在服务贸易领域继续被突出强调,被列在第三项条款的显著位置。它不仅继续指明公布、通知和咨询站等环节的重要性,还特别对机密信息披露作了明确规定。

（四）关于经济一体化

WTO 对自己成员参加其他区域性一体化组织或协定问题,作了相对详细具体的规定。除了允许它们可以参加这一类组织或协定之外,还有一些值得研究或玩味的内容,如不能提高服务贸易壁垒水平、需要向 WTO 报告实施情况、不能对其他成员寻求补偿等。总之,新规则体系可以从中总结出如何处置区域性经济协定的有益思路。

（五）关于市场准入

WTO 专门就服务贸易的市场准入问题确立了相应的规则。一方面,它要求每一成员对其他成员的服务和服务提供者的待遇,必须遵循自己具体承诺表中的规定。另一方面,在已经作出市场准入承诺的服务贸易部门,每一成员不得在六个方面采取限制措施。应该看到,后一方面的规定相对具体明确,便于操作和监督。因此,新规则体系可以对此作更多的具体要求。

八、关于保护知识产权的基本规则

在 WTO 的规则体系里,与贸易有关的知识产权问题同样受到了应有的关注,并制定了相应的保护规定。具体来说,它围绕版权、商标、地理标识、外观设计、专利、集成电路的布图设计、未披露信息（如商业秘密）等七个领域的知识产权保护,初步提出了一些基本的规则。可以相信,新国际贸易投资规则体系将会对这些领域的知识产权保护制定出更加全面和深入的系列规则。

第 2 节　必须进行重大修订的 WTO 规则

WTO 的不少基本规则对当今国际经贸活动起着非常显著的作用,可它们却存有明显的疏漏甚至缺陷。显然,它们只有加以重大的修订和补充,才能在新国际贸易投资规则体系之中确立自己的位置,并继续发挥应有的积极功能。由于篇幅所限,这里仅以当今影响巨大的 WTO 贸易救济系列规则为例,旨在指明它们唯有纠正和修订如下的疏漏和缺陷,才可能成为新规则体系的组成部分。

一、WTO 反倾销规则的重要疏漏

大致而言,WTO 现有的反倾销系列规则主要存在着如下一些重要疏漏或缺陷。

(一)反倾销的裁决权设计存有功能错乱

WTO 把对进口商品是否实施反倾销措施的裁决权首先给了进口国政府或相关机构。可是,在缺乏严格约束的条件下,这导致裁决者的具体功能发生严重错乱。一方面,进口国政府或有关机构对于进口商品是否实施反倾销措施以及征收多少反倾销税,拥有法定的权力和足够的空间。另一方面,它们本身实际上又承担着推动本国产品获取竞争优势或避免竞争劣势的职责,有时可能会实行一些贸易保护主义措施。这样,这种制度设计等于让进口国政府充当着裁判兼运动员的角色,完全可以作出明显偏袒己方的裁决。于是,在反对不公正竞争的旗号下,常常易于出现另外一种不公平竞争的后果,只不过受害者已经变成外国进口商品。

必须承认,把这种裁决权首先交于进口国政府或有关机构,是一种比较实际可行的制度安排,并不应该简单地加以否定。问题在于,WTO 对于进口国所拥有的这类裁决权一定要设置严格的约束条件,以防止这类功能错乱频繁地成为反倾销冲突的根源。可是,相关规则比较模糊或不够严密,以及对进口国滥用反倾销措施缺乏严格的惩处,都直接酿就了这类功能错乱的频繁发生。显然,WTO 这种明显不当的裁决权安排无异于会令反倾销措施演化为一种贸易保护工具。

(二)反倾销的具体界定不够清晰

WTO 具体给出了反倾销商品的衡量标准,这无疑是必要且正确的。可是,它的有些具体界定依然不够清晰或缜密,从而留下了实际执行时的漏洞。例如,直接对进口商品的正常价值或价格作出明确规定,可以防止有关国家随意曲解而造成反倾销行为的走样或滥用,这原本是非常正确的做法。但是,WTO对于"正常价值"的第二个标准即通常被称为第三方的价格,却规定得不够清晰。它规定:"应通过比较同类产品出口至一适当第三国的可比价格确定,只要该价格具有代表性。"在这里,什么是"适当第三国的可比价格"?怎么样才算"价格具有代表性"?究竟是谁确定哪个第三国是适当的?又是谁可以判定某个价格具有代表性?对此,WTO的有关协议和条款都没有进一步的明确说明,这就为具体反倾销纠纷的扯皮提供了不小的空间。更有甚者,在具体的反倾销实践中,发达国家有时候居然把"第三国价格"解读为"来自第三国商品的价格",从而更加扩大了其反倾销措施的范围或力度。其结果是,本来有违规表现的进口商反而成为不公平贸易的真正受害者。

(三)不能有效约束进口国的滥用倾向

还应当看到,与设置了那么多的条款来防止和处理进口商品的倾销行为相比,WTO对于进口国可能滥用反倾销措施的具体约束实在是过于薄弱了。当然,《反倾销协议》共有18项条款,看起来多数是在强调反倾销的标准和程序,似乎同样约束着进口国的相关行为。比方说,WTO确立反倾销的三项基本条件和商品正常价值或价格的三个衡量标准,确实在一定程度上约束着裁决权的随意运用。但是,与进口商品严重受制于反倾销规则的约束相比,WTO实际上未能有效管控进口国滥用反倾销措施的有害倾向。这特别表现为,它恰恰在关键之处缺乏强有力的约束机制和惩处措施,从而导致进口国滥用反倾销做法屡见不鲜。

例如,不能严格按照基本要件进行反倾销运作,扩大了反不公平贸易的打击范围;人为提高倾销幅度的计量,加大了反倾销税的征收力度,等等。这些都是颇为常见的滥用现象。在这些所谓反倾销的情况下,恰恰是进口国表面上打着"公平贸易"的旗号,实际上却不公平地指责进口商品在进行"不公平贸易",进而使得自己成为这场"不公平贸易"的真正得益者。

然而,针对进口国滥用反倾销的做法,受害国家除了可以向WTO提出申诉之外,根本就没有其他及时和有效的手段来阻挡这类无端的打击。事实上,WTO对于这类申诉的最后判定需要一个比较漫长的时段,而反倾销的直接打击对象是出口国的相关企业,它们即便打赢"官司"也难以弥补所受到的有形损失和无形损失。更何况,它们要促成本国政府向WTO提出申诉,还得耗费相当的时间和精力以及一定的费用。简言之,运用这种申诉机制需要付出一定的成本,且胜诉虽然可以有利于自己今后的相关出口,却对以往所受的损失无多少弥补。相反,进口国至多是今后在这个案例上不得再滥用反倾销做法,却没有其他任何的损失。换言之,它所耗费的成本相当低廉。可见,这种申诉机制对于那种具有一定普遍性的滥用做法，只起着相当有限的约束作用。

（四）明显限制专家组的处置权力

既然 WTO 难以有效约束进口国滥用反倾销的做法，那么，成员方之间围绕反倾销问题发生的纠纷和冲突势必十分频繁和严重。这意味着，WTO 的专家组承担着更为重大的协调职责，其裁决机制理应起着大力制约这类滥用现象的积极作用。可是，令人质疑的是，WTO 的有关规定反而还在这方面束缚着专家组的手脚。

《反倾销协定》第 17 条第 6 款明确指出："在评估该事项（指反倾销调查——引者注）的事实时，专家组应确定主管机关（指进口国反倾销机构——引者注）对事实的确定是否适当，及他们对事实的评估是否是无偏见和客观的。如事实的确定是适当的，且评估是无偏见和客观的，则即使专家组可能得出不同的结论，而该评估也不得被推翻。"它又进一步强调："在专家组认为本协定（指《反倾销协定》——引者注）的一个规定可以作出一种以上允许的解释时，如主管机关的措施符合其中一种允许的解释，则专家组应认定该措施符合本协定。"

显然，这里所规定的审查反倾销措施的评审标准，直接削弱了专家组在这方面的裁决权力。按照上述说法，只要美国和欧盟的国内有关机构判定发展中国家产品触犯反倾销规则的做法有着一定的事实依据，那么，它们的反倾销措施就必须得到专家组的默认，从而成为有关贸易争端的最后胜利者。请注意，这里强调的是，"即使专家组可能得出不同的结论"，亦必须接受欧美国内机构所确定的既定"事实"。人们不禁要问，在专家组的相关权力受到明显限制的情势下，其裁决的所谓公正性还能够令人信服吗？另外，所谓"可以作出一种以上允许的解释"，实际上也给随意解释反倾销规则开了方便之门。

诚然，由于这项规定遭受不少强有力的质疑或反对，乌拉圭回合结束时通过的《部长决定与宣言》里有过这样的说法，即对这种审查标准应在三年后（亦即在 WTO 新贸易谈判回合之中）进行审议，以考虑它是否可以普遍适用的问题。可事实上，多哈回合并未真正涉及该条款的审议和修改。这就是说，《部长决定与宣言》的这个许诺，纯然成为一纸空文。从实际情况来看，WTO 成立 20 多年来，一些进口国滥用反倾销手段得不到来自 WTO 法规的有效遏制，已经成为全球贸易摩擦频发的一大祸端。

（五）过分依赖发达国家的国内法规

WTO 反倾销系列规则的构建经历了一个逐步形成和发展的过程。但是，它们过于依赖发达国家尤其是美国的国内法规,从内容到提法都有明显的照搬痕迹,隐伏着严重的弊端。尤其是,它们的有些规定和提法并不符合多数发展中国家的实际状况,不利于国际经贸活动的健康推进,反之便于发达国家利用国内法规予以诠释,以塞进自己的贸易保护主义私货。所谓"非市场经济国家地位"的提法及其处置,就是颇为典型的例子。

众所周知,"非市场经济国家地位"一直是欧美国家采取反倾销措施中的一大利器。然而,遍查 WTO 的《反倾销协议》和 GATT 的相关条款,并无"非市场经济国家"的直接提法。认为这个提法及其规定就是 WTO 的规则的看法,是一种误解。建立在市场经济运作基础之上的贸易自由化是 WTO 始终秉持的基本精神,而这种基本精神当然是一切愿意成为其成员的经济体所必须认真遵循的。于是,任何 WTO 成员不仅其对外经贸活动应当遵守 WTO 一切立足于市场经济运作的规则,而且它们自己的经济体系和贸易政策也得与此保持基本一致。换言之,任何在总体上不承认或不履行市场经济运作的国家或经济体,其实是没有资格成为 WTO 成员的。诚然,有些成员的市场化初始水平比较低下,它们的市场化道路比较艰难,因而它们的经济体制需要作出更加扎实的改革和演进。不过,这属于另一个层面的问题,即它们如何加快市场化的进程。总之,在多边贸易体制内部就根本不能对任何一个成员扣上"非市场经济国家"的帽子。

另外,添加自行其是的反不公平贸易规定。比方说,美国利用自己国内制定的贸易法特别是其中的 301 条款,动辄对其他国家的进口商品加以制裁或惩罚。而欧盟有时候则应用所谓的欧盟条款来对付进口商品。此外,常常被欧美国家喧嚣不绝地用于反倾销或者衡量所谓市场经济国家的"货币汇率自由化"标准,实际上也是一种自己制定规则自己进行裁决的蛮横做法。

(六)反倾销程序具有两重作用

WTO 对于反倾销措施规定了相当具体且周到的程序和运作环节。比方说,从对一种外国进口商品发起反倾销调查开始,到最后实施反倾销措施(如征收最终反倾销税)为止,其间要经历七八个环节,每个环节都需耗费时间和精力。这样做,从实际效果来看,起着两重作用。一方面,它有着防止有些进口国随意操弄这种贸易救济手段的积极作用;另一方面,严苛的要求则阻碍了发展中国家对于这类救济措施的合理运用。例如,许多发展中国家自身的市场经济制度不够健全完善,本身就缺乏充足的数据资料,还要它们从别国收集大量信息和准备积极诉讼,往往困难甚多、代价高昂。其实际结果常常是,它们要么知难而退,要么做法明显不合规范,因而成功的情况要少得多。

毋庸赘言,这些明显且重要的疏漏和缺陷,直接助长着各种反倾销措施的出现,而它们当中的大多数完全出自贸易保护主义的考虑。显然,这些所谓的反倾销措施完全悖逆了 WTO 设置反倾销条款的初衷,起着十分不利于推进国际贸易自由化的恶劣作用。

二、WTO 反补贴规则的重要疏漏

总的来说,WTO 现有的反补贴系列规则主要存在如下的重要疏漏或缺陷。

(一)补贴的定义不够明晰

WTO 把补贴定义为"由政府或任何公共机构提供的财政资助"(参见《补贴与反补贴措施协定》第 1 条第 1 款)。可是,这里的"任何公共机构"的提法模糊不清,易于引发争议。事实上,在当今的国际贸易活动中,提供重要公共产品的官方机构、专门从事公益事业的非营利的民办组织、由同一行业的雇主们组织起来的同业公会等,都被很多人看成这里所谓的"公共机构"。其实,它们之间有着比较明显的差别。更有甚者,最近十年来,发达国家正是利用"任何公共机构"这种比较含糊的提法,把它直接套在中国大型国营企业的头上,进而对中国不少出口产品实施了所谓的"双反"措施。

同时,如何判定一项补贴是否导致相关经济主体获取利益,WTO 的规定也缺乏明确的衡量标准。之所以要反对或否定国际贸易活动中的某些补贴,就是因为它们给相关经济主体带来了贸易利益,从而导致了不公平竞争。可见,这项判定对于反补贴规则具有相当的重要性。然而,从不同的角度出发或者采用不同的标准,例如,究竟是依据商业标准(如贷款是否是以低于市场利率提供的)加以确定,还是根据政府支付的成本予以考虑,其作出的判定又是大不相同的。很明显,WTO 自身没有对此作出明确的界定,势必会引发各种歧见在贸易实践中反复纠缠,从而使得反补贴规则的实施经常处于一种不乏争议和动荡的状态之中。

(二)反补贴没有考虑经济发展阶段的实际差异

世界各国处于各不相同的经济发展阶段,其补贴措施的具体形式和实际作用都有显著的差异。再从实际需求而言,既然发展中国家尚处低下的经济发展阶段,那么,其国际竞争力要得以显著提升,恐怕还是离不开补贴做法的大力扶植。可是,WTO 的反补贴规则非但没有适当"眷顾"经济发展阶段低下的成员们,反而使得发达国家获得了更多的实际好处。这特别表现在,发展中国家采用的大部分补贴实际上都被列为禁止实施的(即禁止性补贴)或需要审议的(即可诉补贴)类型。毋庸赘言,那些生产商品缺乏国际竞争力且外汇匮乏或者需要确保国内市场份额的发展中国家,才是最依赖出口补贴和进口替代补贴来维持经济发展的苦主。可是,这些补贴类别恰恰是 WTO 明文规定禁止的经济行为。诚然,WTO 设置了所谓的保护幼稚工业条款,确实让发展中成员的一部分新兴行业可以获得一些出口补贴或进口替代补贴。然而,能够享受到这类补贴的行业毕竟有限,且时限比较短暂。换句话说,这种"优惠"待遇依然将发展中成员的大部分行业和绝大部分企业拒之于门外。

相反,被 WTO 确立为不可诉的补贴类别,即可以合规发放的补贴形式,在很长时期里恰恰主要出现在发达国家之中。例如,用以环境保护和研究与发展的大量补贴,就是发达国家倾注心血的重要补贴类型,而大多数发展中国家则往往无暇顾及或补贴寥寥无几。至于给予贫困地区的补贴,由于这里的评判标准具有相对性(即只要一个地区经济发展水平低于全国其他地区,它就可被视为相对贫困地区),因而有些发达国家依旧能够发放。显而易见,WTO 这个貌似非常公正透明的反补贴规则,正是因为还是不能正视经济发展阶段实际差异这个关键问题,依旧蕴含着一种巨大的不公平现象,即其矛头所向实际上主要还是广大贫穷落后的发展中国家。不能不指出,这样制定的反补贴规则,尽管在局部上或者技术上可能有着一定的合理性,但是在总体上已经注定发展中国家是基本的受害者。特别在发展中国家的出口产品面临"双反"措施的情形下,这种弊害尤为显著和猛烈。

(三)需要准确诠释"双重救济"问题

于是,随之而来的一个明显缺陷便是,WTO 反补贴规则没有明确说清"双重救济"的含义及其合规问题。必须指出,最近 10 年里美国屡屡采取"双反"手段(即同时对一种进口商品实施反倾销与反补贴措施)来打压中国出口商品,这同它利用 WTO 规则中的一个明显漏洞即对"双重救济"缺乏明确的诠释有着密切的关系。而 WTO 有关机构关于中国上诉美国的一个系列案件的裁决,就非常形象地揭示了这个弊端。

2008 年,美国相继对来自中国的标准钢管、非公路用轮胎、薄壁矩形钢管和复合编织袋等 4 种产品征收反倾销税和反补贴税。9 月 19 日,中国就此诉诸 WTO 争端解决机构。2010 年 6 月,专家组对此案作出裁决,得出了一些明显不利于中国的结论,认为中国没有能够证明美国的"双反"措施与《补贴与反补贴措施协议》的相关规定不一致。然后,中国向 WTO 的上诉机构进一步提出申诉。2011年3月,WTO上诉机构公布了其对本案的裁决,推翻了原专家组的裁定,认为美国的做法构成了违反WTO规则的"双重救济"。它们各自的阐述和裁决,从一个侧面反映出WTO对于"双重救济"问题的规定依然不够明晰。

应该看到,GATT第6条第5款已经明确指出:"在任何缔约方领土的产品进口至任何其他缔约方领土时,不得同时征收反倾销税和反补贴税以补偿倾销或出口补贴所造成的相同情况。"这就是说,禁止对相同情况下的倾销或出口补贴同时征收反倾销税和反补贴税。换言之,"双重救济"的做法是违反WTO规则的。但是,WTO专家组认为这一规定仅仅是关于出口补贴的,并不适用于本案情况。相反,GATT第6条第3款、《补贴与反补贴措施协议》第19条第3款和第4款都专门提及反补贴税的金额一事,可它们却不是涉及双重救济问题的。在他们看来,实际上WTO现有协议并没有对这个问题作出规定。

正因为这样,上诉机构裁定,"双重救济"是通过同时征收反倾销税和反补贴税从而两次抵消相同补贴所造成的损害,这与WTO相关规定不符。而美国财政部在没有评估同时征税是否会产生"双重救济"的情况下,对于已被征收反倾销税的外国商品还征收反补贴税,违反了WTO的有关规则。

(四)有些规定对发展中成员存有偏严倾向

一般来说,发展中国家的大多数工业制成品并不具备强劲的国际竞争力,即便得到一些政府补贴也不会带来不公平竞争的恶果。事实上,在一些特定的情况下,WTO还会允许发展中国家的工业制成品享受某些出口补贴,或者可以暂时不遵守某些反补贴规则。然而,令人费解的是,WTO的有些具体规定却显示出对于发展中成员的偏严倾向。这无疑是不合理的。

例如,《补贴与反补贴措施协定》第27条第5款和第6款规定,当发展中国家达到一定的出口竞争水平(如人均年国民生产总值达到1 000美元时,或者连续两年在世界贸易中取得3.25%的市场份额)就自动排除在特殊豁免权之外,即必须遵循WTO的所有反补贴规则。可是,关于发展中国家又重新降至这一关键水平之下时是否再次自动获得这种豁免权,它却不置一词。显然,对于一些国际竞争力上下起伏、难以稳定的WTO发展中成员来说,这样的规定就未免不够公正持平了。

又如,《补贴与反补贴措施协定》附表7专门用以界定哪些发展中成员可以继续实施出口补贴做法。按照该附表的说法,列入其清单的依据是世界银行关于人均国民生产总值的最新数据。但是,仅仅由于人均GNP的暂时增长而将某些发展中成员排除在该清单之外,不再允许它们继续给予出口商品以一些补贴,无论对于这些国家的出口贸易和经济发展,还是推动世界贸易与经济的健康发展,都是有害无益的。其实,允许这些国家继续使用一些出口补贴,既不会对相关竞争国家造成明显的影响,更不会波及全球贸易的自由化方向。

(五)有的例外规定明显袒护发达国家

其中的典型例子就是把农产品补贴作为例外情况加以处置。WTO 反补贴规则把农产品补贴排除在制约范围之外,同时却又把给予初级产品的补贴与工业制成品等得到的补贴等量齐观,这样的规定明显不合情理。这是因为,从产品的特性来看,农产品与初级产品有着颇多的共同之处,因此,就增加值的角度而言,它们之间的差异度明显小于它们与工业制成品之间的差异度。这意味着,倘若有足够的理由可以把农产品补贴作为例外加以处置,那么,初级产品同样应该享受类似的待遇。可是,目前这样的规则安排仅仅只照顾农产品,实际上就是在维护发达国家的经济利益。因为它们是农产品出口大国,如美国的农产品出口份额就要占到全球的25%至1/3,相反,初级产品的出口大国多是发展中国家。

(六)相关程序比较繁多

不能不看到,采取反补贴措施的程序较为复杂。比方说,涉及反补贴的调查,就设立了 11 个款项(见《补贴与反补贴措施协定》第 11 条);对于反补贴的证据问题,亦有 12 个款项的规定(见《补贴与反补贴措施协定》第 12 条);就连关于反补贴调查的公告和裁定的说明,都有 7 个款项的规定(见《补贴与反补贴措施协定》第 22 条)。更麻烦的是,《补贴与反补贴措施协定》还有 2 个附件专门用以规定搜集信息或实地调查的程序,一个设置了 9 个款项(附件5),另一个则有 8 个款项(附件6)。不难想象,那些相关经济机制不够健全的发展中国家,恐怕在反补贴过程中穷于应付这些环节且难于全面落实这些规定。这可能正是不少发展中国家甚少对外国商品实施反补贴措施的根本原因。

三、WTO 保障措施规则的重要疏漏

毫无疑问,WTO 现有的保障措施系列规则同样存在一些重要疏漏或缺陷,而且它们恰恰与其主要特点有着紧密的联系。

(一)未能有效约束进口国的滥用做法

与反倾销和反补贴措施不同,WTO 保障措施针对的是并无违规行为的进口商品。显然,在这种情势下,保障措施被滥用会对国际贸易活动带来更加不公平的后果。换言之,有效约束进口国滥用保障措施的做法就更为人们所高度关注。但是,WTO 这方面的基本规则却没有很好地发挥这个功能。

这集中体现在,WTO 对于进口国滥用保障措施并没有努力采取各种手段加以有效制衡。特别意味深长的是,WTO 保障措施规则专门设立了关于"限制"的条款,不过强调的却是保障措施的利益受损方应该更谨慎地实施报复。更有甚者,它还进一步指明采取报复措施一方要承担相应的后果,这等于是一种意在惩罚的规定。相反,其对于进口国滥用保障措施却没有设置任何惩罚机制。如此有失平衡的规则安排,客观上起着一种实际上的负面功能,即非但未能有效约束反而进一步助长着保障措施的被滥用。

(二)磋商机制的规定不够牢靠实用

强调通过磋商来协调双方的行动与利益,是 WTO 保障措施规则的一大特色。既然如此重视这个磋商机制,那么,相关的这方面规定就应该牢靠实在、便于操作。且不说 GATT 第 19 条规定十分简略空泛,没有涉及磋商的具体程序、时限和标准等重要内容,因而给规避使用磋商程序的企图提供了很大的便利。相比之下,全面体现保障措施系列规则的《保障措施协定》已经对磋商、报复、多边监督、实施临时措施权利以及赔偿等具体程序有了明确规定。这样,判定进口国是否已经履行磋商机制就具备一定的客观标准。但是,它依然存在一个明显的或者可谓致命的缺陷,即不能有效惩处进口国有悖磋商规则的恶劣行为。倘若有些成员方采取虚与委蛇甚至装聋作哑的做法,实质上把磋商机制丢弃一旁,那么,WTO 剩下唯一的惩处办法就是同意对它们进行报复。可正如前述,WTO 却同时设立了限制条款,要求这种报复必须谨慎实施,且须承担相应后果。不难想象,在这种情势下,磋商机制上述那些具体规定未免显得不够牢靠实在了。

(三)补偿待遇没有得到确实保证

非常注重向利益受损方给予补偿,是 WTO 保障措施规则的又一个特色。既然相关进口商品并无进行不公平竞争的过错,WTO 又允许进口国采取明显有损它们利益的所谓保障措施,那么,依据市场经济的公平原则,给予进口商品以经济补偿就是理所当然的事情。问题在于,这种补偿必须通过明确的规则设置而得到确实的保证。可是,WTO 的相关规则实际上没有真正提供这种切实的保证。

第一,它要求实行保障措施一方首先必须通过协商向另一方提供适当的贸易补偿。但是,此外就没有任何具体的说明。这等于是说,这种贸易补偿的方法、形式及其具体数额由双方自行协商解决。大家知道,协商这种博弈形式的最后结果常常同双方各自的实力地位紧密相联。这就是说,如果利益受损方是一个发展中国家,它处于相对弱势的位置,那么,这种贸易补偿一般都会大打折扣。

第二,它同意在磋商失败后可以采取报复措施。如果磋商无法达成一致,WTO 就允许利益受损方采取报复措施,即对实行保障措施一方中止实施关贸总协定项下实质相等的优惠待遇。不过,其条件是 WTO 货物贸易理事会对此报复行为不持异议。这意味着,报复措施恰当与否依然是其得以实行的重要条件。

第三,它还对利益受损方的报复行为作了限制。WTO 规定,如果一项保障措施是由于进口的绝对增长所导致,且其实施标准和程序符合保障措施规则的其他要求,那么,在最初三年里无权进行报复。此外,利益受损方完全能够依据自己的判断而实行报复措施,不过需要对实行报复的后果承担责任。可见,这种限制是要成员方更加谨慎地采取报复手段。

不难看出,按照上述规则的层层要求,利益受损方的补偿待遇完全可能遭遇相当的削减,有时甚至只是一种可望而不可即的海市蜃楼。

(四)保障措施规则的实际意义有待进一步探讨

必须肯定,从理论角度而言,设置这样一项意在特殊情况下保护进口国国内市场的基本规则,有其必要性和实际意义。然而,从这项保障措施规则在 GATT 时期和 WTO 时期的实际应用来看,却出现了一种发人深思的图景。

具体来说,首先,发达国家是该基本规则的主要应用者。据统计,成员方援引 GATT 有关条款来实施保障措施的,在 GATT 时期和 WTO 时期先后有过约数十次,可它们绝大部分都是发达国家所为。这是因为,对于发展中国家来说,实施这方面系列规则的成本比较昂贵。其次,发达国家也是它的主要受益者。这种受益集中表现为,在面临外国商品的猛烈冲击时,发达国家确实有效地维护了自己的国内市场。另外,如前所述,有时候发达国家甚至还在恶意利用和玩弄这项基本规则。十分明显,保障措施系列规则实际上主要在为发达国家服务,加之它们又有偏袒进口国的某些嫌疑,因而其实际意义委实需要进一步推敲。

这些都意味着,有必要对整个保障措施基本规则进行重新审视,深入探究它的根本立足点是否出现了某些偏差,认真思考它的规则框架是否严重忽略了发展中国家的基本利益。这些都是新规则体系必要深入思考的。

第3节 需要借鉴或改进的 WTO 机制

在众多的 WTO 运作机制中,既有着值得积极借鉴参考的内容,也存在需要大力改进变革的地方。这里一并作个简要的叙述。

一、若干可以借鉴的 WTO 机制运作

不得不看到,WTO 有些机制的具体运作还是颇为可取的,尤其是它的贸易争端解决机制和贸易政策审议机制值得新规则体系加以切实地参考借鉴。

(一)贸易争端解决的机制运作

总的来说,贸易争端解决机制是 WTO 体制里比较有效率的运作工具。其中,它在机制和程序上的一些创新已经为全球所公认,因而同样为新国际贸易投资体系提供着不少可资学习和吸收的东西。

第一,它已经形成了一个独立统一的贸易争端解决体系。这就是说,一旦成员之间出现贸易纠纷需要其仲裁解决,WTO 可以通过自己一套完整且权威的运作机制,进行有效的处置。其具体进程是,先由双方自行磋商,磋商无果时再经专家组依法裁决,必要时还可让上诉机构复审,最后双方必须服从有关裁决。

第二,它引入了一种"反向协商一致"的运作原则。这是指,当有关贸易争端无法通过双方协商予以解决时,就必须成立专家小组进行仲裁,除非解决机构一致否决成立专家小组或者一致同意拒绝执行相关裁决。这无疑增强了专家组的权威地位,同 GATT 的做法有着显著的不同。

第三,确立了新的上诉程序。如果对于专家组的裁决表示不服,相关成员还可以向上诉机构提出申诉。上诉机构只负责司法解释,可其上诉报告就是最终裁决,争端解决机构必须执行。这个机制是 GATT 时期所没有的。

第四,强化了执行裁决的监督机制。WTO 明确规定,如果被裁决违规的一方没有采取改进措施,可以要求其补偿甚至予以报复。这就明显提高了这种裁决手段的有效性和威慑力。

第五,对解决过程的每一阶段都有时间限定。虽然整个争端解决过程仍然可能需要长达两年多的时间,但每个阶段的运作都有时间限定,这毕竟多少减

少了相关工作的拖沓延宕,自然会明显提高争端解决的实际效率。

(二)贸易政策审议的机制运作

作为一种具有一定创新色彩的运作机制,贸易政策审议的做法尽管还有一些不同的看法,但是它的突出优点恐怕仍旧会被吸纳入新贸易投资规则体系。

其一,集中审议工具有利于透明度原则的深入贯彻。所谓集中审议是指,WTO 所有成员集体来审议某一个成员方的经济体制与政策,且采取全体成员均有资格参加的会议方式进行面对面的提问与回答。在会议期间,首先由被审议方代表进行自我报告,然后任何成员都可以提出表示质疑或者需要澄清的各种问题,而被审议方有义务予以正式回应,可以是当场回答或者事后的书面答复。通过自我报告、提问和回答等形式,被审议方必定要围绕自己的经济体制与政策,向 WTO 全体成员提供各种各样原先未必能够了解到的经济信息和政府行为动向,这就大大强化了它们的透明化。毫无疑问,这种集中审议积极推动着多边贸易体制透明度原则的深入贯彻。

其二,全面审议做法有利于监督功能的有效履行。所谓全面审议是指,受审议方提前交出的自我报告必须系统总结和全面评价自己经济体制与政策的成绩及所存在的问题,审议会上的提问同样可以广泛全面。例如,在中国最初两次的被审议会议上,各成员方提出的问题就高达上千个之多,且涉及极其广阔的领域。这样一来,受审议方的经济体制与政策就全面显露在众目睽睽之下,其中的违规表现和不当做法几乎难以逃过集体监督的强大法网。显然,这就明显提升了多边贸易体制监督功能的水平与作用。

其三,定期审议规定有利于成员方自由贸易政策的不断深化。WTO 针对不同类型的成员方分别规定了不同年限(即 2 至 6 年)的定期审议。这种定期审议具有不断反复轮动的性质,等于始终把大多数成员方(目前不需进行审议的最贫穷的发展中国家除外)的经济体制与政策置于一种不断受到推动和鞭策的变革状态之中。其他成员方提出的有些问题击中了你违规的要害,你就不得不变革;有些问题指出了你的明显缺陷,你就不得不改进;有些问题预警了你以后可能出现纰漏,你就不得不未雨绸缪。而且,它每过几年(最多的是 6 年轮一次)重新来全面地敲打你一次,迫使你不断地有所改进或变革。长此以往,大多数成员的经济体制与政策会越来越逼近贸易自由化方向和市场经济运作体制。

其四,非强制性特点有利于彼此平等沟通。对于审议会议上各成员方提出的质疑、批评和诉求,受审议方可以参考和思索,却不是必须接受和改进的。这就是政策审议之非强制性的含义。作为其他成员方,它们都有权利在审议会议上评论某一个成员的经济体制与政策,可以提出自己的质疑、批评、诉求或建议。不过,它们的看法不一定符合实际情况,更不一定正确有理。反之,受审议方有义务听取并回应这些批评意见和相关诉求,但同样有权利不赞成和不接受它们。维护双方的权利,可以为政策审议机制构建坚实的基础,推动大家更好地走向贸易自由化和市场经济体制。强调非强制性,则是在彼此平等的条件下,给予受审议方一种依据国际经贸规则自行判断和决策的自由,因为其他成员方的有些意见和诉求确实并不可取。可以设想,在这样平等沟通的氛围下,比较平和地解决彼此的经济歧见和贸易纠纷就大有可能。显然,这是一种稳妥有效的处置方式。

二、若干需要弥补的 WTO 机制缺陷

然而,WTO 的有些运作机制同样存在比较显著的不足或缺陷,它们是新国际贸易投资规则体系必须努力避免的。

(一)谈判机制的缺陷

WTO 谈判机制追求的是磋商一致原则,即一切通过磋商和谈判达成一致意见。可是,面对越来越多的成员方和越来越多的谈判议题,试图依靠磋商解决一切问题的做法越来越难以为继。事实反复证明,一般性的磋商和谈判并不可能迫使对方轻易放弃本可获得的重大经贸利益。这样,WTO 谈判机制在具体实践中就显露出几个明显的缺陷。

其一,WTO 的贸易谈判通常具有一揽子性质,即成员方必须同时接受所有一切谈判议题的最终成果,于是,谈判议题就不宜过于宽泛。本来,一揽子接纳的性质必然会导致成员方对每个议题的谈判成果仔细斟酌、寸步不让,再加上多哈回合的谈判议题至少有十五六个之多,其通过的难度自然就可想而知。因此,面对如此宽泛且需要有所突破的谈判议题,如何确保每次具体谈判都有重点关注内容获得一定或相当的进展,便是对相关管理机构组织才能的一大考验。

其二,WTO 成员如此广泛,各自的诉求又大相径庭,于是,谈判进展必须避免四面出击。即便是同一个谈判议题里,如果不抓住重点地四面出击(因为即使同一个议题都可以分列出不少的具体谈判题目),那一定会造成两方面的不利后果。一方面,作为组织者的相关管理机构精力分散、穷于应付,难以集中力量进行各个击破。另一方面,各个成员方围绕每个具体议题一般都有自己的利益诉求和谈判立场,进而寻觅相关同道者和面对自己的谈判对手。谈判内容一

且四面出击,必定会导致谈判格局犬牙交错、阵营杂乱,即:两个成员方在 A 问题上是同一战壕的战友,在 B 问题上却成为互不相让的谈判对手,而在 C 问题上又保持可有可无的疏离关系。多哈回合谈判有着 160 多个成员,各自又要由于四面出击而去面对时而朋友时而对手的复杂局面,其大量的时间和精力消耗于空转之中,自然成为顺理成章的事情。

其三,WTO 的有些谈判议题还具有连续性的长期特征,这方面的谈判就应该全面筹划、步步推进。例如,农产品贸易和服务贸易谈判的涉及内容错综复杂或者障碍重重,必定需要通过多轮的深入谈判才能确立比较全面系统的系列规则。所以,这类长期性谈判议题一定要紧扣两个环节作精心的布局。一个是比较科学合理地制定每个阶段的具体谈判目标,既不宜过于冒进,也要避免裹足不前。另一个是排除万难、共同努力,务必完成业已确立的阶段性目标,否则会无期限地拖延谈判进程。从实际履行的情况来看,WTO 在这两方面似乎都有待提高。

(二)决策机制的缺陷

WTO 的决策机制针对以往 GATT 强调磋商一致的显著缺陷,专门增加了投票表决办法,即不再一味追求通过磋商解决问题,必要时须进行投票表决,且少数服从多数。可是,由于种种原因,这种投票表决机制似乎并未发挥原先设想的作用,甚至依然很少被实际应用。其结果是,不少决策仍然存在十分严重的障碍。

例如,要澄清或修订现有的规则经常步履维艰。之所以如此困难,是因为 WTO 实际上还是沿用追求全体一致意见的老办法。试想,WTO 有着那么多的成员们,它们的经济发展水平和特殊国情各不相同,进而引发出自己独特的经济利益和谈判诉求,怎么可能在涉及诸多议题或内容的多边贸易谈判中轻易地形成一致意见呢?相反,大量事实无数次地证明,这种通过磋商实现一致意见的规定实际上还在继续成为一个导致贸易谈判相持不下和半途而废的制度根源。

再如,少数甚至个别成员的反对就可能让重大谈判成果功亏一篑。多哈回合关于农产品贸易的谈判,在经历了千辛万苦的反复折腾之后,各国终于在农产品的出口补贴、市场准入和国内救助等领域达成基本共识。眼见新的农产品协议的形成即将大功告成,不料,美国与印度之间围绕一个比较次要问题的互不相让,最终还是导致这个多哈回合最为关键领域的贸易谈判功败垂成。必须看到,只让少数成员方就可以阻碍重大决策的最终敲定,是一种非常危险且荒唐的机制。这些成员只占世界贸易额的很少部分,却可以实际上否定参与大多数贸易活动的其他成员方所认可的规则制定,明显造成了十分有害的严重后果。

由此可见,新国际贸易投资规则体系必须着力于提升投票表决机制的实际功能,以避免重蹈 WTO 的覆辙。既然投票表决是为了弥补单靠磋商难以解决一切问题的重大缺陷,那么,就应该充分落实和发挥它的这种弥补功能。具体而言,它至少可以通过三个途径得以有效实施。

第一,扩展投票机制的应用范围。在 WTO 体制里,可能是出于充分体现通过磋商达成一致意见的良好愿望,一般并不对正在进行谈判的贸易议题采取投票做法。其实,这种自缚手脚的做法明显压缩了投票机制的施展空间。例如,在多哈回合农产品贸易谈判中,既然成员方围绕农产品贸易的三大难点已经形成基本共识,那么,当美国与印度之间出现保障措施的激烈争论而可能导致前功尽弃的后果时,就应该及时应用投票机制来解决它。这是因为,这个争论仅仅发生于极个别的成员之间,决不能让它无休止地纠缠下去而破坏整个谈判大局。可惜的是,WTO 居然没有这样做。

第二,加强投票机制的应用频度。从实际效果来看,WTO 设置的投票表决机制似乎更多地在发挥一种威慑作用,即含蓄地警告成员方在贸易谈判中不能随心所欲和自身利益唯上,其实真正被应用的次数还相当有限。于是,在贸易谈判的关键问题或要紧时刻需要投票机制发挥其一言九鼎的功能时,它却隐身不见了。显然,大大增加投票机制的应用频度,是充分发挥其积极功能所不可或缺的基本条件之一。

第三,探索投票机制的各种方式。投票表决必须奉行少数服从多数的基本规则,但是,具体的投票方式可以有多种选择。这意味着,认真研究多种投票方式的各自特点与优点,努力探索它们对于不同实际情况的各自适用性,就可能减少贸易谈判的困难程度,寻觅出一条让投票机制相对有效运作的途径。

比如说,有一种是所谓的否决表决法。它可以让每个成员先提出一套可供选择的建议,然后经整理归类再进行层层投票表决,每一轮投票由每个成员把其中自己最不喜欢的建议勾销掉。这样,最后剩下没有被否决掉的建议就被认为是大家的集体选择。采取这种投票方式,可以使得每个成员必须慎重考虑,不宜随意提出其他成员会强烈反对的建议(因为这种建议必然被部分成员立即否决掉),有时还可能比较积极地考虑其他成员的利益。总之,这种方式既让投票者表现出自己的偏好及其强度,又可以显现出大家不偏不倚的选择,从而避免了极少数成员在某个具体议题上的偏执态度给谈判大局带来严重的后果。不过,这种方式实行起来比较麻烦一些,有时还要防止一些成员联手的不正当做法。

必须看到,在那些不能顺利进行传统的简单多数表决方法的时候,或者这种传统方法的效果不显著的时候,否决表决方法可能是非常有用的。且以农产品保障机制谈判为例。对于实施这种保障机制的关税水平,美国和印度在谈判过程中互不相让,一个强调上限只能是15%,另一个则要求高达40%,这个纠缠直接影响到农产品贸易谈判的顺利结束。倘若能够采用这个否决表决法,那么这场纠纷便可迎刃而解。第一步,所有WTO成员都可以提出这个保障关税水平的具体建议,一般而言,绝大多数的建议应该都在15%至40%之间的某个点位。第二步,由农产品谈判领导小组对所有建议整理归类,若假设确定为7类,然后交付进行否决表决。第三步,先后进行6轮表决,每次否决其中一个建议,最后剩下的唯一建议即为集体选择。于是,任何成员方都没有理由不接受由此形成的相关规则。

(三)争端解决机制的缺陷

WTO的争端解决机制尽管被视为一项比较有效率的制度安排,却仍然有着一些较为明显的不足或缺陷。

一是处置不公平贸易的案件,它只能起到比较有限的作用。如前所述,在反倾销案件里,争端解决专家组必须充分尊重进口国的判断和做法,实际上自己并没有能够真正发挥仲裁和监督作用。所以,应当适度扩大专家组针对不公平贸易案件所拥有的仲裁和监督权力。例如,应当取消反倾销案中对专家组的各种限制,全面遵守相关规则的时间框架也可交由专家组规定,而违规国家需要对受害国家作出赔偿时,具体赔偿数额同样可以由专家组决定,等等。

二是对于那些恶意违规行为,它还缺乏有针对性的惩处手段。例如,2002年美国政府对进口钢材征收8%至30%的进口附加税,其目的明显在于笼络讨好美国钢铁行业的资本家,进而有利于执政党在以后的总统大选中获取更多的选票。它明明知道自己的有些做法违反WTO的相关规则和运作程序,而其他成员方试图通过争端解决机制讨取公道,至少要花费两年多时间。可到那时候美国政府所预期的选票效应已经兑现,自己再取消这种做法并无什么明显的代价和损失。可见,这是一种典型的恶意违规行为,直接损害了其他国家的诸多利益,可是,WTO专家组和上诉机构对此却没有什么有效的应对之策和惩罚之道。

三是面对关键的重大诉讼案,它的补偿机制有时显得可有可无。照理说,针对那些明显的或恶劣的不公平竞争行为,WTO确实规定了相应的惩罚机制或补偿机制。但是,由于这类补偿机制设计得过于笼统和粗略,加之各种实际情况错综复杂,利益受损国家的具体补偿就可能成为一句空话。例如,有时候它们唯一可能得到的补偿居然是自己并不愿意采取的报复行为。在这种情况下,利益受损国家实际上还是没有得到真正的补偿。

四是它的有些裁决过于机械死板,明显有违与时俱进的精神。众所周知,WTO 在其基本文件里强调的一些根本宗旨和重大指导思路,由于某些原因而没有在相关规则中得到充分体现和具体落实。可是,有些专家在具体的仲裁过程中,过分拘泥于相关规则的具体表述,反而在整体上忽略了 WTO 的一些根本宗旨和重大指导思路。例如,数年之前中国政府为了保护生态环境而禁止那些被胡乱开采的稀土产品出口,可是 WTO 专家组却判定为违规行为,其理由是中国加入 WTO 时递交关于限制出口的申请清单里并无稀土这类商品。问题在于,10 多年之前中国政府递交这份申请清单时,没有预见到胡乱开采稀土给予生态环境的严重后果,更没有预见到需要采取限制稀土出口的手段来落实 WTO 走可持续发展之路的根本宗旨。于是,一项旨在遵循 WTO 根本宗旨的正确做法变成了一种违规的政策措施,并不被允许继续这样做。

(四) 治理机制的缺陷

从广义的治理角度来看,WTO 也有着相对明显的漏洞或缺陷。限于篇幅,这里仅简要地提出两个问题,它们同样是新规则体系值得警戒的地方。

1. 管理机构缺乏应有的权力

WTO 是一个所谓成员方驱动、以协商一致为基础的组织,真正的权力实际上掌控在成员方政府手中,是由它们进行决策和操控的。相反,它的管理机构即 WTO 秘书处只拥有十分有限的权力,主要是负责大量的日常性事务,而根本无法像世界银行和 IMF 管理机构那样,具备较高的权威性和较大的影响力。

第一,它难以统领 WTO 的发展方向和贸易谈判大局。WTO 的权力机构是各成员方参加的部长级会议,几年开一次会,对所有的重大事情拍板定局。在其闭会时期,则主要由总理事会贯彻落实它的相关决策。倘若需要进行涉及规则建立与修订的贸易谈判,还是由部长级会议确立谈判议题,并委派各议题谈判小组的负责人具体开展。WTO 秘书处的主要功能看来是依据既定的各种决策进行组织、沟通和协调工作。它也会对贸易谈判大局及其发展走势提出自己的看法、建议乃至运作方案,但是却没有最后的决策权甚至颇具权威性的影响力量。

第二,它无法真正约束成员方的贸易政策。理论上讲,WTO 规则体系完全可以约束成员方的贸易政策,但是这个规则体系具有一些重要的特征。首先,这些规则是由成员方之间通过谈判所制定形成的。其次,它们是由成员方自己依据谈判议定的程序加以遵守的。再者,它们有时候需要通过 WTO 专家组裁定并运用贸易制裁一类威胁手段得以履行。最后,针对违规行为的制裁措施是由相关成员方实施的。换言之,WTO 秘书处本身根本不拥有这些方面的权力。在这样的制度安排下,可以说这个管理机构很难对各成员方的贸易政策产生什么显著的实质性影响。

第三,它甚至对 WTO 有关协议和规则的解释都不具权威性。针对各种贸易实践尤其是贸易纠纷,WTO 秘书处出于沟通和协调的需要,自然会对相关协议和规则展开种种诠释和解读。可是,由于受到两方面的重大掣肘,其解释的权威性都会大打折扣。但凡涉及比较重大规则的诠释,因直接影响到各成员方的重要经贸利益而深受广泛关注和易于引发异议,因而往往需要决策者或者其直接代言人作出回应。这样一来,秘书处反而不宜随便发声。至于成员方之间贸易纠纷所涉及的是非,则应当由按照法定程序选出的专家组依据相关规则予以裁定,所以,它不需要且不应该对此随便发表看法。总之,无论对 WTO 规则本身的深入诠释,还是通过规则解读来实际解决贸易纠纷,秘书处都还不具备一锤定音的资格。

不难看出,WTO 管理机构明显缺乏应有的权威地位和处置权力,不仅严重挫伤了管理机构广大人员的创造精神和工作热情,而且直接损害了 WTO 体制内部的有机配合和运作效率。总而言之,WTO 这样的治理结构必须变革。

2. 重新思考诸边协议方式的有效功能

WTO 成立时,保留了 GATT 时期遗留下来的四个诸边协议。目前,有两个到期已经取消,只剩下另外两个还被相关成员履行着。所谓诸边协议,是指 WTO 成员并非一定要遵守的贸易协议,而是自愿参加的成员才必须按照其中的系列规则开展贸易活动。从相关的制度安排来看,WTO 是把诸边协议当作 GATT 的历史产物不得不保留下来的,它本身并没有对这种协议形式予以更多的期待。

毫无疑问,WTO 作为一个正式的国际经济组织需要维护其应有的权威性,即规范和约束它的成员们的贸易政策与经济行为。这样,遵循《WTO 协定》所体现的一整套国际经贸规范就是 WTO 成员们应尽的基本义务。就此而言,这一揽子多边协议必须得到不折不扣的实施,否则当年 GATT 的制度困境又会故态复萌。显然,WTO 的一揽子协议应该不包括诸边协议。

然而,现在又需要重新思考多边贸易体制构建新诸边协议的必要性。这是因为,国际贸易的发展趋势已经迫切要求对一些与贸易有关的领域构建系统的新国际规则,而起着引领作用的 WTO 自然肩负着义不容辞的责任。可是,WTO 一些成员的经济发展水平和实际状况却难以承受它们的严峻后果。这意味着,有些新国际规则还不能一下子采取多边协议的方式予以处置。于是,作为一种可以发挥缓冲作用的具体方式,诸边协议这种形式似乎值得人们重新认识和应用了。

　　具体地说,目前可以先从与贸易有关的环境、劳工待遇和竞争政策这三方面着手。即把它们各自的系列规则用诸边协议的形式确定下来,然后由所有的WTO成员自愿选择是否签署和履行。具体的做法则是,可以分别采取完全加入、不加入和有保留地加入三种方式。所谓有保留地加入是指,该成员签署和遵守这项诸边协议,不过要求用一个附加条款明确规定,它在极少数或个别特殊问题上可以暂时不履行相关义务。之所以这样做,是因为一批成员有着同样的或类似的诉求,它们愿意积极加入,同时在一段时间里又无法承受其中个别条款带来的经济后果。基于争取尽可能多成员加入的考虑,诸边协议可以专门对这极少数或个别的特殊问题设立一项暂不履行的附加条款。诚然,加入或不加入,以及完全加入与有保留地加入,各自所承担的义务明显不同,其享受的相关权利自然也不一样。这样一来,用这样的治理方式重启诸边协议,既与GATT当年的做法有着显著的差别,同时又可以推动更多成员方积极加入这类协议,从而切实推进新规则体系的全面形成和有效履行。

>>>

【思考题】

1. WTO 的哪些基本规则是新国际贸易投资规则体系应该承袭的?

2. WTO 的反倾销规则有着哪些疏漏或缺陷?

3. 试用实例分析 WTO 反补贴规则的不足和疏漏。

4. 2002 年美国对进口钢材实施保障措施一例折射出 WTO 保障措施规则存在哪些问题?

5. WTO 运作机制的哪些做法是新国际贸易投资规则体系需要借鉴参考的?

6. 试结合具体例子分析 WTO 决策机制的明显缺陷。

7. WTO 的贸易争端解决机制还有哪些地方需要改进?

第4章
北美自由贸易协议探析

　　在现有的诸多区域经济一体化协定（RTA）中，欧盟（EU）、北美自由贸易协定（NAFTA）和东盟自由贸易协定（ASEAN）的影响较大。由于 EU 和 TTIP 密切相关，ASEAN 与中国的经济关系十分密切，因此本书将这两个协议探析分别安排在第 5 章和第 7 章中。本章就北美自由贸易协定（North America Free Trade Agreement，NAFTA）与 WTO 展开比较分析，阐述前者对后者的完善、发展和修订，并展望 NAFTA 的发展前景和命运。2017 年初唐纳德·特朗普上任美国总统之后宣布退出 TPP，并要求重启 NAFTA 谈判。这充分反映出了美国方面希望通过这一行动改变成员国之间的利益分配格局，使美国获得更多自由贸易所带来的福利。事实上，NAFTA 在很大程度上依然是美国签订其他双边和诸边经济合作协议的蓝本，并且以 NAFTA 为范本的区域性协定还可能不断兴起。

第1节　北美自由贸易协议概述

　　NAFTA 是一个涉及美国、加拿大和墨西哥三国的自由贸易协定，为美国前总统老布什于 1992 年 12 月 17 日签署，美国国会于 1993 年 11 月 20 日通过。1993 年 12 月 8 日，美国时任总统克林顿签署了 NAFTA 实施法案，并宣告 NAFTA 于 1994 年 1 月 1 日起正式生效。时至今日，NAFTA 已经运行了 23 年。目前，美国与 20 个不同经济体共签订了 14 个自由贸易协定（FTA）。[①]而 NAFTA 成为后来美国对外签订双边或多边乃至全球许多 FTA 的重要模板。该协定在国际自由贸易谈判的许多领域产生了深刻影响，如市场准入、原产地规则、知识产权、外国投资、争端解决、劳工权利和环境保护，等等。

---

① 参见 www.wto.org。

一、NAFTA 的起因和达成

《美加自由贸易协定》(CUSFTA)可以被看作是 NAFTA 的前身。建立北美自由贸易区的设想最早出现在 1979 年美国国会关于贸易协定的法案提议中。1980 年,美国时任总统里根在其总统竞选的有关纲领中再次提出建议建立包括美国、加拿大、墨西哥及加勒比海诸国在内的"北美共同市场"。但由于种种原因,该设想一直未受到重视。随着欧洲经济一体化的进程加快,美国和加拿大市场日益感受到来自日本进口产品的威胁和进攻,美国和加拿大两国产品在国际的经济地位和竞争优势相对减弱。在这样的背景下,1985 年,美国和加拿大开始了进行有关双边自由贸易协定的谈判。1988 年 6 月 2 日,CUSFTA 被正式签署,并于 1989 年 1 月 1 日正式生效。CUSFTA 规定在 10 年内逐步取消两国之间的货物进口(包括农产品在内)关税和非关税壁垒,取消对服务业的关税限制和对汽车进出口的管制,开展公平、自由的能源贸易。在投资方面,两国达成了国民待遇原则,建立起一套共同监督的有效程序和解决相互之间可能贸易纠纷的机制。为了防止转口逃税,该协定还确定了原产地原则(RoO)。

1986 年 8 月,墨西哥和美国的两国领导人共同提出了双边自由贸易框架协定计划,并于 1987 年 11 月签订了一项有关磋商两国间贸易和投资的框架原则和程序的协议。在此基础上,经过多次谈判,两国于 1990 年 7 月正式达成了《美墨贸易与投资协定》(也称"谅解"协议)。同年 9 月,加拿大宣布参与该协定的谈判。最终,1991 年 6 月 12 日,这三个国家在加拿大多伦多开始了关于NAFTA 的首轮谈判。在经历 14 个月磋商之后,1992 年 8 月 12 日,三国达成一致意见,并于同年 12 月 17 日在各自国家签署了关于三国之间全面自由贸易的协议,这就是 NAFTA。该协议 1994 年 1 月 1 日正式生效,这同时意味着北美自由贸易区正式诞生。

二、NAFTA 的主要框架、动机、目标和组织架构

(一) NAFTA 基本框架

NAFTA 由前言、正文、注解和七个附件构成(见表 4.1)。前言明确了NAFTA 的动机和目的。正文共有 8 个部分(part)包含 22 章(chapter),覆盖了货物贸易、(技术和卫生)标准、服务贸易、投资和知识产权等,共计 16 个领域的

事项。协定英文文本共有300多页,每一章的内部结构基本相同,即首先是对主题进行定义,然后规定基本义务,最后是保留或实施例外方面的详细附件。协议各章下的许多节(section)甚至条款(article)都包含有特定的附件(annex),只有第3章和第4章包含了三个适用于全章的附件,协议最后是适用于全部文本的7个附件。从内容看,以第3章和第5章的分量最大,并且共有5章涉及组织机构安排和争端解决机制。

表 4.1　NAFTA 的框架

	标题	章	特别附件
前言			
第一部分	总则	第1章:决心和动机	
		第2章:一般定义	
第二部分	货物贸易	第3章:国民待遇和货物市场准入	300-A:汽车贸易和投资
			300-B:纺织品和服装
		第4章:原产地规则	401:特别原产地规则
		第5章:海关程序	
		第6章:能源和基本化工品	
		第7章:农业和卫生和动植物检疫措施	
		第8章:紧急行动	
第三部分	技术性贸易壁垒	第9章:与标准有关的措施	
第四部分	政府采购	第10章:政府采购	
第五部分	投资、服务和相关问题	第11章:投资	
		第12章:跨境服务贸易	
		第13章:电讯	
		第14章:金融服务	
		第15章:竞争政策、垄断和国营企业	
		第16章:临时入境业务人员	
第六部分	知识产权	第17章:知识产权	
第七部分	行政和制度条款	第18章:法律的发布、通知和管理	
		第19章:反倾向/反补贴问题的审议和争端解决	
		第20章:制度安排和争端解决程序	

	标题	章	特别附件
第八部分	其他条款	第21章:例外	
		第22章:最终条款	
注解	共47条注解		
附件	附件1:保留现有措施和自由化承诺		
	附件2:未来措施保留		
	附件3:对墨西哥政府的保留行为		
	附件4:最惠国待遇例外		
	附件5:数量限制		
	附件6:其他承诺		
	附件7:保留、特别承诺和其他		

资料来源:根据 NAFATA 秘书处公布的协定英文文本整理得到,www.nafta-sec-alena.org。

（二）NAFTA 的动机、目标和组织架构

1. NAFTA 的决心和动机

协定前言内容即以简洁的文字宣告三国签订该协议决心和动机,分别是:

第一,加强特殊友谊和合作关系;

第二,为内部生产的产品和服务创造一个扩大而安全的市场;

第三,减少贸易扭曲;

第四,建立清晰和互利的管理贸易规则;

第五,确保商业计划和投资有一个可预见的商务框架;

第六,在 GATT 和其他护理与双边合作机制下构建相互尊重的权利和义务;

第七,提高公司在全球市场的竞争力;

第八,以培育创新力和创造力,促进货物与服务贸易作为知识产权的主题;

第九,在各自境内创造就业机会和改善工作和生活条件;

第十,以环保的方式承担以上义务;

第十一,保留保护公共福利的弹性;

第十二,促进可持续发展;

第十三,强化环境法律和规制;

第十四,保护、提高和加强基本工人权利。

2. NAFTA 的目标

协定第 1 章第二款明确北美自由贸易协定的如下六个目标:

第一,消除缔约方之间货物与服务贸易的障碍,便利缔约方之间货物与服务的流动;

第二,促进自由贸易区内的公平竞争;

第三,实质上增加缔约方境内的投资机会;

第四,在第一缔约方境内为知识产权提供充分有效的保护,并使其能够得到强制执行;

第五,为北美自由贸易协定的使用和实施、北美自由贸易区的共同管理和缔约方之间争端的解决建立有效的程序;

第六,为进一步发展三个缔约方之间的、区域间的和多边的合作建立机制,以扩大和提高北美自由贸易区协定项下的利益。

3. NAFTA 的组织架构

NAFTA 制定的组织机构体系,包括自由贸易委员会、秘书处和各国分秘书处、专门委员会、工作组和专家组、环境合作委员会、劳工合作委员会、北美发展银行和边境环境委员会、咨询机构、仲裁法庭和保护仲裁法庭程序特别委员会等。

自由贸易委员会是最高级别的机构,它由缔约方内阁及其代表或他们指定的人员组成。委员会的职能包括:监督协定的实施;督促进一步的谈判;解决就团体协定的解释或者合作引起的争端;监督根据协定建立的专门委员会和工作组的工作;考虑其他可能影响协定的运作事项。委员会每年至少召集一次年会,由各缔约方的代表轮流主持。借助自由贸易委员会,NAFTA 为各成员国政府保留了执行协定的大部分权力。

秘书处是处理日常事务的行政机构。这是根据 NAFTA 的 Article 2002 成立的唯一正式组织,事实上是由美加自贸协定秘书处更名而来。秘书处负责管理 NAFTA 制定的机制,以及时和公正的方式与态度解决成员国之间的贸易争端,为委员会提供帮助,为专家组和专门委员会提供行政支持,从而为协定的便利运行提供服务。秘书处在各缔约方的首都(渥太华、华盛顿和墨西哥城)分别设立分秘书处并监督其工作。各缔约方政府有权任命本国分秘书处负责人,并负责分秘书处的运作及费用。

专门委员会是根据协定的规定而建立的专门负责某一领域事项的委员会。主要有:货物贸易委员会、服装贸易委员会、农业委员会、与标准相关的委员会、小型商业委员会、金融服务委员会、私人商业争端咨询委员会,等等。这些专门委员会在各自领域发挥着具体的职能。

工作组和专家组的职能主要是解决某一领域的专业问题,并就此向自由贸易委员会、专门委员会和仲裁庭提供咨询意见。自由贸易委员会建立的工作组主要有原产地规则工作组(海关分工作组)、农业工作组、美国和墨西哥双边工作组、加拿大和墨西哥双边工作组、贸易工作组、临时入境工作组等。

环境合作委员会依据《北美环境合作协定》建立,旨在促进环境保护,增进三国在保护环境方面的合作,防止贸易与环境的冲突,监督有关环保法律的实施。

劳工合作委员会依据《北美劳工合作协定》建立,旨在改善工作条件和生活标准,促进贯彻保护劳工准则,维护劳工的权益。

北美发展银行和边境环境合作委员会负责为 NAFTA 提供、筹措建设资金,用于边境地区的基础设施建设,目的在于保护和促进边境地区的自然环境以及边境居民的健康与福利。

咨询机构包括咨询委员会、各种咨询中心、陆路运输信息中心等。

仲裁法庭由三国推举 5 名权威的独立人士组成,负责协商、解决三国间的贸易冲突与争端。保护仲裁法庭程序特别委员会负责保证仲裁法庭按预定的方式和程序运转。

三、NAFTA 的地位与作用

第一,NAFTA 是依照 WTO 的前身 GATT 相关条款而签订的。NAFTA 的签订和生效比 WTO(1995 年 1 月 1 日正式成立)还要早一年。但是,协定第 1 章第 1 款以严肃的文字宣告该协议各方须遵照 GATT 的第 24 条,建立北美自由贸易区,即在"与 GATT 第 24 条一致的基础上建立自由贸易区"。

第二,NAFTA 管辖领域大大超出了 WTO 的管辖范围。作为一个较早期和较全面的区域贸易投资自由化协议,NAFTA 在很多方面走在 WTO 的前面,并且成为后来许多区域贸易协定(RTA)甚至多边协定(例如 MIA①)的重要参考甚至范本,在某些领域成为特有的 NAFTA 模式。长期以来,WTO 在农业贸易、服务贸易、国际投资、环境和劳工等议题方面步履艰难,始终难以取得显著的进展。NAFTA 针对这些议题已经形成了完善的高标准和细致的规则,某些规则甚至成为后来许多 RTA 谈判和 WTO 相关方面谈判的参考蓝本。

第三,对 NAFTA 成员国来说,NAFTA 相对于 WTO 处于优先地位。这种优

---

① 多边投资框架(MIA)的磋商与谈判一度是 WTO"发展回合"议程中的焦点议题之一,只是与"发展回合"的谈判一样没有取得实质性进展。

先地位的基本原则是,各成员方可以根据 GATT/WTO 和参加的其他协议确认现有的权利和义务。但是,如果 NAFTA 与 GATT/WTO 或其他协议不一致,那么 NAFTA 具有优先权。NAFTA 成员国之间的特惠贸易的程度不仅远高于 WTO,而且不惠及其他 WTO 成员国。这种歧视性主要体现为 NAFTA 原产地规则。

第四,NAFTA 是 WTO 的例外情形。NAFTA 第 101 条明确地规定在"与 GATT 第 24 条一致的基础上建立自由贸易区"。然而,同样依据 WTO 法律框架之内的 GATT 第 24 条,NAFTA 和其他 RTA 都是区域贸易协定,因而是 WTO 有关条款明确规定的例外。GATT 第 24 条和 NAFTA 第 1 章共同确保了 NAFTA 成员之间的特惠贸易安排是 WTO/GATT 规则的例外。

第五,NAFTA 相对于其他国际协定具有优先性。NAFTA 第四款指出与其他国际环境保护协议(包括《国际濒危野生动植物种国际贸易公约》、关于消耗臭氧层物质的《蒙特利尔议定书》、控制危险废物越境转移及其处置的《巴塞尔公约》等)的关系是,只要成员方能够选择等效且合理的方式遵守其义务,那么国际环境保护公约规定的义务优先。第五款要求各成员方应采取必要措施以执行该协议。

四、NAFTA 协议的主要特点

第一,NAFTA 是世界上第一个由发达国家和发展中国家达成的区域贸易协定,包含两个发达国家和一个发展中国家,拥有 4.5 亿人口,领土面积 2 100 多万平方公里,商品和服务的生产总值达 17 万亿美元。其中,美国作为最大经济体,在北美自由贸易区占据着主导和支配地位。虽然加拿大也是发达国家,但其国民生产总值仅为美国的 7.9%(1996 年数据),经济实力远不如美国;墨西哥是发展中国家,高度依赖美国经济。因此,NAFTA 在很大程度上体现出美国着力推行区域内商品、服务和投资自由化的努力和成果。

第二,NAFTA 仅仅是一个区域性自由贸易协定,而不是关税同盟或其他更高级形式的区域经济协定。因此,不同于欧共体以及后来的欧盟,NAFTA 每个国家独立制定各自的对外贸易和经济政策并以单独的身份参加 WTO 体系。NAFTA 的作用主要体现为,极大地促进了加拿大、墨西哥和美国之间的相互贸易和投资,削减关税以及非关税壁垒,使三国之间的货物运输和金融交易更加便捷。与此同时,每一个国家依然继续保持自己对局外地区的进口的关税率和配额,以及作为 WTO 的独立缔约国身份,并继续限制区域内劳动力和人口的自由流动。

第 2 节　NAFTA 中的新规则评析

WTO 的基础协议包括货物贸易协议、服务贸易协议及与贸易有关的知识产权协议。相对于货物贸易领域的谈判，服务贸易及知识产权的谈判更加困难，即便是在 2013 年 12 月巴厘岛谈判取得进展之时，服务贸易与知识产权方面也并未涉及。而 NAFTA 在这些方面都已经达成了非常详细的安排，因而其内容框架更广泛。经过对两套规则体系加以比较，可以发现 NAFTA 在货物贸易、服务贸易、外国投资、原产地规则和争端解决机制这五个方面极大地深化和丰富了 WTO 规则。此外，NAFTA 还在劳工问题、环境议题和国际投资自由化方面超越了 WTO 安排。

一、构建 WTO 原先根本匮缺的相关规则

（一）构建了关于劳工问题的规则

近年来，国际贸易与国际核心劳工标准之间的关系日益紧密。在 WTO 成立后的多次谈判中，对于国际核心劳工标准是否应被纳入多边贸易协定 WTO 规则体系这个议题，发达国家和发展中国家的立场始终存在较大分歧。因此，到目前为止，劳工标准并未被纳入 WTO 谈判范畴，不过，在 WTO 的法律框架中依然存有一些零散的相关规定。这些规定数量少，影响力弱。

与 WTO 劳工议题难以达成一致不同，美国和欧盟等发达地区通过 FTA 谈判积极地纳入劳工问题，形成了"NAFTA 模式"和"欧盟模式"两种规则体系。作为全球第一个明确涉及劳工标准并且作出详尽规定的自贸协定，NAFTA 模式显得标准更高和更加刚性，其协定内容更广泛，公众参与性更强，其争端解决机制具有高强制性及其惩罚措施具有可操作性，因此具有了准司法的性质。相比之下，欧盟模式更加务实灵活，适当照顾到参与方的不同发展水平，约束性较弱。

根据 NAFTA 规定，各参与方主要通过作为 NAFTA 附属协议的《北美劳工合作协议》(North American Agreement on Labor Cooperation，NAALC) 来处理贸易与劳工问题。NAALC 包括了三方面的内容，即成员国的目标和义务、组织机构以及争端解决机制。

第一,关于目标和义务。在这方面,NAALC 对需要保护的劳工权利做了宽泛规定,不仅涵盖了国际劳工组织确认的四项政治性的"核心劳工标准",也包括了其他经济性的劳工标准,共计 11 项劳工权利。NAALC 规定成员方应通过国内立法纳入这些劳工权利并保证遵守和有效执行相关法律、法规。这 11 项劳工权利包括结社自由和组织权,集体谈判权,罢工权,禁止强迫劳动,保护童工和青年工,最低就业标准,消除基于种族、宗教、年龄、性别等方面的就业歧视,男女同工同酬,防止职业伤害和疾病,对遭受职业伤害和疾病者给予补偿以及保护移民工人。

第二,关于组织机构。NAALC 建立了相对完善的组织机构以确保其能够得到有效执行。NAALC 成立劳工合作委员会(Commission for Labor Cooperation, CLC),下设由各国劳工部长组成的部长理事会,负责监督协议的执行。协议还要求各成员国在其国内设立国家管理办公室(National Administration Office, NAO),以及设立国家咨询委员会及政府委员会协助各国 NAO 的工作。为保证公众的参与度,NAO 必须接收来自有关团体和个人针对其他成员方劳工执法情况的请求书(submission),并在审查后作出是否采取进一步行动的决定。

第三,关于争端解决。NAALC 明确规定可通过贸易制裁措施保证该协定规定的义务得以履行。在争端发生后,首先由 NAO 进行审查,并在部长级层面进行磋商,如果有关问题经部长级磋商未能解决,争议方可向部长理事会请求设立专家评审委员会(Evaluation Committee of Experts, ECE)进行裁决。对于某一成员持续性地未有效执行国内与保护童工、最低工资和职业安全与健康原则等相关的法律、法规的情形,专家组可以判定该成员缴纳一定数额的罚款,但不得超过争议双方最近一年货物贸易总额的 0.007%。[①]由于上述惩罚机制的存在,从一定程度上使得 NAALC 专家组具备准司法职能特征。

(二)构建了关于环境问题的规则

贸易与环境关系是一个在国际上备受各方关注且易引发争议的重要问题,协调自由贸易与环境保护之间的关系一直是 WTO 的一项重点工作。多年来,WTO 为此付出了巨大努力,尽力为解决贸易与环境保护之间可能产生的冲突提供充分的规则空间,其争端解决机构在审理此类案件方面发挥了建设性作用。然而,WTO 成立之后的谈判举步维艰,关于贸易与环境问题的正式协定和谅解始终未能达成。反之,NAFTA 系统地制定了一套与平衡贸易与环境有关的

---

① 参见 NAALC 协定附件 39"Monetary Enforcement Assessments"第 1 条,http://www.dol.gov/ilab/regs/naalc/naalc.htm,访问时间:2017 年 4 月 8 日。

标准规则,充分体现出对"贸易—环保"的高要求。

一是关于贸易中的环境规则。NAFTA 前言明确指出其宗旨之一,是要以与环境保护相一致的方式为世界贸易的和谐发展与扩大做出贡献,促进可持续发展,加强环境法规的发展与执行。环境规则体现在 NAFTA 的第 7 章(农业和卫生和动植物检疫措施,SPS)和第 9 章(与标准有关的措施)。

二是关于区域内跨国工业转移和投资转移中的环境规则。日益扩大的国际生产转移活动也带来污染转移问题。对此,NAFTA 也作出了相应规定,目的主要是防止墨西哥较低的环境成本吸引美加两国的相关工业和投资转移到墨境内。

三是关于环境争议的解决。NAFTA 的争端解决机制为之提供了明确的解决办法。按照规定,缔约方若就国际环境协议(MEAs)或因环境、健康及安全采取的措施发生争议,被申诉方有权申请 NAFTA 实体和程序规则的排他适用,防止申诉方要求适用 GATT/WTO 规则,以确保 NAFTA 为环境措施提供额外保护。

二、丰富 WTO 原先相当粗略的相关规则

(一) WTO 的投资规则

WTO 制定投资条款的动机只是为了更好地促进自由贸易和服务贸易。因此,WTO 投资规则相当粗略。严格地讲,WTO 没有达成明确的投资自由化协议。但是,1994 年乌拉圭回合结束时,WTO 有两个协议直接与外国投资问题有关,一是与贸易有关的投资措施协议(TRIMS),另一个是服务贸易总协定(GATS)。由此可见,这两个协议并非针对投资自由化,并且在处理投资问题上都采取以部门的方式,强调国民待遇和最惠国待遇等非歧视原则等。其中,TRIMS 主要关注投资者进入东道国后面对的业绩要求,明确规定了禁止成员方采用的投资措施,即违背国民待遇和数量限制的一般取消条款的投资措施,并在其附件清单中作了列举,从而确立了关于采用投资措施方面的多边纪律。[①]
GATS 主要在与服务贸易有关的方面对外国投资进行规定。而 NAFTA 的显著特征之一是其中专设了一章用于解决外国投资问题,即第 11 章。因此,此处讨论 NAFTA 第 11 章中丰富和深化 TRIMS 的地方,对 NAFTA 丰富和深化 GATS 的述评见随后对服务贸易规则的比对。

---

① 闫立宏:《WTO"与贸易有关的投资措施"评述》,《生产力研究》2002 年第 5 期,第 34—35 页。

WTO 的 TRIMS 有两个鲜明特征。一是其目标是服务于 WTO 贸易自由化而不是投资自由化。TRIMS 的宗旨在于通过对各成员制定和采取相关措施的规制,促进世界贸易的扩展和逐步自由化,并为此最大限度地便利化跨国投资,在确保自由竞争的同时,促进所有贸易伙伴尤其是发展中成员的经济增长。二是 TRIMS 明确反对东道国给予外资企业歧视性待遇,但不反对给予外资企业超国民待遇。

TRIMS 从两个方面规定了成员方禁止实施的与贸易有关的投资措施,包括违背国民待遇义务的投资措施和违背禁止数量限制义务的投资措施。前者指东道国政府的当地成分要求和贸易平衡要求,这两种措施属于禁止东道国采用的投资措施。后者是指东道国政府的贸易平衡要求、进口用汇限制和国内销售要求,不论这些措施在国内法律或行政规章之下是强制的或是准强制的,还是以满足这些要求作为企业取得优惠所必备的条件。

除了上述明确列举的五项措施之外,TRIMS 还一般性地规定禁止适用与《GATT 1994》第 3 条及第 11 条不符的、根据国内法律或行政规章而采取的义务性或强制性措施,以及那些"为获得利益所必需"的措施。TRIMS 设立了一个对所有成员开放的"与贸易有关的投资措施委员会"的专门管理机构,负责管理该协议的运作与实施,对《协议》的运作情况进行审查,并在适当情况下向部长会议建议对《协议》文本进行修正。

(二) NAFTA 对 WTO 投资规则的丰富和发展

NAFTA 达成了明确的投资自由化条款,从这个意义上看,NAFTA 极大地超越了 WTO。如表 4.1 所示,第 11 章是专门关于投资的规范,该部分具体规定了一个缔约国对另一个缔约国投资者的各种待遇,以及投资者与东道国争议的解决程序。与 TRIMS 不同,NAFTA 在取消投资壁垒和保障投资者的基本权利方面作出了明确规定,并且为投资者与成员国家提供了一套完整的争端解决机制。NAFTA 在某些领域的投资确立了"非歧视待遇",包括明确的国家特定自由化承诺和国民待遇的例外。

NAFTA 的争端解决机制是一套完整体系,而不仅仅针对外国投资。因此,本章在后面将专门介绍 NAFTA 在投资争端解决机制方面对 WTO 规则的丰富和深化。

NAFTA 的投资条款则直接针对区域内跨国公司和投资活动自由化,构建了比较完善和完整的投资条款。NAFTA 投资规则的基本框架包括概念界定、实体规则、争端解决机制和例外条款等四个方面的内容。这是对 WTO 的第三个方面的极大超越。

第一,NAFTA 明确定义了"投资者"和"投资"的概念。NAFTA 第 11 条第 1 款明确规定,其投资规则适用于一个缔约方对另一个缔约方"投资者"和在其境内的"投资"采取或维持的措施。其中第 1139 条对"投资者"和"投资"这两术语做出了明确的定义。根据该条的规定,"投资"不仅包括直接投资设立企业、企业的附属机构、购买不动产,而且包括购买证券或向所投资企业的附属机构贷款等间接投资形式。NAFTA 成员、国有企业、各成员的国民及在任一 NAFTA 成员国境内设立并有投资活动的实体不论其资本来源即符合投资者资格。

第二,NAFTA 在实体规则方面涉及国民待遇、与国际法相符的待遇和征用条件等。

关于国民待遇。根据 NAFTA 第 1102 条规定,各缔约国必须给其他成员国的投资者及其投资在相同情形下对于设立机构、收购、扩张,管理、行业、经营、销售及其他投资安排等提供不低于其给予本国投资者及其投资相似条件下的待遇,且不得基于国籍对投资者的董事、发起人资格、投资的出售或处置实施不同于国民的歧视。第 1106 条特别禁止传统上为发展中国家所采用的违反国民待遇原则的歧视性惯例,包括"国内投入要求""国内含量要求""出口实绩要求""贸易平衡要求"及"技术转让要求",或将以上各种要求与某些优惠相联系。这些规则被 WTO 的 TRIMS 和 GATS 的类似规则所借鉴。

关于与国际法相符的待遇(又称"最低标准待遇")。NAFTA 第 1105 条规定,"每一个缔约方将对其他缔约方的投资者的投资提供与国际法相符的待遇,包括公正和平等的待遇、充分的保护和保障";即便出现军事冲突或内乱,在对其境内投资损失所采取或维持的措施方面,"每一个缔约方将对其他缔约方的投资者及其投资提供非歧视的待遇"。

关于征用条件。NAFTA 第 1110 条规定,每一个缔约方将对其他缔约方投资者的投资不得直接或间接地予以征用或国有化,或者采取等于征用或国有化的措施,除非是符合下列条件的征用或国有化:根据公共目标;遵循非歧视原则;不违背 NAFTA 的上述最低待遇标准规则并依照正当的法律程序;按照该条第 2—6 款的标准给予补偿,即补偿必须与征收日投资公平的市场价相等,必须立即毫不拖延和能充分兑付,必须按照商业上合理的利率支付到实际付款日为止的利率。

第三,基于保护国家重要利益的需要,NAFTA 的一些主条文或附件中列举了缔约国可以背离上述某些甚至全部义务的规定。如第 1108 条第 7 款规定:缔约国提供国民待遇和最惠国待遇等义务不适用于政府采购或贴补等领域。再如墨西哥的保留清单列举了墨西哥在能源业等部门不适用 NAFTA 下的投资义务性规则。这些例外也是 NAFTA 投资规则框架的重要组成部分,因为它们限定了 NAFTA 投资规则的适用范围。

三、改进 WTO 原先疏漏甚多的相关规则

(一) 对 WTO 货物贸易规则疏漏的改进

WTO 的核心目标是推进贸易自由化。在众多国际贸易经济活动领域中,WTO 在货物贸易自由化方面确立的规则最为完善和丰富。WTO 推行货物贸易自由化的主要措施是关税谈判和减让,极力主张各成员国将关税作为唯一的保护手段。根据《关于成立世界贸易组织的马拉喀什协议》,WTO 成员国要"一揽子"地接受 WTO 全部协议及其附属文件。

WTO 同时设置了许多"规则的例外"以平衡成员国之间的经济主权利益、减少冲突和增加规则的可操作性。例如,根据 WTO 最惠国待遇原则,成员国应当非歧视性征收进口关税,同时 RTA 却作为例外享有优先权。从这个角度看,WTO 规则尚未达成完全贸易自由化和彻底贯彻无歧视原则。

目前,WTO 允许发展中国家的平均关税可以达到 10%,而发达国家平均关税则按照要求已经降低到 5% 以下。在贸易实践中,大部分成员国一方面声称接受并执行 WTO 规则,另一方面也采取各种措施和做法来保护其国内市场或限制进口。

与 WTO 相比,NAFTA 最显著的深化和丰富是通过分阶段关税减让措施从而在内部全面实现了货物贸易自由化。NAFTA 的关税减让期最长为 15 年。[①]分期减让货物关税是为了保护所有的敏感产品,使协定当事方能在国内逐步完成调整,避免过早地对国内就业和国内市场可能造成冲击。NAFTA 货物贸易规则方面的另一个显著发展是采用了具有限制性特质的原产地规则(RoO),这些规则确保了成员国的特定产品或产业得以减轻或者避免面临来自非成员国产品的竞争。

NAFTA 在货物贸易自由化方面取得了十分显著的成就。在 NAFTA 生效之前,美国从墨西哥进口商品的 40% 为免税,剩余的部分实行最高 35% 的关税税率,贸易加权平均关税税率约为 7%。墨西哥对美国农产品的贸易加权关税税率平均为 11%。NAFTA 的市场开放条款规定,在协定生效之后的 15 年间,逐

---

① NAFTA 规定有些商品的关税立即减免,有些则逐渐减免,逐渐减免的时间分别有 5 年、10 年和 15 年(参见 NAFTA 第 3 章附件 302.2)。

步取消在北美生产及贸易的所有商品关税壁垒和大多数非关税壁垒。其中一些关税在 1994 年 1 月 1 日当即被消除,其他的关税将在 5—15 年内被逐步消除。

尤其引人注意的是,WTO 在纺织服装和汽车的推进相对缓慢,而农产品贸易自由化谈判至今尚没有取得实质性进展。相反,NAFTA 在这三个领域的贸易自由化都取得了重大进展。[①]

第一,在 10 年时间内,全面分阶段取消纺织品和服装关税和非关税壁垒。在签订 NAFTA 之前,美国从墨西哥进口服装中,只有 65%享受免税和免配额待遇,剩下的 35%面临 17.9%的平均税率。墨西哥对来自美国的进口纺织和服装产品征收平均关税税率为 16%,其中某些产品的关税高达 20%。根据 NAFTA,在满足特定原产地规则条件下,逐步在北美范围内全面取消了纺织和服装产品的所有关税。

第二,分阶段取消符合原产地规则的汽车及零部件产品的进口关税。北美自由贸易区逐步废除了墨西哥的限制性汽车法令。根据 NAFTA,对满足 62.5%当地成分要求(NAFTA 原产地规则)的汽车、轻型卡车、发动机和传动装置等产品,60%当地成分要求的其他交通工具和汽车零部件等产品,美国分阶段逐步废除对来自墨西哥进口的所有关税,墨西哥分阶段废除对来自美国和加拿大进口的关税。在 NAFTA 签订之前,根据美国国会评估,对来自墨西哥进口的平均关税水平为:汽车 2.5%,轻型卡车 25%,汽车零部件的贸易加权值 3.1%。墨西哥对美国和加拿大汽车产品征收的关税税率为:汽车和轻型卡 20%,汽车零部件 10%—20%。

第三,双边跨境农产品贸易自由化。NAFTA 建立了单独的农业贸易的双边承诺,包括加拿大与墨西哥之间的双边承诺,以及墨西哥与美国之间的双边承诺。一般情况下,美国与加拿大自由贸易协定条款继续适用于与加拿大的贸易。关于美国与墨西哥的农业贸易,NAFTA 通过其关税配额转化为普通关税从而消除了农业贸易中的大多数非关税壁垒。一些敏感产品,比如食糖和玉米的关税,在 15 年内的时间里被逐渐废除。NAFTA 生效后,美国与墨西哥一半以上的农产品贸易成为免税贸易。在此之前,尽管美国与墨西哥之间农业贸易的平均关税税率已经非常低,例如美国对墨西哥的某些出口农产品仅征收 12%的关税。在过渡期内,美国对墨西哥近 1/4 的农产品出口(按价值计算)受到墨西哥政府进口许可的限制。这些限制在 NAFTA 生效之后随着过渡期结束而自动

---

① 威廉·库珀:《从 NAFTA 到 TPP(上)——纪念北美自由贸易协定签订 20 周年》,王宇译,《金融发展研究》2014 年第 9 期,第 3—7 页。

失效。

（二）对 WTO 服务贸易规则疏漏的改进

WTO 的服务贸易总协定（General Agreement on Trade in Services，GATS）由序言、6 个部分、29 项条款和 8 个附录构成，其内容由三大块组成：一是框架协议条款本身，即管理服务贸易的基本原则和纪律；二是部门协议，即附录；三是各国市场准入的初步承诺减让表。WTO 服务贸易谈判自 2000 年 1 月开启以来，历经波折，基本处于停滞状态。

尽管 WTO 与 NAFTA 服务贸易议题是目前全球最具典型意义的两种模式，但二者各有特点，而后者的影响更大。NAFTA 的服务贸易规则几乎涉及了绝大部分服务贸易自由化措施，尤其是金融服务、电信服务等特殊服务部门规范达到了比较先进的水平，成为其他区域服务贸易协定借鉴的范本。

在管理上，GATS 采用正面清单承诺方式。根据 GATS 定义，服务贸易分为跨境提供（模式 1）、境外消费（模式 2）、商业存在（模式 3）以及自然人流动（模式 4）这四种提供模式，原则上没有单独的投资章节。市场准入条款以 GATS 第 16 条数量限制为基础，国民待遇条款以同类服务和服务提供者为基准，没有维持现状或禁止反转条款，透明度义务限于公布信息，没有明确的有关业绩要求、高级管理人员和董事会构成要求、当地存在的条款，国内法规条款也不与具体承诺相联系。

NAFTA 的服务条款，改进了美国与墨西哥自由贸易协定和 WTO 多边贸易谈判的乌拉圭回合的内容，实行负面清单管理，建立了服务贸易的国际认证标准，授予服务供应商有关非歧视待遇、跨境销售及报关、投资和信息准入的某些特定权利。尽管如此，每个国家依然存在一定的例外和限制，包括海上运输（美国）、电影和出版（加拿大）、石油和天然气开发（墨西哥）等。

NAFTA 放宽了对墨西哥服务业，尤其是金融服务的限制，对银行业的影响较大，但对其他领域的影响较小。在通信服务方面，NAFTA 伙伴国同意排除并非使用基础通信服务的规定。NAFTA 授予通信服务供应商和使用者一项"权利法案"，包括有权使用公共通信服务，连接反映经济成本和适用统一费用定价基础的私人线路，有权选择、购买或租借最适合其需要的终端设备。不过，NAFTA 并不禁止任何一方维持公共网络或服务的垄断供应商，例如墨西哥电信公司（TELMEX）。[①]

---

① 威廉·库珀：《从 NAFTA 到 TPP（上）——纪念北美自由贸易协定签订 20 周年》，王宇译，《金融发展研究》，2014 年第 9 期，第 3—7 页。

四、修订 WTO 原先明显落伍的相关规则

（一）对服务贸易规则的修订

与 GATS 规则相比，NAFTA 的发展和深化表现在以下几个方面:[①]

第一，对服务贸易的定义。NAFTA 类型的贸易协定一般将服务贸易区分为跨境服务贸易和投资两种类型。此处跨境服务贸易的定义，相当于 GATS 所指的跨境提供、境外消费以及自然人流动，而投资的定义则相当于商业存在。NAFTA 第五部分为"投资、服务及相关事项"，共有六章，其中有四章直接规范了服务贸易，分别是第 12 章(跨境服务贸易)、第 13 章(电信服务)、第 14 章(金融服务)以及第 16 章(商务人员临时入境)。根据协定第 1213 条第 2 款，跨境提供服务或者跨境服务贸易，是指通过以下三种方式所进行的服务贸易:(1)自缔约方一方境内向另一方境内提供服务;(2)在缔约方一方境内对另一方国民提供服务;(3)一个缔约方国民在另一个缔约方境内提供服务，但不包括在一个缔约方境内通过被本协定涵盖的投资所提供的服务。

第二，对服务部门的范围界定。在服务部门涵盖范围方面，NAFTA 及其同类的贸易协定与 GATS 也不相同。除了少数例外，GATS 类型的贸易协定涵盖的服务部门相当广泛，除了空运以及行使政府权力所提供的服务以外，几乎包括所有的服务部门。NAFTA 类型的贸易协定则可能进一步纳入 GATS 类型的贸易协定比较不会出现的服务部门，例如法律执行服务、惩教服务、收益证券与保险、社会救助或保险、社会福利、公共教育、公众训练、健康以及幼儿照顾等传统上属于政府职能，但缔约方同意向私人开放的服务部门。

第三，关于市场准入条款。NAFTA 没有类似于 GATS 的市场准入条款，而是仅仅规定了数量限制，从而完全排除了地方政府实施的数量限制措施，但未排除对雇佣人员的数量、交易额和资产、法人形式或合资形式的数量限制，因此从市场准入层面来看，NAFTA 对于服务贸易自由化的推动作用依然受到了一定程度的限制。GATS 仅规定不得对服务提供者运营的总数或总生产数量施加限制，NAFTA 则禁止所有一切与经营运作有关的任何措施。可见，NAFTA 类型贸易协定的市场准入开放程度高于 GATS 类型的贸易协定。

第四，关于清单管理。NAFTA 协定服务贸易承诺表采用"负面清单"的管

① 李墨丝:《区域服务贸易自由化的新趋向》,《上海对外经贸大学学报》2015 年第 3 期,第 5—16 页。

理模式,这是该协定的一大特点。GATS 的"正面清单"管理模式是指缔约方把承诺开放的部门列入清单。"负面清单"管理模式与"正面清单"管理模式正好相反,要求缔约方把未承诺开放的部门列入清单。"负面清单"模式的工作机制是,首先需要制定基本原则和规则,然后用保留、例外和承诺等形式予以修正。虽然也有许多 RTA 以 GATS 为蓝本,但是以 NAFTA 为蓝本的 RTA 数量增长更快。其主要原因可能是:(1)负面清单"不列入即开放"的性质决定了 NAFTA 类型协定的自由化程度更高;(2)NAFTA 协定适用禁止回退原则,因而,协定规定的贸易自由化的程度只能提高,不能逆转;(3)保证任何新的服务部门将自动地被纳入协定涵盖范围。①

第五,关于国民待遇条款。在国民待遇条款方面,NAFTA 类型的贸易协定在跨境服务贸易和投资专章都有规定,不过有关国民待遇义务的规定与 GATS 有所不同。GATS 规定为"每一个成员在影响服务提供的所有措施方面,给予任何其他成员的服务或服务提供的待遇,不得低于其给予本国同类服务或服务提供者之待遇"。②NAFTA 类型贸易协定的规定则为"在同类情形下,提供的待遇不应低于本国的服务提供者"。③GATS 的表述是"同类服务或服务提供者",NAFTA 的表述则是"同类情形"。因此,两者相比,NAFTA 规范的涵盖范围较宽,比起 GATS 更能起到保护效果。

第六,对所谓"重点"和"敏感"服务部门的开放措施。NAFTA 除了在第 12 章"跨境服务贸易"针对服务贸易做出了规定,还在若干所谓"重点"和"敏感"部门制定了针对性的开放措施,主要见于 NAFTA 第 13 章电信服务、第 14 章金融服务以及第 16 章商务人员临时入境,以及与第 11 章"投资"的服务贸易自由化问题等。

(二)对原产地规则的修订

根据原产地适用对象,国际贸易中目前表现出两类原产地规则。一类是《WTO 原产地规则协定》所作出的制度安排,并被纳入协调一致的进程,WTO 原产地规则无条件适用于所有成员国,因此也叫"非优惠原产地规则"。另一类是区域贸易协定及各类优惠贸易安排所作出的制度安排,根据 GATT 第 24 条,这类原产地规则仅适用于具体协定的缔约国,因此也被称为"优惠原产地规则"。

---

① U.S. International Trade Commission(ITC). The Impact of Trade Agreements Implemented under Trade Promotion Authority. ITC, 2005:29—31.

② 参见 GATS 第 17 条第 1 款。

③ 参见 NAFTA 第 1202 条第 1 款(参见 NAFTA Secretariat, www.nafta-sec-alena.org)。

关于 WTO 的"非优惠原产地规则"。WTO 所要求的原产地规则只是对WTO 成员方制定或运用原产地规则制定了一般原则,要求"保证原产地规则以公正、透明、可预测、一致和中性的方式制定",但 WTO 并没有提供具体详细并为 WTO 各成员方使用的原产地规则。

根据 WTO 的定义分类,NAFTA 原产地规则属于"优惠原产地规则"。"优惠原产地规则"是全球所有区域优惠贸易安排固有的特征。它影响着大约 55% 的世界贸易额。然而,"优惠原产地规则"的使用又以区域为单位构成一定程度的贸易壁垒效应。严格的优惠原产地规则会迫使优惠贸易安排成员国企业的外部供应从低成本产品转向原产于内部高成本的产品,以获得最终产品的优惠待遇。其中,欧盟和北美自由贸易"优惠原产地规则"最具有全球影响力,分别被称为"泛欧模式"和"NAFTA 模式"。

原产地规则在 NAFTA 第四章①,并成为 NAFTA 的鲜明特色之一。NAFTA 优惠原产地规则有三个目的。第一,避免该协议的"免费搭乘者",即阻碍所有非 NAFTA 国家的产品以墨西哥为跳板进入美国和加拿大市场,特别是日本汽车产品和亚洲的纺织品;第二,鼓励在北美自由贸易区成员国的某些行业进行投资;第三,保护美国零部件制造商的利益。②

NAFTA 优惠原产地规则基本保留早期美加自由贸易协定的相关规定。在20 世纪 80 年代,美国与加拿大在缔结的双边自由贸易协定中制定了详尽的原产地规则。例如,对汽车规定了内含达到 62.5% 的成员国成分,对于纺织品也设有专门的"纤维含量"(fiber forward)规则,对服装则有"纱线含量"(yarn forward)规则等。而只有符合这些规则的产品才有资格获得区域内特惠贸易待遇(即免关税的自由贸易)。不过,美加自由贸易协定的原产地规则也有一些例外,例如,根据其中的"关税率配额"(tariff rate quotas)制,对不符合原产地标准的产品,允许在限额上限内的数量享受特惠待遇。

NAFTA 优惠原产地规则有两点十分关键的内容。其一,全部用北美原材料并在北美地区生产的产品,其原产地被视为北美,即成分要求达到 100% 的原产地;其二,用非北美原料但在北美地区生产的产品,只要是在 NAFTA 成员国生产加工后改变了税目分类者,其原产地仍被视为北美,即加工程度要求改变产品的关税税目。在有些情况下,除符合税目分类变化标准外,产品中还应具备一定的北美地区价值含量比例(主要指汽车,药物等)。③

① NAFTA Article 401; Originating Goods(参见 NAFTA Secretariat, www.nafta-sec-alena.org)。
② 裴索:《原产地规则专题研究》,《北美自由竞争协定原产地规则》,上海市外经贸委 2010 年,第 24 页。
③ 皮晓峰:《论 NAFTA 与 WTO 规则的冲突与协调》,华东政法大学 2002 年硕士毕业论文。

通常认为,NAFTA 原产地规则对中国纺织业出口美国造成了严重影响。严格的"纱以后"规则①在很大程度上阻止了中国的纺织品和服装通过墨西哥出口北美市场,削弱了中国商品在北美地区的竞争力。NAFTA 促使美国对纺织品和服装的购买及投资逐步从亚洲尤其中国转向墨西哥,而墨西哥为使其纺织品及服装取得北美原产地资格,也会调整其"采购"策略,尽量转向美国购买所需原料。事实上,受 NAFTA"纱以后"原产地规则的影响,墨西哥已于 1996 年取代中国成为第一输美纺织品大国。

(三)对争端解决机制的修订

WTO 争端解决机制沿用了 GATT 第 22 条和第 23 条的规定。作为乌拉圭回合最重要的谈判成果之一,《关于争端解决规则和程序的谅解》(Understanding on Rules and Procedures Governing the Settlement of Disputes, DSU)对原 GATT 争端解决机制有了新的突破性的进展。根据该谅解文件建立的争端解决机构(Dispute Settlement Body, DSB)、GATT 1947 和 GATT 1994 中的相关规定、世界贸易组织章程及各有关多边贸易协定和诸边贸易协定的有关条款等一整套解决争端制度,构成了新的 WTO 争端解决机制。DSU 包括 27 条和 4 个附件;谅解书及其附件规定了 WTO 争端解决机制的适用范围、管理、总则、磋商等内容。②

WTO 争端解决机制的特点同时也是其不足之处在于如下四点。一是 DSB 是 WTO 唯一的争端解决机制。尽管国际贸易争端日趋复杂化与多样化,但是 WTO 框架始终使用完全相同的一套争端解决规则与程序,导致有时候难以应对复杂的具体争端问题。二是 WTO 关于争端解决主体的规定沿用了传统的国际法理念,即成为争端当事方的前提是必须其拥有国际法律人格。依据《WTO 谅解》规定,只有主权国家和单独关税区才具有国际法律人主体资格。因此,WTO 争端解决机制事实上针对的是争端各方的政府行为,从而排除私人作为争端解决主体的可能性。三是 WTO 争端解决的执行机制主要由报复机制和执

① "纱以后"原产地规则,意思是指用 NAFTA 成员国生产的纱线为原料制作的纺织品和服装产品方可享受优惠关税待遇。这种"纱以后"规则极为苛刻并带有歧视性。此规定将大多数纺织品受惠标准从"织布后"向前延伸到"纱以后"原产地标准,这基本上堵塞了非北美国家产品通过在区域内某国转口或设置加工厂方式进入 NAFTA 市场的通道。因此,NAFTA"纱以后"原产地规则不仅对美国本土纺织产业是一个福音,也将促使北美形成以美国为前道生产基地,以墨西哥为后道产品加工基地的区域性分工格局。参见钟正岩:《原产地规则专题研究》,载《原产地规则——产生、运用及改革》,上海市外经贸委 2001 年版,第 7 页。

② 郭晓刚:《WTO 与 NAFTA 争端解决机制的比较》,《山西大同大学学报(社会科学版)》2010 年第 3 期,第 89—92 页。

行监督机制构成,很少出现补偿解决。其结果使得贸易报复成为主要的 WTO 项下争端解决的最终救济措施。WTO 争端解决的执行监督机制主要是通过对败诉方争端裁决执行情况的不断曝光,以对其施加道义上和国际社会舆论上的压力,以达到迫使败诉方履行裁决的效果。这类似于博弈论中的威胁,当威胁的可置信度低时,就难以保证争端裁决得到切实和有效的执行。四是 WTO 争端解决机制具备司法化属性。

需要说明的是,除了 WTO 的投资争端解决机制,《华盛顿公约》设立的"解决投资争议国际中心"(ICSID)和 WTO 的"争端解决机构"是另外一个在全球范围内有普遍管辖效力的争端解决机构。其中,ICSID 主要通过仲裁方式解决东道国政府与外国投资者之间的投资争端,实践中以投资保护争端为主,且仲裁裁决的执行也依赖东道国的有效配合。目前,WTO 处理各成员国之间基于 WTO 相关协议所产生的投资争议,主要限于投资管制争端,并通过司法机制保证了裁决的执行。可见,ICSID 和 DSB 在一定程度上是互补的。但是,两套争端解决机制并存,也带来了管辖权冲突问题。如果投资者所在的东道国既违反了 WTO 的义务,同时也构成对投资者违约,投资者和东道国就有可能将争端解决问题分别提交给 ICSID 和 DSB。那么,这个时候就出现了 ICSID 和 DSB 之间的管辖权冲突问题。

NAFTA 创建了一个全面解决争端预警和解决的仲裁系统,包括初始磋商、将问题提交 NAFTA 贸易委员会,或履行仲裁专门小组诉讼程序,为解决反倾销和反补贴税判定的争端而制定了相应的解决条款等。NAFTA 的争端预警和解决条款也是建立在美国与加拿大自由贸易协定条款的基础上的。

NAFTA 争端解决机制与 WTO 争端解决机制的相同之处有两点。一是两者都受到 GATT 争端解决机制的影响,因此有相似的渊源。由于 NAFTA 的三个成员(美国、加拿大和墨西哥)同时也是 WTO 的成员,因此三国在争端发生时,如果 NAFTA 和 WTO 都有权管辖,争端方可以自由选择一种争端解决程序。二是 NAFTA 与 WTO 争端解决机制均是规则导向型而非实力导向型的争端解决机制。

NAFTA 争端解决机制对 WTO 争端解决机制的发展和深化表现如下。

第一,NAFTA 制定了三套争端解决机制①,而 WTO 只有一套。NAFTA 的三套争端解决机制分别用于解决贸易争端、投资争端和由于在协定规则中不具

---

① NAFTA 还包括另外两类争端解决制度。一个是专门针对服务贸易领域金融服务的争端解决制度(参见 NAFTA 第 14 章),但迄今为止,这一争端解决制度尚未用来解决任何争端。另一个是在劳工和环境附属协定中,还有各自的争端解决机制(参见:《北美劳工合作协定》第 27—41 条;《北美环境合作协定》第 22—36 条)。

有反非公平贸易措施的相关规范而在此领域引发的争端。①其一，NAFTA 第 20 章规定，某一个当事方由于另一个当事方违背协定条款或根据协定享有的利益遭受减损，则可以提出申诉，即一般性争端解决机制（Institutional Arrangements and Dispute Settlement Procedures），适用于第二项和第三项内容以外事项的争端解决。其二，NAFTA 第 11 章 B 部分规定，NAFTA 投资者可以就东道国侵害涵盖协定授予的投资权利而寻求投资者/国家投资争端仲裁解决（Settlement of Disputes between a Party and an Investor of Another Party），即投资争端解决机制。仲裁裁决（如金钱补偿）具有法律约束力，可以在 NAFTA 成员国国内法院得到强制执行。其三，NAFTA 第 19 章规定，如果 NAFTA 成员国内的公民认为自己遭受了反倾销或反补贴措施的影响，可以借助自己的政府要求对他方就此等措施的适当性提请双方国家组成的专家小组进行审查（Review and Dispute Settlement in Antidumping and Countervailing Duty Matters），即 AD/CVD 争端解决机制。专家审查需要根据执行反倾销或反补贴措施国家的法律进行，审查的内容主要是该国的行政决定是否与该国的法律相一致。专家小组的裁决可以维持反倾销或反补贴的决定，也可撤销相关决定并发回原行政部门重审。②此外，NAFTA 还有两个分协定分别设计了争端解决机制，主要用于解决缔约国未能有效执行国内环境法和劳工法而引起的争端。

NAFTA 的多套争端解决机制模式，有利于对每一领域争端分别采用不同的机制进行处理，并被其他国际贸易机制所模仿。一些 RTA 效仿了其多套争端解决机制的模式。通常来看，这些 RTA 包含一般性争端解决机制和投资争端仲裁解决机制，但不再有反非公平贸易措施的双方审查。③

第二，NAFTA 争端解决机制所涉及主体由政府扩大到私人。④NAFTA 第 11 章 B 部分规定："因东道国违反第 11 章 A 部分投资规则所规定的义务而导致投资者遭受利益丧失或损害，投资者有权代表自己或者代表一个由自己直接或间接拥有或控制的企业以东道国为被申诉方诉诸有约束力的国际仲裁，获得损失补偿。"这表明，私人可以成为 NAFTA 项下投资争端解决的主体，这是 NAFTA 显然不同于 WTO 的第二个特征。

第三，NAFTA 争端解决机制的司法性较弱。NAFTA 争端解决机制的仲裁专家组成员在很大程度受到争端方的控制，专家组的 5 个成员是以"反向选择"

①② 张宏乐、黄鹏：《从 WTO 协议中"最惠国条款"及其例外看自由贸易区的兴起》，《国际商务研究》2010 年第 2 期，第 36—43 页。

③ 陈咏梅：《美国 FTA 范式探略》，《现代法学》2012 年第 5 期，第 145—154 页。

④ 郭晓刚：《WTO 与 NAFTA 争端解决机制的比较》，《山西大同大学学报（社会科学版）》2010 年第 3 期，第 89—92 页。

的方式,即由争端方挑选非本国国民担任的。此外,仲裁专家组的主席由各争端方协商决定,如协商有争议则通过抽签选择具有选择权的国家。没有争端方的选择行为,就不会有仲裁专家组。与 WTO 不同,NAFTA 项下没有常设的争端解决机构,而是由北美自由贸易委员会(NAFTC)以及依据具体争端案件而临时成立的仲裁专家组行使争端解决职能。从组织架构看,NAFTC 并非 NAFTA 的司法机构,其主要职责是监督协定的实施,但在 NAFTA 争端解决机制下它具有了参与和组织争端解决的权力。NAFTA 第 20 章规定的专家组程序属于一裁终局的仲裁程序,这与 WTO 专家组程序"一审程序"的属性以及上诉审程序"二审程序"的属性有明显差异,因而 NAFTA 争端解决机制的约束力大大增强。

第四,针对争端解决不能顺利进行的情况,NAFTA 争端解决机制的执行机制明确允许报复措施。NAFTA 争端解决的执行机制其主旨是希望各争端方自愿执行争端解决方案,在争端解决不能顺利执行时,NAFTA 规定了报复机制。在环境争端解决机制和劳工争端解决机制中,NAFTA 将罚款作为制裁措施,这是 NAFTA 众多报复机制中比较有特色的一个。对于持续未能有效执法的被诉方,或者未能完全履行一项行动计划的被诉方,专家组可以决定对被诉方征收货币执行金(即罚款),由被诉方用该国货币缴纳作为基金,用于环境保护或增进其环保法规或劳工法规的实施。

第 3 节 NAFTA 的新规则评析

一、对 NAFTA 的基本评价

随着时间向前推移,北美自由贸易区成立和运行至今已经 23 年。在此期间,大量相关量化研究涌现出来,但是它们对 NAFTA 的影响和作用评价不一。其中,美国主流观点认为,NAFTA 对并没有如批评者所担忧的那样造成严重的就业岗位流失,也没有产生如支持者所预期的巨大经济利益。相对来看,对美国的净效应比较温和,主要原因是与墨西哥和加拿大贸易对美国 GDP 的贡献较小。

无疑,由于贸易和投资会受到各种经济变量的影响,因此要对 20 多年来 NAFTA 的经济效应进行全面和准确的评估并非易事。但有一点是可以肯定的,即 NAFTA 有力地推动了北美地区乃至整个世界的贸易投资自由化进程。

（一）NAFTA 对区域内贸易的效应

"NAFTA 是第一个由已开发国家和开发中国家共同参与的自贸协定,已达成的市场开放程度比任何贸易协定更宽、更深……过去 20 年间,北美三个经济体间已发展出高度有效的供应链。加拿大和墨西哥向美国出口每 1 美元的商品中,分别含有加拿大和墨西哥 25 美分和 40 美分的产值。相较于中国和日本对美出口商品仅有 4 美分和 2 美分。"①

由于 NAFTA 运行时间超过 20 年,处于十分稳定的状态。这给学术界从贸易经济角度对其进行经济效应的评判提供了天然试验田,形成了大量相关文献,主要结论如下。

首先,整体贸易增长迅速。②1994—2014 年间,美、加、墨三国总体货物贸易总规模增长了 3 倍,达到了 1 万亿美元。其中,美国与墨西哥的贸易规模增加了 522%,美加两国间的贸易规模增长了 200%,北美自由贸易区与区外非成员方之间的贸易规模增长为 279%。根据计量经济学的分析结果,NAFTA 促使三国作为一个整体,共形成了 10 亿美元的双边贸易创造,进而共计给美国和加拿大带来 2 亿美元的 GDP 增长,给墨西哥带来 5 亿美元的 GDP 增长。

其次,能源、整车和汽车零部件是 NAFTA 成员国之间的主要贸易品,位列前三名。美国从加拿大和墨西哥的原油进口占美国原油进口的 40%,2013 年美国从这两国进口的原油达 1 083 亿美元。2013 年,加拿大是美国最大的原油供应者,其次为沙特和墨西哥。如果排除原油贸易,2011 年至今,美国与加拿大和墨西哥的贸易一直处于顺差状态。

第三,美加双边贸易显著增长。在货物贸易方面,1989—1999 年,美国与加拿大的贸易规模从 1 665 亿美元提高到 3 622 亿美元,仅仅增长了一倍。而1993—2013 年,美国对加拿大的出口规模从 1 002 亿美元增加到 3 002 亿美元,从加拿大的进口规模从 1 109 亿美元增加到 3 321 亿美元,进出口均分别增长了两倍。货物贸易基本保持平衡。在 NAFTA 生效之后,美加服务贸易的增长更加显著。1993—2013 年,美国对加拿大的进口从 90 亿美元增加到 300 亿美元,出口从 170 亿美元增加到 640 亿美元,美国服务贸易维持较大规模的顺差。

第四,美墨双边贸易增长速度比美加双边贸易的增长更快。在货物贸易方面,1993—2013 年,美国对墨西哥的出口从 416 亿美元增加到 2 262 亿美元(超

---

① 这是美国前贸易代表席尔斯女士(Carla A.Hills)在 2014 年首期的美国《外交事务》(*Foreign Affairs*)中的表述。

② 朱颖、张佳睿:《北美自由贸易区运行 20 年的经济效应:国外文献综述》,《上海师范大学学报(哲学社会科学版)》2016 年第 1 期,第 43—50 页。

过五倍），从墨西哥进口从 399 亿美元增加到 2 805 亿美元（大约七倍）。在服务贸易方面，1993—2013 年，美国对墨西哥的服务进口从 80 亿美元增加到 290 亿美元。美国对墨西哥的货物贸易处于逆差，而在服务贸易方面同样保持顺差。2013 年美国与墨西哥服务贸易的顺差为 180 亿美元，这充分体现了美国服务贸易的比较优势。

第五，加墨双边贸易快速增长。在货物贸易方面，2013 年加拿大与墨西哥的双边贸易达到了 320 亿美元，自 1993 年以来增加了 550%。在服务贸易方面，2012 年双边服务贸易总额为 32 亿美元。加墨双边贸易规模显著小于美加双边贸易和美墨双边贸易的规模，显示了美国在 NAFTA 中的核心和主导地位。

（二）NAFTA 对区域内国别经济的效应

首先，NAFTA 对美国经济的整体实际影响有限。[①]这一方面是由于美国与加拿大和墨西哥的进出口贸易占美国国内生产总值的比重较小，比例不到 5%；另一方面是因为当这三个国家真正实行了更加开放的贸易和投资时，三国之间的企业也随之按照比较优势原则在区内重新布局。因此，NAFTA 对某些产业的影响比较显著，如汽车、服装和农产品等，这些制造业部门明显地流向劳动力价格相对低廉的墨西哥。这似乎验证了在签订 NAFTA 之初那些强烈反对派的重要理由之一，即 NAFTA 将会对美国就业产生巨大的虹吸效应，即美国本土制造业向墨西哥转移。然而，经过 20 多年运行，到目前为止，上述巨大的虹吸效应事实上并不明显。另一方面，研究认为，支持者所预言的巨大的经济利益也没有出现。因此，总体上看，NAFTA 对美国经济的实际影响并不突出。

其次，NAFTA 给墨西哥整体经济带来了显著积极影响，但是 NAFTA 对墨西哥产生的经济利益分配不平均。[②]一是 NAFTA 显著促进了墨西哥经济和福利增长。1994—2012 年，NAFTA 使墨西哥人均 GDP 年均增加 4%。二是 NAFTA 生效之后，墨西哥国民收益不均。研究发现，受过良好教育的人受益更多，大企业受益更多，发达地区受益更多。三是 NAFTA 促进了墨西哥某些产业，例如汽车业，同时也抑制了墨西哥某些产业部门的发展。墨西哥汽车工业就是主要受惠产业之一。目前，福特（Ford）、通用（GM）、大众（Volkswagen）、日产（Nissan）、丰田（Toyota）、本田（Honda）等全球知名汽车厂商均在墨西哥从事生产。然而，严格标准的原产地规则不利于墨西哥境内制造的产品享受优惠待遇。NAFTA 对

---

①② 威廉·库珀：《从 NAFTA 到 TPP（上）——纪念北美自由贸易协定签订 20 周年》，王宇译，《金融发展研究》2014 年第 9 期，第 3—7 页。

墨西哥农业产生了严重冲击,甚至引发了更深层次的经济和社会问题,包括经济发展路径依赖、贫困化增长、犯罪率上升等。①

最后,NAFTA 对加拿大经济的影响作用没有预期那样大。②NAFTA 对加拿大经济的影响既没有出现事先担心的冲击——加拿大成为美国经济的附庸,也没有如乐观预期的那样——NAFTA 极大地提高了加拿大工业生产率。

二、NAFTA 新规则的可行性分析

(一) NAFTA 规则的范本效应

从对美国的影响看,NAFTA 标志着美国贸易政策开始转向多边主义与区域主义的结合。美国是当今建立自贸区最多的发达经济体之一,NAFTA 是美国签署的第三个 FTA。在此之前,除了作为 WTO 的创始成员国,美国只签署了两个区域性自由贸易协定:第一个是与以色列签署"美—以 FTA",它是美国为了支持一个同盟国的外交政策的体现;第二个是与加拿大签署的"美—加 FTA",它是对两国经济已经密切联系的正式认可。NAFTA 生效之后,美国对外签订的RTA 基本都效仿了 NAFTA 的结构、规范的主要领域及其组织机构和争端解决模式。

从对区域性贸易协定的影响看,NAFTA 具有重大的历史意义。它不仅在广袤的北美大陆构造了一个巨大的自由贸易区,而且成为后来美国和其他国家签订的众多区域性自由贸易协定的范例,甚至大区域谈判(如"跨太平洋伙伴关系协定"TPP 和"跨大西洋贸易及投资伙伴协定"TTIP)的范本,为区域自由贸易协定打开了全新的谈判领域和空间,为市场准入、原产地规则、知识产权、外国投资、服务贸易、争端解决、劳动者权利和环境保护等方面的谈判确立了基本的规则范本。

从对多边贸易协定的影响看,除了全面取消关税和非关税壁垒之外,NAFTA 还制定了其他相互开放国内市场的条款,包括外国投资、知识产权、争端解决和政府采购等。乌拉圭回合是 NAFTA 签订的背景,通过乌拉圭回合谈判,WTO 达成了《与贸易有关的知识产权协定》。因此,NAFTA 还规定了各方就保护著作权、专利权、商标和商业秘密等方面的强制义务。NAFTA 明确,每个国家

---

① 石雅如:《墨西哥加入北美自由贸易区二十年之观察(1994—2014)》,2014 年。

② 威廉·库珀:《从 NAFTA 到 TPP(上)——纪念北美自由贸易协定签订 20 周年》,王宇译,《金融发展研究》2014 年第 9 期,第 3—7 页。

针对来自其他国家的商品和服务供应商,根据非歧视性原则进行联邦政府采购。它还包括对国有企业采购的一些限制性条款。①

（二）NAFTA 对 WTO 规则的挑战

实现在全球范围内的贸易自由化一直是 WTO 谈判的主旨和目标。然而,WTO 多哈回合谈判自 2001 年开启以来一直进展艰难。2015 年 12 月 19 日,162 个 WTO 成员国的贸易部长汇聚肯尼亚首都内罗毕。然而,在这次会议上,各成员国部长第一次没有如以往会晤那样"重申"回归多哈回合谈判。这无异于宣告"多哈回合"谈判的死亡,国际社会期望新一轮 WTO 谈判或许会出现。然而,美国各界对本国政府对 WTO 的态度所做的预测并不十分乐观。早在 2016 年,美国彼得森国际经济研究所就发布了一篇题为《美国退出 WTO 将瓦解全球贸易》的报告,预警 WTO 可能遭遇到更大的挑战。随着时间推移,WTO 影响日渐式微的迹象越来越明显。而 NAFTA 在很大程度上依然是美国签订其他双边和诸边经济合作协议的主要蓝本,并且以 NAFTA 为范本的区域性协定大量兴起。NAFTA 规则通过扩大、深化甚至超越 WTO 规则及其覆盖领域,而导致多边贸易体制的影响力下降。

综合前面的比较分析,归纳起来,NAFTA 对 WTO 的挑战主要表现在如下四个方面。②

第一,NAFTA 对 WTO 的最惠国待遇原则的挑战。根据 GATT 第 24 条的相关规定,区域贸易安排范围内的成员国,在达成区域贸易协定后,只要不对区域贸易安排范围以外的国家实施高于或严于区域贸易协定成立以前的关税税率等,就可以在其内部实施更加优惠的措施。由于 NAFTA 对内实行更大程度贸易自由化而对外保留严格的贸易限制,因而在事实上使其非成员国遭受了贸易歧视,其内容影响了其他 WTO 成员国享受 WTO 所赋予的权利。

第二,NAFTA 对 WTO 规则的修订、丰富和完善及其范本效应,随着其他区域贸易协定的大量增多,多边贸易体制 WTO 面临着运行成本上升的压力。在 NAFTA 中,各成员方为了防止区域外的国家或地区利用区内成员作跳板进入区内市场而规定了严格的原产地规则,即外面的产品即使以低关税进入北美,但在再运往北美其他国家时,仍需承担其他国家的关税与限制。这些复杂的关税规则以及各种相互冲突的监管法制使得 WTO 的多边贸易体制运作更加复杂困难。

① 威廉·库珀:《从 NAFTA 到 TPP(上)——纪念北美自由贸易协定签订 20 周年》,王宇译,《金融发展研究》2014 年第 9 期,第 3—7 页。
② 王芳芳:《论区域贸易协定对多边贸易体制的冲击和影响——以 NAFTA 为例》,《法制与社会》2010 年第 10 期,第 108 页。

第三,以 NAFTA 为代表的区域贸易协定的发展会分走各国对多边贸易体制的关注,从而使多边贸易体制下的谈判更加困难。区域组织力量的强大往往会在一定程度上导致各种政治力量的失衡,挤占多边贸易体制下的谈判资源,减弱各国对多边贸易谈判的关注,最终导致全球贸易的不平衡,不利于世界范围内的自由贸易。

三、对 NAFTA 新规则的初步展望

北美三国在设计 NAFTA 规则之初期望该规则能够一步到位,永久性有效。的确,该协定在推动北美地区迈向深度一体化方面起到了奠基性作用。无论从自由化所涉及范围和程度看,NAFTA 都可以被视为目前世界上内容最全面、影响最深刻的 RTA。NAFTA 提出了一些具有开创性和历史意义的条款,成为美国甚至其他国家磋商 FTA 的模板或范例,也为 WTO 乌拉圭回合谈判提供了参考和经验。在美国与其他 11 个国家(包括加拿大和墨西哥)关于 TPP 的谈判中,NAFTA 所涉及的政策问题也是美国政府关注的焦点。[①]

然而,如果与另外一个经济体量巨大的区域经济协定(欧盟)相比较,NAFTA 依然在较多领域保留了诸多限制,并没有做到一步到位。这些领域包括:劳动力的跨境移动被限定在临时入境的范围内[②],对反不公平贸易法(反倾销法和反补贴法)的运用没有任何纪律约束,对外贸易措施统一,内部经济政策协调等。未能更进一步约束反不公平贸易措施的原因,据说是 NAFTA 的当事方加拿大和墨西哥反对在自由贸易协定中规范各自的反倾销法。[③]作为弥补,NAFTA 有一章专门针对保障措施的规定(第 7 章),此后美国签订 RTA 也都保留了相同的章节。此外,在货物贸易领域,NAFTA 推进十分成功,实现了高度自由化。但是,它也存在不足之处,即对农产品贸易自由化的规范问题。[④]

① 威廉·库珀:《从 NAFTA 到 TPP(上)——纪念北美自由贸易协定签订 20 周年》,王宇译,《金融发展研究》2014 年第 9 期,第 3—7 页。

② 允许临时入境的劳动力包括经商访问者、贸易人士和投资者、公司内人员调动和专业人员的流动(参见 NAFTA 第 16 章附件 1603)。

③ D. Daniel Sokol: Order Without (Enforceable) Law: Why Countries Enter into Non—Enforceable Competition Policy Chapters in Free Trade Agreements, *Kent Law Review*, 2008(83):278.

④ 美国拒绝针对农业贸易障碍问题进行谈判,即便在区域性的美洲自由贸易协定谈判中也是如此,农产品问题在晚近美式 FTA 中均未被纳入谈判。区域贸易协定中的农产品谈判受阻正好印证了 WTO 中同样的问题,即在 WTO 中,同样因农产品具有政治敏感性而难于在此领域推行较大程度的自由化(参见 Matthew Schaefer: Ensuring That Regional Trade Agreements Complement the WTO System: U.S. Unilateralism a Supplement to WTO Initiatives? *Journal of International Economic Law*, 2007(10):588)。

美国内部对 NAFTA 的支持意见和批评意见也自其诞生至今始终存在着。在其设想之初,对 NAFTA 的争议主要是针对这个协定包括了两个极其富裕的发达国家和一个发展中国家,它们之间在政治、经济、文化等方面差距很大。围绕NAFTA 的政治争论分为截然相反的两派。其中,支持者认为:NAFTA 通过扩大贸易与国际经济联系以及创造有效率的生产过程等,有助于在区域内创造更多就业,缩小收入不平等,改善工作环境和生活条件等;反对者则警告,NAFTA会导致美国公司将生产活动转移到低成本的墨西哥,会严重导致美国就业减少。

鉴于 NAFTA 未能达到全面和深度区域经济一体化的目标,在 NAFTA 运行15 年之后(即 2009 年),北美地区三国的社会各界要求对 NAFTA 加以重新检视的呼吁不断增多。在美、加、墨三个成员国的国内,一些社会团体和立法机构纷纷要求对 NAFTA 进行重大改革或者重组。在 2008 年美国总统竞选活动中,改革 NAFTA 成了竞选者应付民众对自由贸易政策不满的避雷针。因此,美国前总统奥巴马执掌白宫后即遵守了他当初的竞选承诺,发起了对美国贸易政策的全面审查,包括对 NAFTA 的细致审查。由于奥巴马总统发起了对 NAFTA 的全面审查以及社会对将其作为美国对外签订贸易协定主要模板的大讨论①,形成了一些重大观点,主要包括三类。

其一,NAFTA 没有实现其大部分目标。它并没有缩小收入、工资和标准的差距,相反却强化了在北美地区业已存在的经济和规则不对称。

其二,作为北美国家政府未来自由贸易协议谈判的模板,NAFTA 需要全面改革。

其三,上述改革必须超越美国 2007 年 5 月 10 日达成的两党(民主党、共和党)协议。这些改革原则上将涉及劳工、环境和知识产权条款等方面。这些方面仅仅是改革的重要起步而非全部。事实上,这些改革内容已经融入秘鲁、巴拿马和哥伦比亚的一体化协议之中。

2015 年,在 12 国(美国、加拿大、智利、墨西哥、秘鲁、澳大利亚、文莱、马来西亚、新西兰、新加坡、越南、日本)宣布达成 TPP 之际,TPP 因其覆盖领域之全面和规则标准之高一度被认为可能取代 NAFTA。

然而,出人意料的是,2016 年底美国新一任总统特朗普未上任前即宣布将退出 TPP,并退出 NAFTA 或者重启 NAFTA 谈判。随着主导国美国的国内执政

---

① 美国波士顿大学的弗雷德里克·S.帕迪远程未来研究中心(Boston University The Frederick S.Pardee Center for the Study of the Longer-Range Future)是此类研究的主要召集者和研究者之一。2009 年 11 月,该中心发布"A Pardee Center Task Force Report(2009.11)",汇编了来自三个成员国的学者的主要观点。

党更迭和政府换届,特别是特朗普政府推出一系列具有强烈的逆全球化和贸易投资保护主义色彩性质的内部经济政策和对外经济政策,NAFTA 的命运变得更加扑朔迷离。

>>>

【思考题】

1. 比较 NAFTA 与 WTO 服务贸易规则的异同。
2. 评述 NAFTA 对 WTO 货物贸易规则的修订和完善。
3. 结合当前世界经济形势,分析 NAFTA 的前途和命运。
4. 说明 NAFTA 争端解决机制相对于 WTO 争端解决机制的优势。
5. 整理国内外研究文献,论述 NAFTA 对三个成员国重要产业发展的效果。
6. 您认为美国特朗普政府会重点针对 NAFTA 哪些条款进行修正或者因为对哪些条款不满而退出 NAFTA 呢?

第5章
欧盟相关协议探析

本章共分为三个部分。第一部分首先说明欧盟自身的发展及其推动对外贸易协定的动因及进展,然后详细介绍欧盟内部贸易政策体系与对外贸易协定框架,进一步分析欧盟及其签订贸易协定的地位与作用,最后总结欧盟所签订的自贸协定的主要特点。第二部分重点分析欧盟签订协议中的规则,并将其与WTO现有规则进行比较。第三部分对欧盟所签订协定新规则进行简要评析,包括未来的展望及其可能的影响等。

第1节 欧盟及其签订 FTA 概述

欧洲联盟(简称欧盟),是根据 1992 年签署的《欧洲联盟条约》(也称《马斯特里赫特条约》)所建立的区域性组织,现拥有 28 个会员国。规范欧盟的条约经过多次修订,目前欧盟的运作方式依照的是《里斯本条约》。

第二次世界大战结束以来,欧盟一直是双边贸易协定、区域贸易协定或自由贸易协定的最积极的推动者。1957 年建立的欧洲经济共同体本身就是当时最大的区域性经济组织。在 1995 年 WTO 成立之前,欧共体(欧盟前身)与第三国缔结的各类涉及贸易的双边或者区域协定已经多达 140 个左右,这在其他国家或地区的对外贸易政策中是绝无仅有的。

从 20 世纪 90 年代开始,与经济全球化相伴,区域经济合作出现了一个新的发展高潮,"开放的区域主义"成为一种流行趋势。一方面,由于多边贸易体制进展受阻,尤其是多哈回合谈判停滞不前,许多国家纷纷转向区域贸易协定。欧美等发达国家,尤其是欧盟作为世界上最大的经济体,试图成为国际贸易规则的引领者。另一方面,2008 年发生的全球金融和债务危机深刻地改变了西方发达国家和新兴国家的经济利益版图。面对新兴力量对欧盟对外贸易和竞争力的影响,2006 年以来的欧盟贸易政策文件明确提出,要推进所谓"新一代自由贸易协定"FTA 谈判。与以往的自贸协定主要旨在减免关税不同,欧盟新一代自贸协定更加强调消除货物贸易与服务贸易中的非关税壁垒,减少投资管制,并且在知识产权、政府采购、创新保护、竞争政策和可持续发展等方面达成新的承诺。在新一代自由贸易协定中,欧盟与韩国、加拿大贸易协定也已完成谈判并执行,目前正在进行的谈判对象包括美国、日本、印度在内的绝大多数国家,仅中国、俄罗斯和澳大利亚等少数国家尚未成为其贸易协定的谈判对象。

一、欧盟及其对外 FTA 的起因和形成

(一)欧盟的起因和形成

欧洲统一的思想,在 20 世纪以前就已经出现。1776 年,美国独立战争爆发,当时就有欧洲人设想欧洲仿效美利坚合众国,建立欧洲合众国。最初于 1948 年由荷兰、比利时、卢森堡三国组成的关税联盟,主要是免除关税,开放原料、商品为主的自由贸易。到 1951 年,荷兰、比利时、卢森堡、法国、意大利、西德成立欧洲煤钢共同体,合作推动煤与钢铁的生产销售。1958 年 1 月 1 日,欧洲经济共同体和欧洲原子能共同体正式组建。1965 年 4 月 8 日,六国签订的《布鲁塞尔条约》决定将三个共同体的机构合并,统称欧洲共同体。欧共体和后来的欧盟在 1973 年至 2013 年期间进行了八次扩大,成员国从 6 个增至 28 个。表 5.1 给出了欧盟的一体化进程。不过,2016 年 6 月 23 日英国就应该继续留在欧盟还是脱离欧盟举行全民公投,脱欧派胜出,英国将成为首个脱离欧盟的国家。

表 5.1　欧盟一体化进程大事记

年　份	大　事　记
1948 年	由荷兰、比利时、卢森堡三国组成关税联盟,主要是免除关税,开放原料、商品的自由贸易
1951 年	西德、荷兰、比利时、卢森堡、法国、意大利六国成立欧洲煤钢共同体,合作推动煤与钢铁的生产销售
1957 年	六国在罗马签署《罗马条约》
1958 年	正式成立欧洲经济共同体和欧洲原子能共同体,旨在创造共同市场,取消会员国间的关税,促进会员国间劳力、商品、资金、服务的自由流通
1965 年	六国签订《布鲁塞尔条约》,决定将欧洲煤钢共同体、欧洲原子能共同体和欧洲经济共同体的主要机构合并,统称为欧洲共同体,并于 1967 年生效
1972—1986 年	丹麦、英国、爱尔兰、希腊、西班牙及葡萄牙先后加入欧洲共同体

年　份	大　事　记
1985 年	6 月 14 日德国、法国、荷兰、比利时和卢森堡五国签署了《关于逐步取消共同边界检查》协定，又称《申根协定》
1987 年	7 月 1 日欧洲单一法案生效，内容为在 1992 年年底前实现商品、资本、劳务、人员自由流动的统一大市场
1992 年	2 月 7 日签订《马斯特里赫特条约》，设立理事会、委员会、议会，逐步由区域性经济共同开发转型为区域政经整合的发展
1993 年	11 月 1 日《马斯特里赫特条约》生效，欧洲联盟正式成立，欧洲三大共同体纳入欧洲联盟，并共同发展外交及安全政策，加强司法及内政事务上的合作，从贸易实体转变成经济和政治联盟
1995 年	1 月 1 日奥地利、瑞典和芬兰加入欧盟，欧盟成员国扩大到 15 个 3 月 26 日，申根协议生效。协议规定，在申根协议国家边境上取消对人员往来的控制，加强司法和警务机构间的合作 12 月 16 日，欧盟马德里首脑会议最终把未来欧洲统一货币的名称确定为"欧元"
1999 年	1 月 1 日，欧盟正式启动欧元，2002 年 1 月 1 日，欧元正式流通。德国、比利时、奥地利、荷兰、法国、意大利、西班牙、葡萄牙、卢森堡、爱尔兰和芬兰 11 国为欧元创始国 5 月 1 日，《阿姆斯特丹条约》正式生效
2001 年	1 月 1 日，希腊正式成为欧元区第 12 个成员国
2004 年	5 月 1 日，马耳他、塞浦路斯、波兰、匈牙利、捷克、斯洛伐克、斯洛文尼亚、爱沙尼亚、拉脱维亚、立陶宛十国正式加入欧盟。成员国扩展为 25 个
2007 年	1 月 1 日，罗马尼亚和保加利亚正式成为欧盟成员国。成员国扩展为 27 个
2013 年	7 月 1 日，克罗地亚正式成为欧盟第 28 个成员国
2016 年	英国公投脱欧，2017 年 3 月启动"脱欧"程序

资料来源：作者自行整理。

（二）欧盟转向推动对外 FTA 的原因与形成

　　欧盟在多哈回合初期倚重多边贸易机制，一度在事实上中止了双边贸易协定谈判。虽然欧盟将区域间协定作为多边主义的次优选择，对区域协定的谈判仍然继续推进。然而，大多数区域间协定谈判并不顺利，与东盟、海湾合作理事会的区域间谈判前景暗淡，欧盟又转而与区域成员国签订双边协定。从 2006 年开始，欧盟将谈判重心放在双边领域，从过于倚重多边机制转向推动新的

FTA 谈判。欧盟贸易政策的这一转向受到多个因素的影响：

其一，欧盟贸易协定政策转变的最主要原因是 2003—2004 年多哈回合陷入僵局。在 2003 年坎昆会议上欧盟不得不放弃"新加坡议题"中的投资、竞争政策和政府采购透明度三大议题，而 WTO 政策领域内的服务和非农业市场准入又一直没有进展，欧盟由此意识到多哈回合的成果将极为有限。

其二，受美国贸易政策的影响，欧盟需要通过双边贸易协定消除贸易转移效应。在 20 世纪末，美国已经达成美加贸易协定和北美自贸区协定。2000 年，美国在解释"竞争中立"时明确把 FTA 视为多边自由化的替代。在启动 FTA 的谈判上美国往往走在欧盟的前面，这在中美洲自由贸易协定和美韩自贸协定谈判中有明显的体现。为了应对美国与这些国家签署贸易协定带来的贸易转移效应，欧盟先后与韩国、墨西哥、加拿大、智利启动了自贸协定谈判。

其三，与美国、日本争夺新兴经济体市场，特别是东盟和韩国。一方面这些国家经济发展迅速，市场潜力巨大，而谈判议价能力相对较弱，欧盟将它们作为 FTA 的首批谈判对象。另一方面，美国与韩国缔结 FTA、日本与东盟签订 FTA 迫使欧盟跟进。相对于其他协定谈判，欧盟与东盟、印度和韩国协定的经济重要性更为明显。

其四，欧盟委员会在制定贸易政策中具有独立地位，其新政策受到欧盟机构自身偏好的影响。2000—2005 年普罗迪委员会期间，欧盟贸易政策在很大程度上受到热衷多边机制的欧盟贸易委员帕斯卡尔·拉米的个人影响。2005 年，巴罗佐委员会调整了拉米的贸易政策，贸易委员彼得·曼德尔森和卡洛·德古赫特都明确指出要与关键市场达成双边 FTA。

表 5.2、5.3、5.4 分别给出了 2000 年以后欧盟已经生效的、部分生效以及正在谈判的贸易与投资协定。其中已经生效的贸易协定将近 30 多项，部分生效的 40 多项，正在谈判的将近 20 项。贸易协定的类型也逐渐发生变化，从冷战时期的联系协定（第一代贸易协定）、冷战结束后的政治经济合作协定（第二代贸易协定）向新型的自由贸易协定转变。新一代 FTA 强调互惠、市场开放、就业机会、经济成长与竞争力等策略，可说是欧盟贸易政策的一大调整。

表 5.2　欧盟 2000 年以后生效的贸易与投资协定概况

协　　定	国家或地区	生效时间
联系协定	摩洛哥	2000 年 3 月 1 日
	以色列	2000 年 6 月 1 日
	约旦	2002 年 5 月 1 日
	埃及	2004 年 6 月 1 日

协　定	国家或地区	生效时间
联系协定	阿尔及利亚	2005 年 9 月 1 日
	黎巴嫩	2006 年 4 月 1 日
	格鲁吉亚	2016 年 7 月 1 日
	摩尔多瓦	2016 年 7 月 1 日
全球协议	墨西哥	2000 年 10 月 1 日
关税同盟	圣马力诺	2002 年 4 月 1 日
临时贸易、发展和合作协议	南非	2004 年 5 月 1 日
联系协定和附加议定书	智利	2005 年 3 月 1 日
自由贸易协定	韩国	2016 年 7 月 1 日
稳定和联合协议	前南斯拉夫马其顿共和国（巴尔干西部）	2004 年 4 月 1 日
	阿尔巴尼亚（巴尔干西部）	2009 年
	黑山共和国（巴尔干西部）	2010 年 5 月 1 日
	塞尔维亚（巴尔干西部）	2013 年 9 月 1 日
	波斯尼亚和黑塞哥维那（巴尔干西部）	2015 年 6 月 1 日
	科索沃（联合国安理会第 1244 号决议）	2016 年 4 月 1 日

表 5.3　欧盟已经签订，部分执行的协定

协　定	国家或地区	生效时间
联系协定	萨尔瓦多、危地马拉、洪都拉斯、尼加拉瓜、巴拿马、哥斯达黎加（中美洲）	2012 年 6 月 29 日签订，自 2013 年暂时适用
全面经济与贸易协定（CETA）	加拿大	2016 年 10 月 30 日签订，自 2017 年 9 月 21 日暂时适用
全面自由贸易协定	乌克兰	2014 年 5 月 29 日签订，自 2016 年 1 月 1 日暂时适用
经济伙伴关系协定	安提瓜和巴布、巴哈马、巴巴多斯、伯利兹、多米尼克共和国、格林纳达、圭亚那、海地、牙买加、圣基茨和尼维斯、圣卢西亚、圣文森特和格林纳丁斯、南苏丹、特立尼达和多巴哥	自 2008 年暂时适用
	博茨瓦纳、莱索托、莫桑比克、纳米比亚、南非、斯威士兰	2016 年 10 月 10 日暂时适用
	马达加斯加、毛里求斯、塞舌尔、津巴布韦、毛里求斯、塞舌尔、津巴布韦	2009 年 8 月签订，自 2012 年暂时适用

协　　定	国家或地区	生效时间
自由贸易协定	新加坡	
临时经济伙伴协议	喀麦隆(非洲中部)	自 2014 年暂时适用
临时伙伴协议	斐济(与巴布亚新几内亚)、巴布亚新几内亚和斐济、巴布亚新几内亚(与斐济)	2011 年 5 月巴布亚新几内亚批准了该条约
暂时适用经济伙伴协议	加纳、象牙海岸(西非)	自 2016 年 12 月 15 日暂时适用
贸易协定	哥伦比亚(与厄瓜多尔和秘鲁)、厄瓜多尔(与哥伦比亚和秘鲁)、秘鲁(与哥伦比亚和厄瓜多尔)	2012 年 7 月 26 日签订，2013 年起暂时适用

表 5.4　欧盟正在谈判的协定

协　　定	国家或地区	状　　态
经济伙伴协议	日本	2013 年 3 月 1 日开始谈判
自由贸易协定	印度	2007 年开始谈判
	巴林、科威特、阿曼、卡塔尔、沙特阿拉伯、阿拉伯联合酋长国	1990 年开始谈判，2008 年暂停
	越南	2012 年 7 月开始谈判
	泰国	2013 年 3 月 1 日开始谈判
	菲律宾	2015 年 12 月 1 日开始谈判
	印度尼西亚	2016 年 9 月 1 日开始谈判
	缅甸	2015 年开始谈判
南方共同市场协会协议	阿根廷、巴西、巴拉圭、乌拉圭	2010 年 5 月重新开始谈判
南方共同市场自由贸易协定	委内瑞拉	南方共同市场成员国暂停谈判
跨大西洋贸易与投资伙伴协定	美国	2013 年 7 月 1 日开始谈判

资料来源: 欧盟委员会, http://ec. europa. eu /trade /policy /countries-and-regions / negotiations-and-agreements/#_partly-in-place。

二、欧盟贸易政策的框架结构

（一）欧盟贸易政策体系框架

从 1952 年《欧洲煤钢共同体条约》（又称《巴黎条约》）建立欧洲煤钢共同体到 1992 年《欧洲联盟条约》（又称《马斯特里赫特条约》）建立欧洲联盟，欧共体的一体化运动经历了从关税同盟到共同市场，再到经济与货币联盟以及政治联盟的演变过程。欧盟贸易政策主要在于促进自由与公平贸易，尤其是打开外国市场，确保欧盟出口及欧洲厂商的公平待遇，提高欧盟厂商贸易及投资机会及欧盟产品的竞争力。欧盟透过多边、区域、双边或单边贸易政策及措施，追求其贸易目标。多边层级主要透过 WTO 架构；区域层级主要透过欧盟扩大或与其他贸易集团双边合作关系；双边层级主要藉由签署 RTAs 或经贸合作协议；单边层级主要由欧盟提供普遍化优惠关税制度（Generalized System of Preferences, GSP）或实施贸易制裁等措施，以促进贸易进一步自由化，尤其在服务贸易与贸易相关的投资、竞争、政府采购、贸易便捷化，以及知识产权的保护等领域；并对可持续发展目标有所贡献。

1. 欧盟贸易政策的目标（或宗旨）

欧盟统一的贸易政策可以分为内部贸易政策和对外贸易政策。根据《罗马条约》，欧洲共同体的内部贸易政策旨在促进成员国之间的货物、人员、服务和资本的自由流动。[①]而在对外贸易方面，鉴于对贸易的依赖性，欧共体总体上主张自由贸易政策，《罗马条约》第 110 条规定："通过建立关税同盟，按照共同利益为世界贸易的协调发展，为逐步取消国际贸易方面的限制，以及为削减关税壁垒作出贡献。"《建立欧洲宪法条约》（草案）进一步补充为："……逐步削除国际贸易和外国直接投资方面的限制，降低关税和其他壁垒。"[②]但欧盟贸易政策保护内部市场的目标也是十分明显的，典型的包括共同农业政策、反倾销等贸易措施，以及一系列的关税、非关税措施等。

相对来讲，1992 年之前，欧共体贸易政策的重心在于成员国之间"内部贸易"关系的规范上，旨在实现《欧洲经济共同体条约》规定的"促进成员国之间的货物、人员、服务和资本的自由流动"的目标。而在统一大市场建成之后，欧盟贸易政策的重点开始转向对外贸易关系领域，修订或制定了一大批重要的法律法规，与东欧、拉美、地中海国家等签订了一系列的自由贸易协定，并成功加

---

① 详见《罗马条约》第 3 条，第二部分第一编（货物的自由流通）及第三编（人员、服务和资本的自由流动）。
② 《建立欧洲宪法条约》（草案）第Ⅲ—216 条。

入了 WTO,强化了在多边贸易体系中的地位。

2. 欧盟对内贸易政策的演变及框架

对内贸易政策是指欧共体为建成内部市场而采取的各种政策措施,不仅仅包括各成员国之间的贸易政策,也包括成员国内部的贸易政策。

其一,欧盟对内贸易政策的演变。

表 5.5　欧盟对内贸易政策的演变

1.《欧洲煤钢共同体条约》:自部门一体化起步	1951 年,西德、荷兰、比利时、卢森堡、法国、意大利六国在巴黎签订了《欧洲煤钢共同体条约》,旨在为煤炭和钢铁业建立一个共同市场
2. 1957 年,《罗马条约》*:转向全面的共同市场建设	《欧洲原子能共同体条约》建立了核共同市场,并协调各成员国之间的贸易政策,成员国之间取消对于列入清单产品的一切进出口关税或具有相同作用的税费,并取消对进出口的一切数量限制。《欧洲经济共同体条约》的两大基石为关税同盟和单一农产品市场,并提出了建设共同市场的目标
3. 1985 年《白皮书》与 1986 年《单一欧洲法令》:停滞之后的重新启动	《白皮书》:1992 年年底实现一个统一欧洲大市场正式成为共同体的战略目标 《单一欧洲法令》首次对《罗马条约》进行了重大修改,它将欧共体为推动单一市场的形成而在外交、制度(如增加特定多数表决)和程序改革中进行的合作内容,集中写在一个"单一"的法令中,是重启欧洲一体化的重要标志
4. 经济与货币联盟:单一货币使一体化再上新台阶	欧洲货币体系在 1979 年正式生效,1992 年签署《欧洲联盟条约》(《马斯特里赫特条约》)是欧洲一体化的又一个里程碑,标志着欧洲一体化从经济和贸易领域向外交、安全、防务和司法、民政等政治领域转变

注:* 包括《欧洲经济共同体条约》和《欧洲原子能共同体条约》。
资料来源:参考李计广,《欧盟贸易政策体系研究》,对外经济贸易大学 2007 年博士毕业论文。

其二,欧盟对内贸易政策框架。

欧盟内部市场的政策架构也就是对内贸易政策的架构,包括"四大基本自由"、金融服务、知识产权和公共采购。

表 5.6　欧盟对内贸易政策框架

主要框架	内　　容
四大基本自由	人员的自由流动、服务的自由流动、货物的自由流动、资本的自由流动*
金融服务	其目标不仅包括货币与资本的自由流动,也包括各成员国金融企业、保险企业以及经纪人的设立企业自由和提供服务自由 其框架主要包括一般政策、金融服务行动框架/行动计划/政策白皮书(2005—2010)、WTO 金融服务谈判、公司和金融玩忽职守、银行、保险、证券交易、金融积聚、审慎监管等

主要框架	内　　容
知识产权	主要框架包括：著作权及其相关权利、保护发明、共同体专利、实用新型、生物科技、其他、商标、《共同体商标条例》、《成员国商标法接近指令》、共同体商标局、共同体设计和式样、伪造货品和盗版、不同的政策、农产品和食品特殊保障、技术转移协议、国际条约
公共采购	欧盟颁布了六部指令，这构成了欧盟范围内的公共采购的主要规则**，由于受欧盟和国际规则的约束（并非所有公共采购都如此），公共采购必须遵循透明、公开的程序，以确保公平的竞争条件。但是，一些采购如国防部门的军备采购则例外

注：* 具体条款请参考欧洲立法概览：http://europa.eu/scadplus/scad_en.htm。

** 分别是：《关于协调授予公共服务合同的程序的指令》（简称《服务指令》）、《关于协调授予公共供应品合同的指令》（简称《供应指令》）、《关于协调授予公共工程合同的程序的指令》（简称《工程指令》）、《关于协调有关对公共供应品合同和公共工程合同授予及审查程序的法律、规则和行政条款的指令》（简称《公共救济指令》）、《关于协调有关水、能源、交通运输和电信部门采购程序的指令》（简称《公共事业指令》）、《关于协调有关水、能源、交通运输和电信部门的采购程序执行共同体规则的法律、规则和行政条款的指令》（简称《公用事业救济指令》）。

资料来源：参考李计广，《欧盟贸易政策体系研究》，对外经济贸易大学 2007 年博士毕业论文。

3. 对外贸易政策的演变及框架

欧盟并没有一部统一的对外贸易法，共同体管理对外贸易的大量法律法规分散于众多的单行法规中，包括基本性法规和实施性法规。对于欧盟对外贸易政策一般是指欧盟与非成员国或国际组织在经济贸易领域中的关系，其主要组成部分是共同商业政策（Common Commercial Policy）、联系政策（Association Policy）和发展政策（Development Policy），这三项都包含有贸易政策的内容。其中，最主要的是"共同商业政策"。①

其一，演变进程。

《罗马条约》是共同商业政策基本原则的缘起，规定了共同商业政策的基本原则和框架。不过因为《罗马条约》仅仅列举了属于共同商业政策的非穷尽的内容清单，但没有对该政策的边界给出明确的界定，这引发了委员会、部长理事会、成员国以及议会之间长时期的争论。后来的《单一欧洲法令》《欧洲联盟条

---

① 是指调整欧共体与第三方国家和国际组织之间贸易、商务和经济往来关系的法律、原则和政策，其内容"不仅包括纯贸易事项如关税、配额、贸易协定、出口控制、贸易保护措施，也包括对第三国的出口援助，出口信贷，甚至还包括因国际政治问题而采取的经济制裁措施"以及其他针对非法商业行为采取的措施。

约)《阿姆斯特丹条约》《尼斯条约》对共同商业政策在对外贸易方面的修订虽几经努力,但最终进步有限。直到2002年,《宪法条约》关于共同商业政策的规定在范围和深度上都取得了实质性的进展。

其二,欧盟对外贸易政策框架。

表5.7 欧盟对外贸易政策框架

主要框架	内　　容
1. 欧盟货物贸易政策体系	关税制度:一是共同海关税则,二是各项共同关税制度,主要为货物的海关估价规则和原产地规则,以及有关海关手续、商品的海关监控等事项的大量程序性规则 出口体制:共同出口规则始自1969年制定的第2603/69号条例。一般而言,共同体向第三国的出口是完全自由的,没有数量限制。但也规定了违背自由出口原则的三项例外 进口体制:根据第3285/94号条例与第519/94号条例,欧盟各成员国有权采取措施,以保障共同体产品免受第三国进口产品竞争所带来的损害性影响
2. 欧盟服务贸易政策体系	欧盟对外服务贸易政策协调大体上保持了与其内部政策协调同步发展。欧盟在服务贸易谈判开价中,无论是市场准入,还是国民待遇方面,都做出了较高的承诺。无论是内部之间还是对外服务贸易(尤其在基础电信和金融领域)的开放进展都快于WTO的整体步伐 《欧共体约》规定:对于不涉及自然人流动的跨境交付模式的服务贸易,欧共体对此享有排他性权力。包括境外消费、商业存在、自然人流动模式的服务贸易,欧共体享有"替代性共有权力"。对于文化和视听服务贸易、教育服务贸易、社会与健康服务贸易,属于欧共体和成员国的平行共有权力,欧共体对该权力的行使不损害成员国的既有权力
3. 知识产权贸易政策	总体上而言,作为欧盟基础法律的《欧共体约》并未对各成员国的知识产权法律的协调作出规定。《欧共体约》中涉及知识产权的条款是作为货物自由流动原则的一种例外而存在的。《欧共体约》第30条所规定的数量限制例外情形中包括对工业产权以及商业秘密的保护。将部分与贸易有关的知识产权政策归入了欧共体的排他性权力范围 欧盟可以就共同贸易政策的原有条款所没有涵盖的知识产权事项开展国际谈判和签订国际协定,从而使欧共体对此享有替代性共有权力。该知识产权事项涵盖了为防止假冒商品的边境措施之外的与贸易有关的知识产权事项
4. 外国直接投资政策	根据《欧共体约》,促进资本的自由流动成为共同体的重要目标,欧盟成员国之间以及成员国与第三国之间的资本控制逐步放松。《欧共体约》第56—60条(原第73b至73h条)对支付自由和资本流动自由作出了规定。就目前而言,投资政策仍属于欧盟和成员国的"替代性共有权力"

（二）欧盟新一代 FTA 协议框架

FTA 对欧盟而言,并不陌生。欧盟自 20 世纪 50 年代就透过双边经贸协议的签署以强化与欧盟会员国有殖民关系或欧洲邻邦国家的经贸关系。欧盟认为目前的双边协议在支持上述联系或邻邦关系上的运作及发展良好;但是在发展与亚洲主要贸易伙伴关系方面,欧盟所获市场机会及贸易利益却不理想。因此,欧盟认为其对外双边经贸协议仍有一些局限性;同时为了使贸易政策协助创造工作机会及刺激经济增长,未来选择 FTA 对象时,必须以"经济因素"作为主要考虑依据。

欧盟新一代 FTA 政策以欧盟执委会于 2006 年 4 月 10 日发布的一项《全球的欧洲:在全球竞争》文件为基础。该文件之所以产生是欧盟鉴于 20 世纪 90 年代已进入后冷战时期,国际经济关系已发生根本性变化,尤其贸易与资本的快速流动,金融商品与通讯信息的创新促进了全球化的发展,并加深了各国经济相互依赖与贸易整合的发展。欧盟以全球观点建构一项更加全面性、整合性及前瞻性的贸易政策,其目标是在于提高欧盟经贸在全球市场的竞争力,以期对欧盟经济成长与就业创造有所贡献。FTA 是欧盟新的贸易政策的一项重要设计及政策目标。欧盟 FTA 的政策目标是希望透过 FTA 创造下列机会:

（1）替欧盟货品与服务产品打开新市场;

（2）增加投资机会;

（3）借由降低关税降低贸易成本,并增加贸易数量;

（4）借由排除非关税障碍,促进贸易便捷化;

（5）提高贸易流动的可预测性,降低厂商营运成本或风险;

（6）提高知识产权的保护,以及促进竞争、政府采购、环境保护等法规调和及可持续发展。

欧盟执委会于 2010 年 11 月 9 日提出题为"贸易、成长与世界局势"的通知文件,揭露欧盟未来贸易政策方针与执行重点,其中与 FTA 政策相关者,包括:(1)多边及双边谈判并重,将推动与东盟及欧洲邻邦国家签署 FTA;(2)深化与美国、中国、日本、俄罗斯、印度及巴西等策略伙伴之关系;(3)透过 FTA 排除法规障碍,包括政府采购、知识产权及投资等项目,增加欧洲厂商的市场机会,并对欧盟的就业、发展与商业有所贡献。

2000 年"里斯本策略"乃欧盟针对其于 21 世纪欧洲经济发展所规划的总体策略,其范围是全面性涵盖所有经济活动,包括贸易政策与 FTA 政策。在欧盟 FTA 推动程序方面,依据欧洲联盟运作条约(The Treaty on the Functioning of the European Union；TFEU）第 207 条规定，欧盟 FTA 谈判是由执委会事先取得欧盟部长理事会（the Council）的授权（authorisation），即俗称的"谈判指令"（negotiating directive）之后，代表欧盟与特定 FTA 对象展开谈判。谈判指令一般包括谈判的职权范围、目标及指导事项等。执委会于谈判过程会与其会员国及欧洲议会紧密合作。FTA 谈判结果最后需由理事会签署及欧洲议会同意，并经由全体会员国批准才能生效。理事会针对一般立法程序洽签的协议，其决策表决模式是依据条件由多数作出决定；但就服务贸易、知识产权、对外直接投资、文化及视听服务、社会健康及教育服务等事项，则仍采取一致表决模式。所以，执委会在谈判过程维持与欧洲议会及会员国的密切合作关系是有其必要性的，以便 FTA 谈判结果的通过及有效执行。

由前面可知，近些年来欧盟和许多国家签订了各种新的 FTA 协议，由于与不同国家涉及的重点与内容不同，因此并没有一个统一的协议框架。本部分仅给出欧盟已经签订的比较有影响力的 FTA 的框架，包括与韩国、加拿大签订的 FTA。

1. 欧韩 FTA 框架

韩国与欧盟的自由贸易协定 2006 年开始进行预备协商，在 2007 年至 2009 年期间共进行了八轮谈判，终于达成了妥协。2011 年 7 月 1 日，在韩国与欧盟正式生效。该协议包括 15 个章节、附录、3 个协议和 4 个谅解。韩国与欧盟 FTA 的主要内容如表 5.8 所示。

表 5.8　欧韩 FTA 框架

章节	项　目	具　体　内　容
1	目的及一般定义	目标：开放货物、服务和投资；促进经济竞争；开放政府采购；充分有效地保护知识产权；致力于实现可持续发展；促进外国直接投资，而不降低或降低缔约方环境，劳动或职业健康和安全标准
2	货物的国民待遇与市场准入	包括消除关税（消除关税、管理和实施关税配额），非关税措施（国民待遇、进口和出口限制、进口费用和其他费用、出口的关税，税收或其他费用和收费、海关估价、国营贸易企业、取消部门非关税措施），与货物有关的特定例外，机构条款
3	贸易救济	包括双边保障措施（应用双边保障措施、条件和限制、临时措施、赔偿金），农业保障措施，全球保障措施，反倾销和反补贴税（一般规定、通知、考虑公共利益、审查结束后的调查、累计评估、适用于审查的最低减让标准、次要规则、争端解决）
4	技术性贸易障碍	包括范围和定义、联合合作、技术法规、标准、合格评估和认证、市场监督、合格评估费用、标记和标签、协调机制

章节	项目	具 体 内 容
5	食品安全检验与动植物防疫检疫措施	包括目标、范围、界定、权利和义务、透明度和信息交流、国际标准、导入要求、与动物和植物健康有关的措施、动物福利合作、卫生和植物检疫措施委员会、争端解决
6	海关与贸易便利化	包括目标与原则、货物放行、简化的海关程序、风险管理、透明度、提前裁决、上诉程序、保密、费用和收费、装运前检查、清除后审核、海关估价、海关合作、海关方面的相互行政协助、海关联络点、海关委员会
7	服务业贸易、公司设定与电子商务	目标、范围和覆盖面；跨境服务供应（范围和定义、市场准入、国民待遇、承诺清单、最惠国待遇）公司设立（定义、范围、国民待遇、承诺清单、最惠国待遇和其他协议）商业中自然人临时出现、监管框架、电子商务与例外
8	支付与资本流动	包括当前支付、资本运动、例外条款和保障措施
9	政府采购	包括一般规定、范围和覆盖面、政府采购工作组
10	知识产权保护	包括一般规定：目标、义务的性质和范围、技术转让和用尽原则 有关知识产权的标准： (1) 版权与相关权利（授予保护、作者权力的期限、广播组织、向公众广播和传播、艺术家在艺术作品中的转售权、限制和例外、保护技术措施、保护权利管理信息、过渡条款） (2) 商标（注册程序、国际协议、商标所赋予权利的例外情况） (3) 地理标识（农产品和食品和葡萄酒的地理标志的承认、芳香葡萄酒和烈酒的特定地理标志承认、使用权、保护范围、保护执行、与商标的关系、地理标志保护增补、地理标志工作组、保护地理标识的个人申请） (4) 设计：已注册的设计保护、注册赋予的权利、赋予未注册的外观的保护、保护期限、例外、与版权的关系 (5) 专利：国际协议、专利和公共健康、延长专利保护所赋予权利的期限、保护以获得药品上市许可所提交的数据、保护以获得植物保护产品的上市许可所提交的数据、履行 (6) 其他条款：植物品种、遗传资源、传统知识和民间文学艺术 知识产权的执行：一般义务、有权申请人、民事措施、程序和补救措施、刑事执法、在线服务提供商的责任、其他条款
11	竞争	竞争：原则、定义、履行、公共企业和委托特权或专有权利的企业、国有垄断、合作、协商、争端解决 补贴：补贴的定义和特定性、禁止补贴、透明度、与WTO协定的关系、监测和审查、范围

章节	项 目	具 体 内 容
12	透明化	定义、目标和范围、发布、查询和联络点、行政诉讼、审查和上诉、监管质量和绩效以及良好的管理行为、不歧视
13	贸易与可持续发展	背景和目标、范围、规范权和保护水平、多边劳工标准和协议、多边环境协定、有利于可持续发展贸易、法律、法规或标准的适用和执行保护水平、科学信息、透明度、可持续性影响审查、合作、制度上的机制、民间社会对话机制、政府磋商、专家小组、争端解决
14	争端解决	目标和范围：磋商 争端解决程序： （1）仲裁程序：仲裁程序的启动、设立仲裁小组、临时小组报告、仲裁小组的裁决 （2）遵守：遵守仲裁小组的裁决、遵守的合理时间、审查为遵守仲裁小组裁决而采取的任何措施、不遵守情况下的临时补救措施、审查在暂停义务后采取的任何方案 （3）通用条款：双方同意的解决方案、议事规则、信息和技术咨询、规则解释、仲裁小组的裁决和裁决 （4）一般规定：仲裁员名单、与 WTO 义务的关系、时间限制
15	制度性、一般性与最终条款	贸易委员会、专业委员会、工作小组、决策、修订、联络点、税收、国际收支的例外、安全性例外、生效、持续时间、履行义务等
附件		附件 1 原产地原则 附件 2 关税事项之行政协助 附件 3 文化合作
谅解		谅解 1 对于附件有关保险业跨境服务承诺 谅解 2 韩国邮政改革 谅解 3 电信特别承诺 谅解 4 对于都市分区、都市规划和环境保护有关规范
声明		对土耳其之共同声明

资料来源：欧盟委员会。

2. 欧盟与加拿大 FTA 协定

2016 年 10 月 30 日，欧盟与加拿大在比利时布鲁塞尔签署自由贸易协定，即《综合经济与贸易协定》（CETA）。根据这份协定，欧盟与加拿大将相互取消从食品到汽车等几乎所有商品的关税，以建立更加开放的市场，创造就业机会和促进经济增长。欧加协议条款涵盖范围广泛，不仅涉及产品质量、服务业准入、政府采购等内容，还涉及知识产权保护、农产品地理标志保护、贸易的可持续发展和职业资格标准协同等方面。

表 5.9 欧盟与加拿大 CETA 的主要框架

章节	项 目	主 要 内 容
1	一般定义和初步规定	一般定义、初步规定
2	国民待遇和市场准入	CETA 如何取消或降低双方货物关税、税收或进口费用,以及 CETA 将实施或保留的某些限制或者控制措施
3	贸易救济	双方根据 WTO 的规定重申其权利和承诺,还包括透明度规则以及磋商和信息共享机制
4	技术贸易壁垒	欧盟和加拿大承诺在产品测试和认证的技术法规方面更紧密地合作
5	卫生和植物检疫措施	涵盖食品安全和动植物健康
6	海关和贸易便利化	旨在简化海关程序并提高效率,以确保透明度、简化的基于风险的程序和确定性和可预测性
7	补贴	本章增加了政府对企业补贴的透明度。如果欧盟和加拿大补贴商品生产,则必须互相通知。双方还建立了一个补贴相互协商机制。欧盟和加拿大也同意不补贴向对方市场的出口的农产品
8	投资	本章消除外国投资的障碍;允许欧盟投资者将其在加拿大的资本转移回欧盟,反之亦然;制定了透明,稳定和可预测的投资规则;保证政府公平对待外国投资者;建立了一个新的投资法院系统(ICS),使投资者能够快速公平地解决与政府的投资争端。该章还确认了各级政府的监管权
9	跨境服务贸易	包括从欧盟向加拿大提供的法律服务,会计,运输和电信服务等服务,反之亦然 诸如旅游业等服务 欧盟和加拿大承诺确保公平,平等地进入对方的服务市场。在某些敏感服务行业有例外,例如视听服务、某些航空服务。本章还充分支持政府为公共利益调节和提供服务的能力
10	出于商业目的自然人的暂时进入和停留	以透明、可预测的方式陈述:涵盖的专业类型以及他们可以经营的部门、他们逗留的最长时间、享受平等待遇
11	相互认可的专业资格	本章创建了一个框架,允许加拿大承认在欧盟获得的专业资格,反之亦然
12	国内规定	确保国内法规不会成为欧盟或加拿大企业贸易的不公平壁垒

章节	项 目	主 要 内 容
13	金融服务	本章使金融机构和投资者能够从公平、平等地进入对方市场中受益。条款完全符合欧盟和加拿大实行的审慎和监管标准;金融服务公司只能在少数几个部门跨境提供服务,例如某些保险和银行服务。还创建了一个金融服务委员进行监督和管理,并允许双方保护其各自财务系统的安全性和完整性
14	国际海运服务	它包括确保公平和平等进入商业船舶港口和港口服务的措施
15	电信	本章致力于让对方的企业公平和平等地接入公共电信网络和服务。它包括确保电信市场竞争的规则
16	电子商务	本章涵盖了以电子方式完成的所有业务(例如在线购物)。它包括确保互联网上的个人信息受到保护并且在线服务不包括关税的规定。加拿大和欧盟也承诺在涉及电子商务的问题上进行合作,例如打击垃圾邮件
17	竞争政策	在本章中,欧盟和加拿大同意禁止和制裁扭曲竞争和贸易的做法。这些包括:卡特尔、具有支配地位的公司滥用行为、反竞争合并
18	国有企业,垄断企业和享有特殊权利或特权企业	在本章中,欧盟和加拿大同意不干预或可能扭曲私营公司的公平竞争环境。双方将确保国有企业、垄断企业和授予特殊权利的企业不会歧视对方的货物,服务或投资
19	政府采购	本章规定了欧盟和加拿大企业可以在各级政府(国家,地区和省级以及地方)向对方政府提供产品和服务的领域。企业必须符合以下具体规定:涉及的货物、服务或合同的价值、谁是客户、允许的货物和服务(在附录中)
20	知识产权	本章建立在现有国际知识产权(IP)法律的基础上,制定欧盟和加拿大之间一致的法规和标准。本章还概述了防止侵犯知识产权的程序,并确定了双方可以进一步合作的领域
21	监管合作	本章基于欧盟和加拿大之间关于监管合作的现有协议。鼓励监管机构交流经验和信息,并确定它们可以合作的领域
22	贸易与可持续发展	双方同意确保经济增长支持其社会和环境目标。创建了贸易和可持续发展联合委员会,并承诺双方将推动与利益集团的论坛
23	贸易和劳工	在本章中,欧盟和加拿大承诺尊重国际劳工组织制定的劳工标准,并批准和实施国际劳工组织的基本公约。本章保护各方对劳工事务进行监管的权利,并建立了执行机制
24	贸易与环境	本章承诺欧盟和加拿大实施国际环境协议。它保护双方在环境问题上的权利、要求各方执行其国内环境法律、阻止任何一方放宽其法律以促进贸易,还鼓励森林和渔业的养护和可持续管理

章节	项　目	主　要　内　容
25	双边对话与合作	在本章中,欧盟和加拿大同意在科学和林业等领域更加密切地合作。欧盟和加拿大之间就贸易和经济事务的对话与合作已达成多项协议
26	行政和体制条款	本章概述了欧盟和加拿大将如何管理和应用 CETA。它解释了欧盟和加拿大应该如何组织协议设立的不同委员会,以及其决定的法律性质
27	透明度	本章确保欧盟和加拿大公布关于 CETA 所涵盖事项的法律、法规、程序和行政裁决。它还确保欧盟和加拿大双方及时分享信息并回答有关影响实施 CETA 方式的措施的问题。欧盟和加拿大也同意在国际机构中开展合作,以提高国际贸易和投资的透明度
28	例外	本章给予欧盟和加拿大从 CETA 的特定章节或整个协议中排除某些领域的权利
29	争议解决	本章提供了解决欧盟和加拿大之间关于如何应用或解释 CETA 的方式的任何争议的制度。本章还解释了双方为解决正式争议而必须遵循的程序
30	最后条款	本章包含以下规则:协议如何生效,如何在签署后将新的欧盟成员国纳入协议,将来如何修改或终止协议
	附录	

资料来源:欧盟委员会。

三、欧盟及其签订 FTA 协议的地位与作用

　　欧盟是当代世界现存地区一体化组织中成立时间最早、一体化程度最高、影响最大的区域经济一体化组织。它对当代世界的两大主题——和平与发展作出了巨大贡献。欧盟在政治一体化方面的进展对于振兴欧洲、维护欧洲和世界和平起了重大作用。欧盟的共同农业政策、地区开发基金政策促进了欧盟各成员国之间的协调发展。

　　一方面,欧盟位于全球贸易的黄金位置,开放的贸易体制使得欧盟成为全球贸易领域中最大的成员。另一方面,欧盟的共同贸易政策使得欧盟在全球舞台上使用同一个声音,从而取得强势的地位。在贸易方面,欧盟既是世界上最大的制成品和服务出口国,本身也是世界最大的出口市场。由图 5.1 可以看出,虽然欧盟 28 个成员在世界货物与服务贸易中占比有所下降,但仍高达 16%,

高于两大经济体美国和中国。在资本流动方面,由图 5.2 和图 5.3 可以看出,欧盟是世界 FDI 流入流量占比非常高的国家,曾经在某些年份一度高达 70%。虽然 2008 年金融危机以后有所下滑,但是仍远高于世界其他经济体。由此可以看出,欧盟无论在贸易还是投资方面都是世界第一经济体,在全球投资与贸易中占据着举足轻重的地位。因此其所签订的各种贸易协定,尤其是与主要贸易伙伴国美国谈判的 TTIP 一旦签订,将会对世界贸易与投资规则产生巨大的影响。在此背景下,WTO 作为贸易规则谈判论坛的地位被严重削弱了。

部分国家在世界货物与服务贸易中的比重(%)

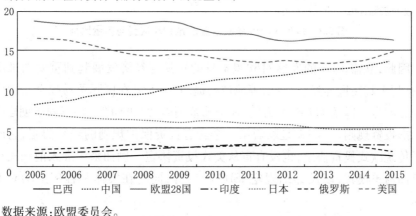

数据来源:欧盟委员会。

图 5.1　主要经济体在世界货物与服务贸易中的占比

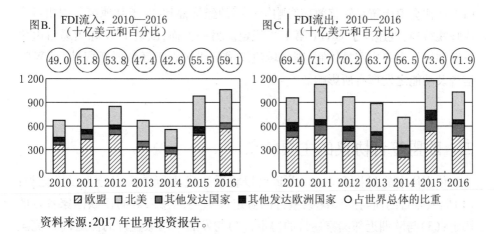

资料来源:2017 年世界投资报告。

图 5.2　欧盟与其他世界主要发达经济体在 FDI 流入和流出量中的占比

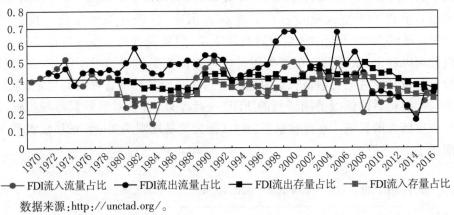

1970—2016 年欧盟 28 国占世界 FDI 流量与存量之比

● FDI流入流量占比 ● FDI流出流量占比 ■ FDI流出存量占比 ■ FDI流入存量占比

数据来源：http://unctad.org/。

图 5.3 1970—2016 年欧盟占世界 FDI 流量与存量比例

因此,欧盟 FTA 的发展对欧盟本身的贸易与经济发展起到重要的推动作用,有利于其在世界经济、政治等地位的提高,扩大其在国际贸易投资新规则方面的影响力。以欧加 CETA 为例,在全球范围内,欧加 CETA 将有利于创建全球高标准投资规则。CETA 是欧盟第一个含有投资保护规则的经贸协定,它既超越了传统欧式投资协定,也没有盲从美式投资协定。例如采用准入前国民待遇与负面清单模式,以及详细规定 ISDS 程序等,同时在实体和程序上均有不少创新。

但是,欧盟签订 FTA 对外也存在诸多不利影响。一方面,FTA 乃一种对第三国具有歧视性的贸易优惠协议,倾向"内部自由、外部保护"。因此,欧盟签订 FTA 往往会由于贸易转移效应影响第三国的经济福利,对于其他第三国相对形成歧视待遇,也违反了 GATT 第 1 条规定。另一方面,欧盟 FTA 在贸易自由化方面如果领先多边贸易体制,则区域组织成员将热衷于区域内部贸易,对 WTO 信誉及功能之发挥有所影响。

四、欧盟签订协议的主要特点

依据协定的目标和内容,大致可以将欧盟优惠贸易协定分为以下五类:(1)因入盟目的而与欧洲国家签订的协定;(2)与无意入盟的西欧国家签订的协定;(3)与欧洲近邻国家签订的协定;(4)与发展中国家签订的协定;(5)完全依商业目的而与世界各国签订的协定,以新一代 FTA 为主推方向。这五类协定又可以区分为"政治性的贸易协定"和"纯粹的贸易协定",第(1)(3)(4)类以政治和发展等为主要目标,第(2)(5)类则主要以贸易为目的。其中,前四类协定对象国主要以欧盟周边国家及其前殖民地为主,第五类则是与远方国家签订的新一代自贸协定(FTA),大多于2006年之后启动谈判。

(一)欧盟早期FTA的主要特点

欧盟传统的FTA以加强与发展中国家或欧洲邻邦国家的联系关系或经贸合作为主要目标;一般以货物贸易自由化为主要内容,欧盟并提供贸易优惠待遇,协助FTA对象国家的经贸发展。

不过,早期的贸易协定或伙伴关系协定并没有真正实现欧盟的贸易政策目标。尽管这些协定起到了促进欧盟安全政策、睦邻政策和发展政策的作用,但在贸易方面影响微弱。主要原因在于:其一,这些对象国在欧盟贸易中所占份额较小,欧盟的主要贸易伙伴如美国、中国、日本、澳大利亚都还不是欧盟双边贸易协定的对象国。其二,这些欧盟协定以政治、外交为主要目的,贸易只起次要作用。有学者指出,传统FTA中约92%的条款是不可执行的。这些都限制了传统协定在贸易方面的实际效果。随着国际政治和经济形势发生巨大的变化特别是WTO成员的壮大和新兴国家的兴起,这些旧有的协定大多数已经完成了其历史使命,或者失去了在新形势下促进欧盟与第三国双边贸易的作用。

(二)欧盟新一代FTA主要特点

在推动国际贸易规则方面,在多哈回合初期欧盟倚重多边贸易机制,然而,由于多种因素影响,多边谈判停滞不前,且大多数区域间协定谈判并不顺利。因此,从2006年开始,欧盟将谈判重心放在双边领域,从过于倚重多边机制转向推动新的FTA谈判。

新的FTA相对于以往的贸易协定有所不同:

一是对象国不同。欧盟传统的FTA以加强与发展中国家或欧洲邻邦国家的联系关系或经贸合作为主要目标。如20世纪50年代以来欧盟透过双边经贸协议之签署,以强化与欧盟会员国有殖民关系或欧洲邻邦国家的经贸关系,包括欧盟与非洲、加勒比海及太平洋国家(African, Caribbean and Pacific countries, ACP)之经济伙伴协议,以及中美洲及安迪诺集团(Andean Community)联系协议等。而新一代FTA则更倾向于以新兴经济体为主要对象。例如中国、印度、巴西、俄罗斯、韩国等国家的市场机会。另外,欧盟也将一些具有发展潜力的区域贸易集团,例如东盟、南方共同市场及海湾合作理事会等,列为谈判及签署FTA对象。

二是目的不同。与以往欧盟合作协定或联系协定相比,新一代的贸易协定更多地聚焦贸易以及与贸易有关的问题,不再像以往的联系协定那样广泛地涉及政治对话和其他议题。因此,相对于之前的协定倾向于政治目的等非经济因素,新的FTA的目的以"经济因素"作为主要考虑依据。

三是内容不同。以往的自贸协定一般以货物贸易自由化为主要内容,欧盟并提供贸易优惠待遇,协助FTA对象国家的经贸发展。而欧盟新一代自贸协定更加强调消除货物贸易与服务贸易中的非关税壁垒,减少投资管制,并且在知识产权、政府采购、创新保护、竞争政策(竞争中立)和可持续发展例如体面工作、劳工标准和环境保护等方面达成新的承诺。

四是特点不同。欧盟FTA政策强调竞争导向,除了废除关税及数量限制措施之外,必须尽可能地全面涵盖服务与投资方面的自由化,以达成较高程度贸易自由化为目标。在此基础上,欧盟新的FTA政策将透过法规趋同(regulatory convergence)以处理非关税障碍,包括强制性贸易便捷化、知识产权及竞争等条款。在金融、租税、司法互助等领域,欧盟也重视FTA原产地规则的便捷及效率,以反映全球化在时间流程便捷化的现实需求。新一代FTA还包括行政协调机制,以监督FTA的履行并解决相关争端。

五是针对不同国家的FTA侧重点不同。以欧韩贸易协定与跨大西洋战略合作伙伴关系协定为例。欧韩FTA仍以消除传统贸易壁垒、扩大市场开放为主,例如取消绝大部分工业品和农产品关税,消除各产业的非关税壁垒特别是在汽车制造、制药和电子消费品产业领域,以正面清单大规模放开服务业市场准入,在知识产权、政府采购、创新保护、竞争政策和可持续发展(例如体面工作、劳工标准和环境保护)等方面达成新的双边承诺。不同于在投资、服务和公共采购领域取消关税和开放市场的传统自由贸易协定,《跨大西洋贸易与投资伙伴关系协定》(TTIP)集中致力于整合规则和技术产品标准。欧美希望加强双方规则的一致性,为全球制定自由贸易和投资规则继续保持其竞争优势,从而应对迅速崛起的新兴国家对其贸易地位的挑战。

综上所述,欧盟基于本身扩大、地缘政治、历史关系、发展需求、经济合作、联系关系等不同背景与需求,建构了全球最大、最复杂的层级式RTA网络关系。各个层级RTA皆有其目标与作用,反映出欧盟FTA政策的选择性操作及对非会员国的歧视性。

第 2 节　欧盟签订协议中的新规则

欧盟所签订的新的优惠或区域贸易协定中引入的承诺可以分为 WTO-Plus

条款和 WTO-Extra 条款,前者建立在 WTO 现有规则之上,后者则超出了现有的调整范围。其中,WTO-Plus 条款是指由当前 WTO 义务和规则发展出的条款,成员方的承诺建立在多边层面的规则之上或者加重这些现有多边承诺。例如工业品和农产品关税减让的程度超过在 WTO 下已经做出的承诺。又如,有关关税管理、检验检疫(SPS)措施、技术性贸易壁垒(TBT)、贸易救济(反规避和反倾销)、服务贸易(中包括的义务)、政府采购、国有贸易企业、国家援助、属于知识产权的义务等。WTO-Extra 条款是指对当前 WTO 中没有囊括或者不加调整的政策领域所作的承诺。例如,当前 WTO 规则不涉及环境保护、劳工法律、人权以及资本流动。欧美协定中常见的主要 WTO-Extra 条款包括反腐败、竞争政策、消费者保护、数据保护、环境法、投资、资本流动、劳工条件、知识产权、人权、打击毒品、反洗钱、社会事务、打击恐怖主义、签证和庇护。根据相关研究,尽管欧盟和美国与第三国签订的优惠贸易协定中都包括大量的 WTO-Extra 条款,但是这些条款的可执行性较弱。真正建立起新的法律基础、可与现有 WTO 协定相媲美的,主要是环境条款、劳工标准条款和竞争政策条款。这些条款很大程度上是欧盟或者美国内部规章制度的输出。接下来,本节将对这些条款具体进行分析。

一、构建 WTO 原先根本匮缺的相关规则

(一)贸易与可持续发展

在推动对外 FTA 政策时,欧盟考虑通过双边贸易关系加强其可持续发展。因此,新一代 FTA 一般包含劳动标准与环境保护等领域的合作条款。欧盟同时表示会将贸易伙伴的发展需求以及对发展中国家的可能影响(尤其是 FTA 对发展中国家进入欧盟市场的优惠待遇的影响)纳入考虑。因此,对欧盟给予发展中国家优惠待遇的可能影响是欧盟对外展开 FTA 谈判之前所进行的整体影响评估的一部分。所以,除了经济为主要考虑之外,欧盟 FTA 政策另外包括非经济因素的社会、环境、人权、发展等考虑,甚至加强与发展中国家或欧洲邻邦合作或联系关系等更为广泛或一般性的政策因素,并且以"个案"(case-by-case)考虑为基础。

1. 劳工标准

在建立《关税及贸易总协定》(GATT)和 WTO 这两个全球多边贸易体制的进程中,欧盟及其前身欧洲共同体一直支持美国的提议,力推把劳工标准纳入

全球多边贸易体制,但因受到发展中国家的反对以及基于多边贸易谈判机制的内在缺陷,GATT 与 WTO 均拒绝将劳工标准与多边贸易体制挂钩。之后,欧盟开始转向通过双边或复边国际贸易协定的形式把劳工标准纳入欧盟与第三国的贸易关系。截至 2015 年,欧盟签订并实施了 28 个自由贸易协定,包括被纳入"联系协定"(Association Agreements)和"关税同盟"(Customs Unions)中的自由贸易协定,其中至少有 6 个自由贸易协定纳入了劳工条款,即《欧盟与南非贸易协定》《欧盟与智利联系协定》《欧盟与非洲、加勒比和太平洋地区国家集团贸易协定》《欧盟与加勒比论坛国经济伙伴关系协定》《欧盟与韩国自由贸易协定》以及《欧盟与秘鲁/哥伦比亚综合贸易协定》。以欧韩 FTA 为例进行说明。在劳工部分,欧盟不仅主张共同承诺遵守国际劳工组织(International Labour Organization, ILO)核心劳工标准以及批准并执行 ILO 通过的相关劳工公约,而且将提供双方劳工比 ILO 的核心劳工标准更高水平的保护。

2. 环境保护

在环境方面,欧盟主张与 FTA 签订方一道承诺更加有效执行双方共同签署的所有国际环境协议,与劳工标准一样,提供环境更高水平保护。欧盟与韩国签订的 FTA 中第 13 章、欧盟与日本签订的 FTA 中第 16 章的贸易与可持续发展、欧盟与加拿大签订的 CETA 中第 24 章贸易与环境中都明确双方要遵循相关环境法律法规以达到保护环境与人类身体健康的目的:(1)如预防、减少或控制污染物、环境污染物的释放或排放;(2)化学品和废物管理或传播有关信息;(3)保护野生动植物,包括濒危物种及其栖息地以及设立保护区等。

例如,在欧盟与加拿大的 CETA 中第 24 章贸易与环境中承诺欧盟和加拿大实施国际环境协议。它保护双方在环境问题上的权利,要求各方执行其国内环境法律,阻止任何一方放宽其法律以促进贸易。例如在维护保护水平一节明确指出:(1)双方认识到,通过削弱或降低其环境法所提供的保护水平来鼓励贸易或投资是不恰当的;(2)缔约方不得放弃或以其他方式减损或提出放弃或以其他方式减损其环境法,以鼓励在其领土内进行贸易或建立、获取、扩大或保留投资。(3)缔约方不得通过持续或反复的行动或不采取行动等不有效执行其环境法以鼓励贸易或投资。该章还鼓励森林和渔业的养护和可持续管理。

另外,欧盟与日本、加拿大、韩国等国家在谈判或者已经签订的 FTA 中都强调多边环境协定的重要性,特别是双方参加的协定,作为国际社会应对全球或区域环境挑战的多边环境治理手段。

(二)监管一致性(规制融合)

《技术性贸易壁垒协定》(TBT 协定)规定了非歧视待遇和最少贸易限制原

则,要求成员方境内技术措施的实施方式不得对源自其他成员的产品造成歧视性或不必要的限制,但并不过多地置喙措施的实质内容,因此属于浅层次一体化(shallow integration)规则。此外,TBT 协定规定了包括协调一致、相互承认和等效规则等在内的深层次一体化(deep integration)规则。深层次一体化规则的本质是协调成员之间不同的技术措施,增进其实质内容上的一致性,减少因技术措施的实质内容差异引起的贸易摩擦。由于各种原因,上述深层次一体化规则的实际效果并不如人意。国际社会认识到各国国内监管措施制定过程的低效、不透明及差异也是导致监管异质性的重要原因。因此,美国、澳大利亚、新西兰等国于 20 世纪 80 年代在国内推行良好监管实践(good regulatory practices),然后将其扩展至 TPP 协定等 FTA 之中,最终形成监管一致性规则。因此,所谓监管一致性就是推动良好监管实践在各国国内监管措施制定过程中的运用,促进形成一个公开公正的监管环境,减少冗余、重复、模糊和低效的监管措施,使其实质内容更加合理有效。

根据 TPP 协定和 TTIP 草案,监管一致性规则主要包括以下内容:第一,成员方内部协调和审议机制。该机制要求成员方在制定监管措施时,进行有效的机构间协调和审议,以促进监管一致性。第二,监管影响评估(regulatory impact assessment)机制。它是指成员方政府运用连贯的分析工具,确定和评估拟议监管措施所产生的预期影响的过程。第三,监管措施回溯审议(retrospective review of regulations)机制。成员方应主动或应利益相关方请求对已生效的监管措施予以定期审议,确定其是否需要修改、简化、扩充或废止,以便更好地实现其监管目标。第四,监管措施制定过程的透明度和参与机制。

欧盟在签订新一代 FTA 中,一直致力于推动监管一致性,通过双方规制融合,降低各种非关税壁垒,达到促进贸易和投资,进而刺激经济增长和就业的目的。例如在欧盟—加拿大签订的 CETA 协定中包括一个机制,以进一步开展双方之间的自愿监管合作,称为监管合作论坛(RCF)。RCF 的合作始终是自愿的,绝不会限制各方开展自己的监管、立法和政策活动的能力。CETA 第 21 章为 RCF 下的此类活动规定了广泛的范围,例如与技术性贸易壁垒、卫生植物检疫方面、服务贸易、贸易和可持续发展、贸易和劳工、贸易和环境有关的监管措施,目标是为了有助于保护人类生命、健康或安全,动物或植物生命、健康与环境;避免和减少不必要的监管差异;或减轻行政负担和不必要的重复以建立信任,加深对监管治理的相互理解并从中获得彼此的专业知识和观点的好处;提高工业的竞争力和效率等。各方努力通过开展监管合作活动来实现以上目标,这些活动可能包括:

(1)参与正在进行的关于监管治理的双边讨论;

（2）酌情互相协商，并在整个监管发展过程中交换信息；

（3）分享非公开信息的范围，以便根据提供信息的缔约方的适用规则向外国政府提供这些信息；

（4）尽早分享可能对另一方贸易产生影响的拟议技术或卫生和植物检疫法规，以便可以考虑关于修正案的意见和建议；

（5）根据适用的隐私法，应另一方的请求提供拟议条例的副本，并允许有充分时间以书面形式提供意见；

（6）尽早交换有关正在考虑的拟议监管行动、措施或修订的信息；

（7）检查收集相同或相似数据的适当性和可能性，以收集可能导致监管行动的问题的性质，范围和频率，以便加快对这些问题作出统计上重大的判断；

（8）定期比较数据收集做法；

（9）研究使用另一方用于分析数据和评估需要通过监管解决的根本问题的相同或相似的假设和方法的适当性和可能性；

（10）定期比较分析假设和方法；

（11）交换有关条例的管理、实施和执行的信息，以及获取和衡量遵守情况的手段；

（12）开展合作研究议程；

（13）对法规或政策进行实施后审查；

（14）比较这些实施后审查中使用的方法和假设；

（15）适用时，向对方提供这些实施后审查的结果摘要；

（16）确定适当的方法，以减少现有监管差异对缔约方确定的部门双边贸易和投资的不利影响，包括酌情通过更大的一致性，相互承认，尽量减少使用贸易和投资扭曲的监管手段，以及使用国际标准，包括合格评定的标准和指南；

（17）交流动物福利领域的信息、专业知识和经验，以促进双方在动物福利方面的合作。

欧盟在与美国 TTIP 谈判中，特别给出关于"监管一致性"的法律文提案，其目标和 CETA 大同小异，由于在 TTIP 章节已涉及，此处不再赘述。

（三）国有企业

WTO 中关于国有企业的规则内容非常少，仅仅在《补贴与反补贴措施协议》（SCM 协议）中对政府对国有企业的补贴有所涉及。对国有企业作出明确规定的 WTO 规则只有 GATT 第 17 条"国营贸易企业"，目的在于确保成员方不会利用国营贸易规避其在制度下应当履行的义务。随着经济全球化的发展，国有企业的治理及其规范逐步成为国际性问题。

在欧盟与加拿大已签订的 CETA 第 18 章以及与日本正在谈判的协定中第 13 章都涉及国有企业的管理。其中,对国有企业的定义为从事商业活动的企业,其中一方:(1)直接拥有超过 50% 的股本;(2)通过所有权权益直接或间接控制超过 50% 的表决权的行使。在协定中,欧盟和签订 FTA 的其他国家如加拿大同意不干预或可能扭曲私营公司的公平竞争环境。双方将确保国有企业、垄断企业和授予特殊权利的企业不会歧视对方的货物、服务或投资。这确保了私营和国有企业之间的竞争不会受到负面影响。这些规则确保双方在向公民提供公共服务的方式上有充分的选择自由。

欧盟在与美国谈判的 TTIP 中将国有企业单独作为一章,相对于欧盟已签订的协议对双方在合作中国有企业的权利与义务以及非歧视性待遇、例外条款等,有更加具体与明确的规定。

二、丰富 WTO 原先相当粗略的相关规则

(一)投资者—国家争端解决机制

国际贸易规则适用时是有效力的。因此,大多数贸易协定都建立了争端解决机制,以确保协议得以执行,纠纷得以解决。投资者—国家争端解决机制向来是投资协定的主要内容之一,也是谈判时争议较多的问题。投资者—国家争端解决机制授权外国投资者将其与东道国政府之间的投资争端提交国际仲裁机构,而不是东道国国内法院。由于其给予外国投资者较之于国内投资者更多的权利,潜在威胁东道国的合法政策决策,并且存在仲裁裁决不一致、仲裁程序缺乏透明度以及不能保障正当程序等问题,因此投资者—国家争端解决机制招致各方面异议,也在一定程度上引起东道国社会团体尤其是人权组织、劳工组织和环保组织的关注。对传统的投资者—国家争端解决机制进行改革已成为当前国际投资协定谈判的重点。

欧盟贸易政策中有三种争端解决方式:

(1)世界贸易组织的争端解决。"WTO 争端解决谅解书"为 WTO 成员国提供了一套法律框架,用于解决 WTO 协定中出现的争端。理想的情况是争议通过谈判解决。如果不可能,WTO 成员可以要求专家组裁决以解决争端。WTO 成员还可以在 WTO 上诉机构就法律问题提出上诉。如果一个成员不遵守争端解决的建议,那么可能会对其采取贸易补偿或制裁手段,例如增加关税。包括欧盟在内的许多 WTO 成员积极利用这一制度,纠正违反贸易规则的行为。

自 2000 年以来,欧盟在其所有自由贸易协定中都包含了基于 WTO 的争端解决机制。

（2）根据国际贸易协定解决国家之间的分歧。通常被称为双边争端解决机制。欧盟在 2000 年以后缔结的所有贸易协定中包括了该机制,以便有关国家可以在此机制的基础上解决分歧。这一机制允许这些国家使用专门用于处理根据协议产生的争端的解决机制。该制度允许快速解决争端,并以 WTO 争端解决制度为蓝本。

（3）投资争议解决。《里斯本条约》把外国直接投资列为欧盟共同商业政策的一部分。因此,欧盟正在逐步就某些自由贸易协定（FTA）或独立投资协议中的投资条款进行谈判。这些投资条款对投资建立了具有法律约束力的保护水平。所谓的投资者与国家争端解决（ISDS）机制与之配套,这些机制允许投资者就投资保护义务被违反提出声明。这些规定为投资者在国际法庭提起诉讼提供了一个具体程序。自 2015 年以来,欧盟委员会一直在努力建立一个多边投资法庭。简而言之,这一新政策设想通过建立永久性的投资法院系统（ICS）和对投资保护制定更明确、更准确的规则,将争端解决机制制度化。

自 2009 年以来,欧盟在贸易和投资协议中就包含了投资者与国家之间的争端解决机制,如与加拿大签署的《综合贸易协定》（以下简称《欧加贸易协定》）、与美国进行《跨大西洋贸易和投资协定》（以下简称《跨大西洋协定》）谈判,以及与中国进行双边投资协定谈判等。其中《欧加贸易协定》中经过改革的投资者—国家争端解决机制主要包括:规定缔约方的规制权,规定仲裁员应当遵守的道德准则,规定缔约双方事先确认的仲裁员名单以确保对仲裁员的控制,确保争端仲裁程序的充分透明度,禁止平行诉请,禁止提起欺诈性或无根据的轻佻诉求,禁止就缔约国议会制定的措施提起赔偿诉请,败诉方承担仲裁费用,非争端缔约方有权发表有约束力的解释意见,以及未来条件可行时设立一个上诉机制。简言之,该协定包含许多现代化的条款,在某种程度上平衡了投资者权益保护与东道国公共利益规制权之间的关系。此外,2014 年 10 月完成的《欧盟—新加坡自由贸易协定》（以下简称《欧新自贸协定》）中的投资者—国家争端解决机制规定了与《欧加贸易协定》非常相似的制度,在此不做赘述。其中欧韩 FTA 中关于争端的部分基本上参考 WTO 争端解决相关规定,但在时间及流程方面,也较 WTO 争端解决程序更加快速便捷。

2017 年 9 月 13 日,欧盟委员会建议开始谈判建立多边法庭解决投资争端。

（二）技术贸易壁垒（TBT）

以技术性贸易壁垒为代表的境内监管措施正成为继关税等边境措施之后

贸易自由化的主要障碍,其对欧盟和美国等发达经济体间贸易的阻碍已超过关税。为此,国际社会从 GATT 东京回合订立复边贸易协定《技术性贸易壁垒守则》开始对其进行约束,并在此基础上于乌拉圭回合订立《技术性贸易壁垒协定》(TBT 协定)。但是,WTO 在消除非关税壁垒方面并不尽如人意。随着多哈回合的失败以及国际贸易的区域化发展,很多经济体开始以 FTA 为载体,对技术性壁垒予以更为严格的约束。作为意图为未来经贸规则建章立制的"21 世纪贸易协定",《跨太平洋伙伴关系协定》(TPP 协定)和《跨大西洋贸易与投资伙伴协定》(TTIP 协定)将技术性壁垒作为谈判的重点议题之一。

TTIP 草案在各自技术性壁垒章节中重申和确认了成员方在 TBT 协定下的相关权利义务,同时在此基础上对 TBT 协定的相关条款予以拓展和深化,因此 TPP 协定和 TTIP 草案的技术性壁垒章节中包含了大量 TBT-plus 规则。具体而言,主要包括以下几个方面:

第一,明确了国际标准、建议和指南(以下统称国际标准)的含义。由于美欧之间在国际标准的界定上存在分歧,因此成为 TTIP 谈判的难点之一。但从欧盟以往的缔约实践来看,其并不完全排斥美国的主张。例如,欧盟与韩国签订的 FTA 中,除在电子设备附件中规定 ISO、IEC 和 ITU 发布的标准为国际标准外,还在技术性壁垒章节正文采纳了美国《关于制定与〈TBT 协定〉第 2 条、第 5 条和附件 3 有关的国际标准、指南和建议之原则的决议》来界定国际标准。

第二,更高的透明度要求。TPP 协定和 TTIP 草案在透明度方面比 TBT 协定更为严格,对成员方提出了更高的善治要求:(1)扩展了通知义务的范围。(2)扩大了评论权利人的范围,并明确了相关时间要求。(3)拓展了释明义务的范围。

第三,产品附件的涌现。根据不同产品的特定情况,附件对如何削减不必要的技术性贸易壁垒作了详细规定。例如,欧盟和美国在医药制品、纺织品、汽车、医疗设备、信息与通信技术产品、化学制品、杀虫剂等领域的相关谈判取得了积极进展。

(三)竞争政策

在竞争方面,第三国如果缺少符合 WTO 或国际法的竞争与国家补贴或财政援助等规范,则将形成非关税障碍或变相的保护措施。欧盟认为发展国际规则以及在竞争政策方面的合作,才足以确保欧盟公司在第三国不会因本地公司之不合理补贴或反竞争行为而蒙受损失,这对欧盟而言具有战略性利益。因为大多数国家皆采取不同种类或不同程度的补贴政策,而且欠缺透明性,致使欧盟公司在该国市场明显处于不利竞争地位。在政府采购方面,各国一般都有优惠本国厂商的相关规定,而使欧盟公司遭受歧视待遇,甚至断绝了贸易机会,对运输工具、公共建设、公共设施、环保能源、科技医药等具有全球竞争力的欧盟公司而言,非常不利且不公平。

在欧韩FTA中,第11章竞争规定要求各方维持竞争法律体系,防止联合行为、滥用支配地位及违反竞争的合并,因为这些反竞争行为或卡特尔独占地位,阻碍公平竞争。双方同意颁布有效竞争法律,设置竞争主管机构,并遵守程序正当性。竞争法也适用于公营事业,以及其他特许或享有特权的企业。双方并将就竞争法规的实践加强咨商及合作,以提高竞争政策的透明度以及执行效率。第11章包括详细竞争法规定,很明显受到欧盟很大影响,这在FTA是另一项重要发展,是欧韩FTA的另一项特征。

(四) 投资措施

在投资方面,无论是存量还是流量,欧盟都是世界上最大的外国直接投资的提供者和目的地。其中,进入欧盟的国际投资价值5.4万亿欧元,约占欧盟每年财产的36%,直接提供了欧盟760万个就业岗位。欧盟境外投资价值6.9万亿欧元,约占欧盟每年生产财富的46%,直接提供海外1 440万个就业岗位。因此,欧盟认为改善在第三国投资环境,对欧盟及地主国(host states)的外资流入及经济成长会有重大贡献。作为全球重要的资本输出地区,欧洲对外投资对地主国的外汇累积、技术转移、就业创造、租税收入及经济合作等,都能扮演一项重要角色。由于生产、供应与贸易的全球化,于第三国市场自由投资的条件与环境,对于欧洲跨国公司的国际经营策略,变得更加重要。欧盟也将透过FTA促进地主国投资便捷化或自由化的发展。

投资措施的非关税贸易壁垒化趋势早已为各国所关注,但是一直缺少一个有效的国际条约来约束。《与贸易有关的投资措施协议》(TRIMS)作为《WTO协定》的重要组成部分,被视为当今世界最有影响的国际投资法典,适用于WTO所有成员方。但由于是第一次将投资问题纳入关贸总协定的谈判内容,TRIMS并没有涉及太多的投资规则,只是明确规定了禁止采取的一部分投资措施。而且由于《TRIMS协议》所规范的TRIMS属国内法范畴的投资措施,而各国经济发展水平不同,法律制度各异,使得TRIMS成为乌拉圭回合多边贸易谈判分歧最大、争论最激烈的议题之一。作为各缔约方讨价还价、折衷妥协的产物,《TRIMS协议》不可避免地存在一些缺陷:如调整范围过于狭窄,不少条文含义模糊,缺乏必要的确定性和可操作性,存在较多的"灰色区域",有损于其整体功效等。

相对于《TRIMS协议》,欧盟内部及对外FTA投资政策旨在:为欧盟公司打开海外市场、确保欧盟公司在海外不受歧视、有一个可预测和透明的商业环境、吸引国际投资进入欧盟、使国际投资规则明确和一贯执行、保护欧盟公民和海外公司的投资、确保国际投资所需的支付、资本和关键人员的自由流动。欧盟的投资政策也完全保留了国内和东道国为了公共利益而调节经济的权利。

  《里斯本条约》于 2009 年 12 月生效后,作为共同商业政策的一部分,欧盟获得了对外国直接投资的专有权。欧盟委员会于 2010 年 7 月首次在其政策沟通中概述了其投资政策的做法。2015 年 9 月,它发布了关于管理权和新的投资法庭制度的建议。欧盟提出的与美国签署《跨大西洋合作与投资协定》(TTIP)以及其他欧盟贸易和投资谈判的提案中包含了这些改革。欧盟在其"全面贸易"战略中提出:更加强调各国为了公共利益而进行管理的权利、更明确的投资保护规则、一个解决投资争议的公共投资法庭制度。投资法庭系统的建议包括:与相应的贸易伙伴一起为每个欧盟贸易协定设立一个永久性的法庭;提名一批高素质的法官,然后为每个案件随机分配三名提名的法官担任投资律师,从而避免任何利益冲突;对判决提起上诉的权利以及撤销法院判决的可能性;使所有文件在网上提供等。欧盟已经将这些提案的实质内容纳入与加拿大(2016 年签署)和越南(2015 年签署)的新贸易协议。

三、改进 WTO 原先疏漏甚多的相关规则

(一)知识产权保护

  在知识产权的保护方面,很多发展中国家,甚至新兴经济体对知识产权的保护明显不足,大幅降低了欧盟公司在这些国家的市场机会或投资意愿。欧盟认为违反知识产权保护,乃剥夺权利持有人因其投资可得的收益,且最终会对敢于创新、具有创造力公司的生存造成风险与威胁。除了私人财产权保护之外,食品、药品、化妆品及玩具等仿冒品,与公共健康及竞争也息息相关,乃是值得重视的问题。欧盟作为世界上最发达经济体之一,是知识产权贸易的主要输出方之一,知识产权乃欧盟竞争力的核心项目,所以欧盟对知识产权保护特别重视。欧盟贸易政策中关于知识产权方面的目标之一,就是加强对第三国知识产权的保护和执法,这个目标正在以不同的方式进行:(1)一个有效的执法体制:欧盟已经通过了"第三国知识产权执法修订战略",旨在确保欧盟有适当的手段来更有效地应对当前的挑战。(2)多边协议:欧盟是 WTO 和世界知识产权组织的一部分,旨在加强对知识产权的保护和执法。欧盟是《与贸易有关的知

识产权协定》(TRIPs)的主要支持者。(3)双边贸易协定:欧盟正在就一系列旨在纳入全面知识产权章节的双边贸易协定进行谈判,涉及知识产权各章应尽可能地提供与欧盟现有知识产权保护水平相近的相关规定,欧盟也要考虑到有关国家的发展水平。

欧盟已签订的新一代 FTA 中关于知识产权方面,显著超越 WTO 的 TRIPs 协议规范。欧盟不但要求知识产权包括传统的商标、专利、著作权等,甚至延伸至地理标志(GI)。例如欧韩 FTA 中第 10 章包括著作权、设计及地理标志,以及以欧盟相关法规为基础的知识产权执行条款。其中,著作权规定针对音乐使用必须提供著作权人适当费用,以符合国际著作权的发展新趋势。设计保护包括未登记的设计,以填补 TRIPs 在这一方面尚未规范的漏洞。该 FTA 第 10 章还包括多项地理标志条款,韩国将被禁止使用欧洲著名地名的酒类、奶酪及香肠等农产品的地理标志名称达 160 项,欧盟全部农产品 GI 都将受到保护。

(二)地理标志

地理标志依据 WTO 的 TRIPs 协议第 22.1 条规定,是指为辨别一商品产自一会员领域,或其领域内某一地区或地点的标志,而该商品的特定质量、声誉或其他特性,主要系归因于该地理来源者。由于消费者针对货品产地来源已愈来愈重视,地理标志无形中增加商品特质,具有相当商业价值,尤其是已经建立商誉的商品。所以地理标志的保护受到欧盟的重视。然而,地理标志的保护在 WTO 谈判中,针对的是其通知、注册、注册的法律效力、费用与成本、特殊与差别待遇,以及参与模式等六大议题。以欧盟与美国为首的两大集团,针对注册的法律效力与参与模式两大议题,立场上仍存在极大的差异性,致使其进展有限。

欧盟针对农业产品与食品、酒类及烈酒已建立欧盟内部市场的地理标志保护及注册系统,并开放第三国产品的申请注册。地理标志申请文件包括:名称以及产品描述、地理区域定义、地理区域相关因素、标志细节、规格事项以及申请者名称。第三国申请者必须事先已取得其母国地理标志的保护。欧盟审查如果符合标准,将公布于其官方公报,六个月内如无反对意见,进一步登录于欧盟地理标志注册名簿;如有反对意见则邀请利害关系人协商后再作出是否准许注册的决定。截至 2009 年 3 月,欧盟农产品及食品共有 818 项地理标志注册;酒类与烈酒各有 1 800 项及 327 项地理标志注册。

WTO 有关地理标志保护的谈判进展有限,而欧盟重视在 FTA 列入地理标志条款。欧盟最近缔结了一系列包含重要的地理标志保护的自由贸易协定:欧盟—韩国 FTA、欧盟—新加坡 FTA、欧盟与哥伦比亚和秘鲁之间的贸易协定、欧盟和中美洲之间的全面的协会协议等,并将保护范围扩大到非农业地理标志。欧盟主张在无相反的证据下,一国注册一项地理标志即具有符合 TRIPs 协议第 22.1 条定义的表面证据(primafacie)效力。各会员主管机构于作成关于商标或地理标志之注册或保护之决定时,必须咨询该注册数据库,并将其信息纳入考虑。各会员主管机构只有在经过适当证明之后,始得主张 TRIPs 协议第 24.6 条通用名称的例外规定。欧盟与瑞士等 109 国提案隐含 WTO 会员应强制(非自愿)参与该制度,并将第 22.1 条地理标志及可否援引例外条款的举证责任由其他会员负担。欧盟此等"表面证据"的主张将增加其他会员的司法负担及行政成本。

(三)政府采购

政府采购是指政府机构购买货物、工程(如建筑)或私人公司提供的服务。政府采购的例子包括为警察局购买电脑,向人们提供水、煤气和电力,建造医院或道路。政府采购在国际贸易中非常重要,占据世界贸易很大一部分份额。在欧盟,政府购买商品和服务估计占国内生产总值的 16%。欧盟在 2016 年制定了新的规则,在欧洲范围内开放公共采购市场。这些新规定减少了繁琐的手续,使小企业更容易与政府机构开展业务。欧盟公共采购市场是世界上最开放的市场之一,但欧洲企业并不总是能够平等地进入欧盟以外的公共采购市场。许多国家不愿意将公共采购市场开放,这为欧盟企业创造了不平衡的竞争环境。基于此,欧盟在新一代 FTA 的签订和谈判中力求提高政府采购市场的开放程度。

《政府采购协议》(Agreement on Government Procurement, GPA)是 WTO 的一项诸边协议,目标是促进成员方开放政府采购市场,扩大国际贸易。GPA 由 WTO 成员自愿签署,目前有美国、欧盟等 14 个参加方,共 41 个国家和地区签署了协议。欧盟作为 WTO 政府采购协议的会员,在政府采购规则部分原则上是以 GPA 为基础。但是新的 FTA 涵盖一些 GPA 尚未涵盖的项目,例如在欧韩 FTA 中涵盖了公共工程(public works)承诺及 BOT(Built-Operate-Transfer)契约,包括中央与地方政府的 BOT,因此对双方厂商都具有很大商业利益。

(四)原产地规则

《原产地规则协议》是 WTO 在原产地规则领域最为系统化的一项法律文件,但它并没有针对原产地标准、直运规则、微量条款与原产地证明等作出一个统一的规定,一定程度上缺乏实际操作性,并且对成员国没有相对有力度的约束力,因此很容易沦为成员国实施贸易保护的一种工具。

由于欧盟在与其他国家签署区域贸易协定时基本采用了相似的一套原产地规则,欧盟原产地规则已在 50 个国家和地区适用并逐步形成了泛欧体系。泛欧原产地规则在当今世界有着十分重要的地位,被喻为世界上最严谨的原产地规则,并被其后建立的区域贸易安排所效仿参照。泛欧模式的优势在于,它规定了相对单一的原产地规则,采取了大致标准化的原产地判定方法,由此简化了通关程序,节约了企业通关成本,促进了投资商在泛欧地区的直接投资。但是,泛欧模式对第三方而言,具有鲜明的排他性。因此,在泛欧模式的应用得到不断拓展的同时,也遭到了各方的非议。例如泛欧原产地规则有违 WTO 规则,对不属于泛欧模式的第三方造成了歧视等。

四、修订 WTO 原先明显落伍的相关规则

(一)货物与服务贸易

欧盟作为世界上最发达的经济体之一,其货物贸易与服务贸易规模都非常大。尤其是,服务业乃欧盟经济的基石,是欧盟拥有比较利益的部门,也是欧盟出口最具成长潜力的项目。

通过多哈回合谈判,欧盟旨在通过尽可能地降低进口关税和消除非关税壁垒以达到改善全球货物和服务的贸易条件与完善服务贸易自由化的目的。在乌拉圭回合谈判中,欧盟在关税减让方面比美国、日本的力度要大,欧盟关税 100% 为约束税率,2002 年最惠国简单平均关税税率为 6.4%,其中非农产品简单平均关税税率为 4.1%,加权平均关税税率为 3.6%,农产品简单平均关税税率为 16.1%,但加工农产品贸易存在关税升级现象。欧盟在食品、饮料、烟草和纺织品等商品进口方面明显存在关税高峰。工业方面,部分鞋类产品的进口关税高达 17%,服装平均税率也达 11.9%。由于新兴国家在对降税方面与发达国家存在分歧,WTO 尚未达成一致意见。不过欧盟也在推动与 WTO 规则相吻合的协议,以便未来可以将其纳入 WTO 体系。

面对多边贸易体制的进展缓慢,欧盟转向双边和区域贸易协定谈判。在欧盟已达成的以及尚在谈判过程中的协定中包括货物贸易的大幅度自由化,以及涵盖非关税壁垒和服务贸易的规定。例如:欧盟和墨西哥的"经济伙伴关系政治协调与合作协定"开启了货物和服务贸易的自由化。欧盟和智利之间的"关系协定"创建了货物和服务的自由贸易区。欧盟—韩国 FTA 取消关税,只有有限数量的农产品被排除在外。欧盟与秘鲁和哥伦比亚的贸易协定将开放双方

的货物和服务市场。欧盟和中美洲之间的联盟协定,通过新的非关税壁垒规定改善了货物和服务市场的准入条件和贸易条件。欧盟—新加坡 FTA 一旦实施,将为诸如银行、保险和其他金融服务行业等许多服务部门创造新的机遇。这将通过加强对欧盟标准的承认,促进工业和农业产品进入东南亚重要的出口市场和贸易中心。

由于全球服务贸易的逐步自由化是未来经济成长的重要因素。因此,欧盟与主要贸易伙伴,尤其是限制市场进入或仅作出些许 WTO 承诺的伙伴之间,透过 FTA 谈判促进服务贸易自由化,尤其要排除市场进入、国籍、居住地、所有权、持股比例、法人种类、经济需求测试、国家安全审查等非关税障碍。以欧韩 FTA 为例,欧韩将大规模地承诺服务贸易自由化的范围与项目;尤其大大超越韩国对 WTO-GATS 承诺,以及目前多哈回合的要约(offer)。欧韩 FTA 服务贸易范围包括:交通、通讯、金融、法律服务、环境及建筑等部门。服务贸易自由化,除了跨国服务与市场进入,另外包括服务业及非服务业有关投资的公司设立(establishment),即立业权,以及自然人的移动等项目。韩国同时考虑取消或放宽欧盟企业在韩国投资金额上限的限制。

在贸易自由化措施方面,货物贸易的最核心内容是废除关税及排除其他非关税障碍。比如欧韩 FTA 生效后 5 年内,双方关税达成 98.7% 贸易自由化,一些敏感性农渔产品的过渡期间是 7 年。在非关税障碍方面,欧韩 FTA 乃欧盟签署的第一项 FTA,内容涵盖特别部门的非关税障碍规定。欧韩 FTA 有 4 件相关附件包括:消费性电子产品、汽车产品、药品及化学产品,针对相关非关税障碍,例如技术规则、标准、符合性评估程序(conformity assessment procedures),以及其他技术性或不必要官僚行政规章、手续等加以规范。在欧美的 TTIP 谈判中,针对 9 个特殊部门如化学产品、信息技术和通讯产品、工程、药品、医疗设备、纺织品和制衣、汽车,以及农药的技术壁垒特征单独谈判,形成单独政策,最后合成为一个覆盖面广的综合性规制协调体系。

(二)原材料贸易

原材料是欧盟大量产业价值链的基础。大量的行业使用原材料作为投入,总额达到 13 000 亿欧元。原材料工业部门的就业人数高达 3 000 万人。同时,特定原材料的可持续供应对于绿色技术的发展至关重要。图 5.4 给出了欧盟 2013 年的原材料贸易数据。可以看出,原材料对于欧盟的贸易正起着十分重要的作用。欧盟贸易政策正在积极致力于确保国际原材料市场以自由透明的方式运作。欧盟—韩国 FTA 包括禁止出口关税、税收或其他费用。即将生效的欧盟—新加坡 FTA 包括禁止关税、税收或对出口具有同等效力的措施。

欧盟和中美洲以及哥伦比亚和秘鲁的贸易协定包括禁止出口关税或税收,但有一些例外。

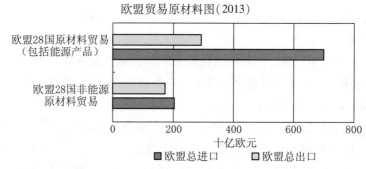

数据来源:欧盟委员会。

图 5.4 欧盟 2013 年的原材料贸易数据

(三)海关与贸易便利化

WTO(1998 年)和 UNCTAD(2001 年)都认为,贸易便利化是指国际贸易程序(包括国际货物贸易流动所需要的收集、提供、沟通及处理数据的活动、做法和手续)的简化和协调。OECD(2001 年)对贸易便利化的表述是:国际货物从卖方流动到买方并向另一方支付所需要的程序及相关信息流动的简化和标准化。UN/ECE(2002 年)将贸易便利化定义为:用全面的和一体化的方法减少贸易交易过程的复杂性和成本,在国际可接受的规范、准则及最佳做法的基础上,保证所有贸易活动在有效、透明和可预见的方式下进行。亚太经合组织(2002年)的定义是:贸易便利化一般是指使用新技术和其他措施,简化和协调与贸易有关的程序和行政障碍,降低成本,推动货物和服务更好地流通。尽管各自的表述有所不同,但基本精神是一致的,即简化和协调贸易程序,加速要素跨境的流通。

随着多边、区域、双边和单边的协作及努力,影响国际贸易活动的障碍或壁垒正逐渐减少或被约束,各国的贸易制度日趋开放。而随着国际贸易规模的扩大和各国及地区贸易联系的加强,"贸易的非效率"作为一种"隐形"的市场准入壁垒日益受到众多国际组织、各国政府和贸易界的普遍关注,促使人们开始高度重视各种贸易管理程序的合理化。数十年来,许多政府间和非政府组织(如联合国贸发大会、联合国欧洲经济委员会、世界海关组织、国际商会、经济合作与发展组织、国际货币基金组织和世界银行等)一直在向实现更简便、更协调的国际贸易程序这一目标而努力,有关进一步减少和消除阻碍要素跨境流动的障碍、减低交易成本、建立高效的贸易便利体系等内容已成为多边、区域、双边经贸合作的重要内容。WTO 自 1995 年成立以来也开始了对贸易便利化问题的全面考虑和专门分析，经过数年的酝酿和极富建设性的争论，2017 年 WTO《贸易便利化协定》正式生效。数据显示，完整履行《贸易便利化协定》将会使全球贸易成本减少约 14.3%。

欧盟无论是在对内还是对外的贸易政策中都非常重视贸易便利化的推动。在内部，欧盟《共同体现代化海关法典》为贸易便利化的实施提供了法制保障。在对外 FTA 签订中把贸易便利化作为特定的一章内容，例如，欧盟与加拿大签订的 CETA 的第 6 章"海关与贸易便利化"指出，其旨在简化海关程序并提高效率，确保透明度（例如公开海关要求，并在线提供信息）；简化基于风险的程序（例如风险管理和到货前处理，而不是要求检查每一批货物）；确定性和可预测性（例如一个透明，高效的上诉程序，关于税则分类的可靠预先裁定等）。以 CETA 为例，其内容包括透明度、货物的放行、海关股价估价、商品分类、费用、风险管理、自动化、预先裁决、复审和上诉、处罚、机密性、合作等各个方面。双方还建立了联合海关合作委员会。

第 3 节　欧盟签订 FTA 新规则评析

一、欧盟 FTA 新规则的经济学思考

（一）对 WTO 的影响

欧盟 FTA 的影响，较受关注的是对 WTO 多边主义及规范，以及 WTO 会员利益等方面的影响。在对 WTO 的影响方面，FTA 乃一种对第三国具有歧视性的贸易优惠协议，倾向"内部自由、外部保护"。会员国相互间排除贸易障碍，但是往往对外维持保护体制；而使贸易自由化效果不能自动、无条件地普及所有 GATT/WTO 会员，对 GATT 第 1 条不歧视最惠国待遇条款形成一项重大例外。第二，欧盟 FTA 有优先对象，在"选择性"政策运作下，对不同第三国采取差别待遇，也与 GATT/WTO 不歧视原则或 GATT 第 13 条不歧视实施数量限制措施规定有所不合。第三，欧盟 FTA 在贸易自由化方面如果领先多边贸易体制，则区域组织成员将热衷于区域内部贸易，对 WTO 信誉及功能之发挥有所影响。第四，欧盟 FTA 间之贸易争端将改变 GATT 以往国与国间争端之模式，对 WTO 形成另一严峻挑战。

在对 WTO 规则的影响方面，第二次世界大战后区域性经济组织之成立，一

般都任意忽视 GATT 第24条义务要求,包括实体义务及程序义务。另外,对于受影响之第三国所提出之咨商或补偿请求,也皆任意忽视。前芝加哥大学教授 K.W.达姆(K.W.Dam)认为 GATT 第24条规定对 GATT/WTO 自由贸易理念乃一重大例外,严重腐蚀 GATT 第1条不歧视最惠国待遇原则,而使 GATT/WTO 多边贸易体系功能不彰,并且有将 GATT 或 WTO 区隔为数个竞争区域或对抗集团之可能,影响到 WTO 多边主义信誉之建立。

在对 WTO 体制的影响方面,欧韩 FTA 内容中很多项目例如地理标志、服务业、药品、竞争、投资、可持续发展等,仍未完整被 WTO 所规范。欧盟借由 FTA 涵盖这些新议题,虽然为 WTO 提供了先行经验;然而也有人认为此举将欧盟理念及法律对外输出,对其他 FTA 谈判产生示范作用,或在多边贸易谈判为欧盟争取到更多支持。

(二)对第三国的影响

在对第三国利益的影响方面,欧盟通过签订不同形式的 FTA 或贸易优惠协议,已对大部分 WTO 会员提供各种类别的贸易优惠,大约占欧盟进口贸易 85%,其效果又不立即且无条件普及第三国及 WTO 所有会员,形成对 GATT 第1条不歧视原则与最惠国待遇的最大例外。

总之,欧盟新一代 FTA 代表欧盟贸易政策的转变,开始强调竞争导向的贸易策略,以便有效打开外国市场,尤其是经济快速成长的新兴经济体市场,为欧盟企业与产品创造市场机会。然而,欧盟及其28个会员国都是 WTO 会员,欧盟代表28个会员国在 WTO 统一发言。所以欧盟实际上是 WTO 的一个领导会员,对 WTO 将来发展方向与规则建构具有显著影响力。欧盟及其会员国同时也是 GATT/WTO 的受益者,理应对 WTO 多边主义给予坚定支持,并避免本身签署的 FTA 对 WTO 带来负面影响。

二、欧盟 FTA 新规则的可行性分析

(一)主要大国的集体认可程度与发展中国家的承受能力

欧盟作为世界上最大的经济体,在新的 FTA 签订中所涉及的贸易与投资规则,相比以往内容更加丰富、自由度更高。尤其是欧盟自己本身的一体化程度非常高,因此所制定的规则要高于 WTO 的一般规则水平。由于欧盟签订以及正在谈判的 FTA 涉及对象国家范围非常广泛,不仅包括其主要周边国家,还包

括远距离的主要贸易伙伴国,如美国、日本、韩国、新加坡等,只有少数一些国家除外。因此,其协定中推行的新规则的影响力非常大,且更容易被世界主要经济体尤其是发达国家所接受。

近些年来,随着新兴经济体的崛起,为了扩大其海外市场,欧盟不断加大与新兴经济体以及发展中国家的经贸合作,例如与加拿大、韩国、印度、俄罗斯、马来西亚等国家签订贸易协定。由于与这些经济体发展水平存在差异,欧盟的FTA内容也有所不同,但都一定程度上在对方可承受范围之内不断提高贸易自由化程度。

(二)与 WTO 规则体系能否有效对接

总体来说,欧盟所签订或正在谈判的 FTA 中许多新的条款是在 WTO 规则体系基础之上进一步发展起来的,或丰富,或改善,或修订,与 WTO 规则体系具有继承性和发展性的特点,因此存在一定对接的基础。但是一些新的完全超越WTO 原先规定的新规则,例如与美国正在谈判的 TTIP 中的一些内容能否与WTO 规则体系对接,仍存在一定的挑战。

(三)如何切实解决国内利益集团的大力抗争

由于欧盟所签订协议数量之多,范围之广,标准也较高,因此一些新的协定或规则的达成将对其国内某些领域的利益集团产生重要的影响。虽然欧盟推动 FTA 的目的在于提高社会整体福利水平,例如提高生产者效率、降低交易成本、增加消费者福利等,但不可避免使得某些原先一直在各种贸易保护政策庇护下的产业受到不利影响。尤其是欧盟内部包括 28 个国家,每个国家有其想要保护的相关产业。欧盟推动 FTA 在给消费者以及某些产业尤其是出口部门的发展带来好处的同时,必然会损害到成员国内部进口替代产业等相关集团的利益。如何平衡这些内部矛盾,或者如何在各利益集团中间协调其收益分配,对欧盟委员会来说是一个巨大的挑战。因此,构建一个利益协调与补偿机制对于欧盟降低来自成员国内部某些利益集团的阻力至关重要。

三、欧盟 FTA 新规则的初步展望

有学者认为[1],欧盟 FTA 政策是一个动态发展过程,受到欧洲整合及国际

---

[1] 洪德钦:《欧盟新一代自由贸易协议政策之研究》,《欧美研究》2012 年第 4 期,第 673—752 页。

环境之影响,反映了欧盟共同贸易政策的发展与变迁,并与欧盟内部市场、农业、竞争、发展、共同外交及安全政策及其他对外关系产生密切互动关系。欧盟FTA政策经由长期实践,已针对不同政策目标,发展出不同种类的FTA。迄今为止,欧盟已经签订并执行的协定约二十个,已经签订部分执行以及正在谈判中的协定也分别超过十个,涉及的国家或地区不下一百个。其影响范围之大、涉及范围之广,是其他经济体无法比拟的。欧盟已发展为全球最大市场,也是WTO主要会员。所以欧盟FTA不论从其内部市场或国际关系,都有重要意涵及影响。在《里斯本条约》架构下,共同贸易政策乃欧盟对外政策的一环。欧盟FTA连结共同外交及安全政策,以及对外行动,得以追求欧盟的更高目标及更广泛利益。

总体来说,业已签订的协定(如欧韩FTA、欧加FTA等)已经开始执行或者部分执行,其包含的很多规则与WTO原有规则有所不同,或者在WTO规则基础上进行修订或者完善等。欧盟作为世界上最大的经济体之一,并在FTA领域领先于其他国家,且是WTO的一个领导会员,会对WTO将来发展方向与规则建构具有显著影响力。尤其是在非贸易壁垒如TBT、政府采购等WTO-Plus条款和代表深层次的一体化方向的规制融合、知识产权保护、投资争端解决等WTO-Extra条款,欧盟要领先于世界上大部分经济体。

欧盟强调其FTA是以WTO为基础,以在不同层级追求贸易自由化为目标。所以欧盟FTA不但倾向遵守WTO相关规定,且内容将更全面性地涵盖贸易相关的新议题,深化FTA整合程度,同时在新议题方面形成WTO多边贸易自由化的先行实验场域,提供WTO新议题自由化一些先行经验及激励作用,产生WTO加分效果。欧盟因此认为其所签署的FTA除了可促进双边或区域贸易自由化,促进市场开放及改善经济环境之外,对WTO及其他会员还可产生学习效果,对WTO而言是一种WTO加分的外溢效果。欧盟FTA对WTO多边主义因此是一个踏脚石,而非绊脚石,也是阶段性多边贸易自由化的重要驱动力量。

中国是欧盟的第二大贸易伙伴国,欧盟推动FTA并与主要贸易伙伴国签订协定将对中国产生重大的影响。一方面,根据关税同盟理论,欧盟与其他国家签订区域贸易协定对其他国家或地区贸易造成实质性的歧视,不可避免地造成贸易转移,因此,中国面临这些协定对自己进出口贸易的负面影响。以欧盟正在推动的与东盟各国的FTA为例,由于中国与东盟在某些行业方面存在竞争,欧盟与东盟各国推动的FTA协定相互取消关税和降低非关税壁垒,将使中国相关行业在市场准入、出口关税、政府采购等多个方面处于不利的境地,进而在很大程度上抵消中国竞争力的比较优势。特别是美欧启动TTIP谈判,由于美欧贸易体量大且都是中国的主要贸易伙伴国,其贸易转移和规则协调的外溢作用将更为明显。另一方面,欧盟推动的新一代 FTA 具有覆盖范围广、标准高等特点,并将与美国对 WTO 规则建构产生显著影响,而开放度相对落后的中国作为 WTO 的成员必将受到冲击。

尽管欧盟新一代 FTA 不可避免地将会给中国当前的贸易管理体制带来挑战,但是对于促进中国市场经济建设,降低国有企业垄断,提升私营企业竞争力以释放产业活力,具有极大的刺激作用。与欧盟进行谈判,一方面有利于中国摆脱欧美等国双边协议带来的贸易转移负面影响,另一方面更有利于促进中国内部经济改革,促进经济结构转型。与欧盟启动谈判新一代谈判,对中国不啻一次新的入世。对此,中国的应对之道是,一方面坚决支持 WTO 多边主义,坚决维护和变革 WTO 规则体系;另一方面加速推动与中国主要贸易伙伴(例如美国、欧盟、日本以及新兴经济体等)洽签 FTA,避免中国在 FTA 潮流下被边缘化,变成"最不优惠国"。

>>>

【思考题】

1. 欧盟要推动对外 FTA 的动因是什么?

2. 相对于以往的贸易协定,欧盟推行新一代 FTA 的特点是什么?

3. 相对于 WTO 框架下的贸易投资规则,欧盟对外 FTA 的不同之处主要表现在哪里?

4. 请思考欧盟 FTA 新规则对 WTO 的影响。

5. 欧盟 FTA 新规则可能将对中国产生什么影响?

第6章
TPP 协议探析

第1节 TPP 协议概述

一、TPP 协议的起因和形成

《跨太平洋伙伴关系协定》（Trans-Pacific Partnership Agreement，以下简称TPP）的前身是《跨太平洋战略经济伙伴关系协议》（P4协议），由新加坡、智利、文莱和新西兰四国于2005年6月发起。四个成员彼此都承诺在货物贸易、服务贸易、知识产权以及投资等领域相互给予优惠并加强合作，并宣称该协议的重要目标之一就是建立自由贸易区。协议采取开放的态度，欢迎任何APEC成员参与，非APEC成员也可以参与。2006年5月1日，《跨太平洋战略经济伙伴关系协议》对新西兰和新加坡生效，对智利和文莱生效的时间分别为2006年11月8日和2009年7月1日。到2009年，这四国的人口总和约2 465万，GDP总和仅占全球0.8%，对外贸易额占全球2.2%。无论从人口规模还是经济规模来看，这四国的影响都很小，因此这一协议在国际上的关注度并不高，甚至在APEC内部也没有受到广泛关注，但P4协议却具有以下显著的特点：第一，四国连接三大洲，形成横跨太平洋两岸的自由贸易区，这是当时唯一跨越太平洋的多边自由贸易区；第二，开放性高，P4专门设立了接纳新成员的条款，该条款规定，APEC成员和"其他国家"都可以申请加入，P4为新成员的加入敞开着大门；第三，质量高，首先P4协议取消关税的商品覆盖面非常大，其次自由化领域非常广，协议内容除货物贸易自由化外，还包括了服务贸易自由化、贸易救济、动植物检验检疫标准、贸易技术壁垒、知识产权、政府采购、竞争政策、海关合作等方面的条款，P4协议还含有劳工、环境两个敏感领域的合作条款。P4协议附有两个独立且具有约束力的文件：《环境合作协议》和《劳工合作备忘录》，而这正是许多FTA设法避免的领域。另外，P4还规定在协定生效两年后开始投资和金融服务自由化的谈判。

正是因为P4协议具有上述特点，因此吸引了美国的关注，但美国加入P4

协议的动机还可以归纳为以下几点：第一，塑造跨太平洋自由贸易区"新样板"，为成立更大的"美式FTAAP"（Free Trade Area of the Asia-Pacific，亚太自由贸易区，简称FTAAP）打下基础。P4协议的影响力虽然小，但该协定几乎包含了美国所要求的所有条款，除具备知识产权、服务贸易等美国的"强项"以外，还包括投资、竞争政策、政府采购透明度和贸易便利化这四项"新加坡议题"。更重要的是，P4协议还包括了具有约束力的环境与劳工标准两个附件，符合美国的利益。在美国已经签订的双边FTA协定中，都含有这些条款，这也是美国所推崇的所谓"高质量"FTA必须具有的内容；第二，通过参与P4协议谈判，将该协议树立为美国FTA的新模式，使美国获得更大利益。若协议达成，美国今后会用此类条款作为美国与其他国家谈判FTA的"范本"，并可能用新的标准来重新整合已有的FTA。此外，美国还想借助此次谈判，创造21世纪FTA的新模式，这至少体现在两个方面：一是更新或增加现有贸易协定的条款，突出表现在环境保护、工人权利和保护以及发展方面的新义务；二是使FTA的内容不仅仅局限在贸易层面，而且能使美国公司参与全球价值链生产，将美国公司融入亚太地区的生产和供应链，并促进新技术和新兴经济行业的发展；三是政治考量，美国参与P4协议谈判一直被认为是奥巴马重返亚太的战略，通过此次谈判抗衡东亚经济一体化进程，扭转美国被排除在外的不利局面。

基于以上动因，美国最终决定加入P4协议谈判。美国在2008年初与P4成员进行前期协商，P4协议转而被称为《跨太平洋伙伴关系协定》。2009年11月美国宣布加入并主导了TPP谈判，成为其重返亚太战略的重要组成部分，因此与其他国际经贸规则相比，TPP包含着丰富甚至相对严苛的非贸易因素。TPP确立的贸易投资规则更加关注环境标准、劳工标准以及知识产权保护等非贸易领域。它在一定程度上突破了国境的限制，要求成员国取消境内的非关税壁垒，并且规范成员国境内的市场竞争制度、电子商务、环境保护、法治建设、政府采购、知识产权、劳工权益等全方位的制度建设，事实上相当于对地区进行一次权力体系的国际化重建，直接涉及各国主权。这样的特点服务于美国重返亚太的战略，同时也因此在成员方国内饱受争议。

二、TPP协议的作用和特点

TPP在设计理念上以树立全球贸易投资规则新标准为目标，力求打造"21世纪FTA范本"。因此，从TPP创立之初，就可以用"高水平、高质量、21世纪"来概括它的特点。而TPP所具有的重大作用也在于此，TPP致力于引领全球经济贸易秩序,可能会引导着全球经济贸易规则的重构。20世纪的区域贸易协定(Regional Trade Agreements, RTAs)主要是关税优惠,但21世纪的贸易投资规则主要是规范和保护全球价值链,保护商品、技术、思想、资本和人员在全球自由流动,这就需要国际贸易投资规则乃至国际贸易投资治理结构发生根本性变革。TPP扩大了现有WTO贸易投资规则的范围,加深了其自由化的力度,比如增加在知识产权保护、投资以及竞争政策等领域中的承诺,同时也将很多新的议题和领域,比如国有企业和指定垄断、中小企业以及监管一致性等纳入其中,试图为未来的国际贸易和投资制定新的国际规则。[1]

仔细研究TPP文本能够发现它之所以被称为"21世纪FTA范本"可以从两个方面进行分析:TPP议题广度上的扩展,以及TPP在议题内容上的深化。

第一,TPP以美式FTA为基础,进行了大幅度的扩展和延伸,从而建立了美国新世纪高水平高标准的FTA范本。1994年美国与加拿大、墨西哥签订的NAFTA确立了美国第一代高标准FTA的模板。NAFTA首次将环境条款、劳工条款、知识产权条款、竞争条款、工业标准条款等纳入FTA文本。2000年以来的十余年,美国与韩国、秘鲁、澳大利亚、新加坡、智利等国家签订的主要双边FTA以及签署的区域贸易协定基本上均以NAFTA为范本。而其伙伴国也逐渐将美国FTA范本向外拓展,如加拿大、墨西哥对外签署的一些FTA协定都参照了美国模板。[2]TPP与美国先前签署的FTA相比,则又有了扩展。美国FTA文本通常为23—24章,而TPP总共为30章。TPP中有1/5的议题为新增议题,分别为合作和能力建设、竞争力和商务便利化、发展、中小企业、监管一致性、透明度和反腐败。同时,商务人员临时入境、国有企业和指定垄断也是比较新的内容,但是这两章的内容并不是在美国FTA文本中首次出现。另外,TPP对新议题的大幅度扩展还可以通过与现有亚太FTA中所包含的条款进行对比而得出。通过访问亚太经济合作组织的FTA数据库[3]可以看到,该数据库将区域贸易协定文本归纳为16个议题,再与TPP条款相比较,TPP中存在而数据库并没有将其列为主要议题的有10项议题,分别为纺织服装、金融服务、商务人员临时入境、电信、监管一致性、国有企业和指定垄断、中小企业、竞争力和商务便利化、发展、透明度和反腐败。以上两个角度的分析表明,从广度上看,TPP协定相对于美国自身的FTA,以及相对于亚太地区的FTA,均有较多的

---

① 中国社会科学院世界经济与政治研究所国际贸易研究室:《〈跨太平洋伙伴关系协定〉文本解读》,中国社会科学出版社2016年版,序言部分。

② 东艳、冯维江、邱薇:《深度一体化:中国自由贸易区战略的新趋势》,《当代亚太》2009年第4期,第123页。

③ http://fta.apec.org/search.aspx, 2016年11月5日访问。

突破。

第二,纵观国际贸易的发展历程,全球贸易规则发展经历了四个阶段:第一阶段,削减货物贸易关税及非关税壁垒。第二阶段,20世纪80年代服务贸易、知识产权等议题被纳入贸易规则。第三阶段,更多涉及国内政策的议题被引入区域贸易规则谈判。20世纪90年代开始,在发达国家推动下,更多涉及一国国内政策的领域,如投资、劳动、环境保护、竞争政策等开始被引入国际贸易规则讨论的范围。第四阶段,是以TPP等协定为代表的、以边界内规则为主要特点的面向21世纪的高标准国际贸易规则阶段。①这正是TPP的特点,在自由贸易议题上更加深化。对于传统议题如货物、投资和服务等,TPP条款对这些传统条款的内容进行深化,推动更高水平的自由化和自由贸易;对于新议题如环境、劳工、知识产权、监管一致性等,TPP也作出详细的规定,体现其"高标准、高质量、高层次、面向21世纪"的特征。另外,TPP文本也体现了国际经济贸易的新理念:第一,国际经贸规则的基本理念是公平、公开、公正;第二,21世纪的国际经贸规则要反映全球价值链的分工;第三,考虑跨国公司和中小企业利益,限制政府对国有企业的特殊扶持。这些特征都使TPP成为了一份高质量的、面向21世纪的区域自由贸易协定。

TPP另外一个值得关注的突破就是它结合了不同成员之间的发展。TPP12个缔约方之间既有最不发达的发展中国家越南,也有经济最发达的发达国家美国,如何平衡发达国家与发展中国家的利益,TPP是否应当或者可以包括对发展中国家优惠待遇的特殊规定,TPP应该采取哪些政策措施促进发展中国家的发展,这些问题都给TPP提出了挑战。对发展中国家的"特殊和差别待遇"是在WTO下发展成的,这包括在发达国家市场中,对发展中国家扩大市场准入;对发展中国家市场自由化特殊的例外;发达国家放弃对发展中国家互惠市场开放的需求,并提供技术援助等。国际贸易实践中,FTA,包括双边和区域FTA,都避免安排这种"特殊和差别待遇"。TPP也同样遵从了这种理念。TPP缔约方认为,发展中国家最应该优先考虑的是加强贸易能力,改善投资环境,而不是依赖于特殊的贸易政策。因此TPP协议对所有成员方"一视同仁",适用于发达国家的规定同样适用于发展中国家,只有在个别方面对发展中国家提供"特殊待遇",如较长的过渡期,经济援助或者技术援助。除此之外,TPP缔约方全面推广公平、公开、公正的贸易理念,鼓励各个成员依据TPP协议公平竞争。这一点相对于WTO是一个突破,也为未来WTO的发展提供了借鉴。

---

① 东艳:《全球贸易规则的发展趋势与中国的机遇》,《国际经济评论》2014年第1期,第47—48页。

第2节　TPP贸易投资规则与WTO的比较分析

WTO是迄今为止多边贸易投资安排框架中唯一具有纠纷解决机制,并且具有强制力的涵盖全球性国际组织,它不可替代。WTO主导的国际贸易投资规则规范着全球多边贸易秩序。TPP规则和WTO规则最大的区别也在于TPP只适用于加入TPP的12个成员,而WTO规则适用于164个成员,WTO经历了近70年的发展历程,照顾到了世界经济发展的不平衡性和多样性,体现了相对的公平和平等性,符合发达国家和广大发展中国家的利益,具有生命力。尽管多哈回合以来多年的谈判未能取得实质性进展,但WTO规则的全球适用性和重要性不可忽视。从内容上来看,TPP基本上是在WTO规则基础上的升级或扩展,其核心方向是进一步提高贸易和投资自由化的水平,进一步降低贸易和投资壁垒,进一步减少成员政府对经济、产业和贸易的行政干预。两者在内容规则上的具体不同,可以从以下几个方面具体分析。

一、构建WTO原先根本匮乏的规则

(一)劳工保护

上文提到过,1994年的NAFTA首次将劳工条款与环境条款纳入自由贸易协定范畴,而WTO规则下并没有关于环境与劳工的内容,TPP条款的达成也为今后谈判或者签署环境与劳工条款提供了参考。

TPP劳工章节规定,所有TPP缔约方均为国际劳工组织成员,并认识到推动国际认可的劳工权利的重要性。各方同意在各自法律和实践中采取或维持国际劳工组织1998年宣言所承认的核心劳工权利,即结社自由和集体谈判权,消除强迫劳动,废除童工,禁止最恶劣形式的童工劳动,消除就业歧视。各方同意由法律监管最低工资、工时以及职业健康和安全。这些共识同样适用于出口加工区。12个缔约方同意不为吸引贸易或投资而减损基本劳工权利法律的实施,不会持续性或经常性地怠于实施劳动法,从而影响缔约方间的贸易投资。除各国承诺在本国范围内取消强迫劳动外,劳工章节还要求阻止强迫劳动或童工生产的产品进口,以及包含强迫劳动产品成分的产品进口,包含无论这些成分的来源是否为TPP缔约方。12个缔约方承诺,确保提供公正透明的行政和司法途径,为违反劳动法行为的受害者提供有效救济。各方还同意在劳工章节相关内容实施过程中允许公众参与,包括建立机制采纳公众意见。

本章的规定将适用于争端解决机制。为促进 TPP 缔约方间劳工问题的快速解决,劳工章节还建立了劳工对话,各方可选择该方式解决本章节下的任何劳工问题。该对话允许快速研究相关问题,允许缔约方间通过一致同意的行动方案解决问题。劳工章节还建立了劳工合作机制,包括为利益相关方提供机会,帮助确定各方一致同意的合作及参与领域。

事实上,随着经济全球化和贸易自由化的快速发展,西方发达国家自 1947 年酝酿成立关贸总协定时起就力推在全球多边贸易体制下将劳工标准与国际贸易挂钩,在 1994 年 GATT 乌拉圭回合的最后谈判、1996 年 WTO 新加坡部长会议和 1999 年 WTO 西雅图部长会议等场合,劳工保护条款都成为了发达国家和发展中国家讨论与争夺的焦点。但是,由于发展中国家的坚决反对以及多边贸易谈判机制的内在缺陷,WTO 一直没有形成独立的、系统的劳工条款。之所以发达国家坚持在 FTA 中纳入劳工标准,是因为一些发达国家认为,发展中国家劳动力成本较低源于适用过于宽松的劳工标准,一些企业还使用童工和囚犯生产出口产品,一些国家禁止工人结社自由,工人的劳动和生活环境未能得到有效保护等。如果不将国际贸易与劳工问题挂钩,发展中国家以较低劳工标准为基础形成的出口竞争优势是不公平竞争。基于此,美欧等发达国家努力在 WTO、TPP 等全球或区域贸易协定中纳入劳工标准。在自由贸易协定中纳入劳工标准,一方面这会直接影响生产成本,进而影响国际贸易。对于像中国这样的劳动密集型产品出口在总体出口中仍然占有一定比重的国家,更严格的劳工标准将会导致外向型劳动力密集产业生产成本的显著增加,从而在一定程度上削弱产品的国际竞争力,那些无法达到劳工标准的出口企业将被淘汰,从而使这些产业承受巨大的压力。而另一个积极的方面,劳工标准的推行有利于发展中国家劳动者劳动状况的改善,特别是他们经济收入水平的提升;其次,高标准地执行劳工标准有利于加快产业转型升级和转变经济发展方式,从过度依赖劳动力低成本优势向技术和管理的自主创新转变。

(二)环境保护

作为世界上相当比例人口、野生动植物和海洋生物的家园,TPP 缔约方郑重承诺保护环境,包括共同应对环境挑战,譬如污染、野生动植物非法交易、非法采伐、非法捕捞和海洋环境保护。各方同意有效实施各自环境法,不为了鼓励贸易或投资削弱环境法。各方还同意履行《濒危野生动植物国际贸易公约》,

采取行动打击野生动植物非法贸易并开展合作。此外,各方同意推动可持续林业管理,保护本国领土内濒危野生动植物,保护湿地等特别自然保护区的生态完整性。为保护公共海域,TPP 缔约方同意开展可持续的渔业管理,推动鲨鱼等重要海洋生物保护,打击非法捕捞,禁止某些可导致对渔业资源过度捕捞或非法、未申报、无管制捕捞的有害补贴。各方还同意增强补贴项目透明度,尽最大努力克制引入可导致过度捕捞或捕捞能力过剩的新补贴。

TPP 缔约方同意减少船舶污染,保护海洋环境,减少臭氧层破坏物质的排放。各方重申实施多边环境协议的承诺,决定提高环境政策决策、实施和执行透明度。此外,各方同意为公众参与环境章节中的相关内容实施提供机会,包括公众意见书和环境委员会的公开环节。本章适用于争端解决程序。各方还一致鼓励自愿性的环境倡议,例如企业社会责任项目。各方承诺加强合作解决共同关心的问题,包括保护区、生物多样性的可持续利用,以及向低碳和更具适应力的经济转型。

TPP 提出不得为促进贸易和投资而弱化或减少环境法律保护,同时,也强调需要避免将环境保护作为隐性的贸易保护措施。TPP 环境条款对缔约方国内环境法的实施进行了较为严格的规定。虽然强调各国在制定环境法中的独立性,但增加了很多程序性的规定,体现了以外部压力来促进影响缔约方实施本国国内环境法的趋势,而不仅仅是强调一国实施在多边环境协议下的承诺。同时,特别强调在共同利益问题上的合作。对合作程序、方式、绩效度量方法、指标及评估等进行了非常详细的规定,体现了 TPP 协定在处理多成员国的复杂问题方面,对可能出现的问题进行了充分的考虑。TPP 还建立了严格的、多重的磋商与争端解决机制,严格规定了层层递进的争端解决机制,从联络点磋商、高级代表磋商、部长级磋商到最终适用于争端解决机制章节。这与以往的 FTA 是不同的。中国目前签订的 FTA 中的环境与贸易条款不适用于争端解决机制。将环境条款纳入 FTA 已经是重要的趋势,TPP 建立了以区域贸易协定来处理缔约国国内环境问题的新范本。

(三) 竞争政策

TPP 协议的竞争政策范围非常广泛,TPP 竞争政策章节主要是反垄断法律与反垄断措施方面的规定。TPP 要求各成员国制定反垄断的法律和采取相应的措施,确保在获得信贷以及其他形式的政府资助上不存在不公平的竞争优势。竞争政策章节是为了确保亚太地区国家市场的公平竞争、消费者保护和透明度原则的国家规则,通过协定的签署确保 TPP 各成员国建立、维持各自国内的法律体系,禁止违反竞争的商业行为,禁止欺骗、损害消费者权益的商业活动。

TPP 缔约方在确保区域内公平竞争方面有共同利益,要求各缔约方建立相应的法律制度,禁止损害消费者利益的限制竞争行为和商业欺诈行为。各方同意实施或维持禁止限制竞争行为的法律,致力于在各自国内将该法律适用于所有商业行为。为确保上述法律有效实施,各缔约方同意成立或保留国家竞争法律执法部门,采取或维持法律法规,禁止给消费者利益带来损害或潜在损害的商业欺诈行为。各方同意,在适当情况下,就互利的竞争活动开展合作。12 国同意在程序正当性、程序公正性方面承担义务,允许针对违反一方竞争法导致的损害采取私人行动。此外,TPP 缔约方同意在竞争政策和竞争执法领域开展合作,包括通知、磋商和信息交换等。本章不适用于争端解决机制,但各缔约方可就与本章有关的关切进行磋商。

竞争政策在本质上属于国内政策问题,但是随着全球经济一体化进程的加快和深化,特别是跨国垄断企业进入东道国后,对当地经济、投资、贸易产生的影响越来越深远。WTO 框架将竞争政策列为新一轮多边贸易谈判的重要议题。"新加坡议题"首次提出应当包含竞争政策,并在 2001 年决定启动竞争政策谈判,但由于发展中成员国的强烈反对,最终没有进入实质性谈判。到目前为止,竞争政策尚没有被引入 WTO 框架。但是在发达国家的推动下,竞争政策的合作和国际协调,在双边和区域 FTA 框架下都取得了突飞猛进的进展。双边合作协议中最有代表性的就是欧盟和美国于 1991 年签订的《执行反垄断法的合作协议》,以及在 1998 年签订的《关于在双方实施竞争中使用积极礼让原则的协定或条约》,还有 1984 年美国与加拿大签订的《竞争政策协定》。发达国家之间的 FTA 竞争政策起步较早,相对比较完善,竞争政策包含的内容和条款不断增加,已经实现了从最初的概念性界定向具有实施价值的具体规则的过渡。而发达国家与发展中国家之间的 FTA 的竞争政策,更多的是将竞争政策(竞争法)的理念传递施加给发展中国家,影响或者加速发展中国家国内竞争法的立法进程,倒逼市场开放、促进改革,也是有利于发达经济体具有竞争优势的跨国公司进入的。

二、大力深化和丰富 WTO 原先规定的规则

(一)货物贸易及相关议题

货物、投资和服务是各种 FTA 的三大主题,是 FTA 的基本内容,也是 WTO

规则的基本内容。对于这些传统条款,TPP 一方面对其内容进行深化,另一方面将一些对经济发展较为重要的部门或项目,如纺织服装、金融、电信、商务人员临时入境、电子商务等单独设章。货物贸易是国际贸易中历史最悠久也是最重要的贸易形式,同时在 TPP 中货物被分成三部分进行规定:工业品、农产品和纺织服装。

1. 货物贸易

《1994 年关税及贸易总协定》所规定的货物贸易领域的一般原则(即非歧视原则、互惠互利原则、透明度原则、促进公平竞争和经济发展原则)都得到了 TPP 的彻底遵从,并由 TPP 成员国根据区域经济特点以及协定要达成的目标进行了丰富和深化。与 WTO 相比,TPP 主要的努力在于大幅度削减成员国间工业品的关税和非关税壁垒,在 TPP 实施后,大部分成员国零关税的比重都将达到 80% 以上。TPP 缔约方同意取消或削减工业品的关税和非关税壁垒,以及农产品的关税和其他限制性政策。TPP 提供的优惠市场准入,将在拥有 8 亿人口的市场中促进缔约方间贸易增长,并为 12 个缔约方创造高质量的就业机会。绝大部分工业品关税将立即取消,部分产品将享受更长的降税期。各方达成的具体关税削减安排已包含在涵盖所有产品的关税减让表中。缔约方将公布所有关税和其他与货物贸易相关的信息,确保中小企业能和大企业一样受益于 TPP。各国还同意限制本地生产等要求,不实行与 WTO 规定不一致的进出口税收和限制措施,包括针对再制造产品的措施。若 TPP 缔约方维持进出口许可要求,它们会将相关程序告知其他缔约方,从而提高透明度。便利贸易往来取消针对再制造品的特殊进口限制和提升出口许可证程序的透明度是 TPP 的两大新内容。再制造品是指对已有零部件、资源或产品进行再加工后以新的形式出现的产品。目前许多国家将再制造产品和二手货同等对待,施加相应的进口限制。这一条款则意在将再制造品和二手货区别对待,取消针对再制造品的进口限制。另外,为防止一国将出口许可程序作为贸易障碍,该内容规定成员国要做到出口许可程序的透明,包括条件和合规要求等。

在农产品方面,各方将取消或削减关税和其他限制性政策,促进区域内农产品贸易,确保食品安全。除取消或削减关税外,TPP 缔约方同意推动政策改革,包括削减农业出口补贴,与 WTO 一同制定约束出口国国营贸易企业和出口信贷的规则,以及约束粮食出口限制政策可使用的时间,从而为本区域提供更有保障的粮食安全。TPP 缔约方还就加强农业生物技术相关活动的透明度和合作达成一致。由于农业的高度敏感性和重要性,关涉一国战略安全、粮食安全、产业结构、劳动就业和社会稳定等全局利益,所以各方都不愿意作出实质性妥协。世界各国都对农产品的国际贸易非常重视,并采取各种措施对本国农业生产和贸易施加保护,包括采取关税、非关税措施限制农产品的进口,给予农业生产财政支持,给予农产品出口补贴等。乌拉圭回合前关贸总协定的多次贸易谈判都未能就农产品贸易的自由化问题达成协议。但 TPP 协议在其成员方之间达成的承诺是一个非常大的进步。①

2. 纺织服装

纺织服装本身属于制造业,其相关条款也属于货物贸易的一部分,但是纺织服装有其特殊性,WTO 也有关于纺织服装的专门协定,只不过该协定于 2005 年被废止。美国近年来所签订的 FTA 以及 TPP 都将纺织服装单独列为一章。在 WTO 建立之前,世界纺织品、服装贸易一直作为一个例外,游离于关贸总协定确立的自由贸易原则之外。国际有关纺织品贸易,多数受《多种纤维协定》所规范。1972 年,关贸总协定纺织品委员会成立了一个工作组,42 个纺织品贸易国经过艰苦的谈判达成了《国际纺织品贸易协定》,也称《多种纤维协定》,从而把纺织品的范围从棉纺织品扩大到化纤产品,受贸易规则约束的纺织品范围得以扩大。协定于 1973 年 12 月 30 日签订,1974 年 1 月 1 日生效,有效期限为 4 年,适用范围包括棉、羊毛、人造纤维及其制品。该协定于 1978 年、1982 年和 1986 年延长了 3 次,第 4 次《多种纤维协定》本应于 1991 年 12 月 31 日到期,参加乌拉圭回合谈判的各方代表于 1991 年同意将现行协定延长至 1992 年底,待乌拉圭回合纺织品和服装协定生效后终止。

发达国家作为纺织品、服装的主要进口国,通过数量限制、配额限制等歧视性措施阻碍纺织品、服装贸易的自由化。在乌拉圭回合谈判中,发展中国家经过努力,终于制定出纺织品、服装贸易回归关贸总协定的计划,而实现这一"一体化"的途径就是作为乌拉圭回合一揽子协议之一的《纺织品与服装协议》。《纺织品与服装协议》明确规定了"一体化"的进程,这一过程的时间共 10 年,即从 WTO 建立之日起的 10 年内,实现纺织品、服装贸易向关贸总协定的回归。该协议有效期也是这回归的 10 年,根据《纺织品与服装协议》第 9 条的规定,该协议将于 2005 年 1 月 1 日终止。届时纺织品、服装贸易将同其他货物贸易一样,完全由《1994 年关税及贸易总协定》来调整,而不再是一个例外的特别商品了。

虽然纺织服装在 WTO 内已经实现了与其他商品的一体化,但是这类商品的特殊性不会消失,正因如此,美国近年来签订的 FTA 以及 TPP 都是将纺织品、服装单独列为一章。TPP 纺织服装章节规定的内容较之《1994 年关税及贸

---

① TPP 有关内容参见 TPP 文本以及商务部发布的《跨太平洋伙伴关系协定》中文内容摘要,http://fta.mofcom.gov.cn/article/zhengwugk/201510/28814_1.html, 2016 年 12 月 3 日访问。

易总协定》,标准更高,一体化的水平也更高。TPP 缔约方同意取消纺织品和服装关税,这一产业是多个 TPP 缔约方经济增长的重要贡献部门。绝大多数产品关税将立即取消,一些敏感产品关税削减将经历更长的过渡期。本章还确定了要求使用缔约方区域内的纱线和纤维织物作为原材料的原产地规则,这将促进区域内的供应链和投资融合。仅对"短缺清单"中的产品,允许使用非缔约方供应的特定纱线和纤维织物作为原材料。与大多数 FTA 相比,TPP 规定了更加严格的纺织服装享受区域内关税减让好处的条件,比如"从纱开始"的原产地规则。此外,本章还包括针对打击偷逃关税和走私行为的海关合作和执行安排,以及应对进口激增可能对国内产业造成严重损害或严重损害威胁的纺织品特殊保障措施。

3. 原产地规则

原产地,是产品的经济国籍。原产地规则就是确定贸易产品经济国籍的规则,即确定产品原产地的国内立法、规章制度和行政命令等。世界大多数国家根据进口产品的不同来源,分别给予不同的待遇。在实行差别关税的国家,进口货物的原产地是决定其是否享受一定关税优惠待遇的重要依据之一。在采取禁运、反倾销、进出口数量限制、贸易制裁、外汇管制等贸易措施中,只有在对进口货物的原产地能够作出准确的判断时,其贸易措施才能真正发挥作用。因此,原产地规则是国家贸易政策的重要组成部分。在原产地规则中,原产地标准是原产地规则的核心。所谓原产地标准是指一国用来衡量某种产品为本国生产或制造的标准或尺度,是签发原产地证明的依据。凡符合原产地标准的产品即视为本国的产品。由于科技的高速发展,国际分工日益复杂,在生产国际化过程中,一种产品的完成可能涉及几个国家的多道加工程序。从另一个方面讲,虽然商品是经历了在数个国家生产、制造或加工而完成的,但产品的原产地只能是一个国家。只有客观地确定为各国普遍接受的原产地标准,才能够有效地建立和实施原产地规则,并在此基础上统一各国有关贸易政策和法律,促进国际贸易的发展。然而,在国际贸易实践中,由于贸易利益诉求不同,各国在经济利益、贸易政策及国情上的差异,各国的原产地标准相距甚远,以至于国际上关于原产地问题至今没有一个具体、统一的标准。但是在长期的国际贸易实践中,还是形成了一些原产地标准的基本分类方法,即完全原产地产品标准和实质性改变标准两类,这也是统一和制定《原产地规则协议》的重要基础。

原产地规则最早出现在国内法中,在国际贸易实践中它常常被作为贸易保护主义的工具。第二次世界大战以后,在国际贸易自由化过程中,原产地规则因为涉及国际贸易政策取向和非关税贸易壁垒措施等问题,始终成为多边谈判的重要议题,但是由于原产地规则的复杂性,原产地规则协议的诞生经历了漫长曲折的过程,直到 1995 年 1 月 1 日,第一个正式的、专门制定原产地规则的国际多边协议《原产地规则协议》才正式生效。《原产地规则协议》要求 WTO 成员保证它们的原产地规则必须是透明的,并不会对国际贸易造成扭曲、限制和干扰。整个协议的核心精神就是确保原产地规则不会抵消或者削减各成员方在关贸总协定中所享有的权利。①《原产地规则协议》存在的不足在于,由于各缔约方国情和利益诉求的复杂不同,协议并没有确立一个统一的原产地标准。协议的长远目标是协调各种原产地规则,方向是在将来可能的情况下实现世界范围内原产地规则的统一。

与《原产地规则协议》不同,TPP 为保证原产地规则的简洁性,促进区域供应链,确保 TPP 缔约方而不是非缔约方成为协定的主要受益者,TPP 缔约方制定了一套统一的原产地规则,确定某项产品是否有资格享受 TPP 优惠关税。TPP 规定了"累积规则",一般而言,在某一个 TPP 缔约方生产产品时,任一 TPP 缔约方提供的原材料将与来自其他 TPP 缔约方的原材料同等看待。TPP 缔约方还制定了一套通行原产地确认体系,以便利本区域内的商业运营。进口商只要能提供证明,就能享受优惠关税。此外,本章规定了相关主管部门对原产地声明的认证程序。TPP 中的原产地规则更加强调了边界内措施和惯例,确保了缔约方将成为协定的主要受益者。原产地规则对非缔约方的冲击将会是显著的,尤其在联系比较紧密的相关产业。这一规定促进了 TPP 缔约方之间的生产和供应链整合,在某种程度上却割裂了与非缔约方的经贸联系。

4. 海关管理和贸易便利化

当前全球贸易增长缓慢,其中一个重要的原因就是国际贸易便利化方面的障碍。总结起来,世界贸易在便利化方面的障碍主要有:第一,海关信息不披露,缺乏透明度和可预见性;第二,海关程序繁琐,甚至成为实施贸易保护主义的手段;第三,各国海关之间相互合作不够,在诸如信息交换、互惠等问题上缺乏统一的规范。②因此,无论是 WTO 还是其他的双边、多边 FTA 都在努力解决这三个主要障碍,试图通过提高贸易便利化水平来降低贸易成本,促进贸易增长。WTO 在 2013 年巴厘部长级会议上通过了《贸易便利化协定》,该协定旨在"进一步加速货物的流动、放行和清关,包括过境货物",并"加强这一领域的技术援助和能力建设支持,在贸易便利化和海关执行方面促进海关之间或其他边境管理机构之间的有效合作"。与 WTO《贸易便利化协定》相比,TPP 中的海关

---

① 罗先云:《WTO 多边贸易规则与实践》,中国政法大学出版社 2015 年版,第 11 章:原产地规则协议。

② 中国社会科学院世界经济与政治研究所国际贸易研究室:《〈跨太平洋伙伴关系协定〉文本解读》,中国社会科学出版社 2016 年版,第 3 章:海关管理和贸易便利化。

管理和贸易便利化措施旨在通过采取更加细致的便利化和透明措施以及深化合作来达到目标。作为 WTO 贸易便利化工作的补充，TPP 缔约方就促进贸易便利化、提高海关程序透明度以及确保海关管理一致性等规则达成一致。这些规则将通过便捷的海关和边境程序，促进区域供应链，以推动包括中小企业在内的商业发展。TPP 缔约方同意提高透明度，包括公布海关法规，及时验放货物，在税费未定时允许通过交纳保证金验放等。它们还同意加强海关估价和其他领域的预裁定，帮助各种规模企业发展，增加贸易的可预见性。它们还就海关处罚原则达成一致，确保处罚的公正和透明。鉴于快运对包括中小企业在内的商业部门至关重要，TPP 缔约方同意为快运提供加急海关程序。为打击走私和偷逃关税，TPP 缔约方同意应其他缔约方要求提供相关信息，协助各国执法。

（二）投资措施

当涉及投资时，各国的外资法律法规或者政策都会对外来投资提出各种各样的要求，其中有些投资措施要求会影响国际贸易流向，而有些投资措施的要求更是达到了扭曲贸易的程度，成了潜在的非关税贸易壁垒。投资措施的非关税贸易壁垒化趋势早已为各国所关注，但是一直缺少一个有效的国际条约来约束。在乌拉圭回合谈判之前，《1947 年关贸总协定》调整的范围只限于有形的国际货物贸易，服务贸易和技术贸易还游离在多边贸易体制之外，与贸易有关的投资措施更是没有得到多边贸易条约的规制。虽然 20 世纪 70 年代以来以跨国公司为主体的对外直接投资活动日益频繁，并开始对国际贸易的发展产生越来越大的影响，但由于未经授权，关贸总协定的几次贸易谈判并未将国际投资问题列入谈判议题。但是在关贸总协定之外，国际社会一直在努力，也达成了若干关于国际直接投资的协议，并且经过发达国家的努力，1986 年 6 月在关贸总协定部长会议上，终于决定将与贸易有关的投资措施作为乌拉圭回合谈判的对象，经过 8 年的谈判，最终达成了《与贸易有关的投资措施协议》（TRIMS），并将其作为乌拉圭回合一揽子协议的一部分，适用于所有成员方。但由于这是第一次将投资问题纳入关贸总协定的谈判内容，TRIMS 并没有涉及太多的投资规则，只是明确规定了禁止采取的一部分投资措施。但作为一个开始，它也明确规定了要在今后进行内容更广泛的进一步谈判。

与 TRIMS 相比，TPP 投资章节的规定则更加严格和完备，内容也相对丰富。TPP 缔约方拟定的规则要求以非歧视投资政策与保护为法律保护的基本规则，同时保障各缔约方政府实现合法公共政策目标的能力。TPP 包含了其他投资相关协定提供的基本保护内容，包括国民待遇，最惠国待遇，符合习惯国际法原则的最低待遇标准，禁止非公共目的、无正当程序、无补偿的征收，禁止当地成分、技术本地化要求等实绩要求,任命高管不受国籍限制,保证投资相关资金自由转移,但允许各缔约方政府保留管理脆弱资金流动的灵活性,包括在国际收支危机、威胁,或其他经济危机背景下,通过非歧视的临时保障措施(譬如资本控制)限制与投资相关的资金转移,维护金融体系完整性、稳定性等。

TPP 各方采用"负面清单",意味着除不符措施外,市场将对外资全面开放。不符措施包括两个附件:一个是确保现有措施不再加严,且未来自由化措施应是具有约束力的;第二个是保留在未来完全自由裁量权的政策措施。

该章还为投资争端提供了中立、透明的国际仲裁机制,同时通过有力的措施防止这一机制被滥用,确保政府出于健康、安全和环境保护目的进行立法的权利。程序性的保护措施包括:透明的仲裁程序,法律之友意见书,非争端方意见书,无理滥诉快速审理和可要求赔偿的律师费,临时裁决的审议程序,TPP 缔约方间有约束力的共同解释,提出诉求的时效,以及禁止起诉方启动平行诉讼程序等。

通过比较 TPP 和 TRIMS 的内容可以发现,两者之间的区别主要体现在以下几个方面:

第一,对投资的定义不同。TPP 对投资的定义更加宽泛,不仅包括直接投资,还包括与证券、知识产权、合同投资等相关的投资。而根据 TRIMS 第 1 条的规定,其适用范围较窄,仅限于"与贸易有关的投资措施",即指投资东道国政府采取的能够影响国际贸易的流向和流量的措施,与贸易无关的措施不在该TRIMS 规范之列。值得注意的是,这里的"贸易"是狭义的贸易,仅指货物贸易,不包括服务贸易。

第二,缔约方的义务不同。TPP 所规定的缔约方的义务有国民待遇、最惠国待遇、最低标准待遇、征收和补偿、相关资本的自由转移、禁止业绩要求、禁止高管和董事会要求等。而 TRIMS 所规定的缔约方的义务则只有国民待遇和透明度要求。根据 TRIMS 第 2 条的规定,将原本适用于货物贸易的国民待遇原则引申适用于与贸易有关的投资领域,投资东道国采取的与贸易有关的投资措施应符合《1994 年关贸总协定》确立的国民待遇原则,即在投资过程中产生的进口产品的待遇仍适用国民待遇原则。值得注意的是,它只涉及进口"产品"的国民待遇,并不是所有外国直接投资活动都可以享有国民待遇,这是因为关贸总协定中国民待遇原则适用的对象是进口"产品",而不是其他。

第三,区别对待程度不同。TPP 对各成员国几乎一视同仁,很少有对发展中国家的特殊照顾,即使有也主要体现在不符措施所列的负面清单方面。而TRIMS 对发展中国家成员的要求比较宽松,允许它们按照 WTO 的相关规定偏离国民待遇的义务,并且规定不同发展水平的国家的过渡期不尽相同,发展水平低的成员国的过渡期比较长。

第四，争端解决机制不相同。TPP 的争端解决机制是 ISDS 机制，投资者可以将缔约方直接上诉至国际仲裁法庭，而且可以要求缔约方就其违规行为所造成的损失进行恢复或赔偿。而 TRIMS 的争端解决机制适用 WTO 的争端解决机制，是缔约方和缔约方之间的事情，并且只能要求违约方停止违约行为，不能要求其就该行为的损失进行赔偿。①

（三）知识产权

从 20 世纪 70 年代开始，与知识产权相关的贸易迅猛发展，暴露出的问题也日益增多，比如在商品贸易中，出现了大量假冒专利权、商标权等知识产权的侵权贸易，带来一系列知识产权纠纷，阻碍了与知识产权有关的贸易正常进行。因此，知识产权问题，特别是有形的商品贸易中的知识产权保护，受到各国尤其是发达国家的重视。长期以来，知识产权与贸易问题都是发展中国家与发达国家争议的焦点问题之一，也是近年来 WTO 谈判的重要议题之一。虽然此前国际社会对知识产权保护曾形成一系列国际公约和国际知识产权组织，但实施的结果并不令人满意，原因是参加这些公约的缔约国有限，各国国内法对知识产权的保护范围、程度等千差万别，这些公约也没有统一的解决争端的方式和机构，因此导致国际领域知识产权规则的缺失。但最终经过国际社会的努力和艰苦的谈判，《与贸易有关的知识产权协议》（TRIPs）于 1994 年 4 月 15 日签署，TRIPs 作为乌拉圭回合谈判最后文件的一部分，被列入 WTO 协议附录一的 C 部分，于 1995 年 7 月 1 日正式生效。知识产权协议的签署，标志着 WTO 除服务贸易外，又扩展了一个新领域。从名称和内容来看，《与贸易有关的知识产权协议》的规定主要限于合法有形货物买卖以及假冒商品贸易中涉及的知识产权问题，并不管辖非贸易领域的知识产权保护。这一点集中体现在各成员方缔约的目标之中。序言部分规定各成员方缔约的目标是：减少国际贸易中的扭曲和障碍；有效和充分保护知识产权；确保知识产权的实施和程序不对合法贸易构成壁垒。②

TRIPs 中的主要内容可以概括为：第一，规定各成员国应该遵守的最基本义务和原则，包括国民待遇原则、最惠国待遇原则、权利穷竭原则、保护公共利益原则；第二，列举规定知识产权保护的效力和范围，包括版权及邻接权的保护、

---

① 中国社会科学院世界经济与政治研究所国际贸易研究室：《〈跨太平洋伙伴关系协定〉文本解读》，中国社会科学出版社 2016 年版，第 7 章第 2 节：TPP 与其他协议中投资的比较。

② 罗先云：《WTO 多边贸易规则与实践》，中国政法大学出版社 2015 年版，第 16 章：与贸易有关的知识产权协议。

商标的保护、地理标志的保护、工业品外观设计的保护、专利的保护、集成电路布图设计的保护以及未公开信息的保护，其他知识产权，如实用新型、科学发现的权利等并没有包括在协议之内；第三，确立了争端解决机制。TRIPs 协议第64 条规定："非是有特殊的规定，1994 年详细说明的关贸总协定第 22 和 23 条的规定，以及对关于纠纷解决规则和程序的谅解备忘录应适用于有关本协定内容的协商和纠纷解决"，即可以用贸易报复手段来确保知识产权的保护得以实现；第四，对不同类型的成员进行了区别对待，将成员划分为发达国家、发展中国家、正在转型国家、最不发达国家，据此在某些条款的执行上存在着不同的过渡期。

TPP 知识产权章节包括专利、商标、版权、工业设计、地理标识、商业秘密以及其他形式的知识产权，同时，还规定了知识产权的实施及缔约方在同意的领域开展合作的内容。知识产权章节的相关内容将使企业在新的市场上更容易地搜索、注册和保护知识产权，这对小企业而言特别重要。

关于专利权，该章根据 WTO《与贸易有关的知识产权协定》和国际最佳实践设立了标准。关于商标，协定对企业和个人用以区别于其他产品的品牌名称和标识予以保护。该章还对新地理标识保护提出了一些透明度及正常程序保障的要求，包括通过国际协定承认或保护的地理标识。其中包括了对商标和地理标识关系理解的确认，以及确保通用名称的使用。

此外，该章包含了与制药相关的条款，以促进创新药和救命药的研发，促进非专利药的可获得性，同时也考虑不同缔约方达标需要的时间。该章的承诺包括对药品和农业化学品为获得上市批准而提交的未公开的实验和其他数据的保护。各缔约方在该章重申对 WTO 2001 年关于《与贸易有关的知识产权协定》和公共健康声明的承诺，特别确认各缔约方有权采取措施保护公共健康，包括针对艾滋病等传染病发生时采取的措施等。

在版权领域，该章纳入了对作品、表演及歌曲、电影、书籍和软件等音像制品加以保护的承诺，并对技术保护措施和版权管理信息设定了有效且平衡的条款。作为对上述承诺的补充，该章还认为各国有义务继续通过基于合法目的的保留例外和限制，在版权体系中寻求平衡，在数字环境下也是如此。该章要求各缔约方对互联网服务提供商建立或者保持一个版权安全港的框架，但该义务不允许缔约方依赖互联网服务提供商监控自身系统出现的侵权行为而设立类似安全港。

最后，TPP 缔约方同意提供强有力的执行体系，包括民事程序、临时措施、边境措施，以及针对商业规模的商标假冒和侵犯版权等行为采取刑事程序和惩罚等。特别是 TPP 缔约方将采取法律措施防范商业秘密的盗用，建立针对包括网络窃密等方式在内的商业秘密盗窃行为和偷录影像行为的刑事程序和惩罚制度。

将TRIPs内容与TPP知识产权章节内容相对比,可以看出美国以及TPP成员寻求比TRIPs广泛得多的知识产权保护水平。应该说,所有知识产权都可以作为贸易壁垒的一种形式,因为知识产权可以用来阻止商品或者服务的进口,因此TPP知识产权章节也存在很多争议。

三、显著改变WTO原先规定的规则

在服务贸易领域,TPP对WTO规则进行了非常显著的改变。与货物贸易谈判相比较,服务贸易谈判从根本上就更加复杂。服务贸易壁垒通常直接关系到服务的生产和消费。边境措施,比如关税,与服务贸易没有任何特别的关系。相反,服务协议的谈判基础是"边界内"措施,体现在国内法规和行政实践中。这些领域通常超出了贸易官员的职权范围,并会引起政策连贯性和部际协调的问题,谈判者也没有关于服务贸易监管措施的信息。[①]这些因素都导致服务贸易领域国际规则的缺失。但是随着服务贸易在国际贸易中所占比重的日益增加,各缔约方(主要是服务业较发达的发达国家)强烈要求将服务贸易也纳入贸易自由化的轨道。经过长期的磋商、妥协与让步,乌拉圭回合谈判最终达成了《服务贸易总协定》(GATS),作为一揽子协议的一部分,对所有成员生效。与货物贸易规则相比,服务贸易规则不仅在整体框架方面,甚至在某些具体内容上都具有相似之处。首先,作为服务贸易规则的核心是《服务贸易总协定》,它以货物贸易规则的基础——《1994年关贸总协定》为范本,确定了服务贸易领域适用的若干基本原则;其次,与货物贸易的若干具体规则相对应,服务贸易领域也订立了若干具体规则。《服务贸易总协定》的正文是服务贸易规则的核心内容。根据《服务贸易总协定》的规定,服务贸易有以下四种形式:形式1,跨境供给,指一个成员方在其境内向任何其他成员方境内提供服务。这种形式的特点是服务提供者和消费者分别处于不同的国家。这种形式是最简单的服务贸易形式,因为它与货物贸易一样,强调的是买方与卖方在地理上的界线,跨越国境的只是服务本身。形式2,境外消费,指在一成员方境内向任何其他成员方的服务消费者提供服务。形式3,商业存在,指一成员方的服务提供者通过在其他任何成员方境内建立商业实体提供服务。这种服务贸易往往与对外直接投资联系

---

① C.L.Lim, Deborah Kay Elms, Patrick Low:《跨太平洋伙伴关系协定——对21世纪贸易协议的追求》,赵小波、何玲玲译,法律出版社2016年版,第8章:服务贸易。

在一起。值得注意的是,服务贸易领域的对外直接投资不属于《与贸易有关的投资措施协议》规范的范围,而是受《服务贸易总协定》的规范。形式4,自然人流动,指一成员方的自然人在其他任何成员方境内提供服务。这种形式一般与第3种形式相联系而存在,有时也会单独存在,即入境的自然人可以是外国服务提供者的雇员,也可以是以个人身份提供服务的服务提供者。①另外一点值得注意的是,《服务贸易总协定》对成员方的要求可以分为两部分,一部分是各成员方的普遍义务,另一部分是具体承诺义务。各成员方的普遍义务也称为一般义务,是指不论成员方是否在其承诺清单中予以具体承诺,都必须遵守这些义务的规定。它们适用于所有 WTO 成员,并且这些义务中的绝大部分也适用于所有服务部门。这些义务包括最惠国待遇、透明度要求等;而另一部分的具体承诺义务包括两个方面:市场准入和国民待遇。WTO 规则与 TPP 规则的异同可以从以下三个方面进行比较分析。

(一) 市场准入

市场准入是服务贸易领域最核心、最重要的方面。在市场准入方面,TPP 各方都接受了 NAFTA 型负面清单方式。负面清单协议中没有涵盖的所有服务都被认为是自由的,除非在随附的附件中对现存或未来的不符措施有所保留。而另一方面,GATS 则采取了正面清单形式,《服务贸易总协定》第 16 条规定,每一个成员方应按其提交的承诺表所指明的有关服务部门开放的期限、限制和条件为另一个成员方提供市场准入的待遇;第 17 条规定,每一个成员方按其所递交的承诺计划表中列明的服务部门以及明确表示的各种适用条件和资格给予其他成员方的服务和服务提供者以不低于其本国相同的服务和服务提供者的待遇。据此,市场准入和国民待遇义务仅适用于成员方具体承诺的服务部门,受制于订立好的任何限制和条件。负面清单型协议的优势在于清楚地说明开放性的实际水平,因为不管是针对现存的还是未来的不符措施的任何保留都必须被列出。GATS 的方式与之相反,不要求 WTO 成员说明限制是否基于现存的法律法规。在正面清单中,限制并不一定反映实际的制度,从而加剧了透明度的缺乏。

NAFTA 型和 GATS 型协议的不同还体现在另外一个方面,即不同的章节处理不同的服务贸易形式:形式 1、2 和 4(即跨境供给、境外消费、自然人流动)的规则在跨境服务贸易章节,形式 3(即商业存在)的规则是投资章节的一部分。在负面清单服务协议中,通常采用一个与 GATS 有些不同的架构,包括一个跨境

---

① General Agreement on Trade in Services: Article I.

服务贸易章节(形式1、2和4)以及一个涵盖形式3服务的投资章节。在负面清单服务协议中还分别规定电信、金融服务和商务人员临时入境具体义务的独立章节,以及一个全面的包含商品及服务的政府采购章节。在竞争政策、知识产权和电子商务章节也可以分别建立与服务的联系。

(二)跨境服务贸易

在跨境服务贸易领域,TPP 包括了 WTO 和其他贸易协定包含的核心义务:国民待遇;最惠国待遇;市场准入,即要求 TPP 缔约方不得对服务提供实施数量限制(例如限制服务提供者或交易数量),或要求特定的法律实体或合资企业;当地存在,即不要求来自另一国的服务提供者以建立办事处、隶属机构或成为居民作为提供服务的前提条件。TPP 缔约方以"负面清单"的形式接受上述义务,这意味着,缔约方市场向其他 TPP 缔约方服务提供者完全开放,但不包括协定两个附件中任一规定的例外(不符措施),即(1)现有措施,一方接受该类措施在未来不再加严的义务,并锁定未来任何自由化措施;以及(2)一方在未来保留完全自由裁量权的部门和政策。

TPP 缔约方还同意以合理、客观、公正的方式实施普遍适用的管理方式,接受对新服务规则制订的透明度要求。本章的优惠不适用于空壳公司或由 TPP 缔约方禁止交易的非缔约方控制的服务提供者。TPP 允许与跨境服务提供有关的资金自由转移。此外,该章还包括一个快递服务附件,以及一个鼓励各方就专业服务资质互认和其他管制事项开展合作的附件。

(三)金融服务

在金融服务领域,TPP 通过一个独立的章节来规定投资与服务的市场准入承诺,以及对透明度和程序要求的一些附加规则。TPP 的金融服务章节为各缔约方提供了重要的跨境及投资市场准入机会,同时也确保了各缔约方监管本国金融市场和金融机构,以及在危机时期采取紧急措施的能力。该章包含了其他贸易协定中涵盖的核心义务,包括国民待遇、最惠国待遇、市场准入,以及包括最低标准待遇在内的投资章节条款。协定规定 TPP 缔约方金融服务提供商无需在另一缔约方设立运营机构即可向其境内提供服务,除非出于适当管理和监督的需要,该服务提供商需在另一缔约方注册或者得到授权。只要一个缔约方的国内企业被允许提供某项新服务,其他 TPP 缔约方的服务提供商可以向该缔约方境内提供该服务。同时,TPP 缔约方以"负面清单"的形式接受上述义务,这与跨境服务贸易的相关规定类似。

TPP 制定的规则正式承认监管程序对加速有资质的服务提供者提供的保

险服务,以及为实现该目的实施的程序的重要性。此外,TPP 协定还包含了证券管理、电子支付卡服务以及信息传输与数据处理服务等领域的具体承诺。

金融服务章节规定,部分特定条款可通过中立和透明的仲裁来解决纠纷。这些条款包括与最低待遇标准有关的投资争端解决条款,要求仲裁员具备对金融服务专业知识的条款,以及该章中为便利投资争端解决过程中对审慎例外和其他例外适用的解读,建立的国家间的磋商机制的相应知识。协定部分例外条款允许 TPP 缔约方金融监管者保留广泛的自由裁量权,包括在追求货币政策或者其他政策方面保留审慎例外和非歧视例外措施,以采取措施促进本国金融体系的稳定和完整。

由于跨境金融服务既具有服务贸易的属性,又在很大程度上属于国际间资本流动的范畴,因此该部分在 FTA 中具有一定的特殊性,其在服务贸易和投资章节中都会有关于该议题的规定。[①]WTO 下涉及金融服务领域的规范主要为《与贸易有关的投资措施协定》(TRIMS)与《服务贸易总协定》(GATS),其中在TRIMS 中并未对金融服务做出特别规定,而在 GATS 中也仅以附件的形式规定了金融服务的定义和范畴以及国内监管、认可、争端解决机制等,由于 GATS 本身开放水平相对较低,且没有引入准入前国民待遇原则和负面清单管理制度,因此各国在其开放清单中都未作出较高的承诺,加之当前多边贸易体制自由化进程受阻,这也导致了许多国家纷纷在双边或者区域层面签订 FTA 以进一步推动金融领域服务贸易开放水平。

四、适当修订 WTO 原先规定的新规则

监管一致性内容无论对于 TPP 还是对于 WTO 来说都是比较新的内容,还有很多问题值得探索。TPP 监管一致性章节是在美国签订的 FTA 协定中首次出现的内容。该章设立的主要目的是推动缔约方建立有效的跨部门磋商和协作机制,促进监管一致性,从而确保 TPP 市场上的商业主体享有开放、公平和可预期的监管环境。

TPP 协定第 25 章监管一致性包括 11 条,分别为定义、总则、所涉及的监管措施范围、协调及评估程序或机制、推行广泛采纳的良好的监管实践、监管一致性委员会、合作、与利害关系人的接触、通知执行、与其他章节的关系和不适用争端解决。根据第 2 条,监管一致性指在规划、设计、发布、应用及评估监管措

---

① 中国社会科学院世界经济与政治研究所国际贸易研究室:《〈跨太平洋伙伴关系协定〉文本解读》,中国社会科学出版社 2016 年版,第 9 章:金融服务。

施时,采用良好的监管实践,促进实现国内政策目标,通过政府间的监管合作以实现上述目标,促进国际贸易、投资、经济增长及就业。通过监管一致性来确保和增强本协定所带来的缔约国之间的商品贸易和服务贸易增长以及投资增长;在各方认为合适的水平上,依据各方主权来识别其监管优先权;在监管措施设立时,要考虑相关利益群体的投入以及要在缔约方之间开展监管合作及能力建设。根据第4条,各缔约方要通过国内机制来提高制订监管措施的过程中跨部门的协商与协调,以促进监管一致。各缔约方应努力确保其建立相应的机制或程序,以保证跨部门协调的有效性,并对所涉及的监管程序进行评估。基于此目标,各缔约方应考虑建立和维持一个国家或中央的协调机制。另外根据第4条,TPP鼓励各缔约方推行广泛采纳的良好监管实践,例如针对正在制订的监管措施的影响进行评估。各缔约方应鼓励相关的监管机构,在符合其法律法规的前提下,进行监管影响评估,确定其经济影响及监管影响。各缔约方应确保新的监管措施清晰简洁,易于理解,认识到一些措施涉及专业技术问题,在理解和应用这些问题时,需要相关的专业知识。根据其法律法规,各缔约方应确保有关的监管机构向公众提供新的监管措施的信息,如果可以,通过网络在线发布。各缔约方应定期审议现行监管措施,以确定它是否需要修改、精简、扩大或废止,以使该缔约方监管制度仍是达成预期目标的最佳途径。鼓励缔约方就计划采取的所有监管措施发布年度公开通报。根据第6条,为实现上述目标,本章设立了一个专门委员会,该委员会将为TPP缔约方、企业和民间团体提供机会,通报监管一致性实施情况,分享最佳监管实践经验,并考虑潜在合作领域。该章相关内容并不影响TPP缔约方出于公共健康、安全和其他公共利益考虑进行监管的权利。

国内监管包括促进公共卫生和安全、保障环境、人权,促进市场正常运行的制度等。TPP协定中引入监管一致性条款,体现了国内监管日益与贸易协定联系的趋势。其中的原因包括:一方面,全球生产网络的发展,使国家之间的联系由产品间向产品内的生产过程转变,在同一个产品链上,需要统一的监管政策来协调。跨国公司依据比较优势,将生产的不同环节配置在不同的国家,低关税和配额以及透明的可预期的监管环境是提高利润水平的重要前提。另一方面,发达国家之间的关税水平已经很低,这些国家间的合作越来越向监管层面转移。①在多边层面,WTO越来越认识到良好监管实践的有效施行可以避免和减少不必要的贸易壁垒。2006年,技术性贸易壁垒委员会的成员将良好监管实

---

① 中国社会科学院世界经济与政治研究所国际贸易研究室:《〈跨太平洋伙伴关系协定〉文本解读》,中国社会科学出版社2016年版,第18章:监管一致性。

践列人其议程。2008年,技术性贸易壁垒委员会召开了一场主题为"良好监管实践,监管影响评估,监管合作倡议"的研讨会。技术性贸易壁垒委员会还鼓励其成员交流有关采用这些实践的经验、信息。[①]但是总体来看,在WTO层面,其致力于解决歧视性监管政策,对于非歧视性的,但是缺乏效率或重复性的监管政策,则没有充分的规定。相比较来看,TPP代表了更高的水平和趋势,虽然TPP监管一致性章节并没有与直接贸易相关的问题,但是,通过监管一致,可以更好地促进TPP成员国间的区域贸易和投资,提升区域内价值链的效率。

第3节 TPP贸易投资规则与中国FTA的比较分析

TPP从其创立之初就一直受到中国的关注,作为目前议题涵盖面最广、内容最多的国际经贸规则体系,它的签订对国际经贸规则的未来发展具有深远意义。同时,TPP协定的订立对发展中国家也具有重要意义,发展中国家第一次接受了将贸易与劳动、环境、反腐等义务挂钩的做法,这种示范效应可能对更多发展中国家产生影响。作为最大的发展中国家和世界第二大经济体,中国应对这一最新发展及时作出判断,特别是需要全面了解中国FTA与TPP规则间的差异。

中国目前对外签订的FTA有14个,涉及22个国家和地区,遍及亚、欧、拉美及大洋洲等地区[②],并在总体上呈现以下特征:第一,缔约对象由发展中国家和地区向发达国家转变。早期的中国FTA均与发展中国家(东盟、智利、巴基斯坦)签订。2006年以来,除个别国家外,签订对象则多为发达国家或地区,如新西兰、新加坡、中国台湾地区、冰岛、瑞士、韩国、澳大利亚。第二,议题涵盖范围更加广泛,从早期涵盖的13个领域扩大到了17个领域。环境、电信、竞争政策等新议题被逐步被纳入中国FTA协定范围。第三,规则标准更高、更具体。例如,早期关于"货物贸易"制定的规则仅为"逐步取消关税与非关税壁垒"的原则性安排,新近签订的FTA则改为更具体的"全部工业品和多数农产品削减关税"或"根据关税取消减让表取消原产自另一方的货物的关税"。《中国—澳大利亚自由贸易协定》则明确规定了"国民待遇、最惠国待遇、正面清单市场准入、仲裁解决纠纷、监管者自由裁量权"的内容。在争端解决方面,《中国—东盟全

---

① C.L.Lim, Deborah Kay Elms, Patrick Low:《跨太平洋伙伴关系协定——对21世纪贸易协议的追求》,赵小波、何玲玲译,法律出版社2016年版,第11章:TPP谈判中监管的一致性。

② 商务部:《中国已签署实施14个自贸协定》,载商务部网站,http://chinawto.mofcom.gov.cn/article/e/s/201601/20160101228190.shtml, 2016年11月8日访问。

面经济合作框架协议》规定了磋商、调解、仲裁程序规则,《中国—澳大利亚自由贸易协定》除上述内容外,还增设了允许贸易报复的内容。①目前,中国 FTA 采用的规范标准已经接近或达到发达国家 FTA 水平。2015 年签订的中—澳 FTA 被认为是"中国近年来水准最高的协定。在市场准入规则、投资和贸易的规则以及相关的标准,所有管理的体系、框架的建设,与西方发达国家几乎是完全一致的"。②

一、中国 FTA 与 TPP 相似性分析③

如上文所述,中国 FTA 水平与标准越来越高,与 TPP 相比较,也在很多方面具有相似性。第一,中国 FTA 与 2/3 TPP 议题范围相一致。具体来说,中国 FTA 所包含的议题范围与 TPP 议题范围有 22 项重合,包括:货物贸易、纺织品和服装、原产地规则、海关管理与贸易便利化、卫生和植物卫生措施、消除技术性贸易壁垒、贸易救济、投资、服务贸易、金融服务、商务人员入境便利、电子商务、电信、竞争政策、知识产权、环境保护、合作和能力建设、中小企业、透明度、管理和机制条款、争端解决、反腐败等。这些议题占到 TPP 全部 30 个议题的 2/3。第二,中国 FTA 与半数 TPP 议题在内容、标准上相似。从内容标准上看,中国 FTA 与半数左右的 TPP 议题相同或接近,这类议题包括:货物贸易(关税取消、减让)、原产地规则、海关便利化措施、卫生和植物卫生措施、消除技术性贸易壁垒、贸易救济、商务人员入境便利、电子商务、电信、合作、透明度与反腐败要求、中小企业发展、管理和机制、争端解决机制等。中国 FTA 协定与 TPP 之所以在这些议题上标准比较接近,是因为此类议题涉及传统贸易议题,经过多年发展,国际社会在这些议题上已达成了广泛的共识。

二、中国 FTA 与 TPP 差异性比较

中国 FTA 与 TPP 的差异也可以从两个方面进行分析。第一,TPP 某些议

---

① 《中华人民共和国政府和澳大利亚政府自由贸易协定》,http://fta.mofcom.gov.cn/Australia/australia_special.shtml,2016 年 12 月 5 日访问。

② 高虎城:《中澳自贸协定与西方国家几乎完全一致》,新浪财经网,http://finance.sina.com.cn/china/20150307/102821668478.shtml,2016 年 12 月 1 日访问。

③ 伏军:《中国与 TPP 有多远? ——中国 FTA 协定与 TPP 比较分析》,《暨南学报(哲学社会科学版)》2016 年第 9 期,第 9—10 页。

题尚未被中国 FTA 触及,如劳工、政府采购、监管一致性等;第二,尽管一些议题已经被中国 FTA 所涵盖,但两者在内容标准上还是存在实质性差异。在传统贸易领域,如货物贸易自由化,中国 FTA 的货物贸易自由化水平与 TPP 的全面货物贸易自由化仍然存在不小的差距;在非传统贸易领域,如投资、服务贸易、知识产权、环境保护、竞争政策、国有企业与指定垄断等,TPP 也有着比中国 FTA 更高的标准。

(一)服务贸易领域

在服务贸易领域,市场准入是关键。WTO 的主要目标是降低国际间的货物贸易壁垒,后在美国的推动下,WTO 才有了服务贸易协定。然而,由于发展中国家的反对,金融和电信这些敏感领域的服务贸易一直没有实现实质性的开放。TPP 则设立了超越 WTO 的高标准规则。在承诺方式上,TPP 要求全面开放服务领域,并实施负面清单管理。在服务供应模式方面,商业存在与服务贸易规则分立,由投资章节规则约束。服务贸易的重点领域在于金融服务和电信服务,这两个领域也在美国的推动下独立设章。TPP 采用"全面市场准入、负面清单"的准入标准,除明确不开放领域外,全部服务贸易领域均对其他成员方开放,但是中国 FTA 则仍采用正面清单的义务承担方式,只将列明的产业范围对外国服务提供者开放。

金融和电信服务的开放将影响国家金融体系的稳定和国家信息系统的维护。TPP 要求减少这两大领域的准入限制,对外资和内资一视同仁。考虑到中国的现实情况,没有充分准备的大幅度开放必然会引起社会动荡。金融服务贸易的开放要求允许外资独资控股,这将导致国内银行失去现有垄断优势,其竞争力将面临严峻考验。与此同时,如果将现有的国内银行业务对外资银行开放,那么外资银行对中国金融的参与度和影响力也将随之提高,这对金融监管也提出更高的要求。[①]

电信服务贸易的开放将导致对国家安全的更大威胁。根据 2014 年 8 月新修改的《中华人民共和国电信管理条例》规定,外商在中国设立电信企业,其股权比例不得超过 49%,并且对其经营的业务范围有限制。《上海自由贸易试验区总体方案》降低了要求,允许外资比例超过 49%,甚至允许外资独营,并且对外企开放网络内容提供等原来未曾开放的业务,但仍要求严格的审查制度。

中国在加入 WTO 时承诺的服务贸易开放水平是中国服务贸易开放的底

---

① 张建平:《中国与 TPP 的距离的距离有多远?》,《国际经济评论》2016 年第 2 期,第 77 页。

线。目前中国在不少服务子行业未开放或仍存股比限制。由于中国刚加入服务贸易协定（Trade in Service Agreement, TISA）谈判，在服务贸易开放方面缺乏经验，并且考虑到中国金融、电信等服务行业准入门槛高、既得利益集团势力强，因此扩大服务贸易开放程度难度很大。TPP 超越 WTO 的高标准服务贸易规则对中国目前的发展状况来说是个严峻挑战。

（二）投资领域

在投资领域，关键问题就是准入前国民待遇问题和负面清单障碍。TPP 要求给予外资准入前国民待遇，对外商实施全面开放加负面清单的安排。除明确禁止的领域外，所有产业领域均对其他成员方开放。而中国 FTA 对外资现在仍采用正面清单方式，外国投资只能在中国政府鼓励或允许的领域进行投资，2000 年以来，中国先后签署了 34 个双边投资协定，但对外商直接投资企业的设立、收购和扩大均未承诺准入前国民待遇和负面清单管理。在投资争端解决机制方面，TPP 强调争端解决的国际化，所有投资争端均提交 ICSID、UNCITRAL 或当事人共同选择的其他仲裁机构解决投资争端，完全排除了国内法的管辖。中国 FTA 则或对投资争端方式未予规定，或规定国内法与国际仲裁结合的方式。由于在实践中，东道国往往难以与投资者达成协议，这种规定实质上选择了国内法对投资争端进行管辖。

（三）知识产权领域

知识产权领域，TPP 将刑法引入知识产权违法行为。除民事程序、临时措施、边境措施外，缔约方还应对商业规模的商标假冒、侵犯版权行为进行刑事处罚，建立针对包括网络窃密等方式在内的商业秘密盗窃行为、偷录影像的刑事处罚制度。中国 FTA 虽然也规定了知识产权议题，但多数仍为原则性规定，或是重申 TRIPs 相关规定，也没有对知识产权行为进行刑事处罚的要求。

（四）国有企业

国有企业要求方面，TPP 要求国有企业运行遵循商业交易原则与非歧视原则，政府部门不得对国有企业提供非商业支持。TPP 协定第 17 章制定了国有企业在全球经济环境下经营的详细规定，并称是第一份寻求解决国有企业商业活动问题的 FTA，即国有企业同私营企业在国际贸易与投资方面的竞争，其大部分关键内容都是新规定。例如，国企之间不得相互给予优惠、获得融资优惠，关联企业不得关联交易。国有企业不能制造不公平竞争。补贴和融资要与非国企一致。这些规定源于美国主张市场自由化，认为国有企业依靠垄断和国家支持在全球进行大肆扩张,严重扰乱世界经济秩序。中国国有企业也曾因享受低利率贷款和补贴等问题被美国和欧盟提起过诉讼。①但是中国 FTA 多数并未规定国有企业问题,仅有《中国—瑞士自由贸易协定》《中国—秘鲁自由贸易协定》涉及国有企业,但均仅援引 GATT 1994 第 17 条和《关于解释 GATT 1994 第 17 条的谅解》规定,与 TPP 的要求相距很远。

可以说,TPP 国企改革的目的在于,消除国家通过税制和补贴的方式给予国有企业的特殊保护,让外资企业在平等条件下与国有企业竞争,这对拥有强大国有企业的中国来说,影响巨大。中国的国有企业虽然进行了股份制改革,但仍与 TPP 的要求差异较大,而且短期之内难以快速改变。TPP 要求政府取消对国有企业的补贴并提高企业决策的透明度,包括贷款利率和税率,企业构成人员及其党派身份等信息均需披露,这大大不同于中国国有企业以往的管理体制。与此同时,那些管理体制落后和运行效率低下的国有企业在失去政府支持后能否继续保持其竞争力是令人怀疑的,这对中国相关产业也将是重大考验。

(五) 环境保护

环境保护方面,TPP 设立详细的规则及义务,如防止减少污染,禁止野生动植物非法交易、非法采伐、非法捕捞,保护特别自然保护区、海洋环境以及臭氧层,禁止有害环境的补贴等。环境争议也被纳入争端解决机制。TPP 尽管只是一个贸易协定,但是在美国亚太再平衡战略下,已成为美国实现其政治、经济等目标的工具和抓手。环境内容不仅仅来源于环境保护本身,其背后还隐藏着产业、经济、贸易和政治利益。美国认为在自由贸易环境下,缔约一方降低环境标准变相等同于对产业进行补贴,使得降低环境标准一方更能获得竞争优势,从而增强了其产业的国际竞争力。因此,TPP 中环境内容除环保本身外,更是一个经济、政治、贸易以及环境利益的综合。但是中国 FTA 多数未涉及环境保护议题,仅有的涉及该议题的《中国—瑞士自由贸易协定》《中国—韩国自由贸易协定》关于环境保护的规定为原则性、宣示性条款,不具有可操作性;争端解决机制也不适用环境议题。这与 TPP 所要求的标准具有很大的差距。

(六) 竞争政策

竞争政策上,TPP 要求设立竞争法执法部门,并要求将竞争法适用一切商业活动,同时强调竞争执法程序正当性、公正性,允许针对违反一方竞争法导致的损害采取私人行动。少数中国 FTA(《中国—韩国自由贸易协定》《中国—瑞

---

① 张建平:《中国与 TPP 的距离有多远?》,《国际经济评论》2016 年第 2 期,第 80 页。

士自由贸易协定》《中国—冰岛自由贸易协定》)对竞争政策作出规定,但允许对竞争政策的适用范围作出限制。如中韩 FTA 规定:"不妨碍缔约方创立和保持公用企业,或者赋予企业以特殊权利或排他性权利。"中国 FTA 也没有关于针对违反竞争法导致的损害的私人诉讼安排。

事实上,TPP 对中国的挑战不仅仅在于标准的提高,更加在于边界的突破。传统自贸安排多聚焦于关税、贸易壁垒等边界措施,而 TPP 以很大篇幅对环保、劳工、国有企业、政府采购等边界后议题加以规制。TPP 从本质上来说是 FTA,但它又不是单纯的 FTA,因为它涉及了边界后的问题。边界后问题是 FTA 中的可持续发展问题,具有社会发展和进步的理念。可以说 TPP 更多体现了发达国家的利益诉求,因为在全球产业转移过程中,发达国家将劳动密集型产业等大量制造业转移至发展中国家,而生态、劳工等问题显然都集中在这些阶段。TPP对中国构成的真正巨大挑战,正是来自这一系列的边界后问题,包括标准一致化、国企治理、环境保护、劳工标准、政府采购和知识产权保护等内容。所有这些内容在 TPP 谈判协议文本中都是独立成章的,具有非常细致的考量和安排。

>>

【思考题】

1. TPP 的特点可以归纳为几个方面?
2. TPP 如何对 WTO 未涉及的贸易投资领域进行发展?
3. TPP 对 WTO 贸易投资规则进行的丰富和深化体现在哪些方面?
4. 中国对外签订的 FTA 有哪些特点?
5. TPP 贸易投资规则对中国 FTA 发展有哪些启示?

第 7 章
TTIP 协议探析

  随着 WTO 成员国的增加和以中国为代表的发展中国家实力的增强,现有贸易框架已经不能满足欧美之间的经济和政治利益需求,也无法帮助欧美各国摆脱经济危机的影响、抵御来自世界其他地区和国家的贸易竞争和产业冲击。因此,建立新的合作机制,谋求区域共同发展,是欧美双方共同的利益需要。正是在这一背景下,跨大西洋贸易与投资伙伴关系协定(Transatlantic Trade and Investment Partnership,简称 TTIP)应运而生。TTIP 的启动是当前欧美经济形势与国际经贸格局变化相互作用的产物,将对未来国际经贸格局产生深远影响。中国与欧美国家经贸联系日益密切,在国际经贸格局中的地位不断上升,因而也将受到 TTIP 的巨大影响。

第 1 节 TTIP 协议概述

一、TTIP 协议的起因和形成

(一)TTIP 协议产生的背景与动因

1. 政治动因

  一方面,应对新兴经济体的崛起带来的挑战。自 20 世纪 80 年代以来,以中国、印度为代表的新兴经济体国家获得迅猛发展,经济实力得到快速提升,在国际贸易中的地位日益增强,以美国和欧盟为代表的发达国家综合经济实力却出现相对下降(图 7.1)。随着新兴经济体国家的崛起,对制定与本国经济发展阶段相适应的国际贸易规则产生新的利益诉求,新兴经济体国家由过去在全球贸易治理结构中的规则被动接受者变为如今的规则参与者,并向新的国际贸易规则体系制定者的角色要求转变,这对现行以美欧为主导全球贸易治理结构构成严重威胁。欧美力图通过构建双边 FTA 这一策略,重新整合发达经济体的实力,以应对不断崛起的新兴经济体的挑战。

另一方面,美国借助 TTIP 等自由贸易区战略布局全球。为了应对新兴市场国家崛起而带来的挑战和国际治理结构上的权力再分配,走出危机的泥潭,继续维持美国全球霸主的地位,美国在寻求一项既能振兴自己和盟友经济,又可以巩固海内外同盟的升级版"马歇尔计划"。欧亚大陆视作世界权力竞争的中心舞台,据此时任美国总统奥巴马主导制定了旨在使美国全球战略重心东移的亚太再平衡战略。在此背景下,美国意图联合欧盟制衡新兴国家崛起。因此,TTIP 是美国为因应当前世界政治和经济格局变化,延续其全球霸权而进行的战略布局。①

所选国家在世界 GDP 中的比例(PPP,%)

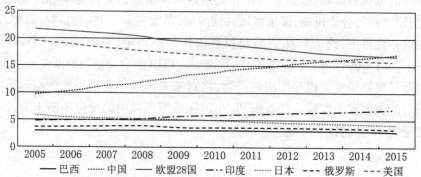

PPP:当前国际美元。

资料来源:IMF(World Economic Outlook, April 2016).

图 7.1 欧盟与美国的世界经济地位

2. 经济动因

一方面,通过扩大欧美双边贸易与投资,促进经济增长和创造就业。2008年国际金融危机爆发,使大西洋两岸美欧经济遭受重创。欧美 GDP 增长乏力,失业率长期居高不下,政府财政赤字略有下降,政府债务占 GDP 比重不断上升。虽然欧美各国政府均采取了史上空前的行政干预措施,但至今经济发展仍处于低迷状态。欧美内部需求不振,外部需求就成为拉动美国和欧盟走出经济低迷的重要原动力。为此,通过启动 TTIP 协定谈判,进一步开放双边市场、削减关税和非关税贸易壁垒、降低贸易和投资成本,实现贸易与投资自由化,促进经济增长和创造就业,摆脱国际金融危机影响,最终实现经济复苏就成为美国和欧盟的共同利益诉求。据相关独立研究报告分析,如果 TTIP 能够谈成,将使

---

① 屠新泉、张中宁:《跨大西洋贸易与投资伙伴关系协议谈判及中国战略选择》,《国际贸易》2013 年第7 期,第29—34 页。

欧盟的 GDP 年增长 682—1 192 亿欧元,使美国的 GDP 年增长 495—949 亿欧元,以最乐观的情况估计,每年可为每个欧盟家庭带来 545 欧元,为每个美国家庭带来 655 欧元的一次性额外收入,这意味着欧盟 GDP 年增长率将上升 0.5%,美国将上升 0.4%。贸易方面,如果降低非关税壁垒,欧盟对美国出口会提高 28%,相应地,美国对欧盟的出口将上升 36.57%。美国方面也表示,TTIP 将为欧美带来数百万个优质的就业岗位。

另一方面,主导"新一代国际贸易规则"。美国,在一定程度上包括欧洲,一直以来是国际规则的引领者、制定者与最大受益者,它们在国际规则制定上占据绝对优势,发挥着更大的影响力。但这种全球治理模式随着新兴经济体的快速崛起正日益受到挑战。同时,随着经济全球化不断深入发展,商品和生产要素在全球生产网络中实现跨境流动,以全球价值链为代表的新国际贸易模式出现。然而,现有 WTO 国际贸易规则对新国际贸易形态出现诸如各国规则标准统一和兼容、电子商务、跨境物流、知识产权、竞争政策、政府采购、从业资格认定及国有企业商业行为规范等问题进展缓慢。加上,WTO 多哈回合谈判陷入停滞,欧美等发达国家寻求在 WTO 框架之外,借助 TTIP 协议之类的区域性自由贸易谈判来解决"边境线后"贸易壁垒问题。TTIP 谈判给欧美提供了一个制定工业标准及未来经济准则的全新机遇。欧美希望通过谈判将 TTIP 打造为高标准的综合贸易协定,不仅可以构建一个由其主导的全球最大自由贸易区,而且可以率先建立新的工业标准和贸易规则,并在其中体现它们的核心价值观,为制定全球规则设置基准和范本。

(二) TTIP 的形成

1. 难产的欧美"新跨大西洋市场"

加强欧美经济联系、构筑欧美共同市场一直是欧美高层磋商的重要议题。在 1995 年欧美马德里峰会达成的"新大西洋议程"(New Transatlantic Agenda, NTA)中,双方首次提出创立"新跨大西洋市场"(New Transatlantic Marketplace, NTM)以强化欧美"跨大西洋关系"的经济维度,要求双方在政府及非政府层面展开磋商,克服主要贸易障碍,密切经济合作。①1997 年,双方签署"互认协议"(Mutual Recognition Agreement),提出建立"可比较性标准"的可能性,并对 6 项产品进行相关标准测试。②1998 年,在时任欧盟贸易委员布里坦爵士的主导和

① EEAS, "The New Transatlantic Agenda," http://eeas.europa.eu/us/docs/new_transatlantic_agenda_en. pdf.
② Claudia Louati and Alexander Whalen, "EU-US trade relations: towards a free trade agreement?" November 5, 2012, http://www.nouvelle-europe.eu/node/1562.

推动下,欧委会发表题为"新跨大西洋市场"公报,呼吁欧美间进行"经济整合",在 2010 年前实现欧美间完全取消工业制成品关税、创建双边服务贸易免税区等具体目标。①由于当时欧盟对美国《赫尔姆斯—伯顿法》和《1996 年伊朗、利比亚制裁法案》持反对意见,要求将解决双方在上述问题上的分歧作为推进 NTM 的"先决条件"。同时,一些欧盟成员国出于各自利益考虑也反对建立 NTM,时任法国总统希拉克认为,建立"欧美共同市场"将损害法国通信、农业和"知识创造"产业,欧美双边机制将削弱 WTO 多边机制,并对英国人布里坦"会将对美协调置于欧洲内部协调之上"表示担忧;荷兰认为,"NTM 未纳入农产品,不利于推动欧盟共同农业政策改革",因而持反对意见;德国、比利时等国对 NTM 也并不积极。欧委会的勃勃雄心因此受挫,最终欧美只是达成了具有象征意义的"跨大西洋经济伙伴关系"。②此后,尽管欧美还曾于 2005 年提出"跨大西洋经济一体化和增长倡议",于 2007 年创立以在特定领域实现"监管协调"为首要目标的"跨大西洋经济委员会"③,但在推动经贸政策整合和规则协调方面进展缓慢。

2. 当前欧美经济困境催生 TTIP

次贷危机引发的经济危机席卷全球后,美国和欧盟地区的经济形势跌宕起伏。尤其是,危机后欧美经济复苏缓慢,失业率持续飙升,而欧盟国家不断出现的债务危机又屡屡为经济复苏敲响警钟。巨大的贸易额、紧密的市场关系和相近的价值观,让美国和欧盟都急切希望通过"抱团取暖"的方式来走出经济危机的泥淖,寻找"刺激增长的新路径"。同时,WTO 多哈回合谈判停滞,也让欧美逐渐失去推动多边机制的耐心,寻求双边机制"盘活"欧美经贸和投资资源的需求上升,双方经贸战略协调明显加速。

早在 2011 年 11 月的欧美峰会期间,欧美针对双方在创造就业和促进经济增长等方面的共同利益和目标,成立了美国—欧盟就业与增长高级工作组(HLWG),该工作组旨在"为强化欧美经济关系、挖掘跨大西洋伙伴关系的全部潜力寻找新路径",致力于探讨欧美间贸易与投资发展的前景及相关政策和标准。该工作组的主要任务就是针对欧美合作的前景和可能性进

---

① "The New Transatlantic Marketplace: Communication from the Commission to the Council," the European Parliament and the Economic and Social Committee, March 11, 1998, http://eur-lex.europa.eu/Lex Uri Serv/Lex Uri Serv.do?uri=COM:1998:0125:FIN:EN:PDF.

② "New Transatlantic Marketplace: France Keeps Brittan's Ship at Bay," International Centre for Trade and Sustainable Development, Bridges Weekly Trade News Digest, Volume 2, No.16, May 4, 1998, http://ictsd.org/i/news/bridgesweekly/92188/.

③ "框架文件"及委员会情况分别参见美国白宫网站,http://georgewbush-whitehouse.archives.gov/news/releases/2007/04/20070430-4.html; http://www.state.gov/p/eur/rt/eu/tec/index.htm。

行评估。①

2012年6月,工作组发布中期报告,呼吁欧美双方就一项"具有雄心的"广泛协议进行谈判,以"实现互惠的货物、服务和投资市场开放,应对贸易规则现代化的挑战,并提高(双方)监管制度的协调性",具体目标是"取消双边贸易中的所有关税,并承诺降低双方的规则障碍"。②在2013年2月11日,该工作组发布了最终工作报告。报告建议双方领导人以达成一项全面的贸易与投资协定为目标,尽快启动相关程序开始谈判。2月12日,时任美国总统奥巴马宣布将启动美国与欧盟之间关于贸易与投资伙伴关系的谈判。2月13日,欧洲理事会主席范龙佩、欧盟委员会主席巴罗佐和时任美国总统奥巴马发表联合声明,正式宣布将启动"跨大西洋贸易与投资伙伴协定"(TTIP)谈判。6月17日,欧美在八国集团厄恩湖峰会期间正式宣布启动谈判,并计划于2014年底前完成。从1995年的"新跨大西洋市场"到2013年的TTIP,在经历近十年的曲折后,欧美"跨大西洋经济整合工程"终于"破土动工"。

3. 谈判困难

欧美双方希望在2014年底前结束谈判,但至今仍前景不明。三年来,双方已进行了15轮谈判,针对30个章节进行了协商。尽管双方在TTIP三大模块(市场准入、监管合作和国际贸易规则)的谈判中都取得了一定进展,但分歧依然存在,谈判结束遥遥无期。可以说,TTIP的谈判仍在困难及挑战中。

有学者在评估TTIP谈判的进程时,认为TTIP谈判面临一些阻力和障碍,包括欧盟内部在某些领域存在争议、欧美双方存在许多利益分歧、美国和欧盟内部的社会力量为维护自身利益提出要求阻碍谈判。还有研究者认为,双方谈判实力的非对称性、谈判内容广泛和新旧矛盾交织将给TTIP谈判前景带来不确定性。当然,也有学者从具体的谈判内容论述TTIP面临的难题。关税方面,欧美关税本来就不高,如果因为TTIP将其下降到零,总有产业受到影响;农产品贸易方面,欧盟对农业的补贴很高,且设立了高标准的贸易壁垒,欧盟是否改变农业保护政策尚属未知;文化产品方面,英美认为文化产品也应纳入TTIP谈判,而法国等国家认为文化产品应区别对待;监管方面,尽管监管不是保护主义,但也可能成为新的贸易壁垒。此外,应扩大TTIP透明度,除了双边从内部各行各业听取意见,与包括发展中国家在内的第三方的沟通也十分必要。

---

① "EU-US Summit: Fact sheet on High-Level Working Group on Jobs and Growth," http://trade.ec.europa. eu/doclib/docs/2011/november/tradoc_148387.pdf.

② "Interim Report to Leaders from the Co-Chairs EU-U.S. High Level Working Group on Jobs and Growth," June 19, 2012, http://trade.ec.europa.eu/doclib/docs/2012/june/tradoc_149557.pdf.

二、TTIP 协议的谈判内容

自 2013 年 7 月启动以来,至今美国与欧盟之间的 TTIP 谈判已经进行了 15 轮。根据 TTIP 谈判后公布的资料,谈判议题主要包括三个核心方面:市场准入、监管与非关税壁垒、规则制定。第 7 轮谈判取得了较为显著的进展,在监管方面的技术工作与特定领域都取得成效,很多议题已建立定期联系制度。但在诸如技术贸易壁垒(TBT)方面,谈判双方仍然存在意见分歧。随着谈判逐渐成熟化,谈判议题开始增多,谈判内容也逐步细化。刚刚结束的第 15 轮谈判,三个核心议题都稳步推进,取得一系列成果。表 7.1 对谈判的进程及每次谈判议题进行了梳理。

表 7.1　历次 TTIP 谈判议题

轮次	谈判时间与地点	谈判的议题
1	2013 年 7 月 7 日—12 日 华盛顿	双方初步确定 TTIP 的谈判框架,将包括:农业和工业产品市场准入、政府采购、投资、能源和原材料、监管问题、卫生和植物检疫措施、服务、知识产权、可持续发展、中小企业、争端解决、竞争、海关/贸易便利化和国有企业等 20 项框架
2	2013 年 11 月 11 日—15 日 布鲁塞尔	在第一轮基础上继续协商:在投资规则、服务贸易、能源和原材料以及规则一致性、贸易壁垒、行业标准等监管问题上取得显著进展。在投资自由化和保护措施上,取得较多共识,重申为保护公众利益双方可自行立法并享有监管自由
3	2013 年 12 月 16 日—21 日 华盛顿	本轮谈判几乎涵盖了 TTIP 涉及的所有领域:服务业、市场准入、竞争、贸易便利化、行业规则、投资、纺织品、劳动力和环境、知识产权和技术贸易壁垒等。市场准入方面:要削减进口货物的海关关税,允许来自任一方的企业投标政府采购合同;开放服务市场,使投资变得更加容易
4	2014 年 3 月 10 日—14 日 布鲁塞尔	市场准入:关税、贸易服务和公共采购 监管:讨论了(1)监管一致性和增加监管的兼容性;(2)技术性贸易壁垒(TBT),双方已经作出书面提案;(3)卫生和植物检疫(SPS)措施也已经准备书面提议。并继续探索在某些重点行业实现更大的监管的兼容性:医药、化妆品、医疗设备、汽车和化学药品行业 规则:在以下三个方面提出新的改进,(1)可持续发展,劳动力和环境;(2)能源和原材料贸易;(3)海关和贸易便利化——简化程序,尤其是长期以来打击规模较小的公司最严重及阻碍企业家销售海外的复杂的通关规则

轮次	谈判时间与地点	谈判的议题
5	2014 年 5 月 19 日—23 日 阿林顿	双方同意在关税、投资与服务、政府采购等领域扩大市场准入,同时提升医疗设备、制药、化妆品、汽车、化学品等行业的监管兼容程度。在监管规则方面,双方致力于减少不必要的监管和标准差异造成的贸易壁垒,但不会弱化卫生、安全和环保方面的高标准要求
6	2014 年 7 月 13 日—18 日 布鲁塞尔	在货物领域,双方继续技术讨论但没有新的出价。在服务领域,双方交换了服务市场准入出价,欧盟要求将金融服务监管议题纳入谈判,但美国表示该议题已在其他场合处理。在政府采购领域,双方还没有交换出价,但进行了全方位的讨论
7	2014 年 9 月 28 日—10 月 3 日 华盛顿	谈判集中在一般技术法规、技术标准、监管一致性、卫生与植物检疫措施,以及医药、汽车、化学品和工程等具体行业的监管相容程度。双方还就服务业市场准入、技术法规与标准、减少监管差异等议题的文本草案进行了讨论
8	2015 年 2 月 2 日—6 日 布鲁塞尔	双方首次交换商品进口关税减让方案,欧盟提议立即取消 85%的美国商品进口关税,但美国仅提议立即取消 69%的欧盟商品进口关税,远低于欧盟提出的关税削减幅度,引发欧盟强烈不满
9	2015 年 4 月 20 日—24 日 纽约	双方在 TBT、SPS 及规制方面展开谈判,并取得一致。监管合作涉及汽车、药品、医疗设备、化妆品、工程、纺织品、化学品、农药、信息通信技术 9 个特殊部门,规则涉及能源与原材料、中小企业、关税与贸易便利化等
10	2015 年 7 月 13 日—17 日 布鲁塞尔	谈判的焦点集中在娱乐行业和互联网接入自由权方面,并取得一致。双方还就市场准入(服务、农业市场准入文本、货物市场准入文本、原产地规则),监管(监管合作,TBT, SPS 和特殊部门)与规则[能源与原材料、关税与贸易便利化、知识产权(IPR)、地理标志(GI)、中小企业(SMEs)、跨国争端解决机制(SSDS)、竞争、补贴和国有企业(SOEs)]展开讨论。谈判双方均提交了服务贸易的新要价
11	2015 年 10 月 19 日—23 日 迈阿密	几乎涉及所有议题,在市场准入问题上双方取得了实质性进展。双方交换了免除 97%的对方商品进口关税,仅保留 3%的敏感产品征税的方案。没有讨论投资保护和投资争端解决体系
12	2016 年 2 月 22 日—26 日 布鲁塞尔	主要议题延续第 11 轮,双方在医药章节和车辆安全议题上取得重要进展,在规制合作和投资协定方面进行了意见交换

轮次	谈判时间与地点	谈判的议题
13	2016 年 4 月 25 日—29 日 纽约	双方就 TTIP 涵盖的几乎所有领域进行了磋商,其中在如何更好地促进中小企业跨境发展、贸易便利化等议题上进展明显
14	2016 年 7 月 11 日—15 日 布鲁塞尔	主要议题延续第 13 轮,但在市场准入中投资议题、规则方面的竞争议题仍被搁置
15	2016 年 9 月 3 日—7 日 纽约	仅在争议较小的监管合作领域(监管一致性,技术贸易壁垒,制药、汽车和医疗器械等行业的监管合作等)取得了一些进展。但政府采购、农产品和服务业市场准入、数据跨境流动等敏感议题仍然被搁置

资料来源:根据美国贸易代表办公室和欧盟委员会公布的 TTIP 谈判信息整理制作,并参考张奕辉:《〈跨大西洋贸易与投资伙伴关系协定〉谈判评析》,《国际研究参考》2016 年第 6 期,第 26—31 页。

由以上分析可知,随着谈判进程逐渐成熟,尤其是第 7 轮以后,谈判议题的内容越来越规范化、细致化。第 10 轮以后,谈判的主要核心章节已基本确定,在以后的轮次中没有太大的变化,围绕三个核心议题都稳步推进,取得一系列成果。TTIP 于 2016 年 9 月在纽约完成第 15 轮谈判。协议草案共包含 24 个核心章节,谈判议题内容主要涉及市场准入、规制融合和贸易与投资规则三个方面的议题。其中,市场准入主要包括货物贸易方面的关税和市场准入、政府采购、服务贸易与投资、原产地规则 4 项内容;规制融合议题主要包括规制融合、技术贸易壁垒、卫生与动植物检疫措施和 9 个特定部门(汽车、化工、药品、医疗设备、化妆品、纺织品、信息通信技术、工程、农药)等 12 项内容;规则议题主要包括可持续发展、能源与原材料、中小型企业、关税与贸易便利化、知识产权〔IPR,包括地理标志(GI)〕、竞争、补贴和国有企业(SOEs)、投资保护、国家间争端解决机制(SSDS)、法律和制度问题等 10 项内容。

表 7.2 TTIP 协议谈判的框架结构

市场准入	规制合作(整体分歧较大)	规则(促进进出口和外来直接投资)
商品贸易:关税和市场准入	规制一致性	贸易与可持续发展 能源和原材料贸易
服务业贸易(较大分歧)和投资	贸易技术壁垒	中小企业 关税和贸易便利化

市场准入	规制合作（整体分歧较大）	规则（促进进出口和外来直接投资）
公共采购（较大分歧）	动植物卫生检疫措施：食品安全；动植物健康	知识产权和地理标志（欧盟提出地理标志的要求）
原产地规则	个别领域：汽车、化工、药品、医疗设备、化妆品、纺织品、信息通信技术、工程、农药	投资保护（美欧分歧较大） 竞争规则 国有企业与补贴 政府对政府整体争端解决机制 法律与制度问题

资料来源：本表综合"欧盟委员会关于'跨大西洋贸易与投资伙伴关系协定'第 15 轮谈判的报告"大纲，分歧点参考赵晨：《走向"贸易新世界"的美欧关系——"跨大西洋贸易与投资伙伴关系协定"的政治经济学分析》，《美国研究》2016 年第 5 期，第 50—67 页。

三、TTIP 协议的地位与作用

欧美约占世界国内生产总值的 40%，世界货物与服务贸易额的 1/3，平均每天贸易额达 27 亿美元，相互投资达 3.7 万亿美元。2015 年 TTIP 的 IFDI 流量占世界 31%，IFDI 存量占世界 13%。其中 TTIP 的集团内投资份额占比高达 63%，远高于其他世界经济组织。因此，这个协定如果达成，将成为史上最大的 FTA。

（一）对多边贸易体制的影响

当前多边贸易体制遭遇困境的根本原因在于多哈回合谈判在很大程度上未能及时回应当下盛行的"全球价值链贸易模式"，不足以提供使所有成员方特别是关键成员方感到可以共赢的结果。根据全球价值链理念，跨国公司会综合分析全球的成本状态，开创生产地转移和离岸生产等新型生产模式。这些变化了的贸易和生产方式使全球贸易商对贸易规则有了新的需求，即其更关注的不再是传统意义上的贸易自由化，而是如何降低在全球市场运营的综合成本，降低货物和服务传输的不确定性，扩大其全球范围内的合作能力等。在这种情况下，如果不将投资等议题纳入多边贸易谈判，那么，现有的框架对一些国家就难有吸引力。

然而，不能因为多边贸易体制遭遇困境，就忽视它继续向前发展的现实必要性。作为一种成熟的多边贸易体制，WTO 为各成员提供了更为公平的国际经贸规则制定平台，特别是其争端解决机制使 WTO 为各成员贸易政策的稳定性、可预期性以及争端解决的可执行性提供了可靠保障，这是当前其他任何国际机制特别是区域贸易安排机制无法替代的。

跨大西洋贸易与投资伙伴协定(TTIP)等区域贸易安排的逐渐盛行,全球贸易极有可能进入由发达国家主导的贸易体系。在这种体系下,发达国家或许可以利用经济实力和市场杠杆来维护自身利益,但发展中国家尤其是弱小经济体则会受到巨大损害。另外,以 TPP、TTIP 为代表的一些区域贸易安排使得多边贸易体制产生"分叉",加剧了全球贸易治理体系的碎片化。这些区域贸易安排虽然对于区域自由贸易有一定促进作用,但将导致全球范围内的资源分散、效率降低,影响自由贸易的开展。例如,TTIP 一旦达成,将改变世界贸易规则、产业行业标准,挑战新兴国家,尤其是金砖国家间的准贸易联盟。

综上所述,以发达国家为首,代表发达国家利益的区域贸易协定如 TTIP 一旦达成,一方面将会对多边贸易体制的发展与改革形成一定的压力和推动力,但同时也会一定程度上阻碍自由化进程的进展,尤其是将损害被排除在外或者话语权比较弱的新兴经济体与发展中国家的利益。

(二)对区域经济一体化的影响

区域经济一体化(Regional Economic Integration)是指区域内两个或两个以上的国家或地区之间,通过建立共同的协调机构,制定统一的经济贸易政策,消除相互之间的贸易壁垒,逐步实现区域内共同的协调发展和资源的优化配置,以促进经济贸易发展。20 世纪 90 年代以来,在世界经济日益全球化的同时,区域经济一体化的步伐也在加快。按照贸易壁垒取消的程度或一体化目标的高低,区域经济一体化可以分为优惠贸易安排、自由贸易区、关税同盟、共同市场、经济同盟与完全经济一体化。其中,相对于传统的区域贸易协定,以 TTP、TTIP 为代表的区域贸易协定在内容、范围、标准、机制等方面出现多样化和跃进的变革创新,出现了一系列新的发展趋势和特点。

第一,传统的区域贸易协定都是地理毗邻的国家之间缔结的,很少突破地缘的限制。而 TTIP 则是横跨大西洋的欧美经贸关系谈判。

第二,传统的 FTA 大多仅涉及货物贸易,如今 FTA 大大超越了传统 FTA 所涵盖的内容,区域经济一体化向纵深化发展。当前 TTIP 区域经济一体化更深,合作的领域更丰富,谈判覆盖的议题更广泛。

很明显,TTIP 一旦形成,其内容之全、范围之宽、标准之高,将使之成为推动区域经济一体化进程的重要的里程碑。

(三)对国家与企业的影响

TTIP 一旦成立将对双方的经济发展产生巨大的推动作用。虽然跨大西洋关税平均水平只有 3%—5%,但取消关税作用仍然巨大,不仅简化通关程序,而且可以开放公共采购市场,刺激经济,从而使深陷经济衰退、复苏乏力的美欧从中获益。据欧盟独立研究报告,TTIP 生效后,欧盟对美国出口总体上将增长 28%,欧盟每年将从中受益 1 190 亿欧元,按平均计算欧盟每个四口之家每年将增加 545 欧元的可支配收入,同时也将为世界带来 1 000 亿 GDP 增长。

更进一步地,根据欧盟委员会公布的报告可知,欧美尤其是欧盟推动 TTIP 的一个重要目标之一是降低国家间企业因如关税与规制、规则、技术贸易壁垒 (TBT)、卫生与动植物检疫(SPS)等非关税壁垒导致的交易成本。根据约瑟夫·弗朗索瓦(Joseph François)等学者的测算,对美国企业而言,欧盟非关税壁垒造成的成本平均为产品和服务出口发票价格的 21%,美国非关税壁垒给欧盟企业增加的成本占到 25%,农业和汽车业最高;列昂纳·方塔纳(Lionel Fontagne)等学者的估算结果更高,欧盟非关税壁垒提升了美国 43% 的成本,美国非关税壁垒则使得欧盟成本增加了 32%。[1]无论采用哪一种测算方法,得出的结果都远高于 3%—4% 的关税水平。尤其是中小企业在规制与标准方面壁垒导致的交易成本更高。在欧盟各成员国登记注册的中小企业约有 2 000 万家,而美国中小企业的数量约为 2 800 万家。在欧盟,99% 的企业是中小企业,中小企业提供的就业岗位占私营部门提供就业岗位的 2/3;2002 年到 2010 年,欧洲 85% 的新增就业机会都是由中小企业创造的。TTIP 一旦达成,尤其是在规制与规则融合、技术贸易壁垒等方面的降低将使这些企业成为最大受益者。

(四) 对国际经贸规则的影响

通过前面分析可知,欧美这些国家通过 TPP、TTIP 等贸易协定推动区域经济一体化,充分体现了其企图主导区域经济一体化,重构国际贸易和投资新规则的意图。近些年,受经济危机及其自身国内结构性矛盾等负面的影响,欧美等发达国家经济发展缓慢。随着经济全球化步伐加快,全球经济联系日益紧密,TPP 与 TTIP 中一些贸易规则的新规定无疑会对非成员国间乃至全球的贸易规则带来一定的示范效应和带动效应。重构国际贸易和投资新规则将会扭转欧美国家在国际竞争中的颓势,并且遏止中国等新兴经济体的崛起。欧美推

---

[1] 由于非关税壁垒处于隐性状态,所以一般使用关税等价模型,即将非关税壁垒折算成关税为单位的估算的方法。Joseph François, M.Manchin, H.Norberg, O.Pindyuk, and P.Tomberger, "Reducing Transatlantic Barriers to Trade and Investment: An Economic Assessment," Study for the European Commissionsupporting the Impact Assessment of TTIP, Centre of Economic Policy Research, 2013, available at: http://trade.ec.europa.eu/doclib/docs/2013/march/tradoc_150737.pdf. Lionel Fontagne, Julien Gourdon, and Sebastien Jean, "Transatlantic Trade: Whither Partnership, Which Economic Consequences?" CEPII Policy Brief No.12, CEPII, Paris, September, 2013.

出的 TPP 与 TTIP 框架协议内容,提出了适应 21 世纪的高质量的自贸区协定。所谓的"高质量",是以一系列不同以往的贸易投资新规则作支撑的,其实质是尽可能固化和放大美国等发达国家的竞争优势,最大限度弱化新兴经济体特别是中国的优势。

四、TTIP 协议的主要特点

(一) 全覆盖

TTIP 协议谈判内容涵盖非常全面,远超过 WTO 体制下作出的各种承诺。不仅包括关税(相互取消关税,涉及万种商品)、投资、技术贸易壁垒、食品安全、知识产权、政府采购以外,还纳入了竞争政策、绿色增长、劳工标准、监管一致性、贸易救济等 WTO 体制下无法达成的新兴领域。

(二) 宽领域

TTIP 协议条款超过以往任何 FTA。既包括货物贸易、服务贸易、投资、原产地规则等传统的 FTA 条款,也包含知识产权、劳工、环境、国有企业、政府采购、金融、发展、能力建设、监管一致性、透明度等绝大多数 FTA 尚未涉及或较少涉及的条款。

(三) 高标准

为引导全球贸易规则走向,TTIP 积极寻求在市场开放和竞争、劳工条件和环保方面的标准高于 WTO 的一般原则。以其中的知识产权标准为例,《与贸易有关的知识产权协定》(TRIPs)是知识产权领域通用的国际规则。但是欧美等发达国家并不满足于此,通过《反假冒贸易协定》(ACTA)、TPP 等一再将知识产权标准推高,减少 TRIPs 下的弹性空间,将天平一次次地向知识产权权利人倾斜。而对知识产权的强保护意味着对欧美等知识产权净出口国权利和就业的保障,此前欧美就和其他一些发达国家曾就知识产权执法达成了 ACTA。可见,TTIP 在知识产权、劳工和环境等高标准设置上较易达成一致。对于经济发展水平相对滞后的发展中国家,很容易形成贸易壁垒,产生贸易转移效应。

(四) 规制合作

规制合作是 TTIP 的核心部分,其目的在于减少现有规制中繁文缛节与不必要的重复,通过提高欧美现有及未来法规的兼容性,减少影响贸易和投资的规制中重复或差异的部分,减少对企业(特别是中小企业)的不必要负担,促进建立高效、鼓励竞争、更加透明和可预见的规制环境,并推动国际规则的制定。TTIP 中规制合作部分主要包括四部分内容,其中规制融合是全新的话题。虽然双方在一些法规、监管方面还存在较大分歧,但是这种合作方向将会加强欧美国家在国际法规和标准制定、升级、实施中的影响力,使国际规则保持更高的保护水平。

(五)较大分歧

TTIP 的谈判过程中不仅存在内部分歧,即欧盟内部的成员国之间的分歧、美国内部公众在某些议题的反对;同时也存在外部分歧,即欧盟与美国在某些议题方面的分歧也非常严重。

1. 欧盟内部矛盾与分歧

欧盟核心成员(如法、德及北欧国家)与南方国家(如希腊、西班牙、葡萄牙)之间的经济发展、经济结构等方面存在明显差距,尽管就总体而言,TTIP 能给欧盟带来可观利益,但这种利益在各成员国之间以及成员国内部的分配都将是不平衡的,某些成员、某些领域可能会因为 TTIP 生效而带来沉重的调整代价与利益受损。而欧盟统一财政政策的缺失,致使欧盟内部并没有一种有效的财政转移机制来矫正这种利益分配的不均。虽然欧盟各成员国均已授权欧委会与美国开展谈判,但实际上各国对此项谈判的利益诉求和关注重点并不相同,例如德国更多关注汽车及其零部件贸易,法国则更多关注其独具特色的影视产品市场是否受到来自美国的冲击。如何平衡各成员国从 TTIP 中的获益与代价,无疑会在很大程度上决定着欧盟在谈判中的态度及双边谈判的进程。

2. 欧美之间分歧

自从欧美开始 TTIP 谈判以来,双方在多个领域中存在分歧。比如在服务业方面,欧盟拒绝完全开放视听产品市场,美国拒绝讨论金融监管政策合作;在公共采购问题上,欧盟继续要求美国放宽公共采购市场准入条件,美国的态度则十分模糊。双方在国际投资争端解决机制、数据跨境流动、监管合作、汽车制造、农业、葡萄酒等领域也存在重大分歧。

例如,美国政府一直坚持将"投资者与国家间争端解决机制"(ISDS)纳入谈判范围。在这一机制下,投资者与投资东道国发生争议时,允许投资者将争议提交国际仲裁机构裁定。然而,许多公众担心这一条款赋予跨国企业过大的影响力,乃至于有损害一个国家主权和公众利益的风险。迫于公众压力,欧盟早在 2015 年初就搁置了 TTIP 中关于投资者保护条款的谈判并展开公众咨询,后来曾提出创建一个国际投资法庭和上诉机制来最终取代这一机制的新方案。虽然其规则被认为比 ISDS 机制透明,但却引起美国商会强烈反对。美国商界认为欧盟的新方案对外国投资的保护程度不能令人满意,最多只能作为谈判的起点。

数据跨境流动和隐私保护也是 TTIP 谈判中难以绕开的敏感话题。美国国家安全局早已被指通过网络和电话秘密监听欧洲多国政要和民众,在欧洲和国际社会引发轩然大波。欧盟最高司法机构欧洲法院已经裁决欧美 2000 年签署的关于数据自动交换的《安全港协议》无效,而这意味着美国网络科技公司将在欧洲收集的一些公民数据送往美国的行为将受到法律限制,对 Facebook、谷歌、亚马逊等互联网巨头影响巨大。目前尚不清楚欧盟各成员国如何解读欧洲法院的裁决,如在哪些例外情况下允许数据跨境传输,这给在欧洲运营的美国企业带来巨大不确定性。

欧美双方如何在谈判中弥合监管方面的分歧,也将是一个挑战。美国认为自己在金融监管方面比欧盟严格,担心将金融监管纳入 TTIP 后,可能弱化其国际金融危机后确立的金融监管法律。欧盟则认为自己在化学品、食品添加剂、转基因作物等方面的安全规定比美国严格,担心 TTIP 会降低这些行业标准。

综上所述,相对 WTO 以及已达成的各项 FTA,欧美 TTIP 谈判协议覆盖范围广、领域宽、标准更高,谈判过程中也存在较大分歧,面临一系列的困难与挑战。

第 2 节　TTIP 协议中的新规则

接下来,通过与 WTO 的原有条款进行比较,具体说明 TTIP 协议谈判新规则的创新之处。

一、构建 WTO 原先根本匮缺的相关规则

(一) 规制融合(监管一致性)

规制(regulations)是保护人们免受健康、安全、环境和金融安全风险的法律法规。规制合作(regulatory cooperation)是指在规则的制定和实施方面进行合

作。OECD 认为规制合作是指不同国家在双边、多边和区域层面促进规则的设计、监管、实施与事后管理的合作，并最终为了实现跨境规则趋同与一致性而形成的正式或非正式的协议与组织安排。尽管欧美的管理者都承诺透明、开放、公共参与和信赖，但他们在不同的体制和立法框架下工作，遵循不同的进程和不同的限制。TTIP 谈判的挑战在于寻求一个有效的机制来确保两种不同的体系更加有效率地一起合作。因此，规制合作是 TTIP 谈判的核心部分，与市场准入项下的公共采购和服务业，以及规则部分的地理标志均属于非关税壁垒范畴。欧美双方希望通过此议题的谈判，避免或减少对贸易、投资构成障碍的不必要的监管障碍，并以更具兼容性的监管为未来发展方向。最终目标是美欧间市场一体化，在欧美一方符合监管要求的货物和服务，无需改动或要求可以进入另一方市场。

具体来说，在 TTIP 谈判中，欧美进行规制合作的主要目的是：(1)减少贸易和投资壁垒，降低企业的合规成本，从而促进双边经济增长，创造就业机会。(2)增加消费者的消费选择，如通过规制协调降低贸易成本，从而降低价格等。(3)加强监管，促进法规实施，双方分享经验，减少不必要重复，使资源应用到关键领域。(4)加强在国际法规和标准制定、升级、实施中的影响力，使国际规则保持更高的保护水平，并传递欧美认可的价值观和做法，欧美合作也是为了应对新兴经济体在国际贸易规则制定中话语权日益增大带来的挑战。

TTIP 中规制合作部分主要包括四部分内容，其中规制融合是全新的话题，技术壁垒、动植物检验检疫实在 WTO 规则体系基础之上进一步完善与改进，而特殊部门则属于被大力丰富的部分。

欧美双方推动规制融合的目的是通过提高欧美现有及未来法规的兼容性，减少影响贸易和投资的规制中重复或差异的部分，减少对企业(特别是中小企业)的不必要负担，促进建立高效、鼓励竞争、更加透明和可预见的规制环境，并推动国际规则的制定。这是传统 WTO 规则体系中没有涉及的内容。

双方已对以下认识达成共识：承认由于文化等差异欧美的监管体系间差异性的存在，并不是一方需要适应另一方的体系；并不是对原有监管体系的全盘否定，而是现有体制间的合作，使其更加兼容；对未来体制的设计方向也是更加兼容、透明；谈判不会降低任何一方对环保、安全和卫生等问题的标准，也不妨碍任何一方政策的执行。双方在监督问题上的主要差别有：(1)在立法的形成阶段，即立法的草案阶段，欧盟更加公开，特别是重要立法需要广泛征询利益相关者的建议，并影响到评估和内部服务咨询(ISC)，其后才是欧盟委员会采纳；而在美国的立法草案阶段没有类似的要求。(2)在立法的审议阶段，即草案的辩论、修正和最终立法或驳回阶段，欧盟委员会和议会同美国的参众两院权利相类似,除了在两个方面:一是提交委员会的决议大多数都会立法,而提交议会的多数不能通过;二是在审议阶段,欧盟没有美国透明,法律要求美国联邦机构在主要法律上要告知公众,允许公众提供意见。(3)在监管领域,欧盟给予管理者授权,允许其在不重要的方面修改立法,但美国法律规定国会通过的立法任何机构不允许修改;由于美国反对党的权力更大,美国的规章经常被要求司法审议,其后被修改,而欧盟则很少发生。

(二)能源与原材料贸易

从 WTO 具体规则的角度看,其规则虽然没有将能源贸易排除在适用范围以外的规定,但也没有明确地将能源作为 WTO 的调整范围。这样的模糊就导致能源贸易游离于 WTO 体制的现状。一些基本的 WTO 规则例如最惠国待遇原则、国民待遇原则等虽然适用于能源贸易,但能源商品的特殊性没有在规则中得以体现,这决定了现行 WTO 规则对于能源不具备很好的兼容性,在调整能源贸易关系上存在局限性,难以满足当前能源发展的形式。由于能源与原材料贸易与普通的贸易极为不同,"一般例外"和"安全例外"的规定使得能源凭借"国家安全物资"名义的屏蔽,一直游离于多边贸易体制之外。在多哈回合谈判中,能源贸易第一次被作为特定的服务部门予以考虑。然而,由于南北半球国家之间的利益冲突,WTO 成员在多哈回合谈判中能源服务的界定问题上出现分歧,谈判陷入僵局。

美国的天然气出口受制于限制性的许可证程序,而石油出口基本上是禁止的。而此前,欧洲高度依赖俄罗斯的天然气,能源进口多元化一直是欧盟追求的方向,凭借页岩气开采转变为能源出口国的美国恰好能为欧盟提供可靠供应。一旦 TTIP 达成,美国天然气出口企业将更容易取得出口许可证。基于此,TTIP 对此议题谈判的关键目标是在"开采透明计划"中提高许可流程的透明度。谈判所涉及的其他问题包括:出口限制、本土比例要求、自然资源开发主权、能源产品运输的第三方准入规则、国有及特权企业规则、针对绿色技术的贸易自由化、产品与流程能源标准的统一化、供应安全的加强机制等。这些都是WTO 规则中所匮乏的。

(三)中小企业

传统 WTO 规则中没有专门针对中小企业的部分。然而,伴随着经济全球化的发展,大型跨国公司在全球配置资源,使得就业岗位并没有留在国内。反而欧美中小企业成为近年来当地新就业岗位的主要提供者。因此欧美双方都在主动寻求提升广大中小企业(对于欧盟包括微型企业)对跨大西洋贸易的参与度,其主要途径就是破除成本高昂的标准壁垒。在TTIP谈判中,双方试图成立一个中小企业委员会,以便向中小企业提供贸易与投资信息资源,并告知其可以从TTIP协定中所能获得的收益。除此以外,欧盟还敦促美国设立一个专门针对中小企业的服务网站,以提供关税、税收、管控与市场信息。根据其披露文件,该章节主要包括加强中小企业贸易与投资机会的合作措施,如信息共享、中小企业委员会、争端解决等。

(四) 贸易与可持续发展

经济全球化的一个重要结果是带动劳动力走向全球化。由于发达国家与发展中国家发展水平差异较大,前者认为后者过于宽松的劳工标准带来的出口优势属于一种社会倾销,对发达国家就业造成不利影响,因此要求将贸易与劳工问题挂钩,对发展中国家的劳动密集型等产品采取贸易限制措施。但大多数发展中国家对于将贸易与劳工问题挂钩予以坚决反对,认为这实质上是发达国家制造出的一种"蓝色壁垒"①,是一种新的国际贸易壁垒。WTO是最主要的多边贸易组织,是制定贸易与国际核心劳工标准相关规则的最好平台。然而,由于WTO成员众多,特别是发达国家与发展中国家对将国际核心劳工标准纳入WTO谈判立场迥异,迄今为止,劳工问题未被纳入WTO谈判范畴。目前WTO法律框架中仅有一些零散的规定与劳工问题有关。除上述原则外,WTO中可适用劳工问题的条款主要体现在作为一般例外条款的GATT第20条。相比多边贸易体制在纳入劳工核心标准上的犹豫,欧美在区域FTA中积极纳入劳工问题,并形成了"NAFTA模式"和"欧盟模式"。正在谈判的超大型自贸区TPP和TTIP中也将纳入劳工标准问题。

在TTIP谈判中,欧美双方都坚持在环保领域与劳工权益保护上实施高标准。为致力于对劳工提供高水平的保护,TTIP中设立专门的"贸易与可持续发展"章节。欧美承认国际劳工组织的核心劳工标准,并通过提高透明度、开展评估和审议等方式,确保协定得以执行。从欧盟的立场看,欧盟将在TTIP谈判就贸易与劳工问题坚持适用欧盟模式。

欧美在劳工问题上拥有广泛的利益基础,比较容易达成一致。不过,欧美相关的非政府组织(NGO)担心TTIP规制融合条款可能会造成"去规制化",进而损害消费者权益、劳工标准、环境标准及其他公共利益,因此对谈判施加了强大的外界压力。

---

① "蓝色壁垒"之所以称为蓝色,是因为相对于保护环境的"绿色壁垒"而言,它保护的主要是蓝领工人的权益。

(五) 国有企业

WTO 中关于国有企业的内容非常少,仅仅在《补贴与反补贴措施协议》(SCM 协议)中对政府对国有企业的补贴有所涉及。尽管 WTO 规则并没有区分国有企业补贴和私营机构补贴,但《SCM 协议》却包含了国有企业补贴的两项例外。它们是:发展中国家在私有化计划内给予补贴的例外和从中央计划经济转型为市场经济的转型经济成员为便利其转型而采用补贴措施的例外。不过这些规则的确切适用范围还不太清楚,WTO 对其中某些条款缺乏有效的解释。对国有企业做出明确规定的 WTO 规则只有 GATT 第 17 条"国营贸易企业",目的在于确保成员方不会利用国营贸易规避其在制度下应当履行的义务。

随着经济全球化的发展,国有企业的治理及其规范遂成为国际性问题。除 OECD 倡导并制定了有关竞争中立的相关规则之外,国有企业越来越成为贸易投资协定中一个绕不开的议题。2015 年 11 月 5 日公布的 TPP,一改国有企业属于竞争规则范畴的传统做法,将国有企业单列一章,规定了一些实质性变革的内容。TTIP 作为美国与欧盟共同推进的区域贸易协定,与 TPP 在这一部分自然也存在相似之处。根据披露文件可以看出,TTIP 也将国有企业单独作为一章,包括对相关的各种专业术语的界定、范围及例外条款、授权机构、非歧视性待遇和商业活动、透明度和公司治理以及例外条款等内容。国有企业规则继承并突破了以往 FTA 所含的国有企业规则。TTIP 和 TPP 一样,这一章国有企业规则的重大变化,是从传统关注国有企业的竞争中立,到现在关注政府非商业援助的影响。因此,这是一个将传统国有企业内容和传统补贴内容结合的一章,创设了全新的权利和义务。

二、丰富 WTO 原先相当粗略的相关规则

(一) 特殊部门

欧美谈判双方在 WTO 较低标准的《技术壁垒协议》(Technical Barriers to Trade,TBT) 和《植物与卫生植物措施协议》(Sanitary and Phytosanitary Measures,SPS)的基础上,针对化学产品、信息技术和通信产品、工程、药品、医疗设备、纺织品和制衣、汽车,以及农药各行业的技术壁垒特征单独谈判,形成单独政策,最后合成为一个覆盖面广的综合性规制协调体系。

1. 药品

TTIP 谈判就药品谈判的努力方向是确保双方相互承认设施检查结果与审批流程,以防止重复手续。欧盟公众对该领域的进展情况有些担心,特别关注药品价格上涨的可能性。

国外的药品注册认证(特别是发达国家的注册认证)仍是中国医药产品扩大出口必须跨越的环节和障碍,因此 TTIP 的药品标准的协调达成将对中国产生重要的影响。

2. 化学品

化学品对人类和环境存在不确定潜在风险、影响公共利益,而管控措施的差异将对相关行业产生不同的经济影响,由此对化学品行业的管控措施显得尤为重要。而欧美化学品管控架构存在根本性差异,目前出口商必须同时满足欧美两套标准,增加了出口商的负担。美国《毒物管控法》重视成本收益分析,并将几乎所有信息视为商业秘密,而欧盟的"化学品登记评估授权限制"规定则奉行谨慎为上的原则,共享所有信息。因此,目前 TTIP 谈判的目的就在于对双方化学品分类法与标识法进行衔接,并建立信息分享机制。

3. 化妆品

化学品管控架构中的欧美差异同样存在于化妆品管控中,因此欧美试图在 TTIP 谈判中依照《化妆品管控国际合作》规定开展合作的领域内加强合作,即衔接好双方的试验、数据、安全评估以及标识措施与要求,欧盟还致力于逐步禁止动物实验。

4. 工程机械产品

工程机械产品贸易约占欧美间贸易额的 1/4。双方力图通过消除不必要的管控差异(如对电线颜色的不同要求)促进贸易,并在技术要求与合规证明方面做好衔接以减少相关成本。

5. 医疗设备

欧美已都取消了几乎所有医疗设备关税,并实行较高的安全标准。TTIP 谈判的目标为通过双方通用或相互兼容的被管控产品提交申请办法及电子申请表提交系统,从而避免重复监测和简化批准流程;承认双方质量管理体系的单一审计程序协助相关行业减少成本;确保欧美双方唯一标识数据库的相互兼容性,提高产品的可追溯性以协助管控和召回。

6. 杀虫剂

杀虫剂作为一种非农用农药,其主要用于人类生活和工作的室内外环境和场所,其理化性质、药效、毒性等对人类产生直接的影响。随着杀虫剂被广泛使用,卫生杀虫剂的安全评价和科学管理成为一种趋势。因此,欧美双方管控部门希望在 TTIP 谈判中寻求在该领域的进一步合作,旨在降低对产品出口前的杀虫剂残留检验和检查成本,同时通过对非主流作物(如韭菜、菠菜、莴苣等)研究信息的共享进行更加快速的杀虫剂安全评估。

7. 信息与通信技术

欧美是世界最大的信息与通信技术服务出口方,也是继中国之后的第二大和第三大信息与通信技术产品出口方。目前,欧盟希望通过 TTIP 谈判实现更大程度上的操作互容性及共同的电子标识、电子接入和信息通信产品认证流程,美国则在谈判中关注取消网络交付产品时会产生的额外关税及收费。

8. 纺织品

欧美双方在 TTIP 纺织品领域谈判最主要的问题是关税与原产地规则、产品标识、产品安全及产品标准。近几年来,发达国家凭借其先进的纺织品制造技术,纷纷将环境标准注入各项贸易政策的制定和实施,形成针对发展中国家的各种技术性贸易壁垒与绿色贸易要求,成为制约中国纺织品参与全球竞争的最主要障碍之一。

9. 汽车

欧美互为对方最大的汽车贸易对象,但两者的汽车非关税壁垒主要体现为安全和环保这两大类技术标准。在安全方面,美国联邦机动车安全标准(FMVSS)由美国高速公路交通安全署(NHTSA)制定,并需通过相关碰撞试验实施;欧盟则要依据欧洲新车安全评鉴协会(EU-NCAP)的碰撞测试结果。在环保与排放方面,美国需满足环保署的环保标准,而欧盟则必须达到欧 V 排放标准。虽然欧美的汽车安全和环保标准都是全球公认的顶级标准,但它们在细则、试验方法、分项计算和得分权重等方面的差异会使得同时符合双方标准的成本大为提高。因此,TTIP 的汽车谈判目标是互相承认或者衔接好双方的绝大多数标准与规则,并在指定新标准与规则时展开合作。

(二)海关与贸易便利化

贸易便利化是指国际贸易程序,包括国际货物贸易流动所需要的收集、提供、沟通及处理数据的活动、做法和手续的简化和协调,其涉及的内容十分广泛,几乎包括了贸易过程的所有环节。WTO 所界定的贸易便利化是指"改善进出口贸易透明度、可信度及提升进出口效率的边境管理措施改革"。贸易便利化的实质是减少货物进关时繁文缛节的检查,降低腐败的可能性。据有关数据,进口货物的成本因腐败而增加 10%—15%。贸易非便利化程序已经成为阻碍中小企业进入国际贸易市场最直接和最具负面影响的措施,远远超出关税措施带来的影响。

在经过十余年的多哈谈判后，WTO 终于在贸易便利化上取得了成果。2013年12月在印尼巴厘岛召开的第九届部长级会议，经谈判形成了长达31页的《贸易便利化协定》(Agreement on Trade Facilitation)的部长决定草案。2014年11月27日，WTO 总理事会特别会议正式通过了该议定书，WTO 各成员将开始依据各自国内程序对此进行核准。

TTIP 的海关管理和贸易便利化议题主要涉及促进贸易便利化、提高海关程序透明度及确保海关管理一致性、可预测性等相关规则，以 WTO《贸易便利化协议》为基础并对其进行了补充，旨在通过海关和边境程序的便捷化以及减少延迟时间和减低贸易成本的方法，促进区域供应链整合，并推动包括中小企业在内的商业部门发展。在 TTIP 第四、五轮谈判中欧美双方已达成了包括使用统一表格、网上提交流程、电子支付关税等方面的协议。根据披露文件可以看到，TTIP 在该章节主要包括互联网出版、查询点、预裁定、货物发放、国际标准、信息技术和电子支付的使用、单一窗口、数据和文档、资料要求、费用和收费、风险管理、清关后审计、审查和上诉、出货前检验、快速出货、运输和转运、维修后重新输入商品、处罚等条款，其中大部分内容与 TPP 中的贸易便利化章节相似。

一方面，WTO 的《贸易便利化协定》涉及成员国较多，其中发展中国家的贸易便利化进展落后于发达国家。虽然贸易便利化的推动将给相关成员国带来各种收益，但同时也会产生一定的成本，如诊断及重组成本、监管成本、机构成本、培训成本、设备与基础设施成本与意识提升成本。这些成本对于发展中国家，尤其是相对落后的发展中国家是很大的负担，需要国际经济组织以及发达国家提供技术援助与资金支持。而 TTIP 是由欧盟和美国两大在贸易便利化发展上世界最先进的经济体推动，因此其通关与贸易便利化的标准更高，也更容易达成一致意见。

另一方面，通过对比可见，TPP 很大程度上遵循了 WTO 在海关管理和贸易便利化议题上的规定，尤其在货物验放方面参照了 WTO《贸易便利化协议》，并重点关注透明度、货物验放/海关程序及海关管理等几个部分。与 TPP 近似，TTIP 在该章节所体现出的独特性可能主要集中在以下几点：首先，特别强调了快运对中小企业的重要性，并同意为其提供加急海关程序，从贸易便利化层面呼应了中小企业章节的设置主旨。其次，单独设置了信息技术和电子支付的使用一节，提出通过借鉴世界海关组织 WCO 的已有模式、方法，为海关程序管理和风险分析提供更为便利的服务手段，鼓励各缔约国的海关当局提供电子支持系统及环境。

（三）知识产权与地理标志

在知识产权领域，欧美同样追逐高标准目标，拥有广泛的相同的利益诉求。《与贸易有关的知识产权协定》（TRIPs）是知识产权领域通用的国际规则。对知识产权的强保护意味着对欧美等知识产权净出口国权利和就业的保障，此前欧美就和其他一些发达国家曾就知识产权执法达成了ACTA。欧美在知识产权领域树立高于WTO的一般原则，引导全球贸易规则走向。在知识产权领域，欧美尽管在加强知识产权保护和有效执法方面在国际上的目标取向一致，但具体领域仍存在分歧，双方强保护的侧重点存在差异，如在地理标志方面。

美国在知识产权领域希望达成的目标是：达成与美国利益相符并反映欧美在知识产权保护和执法上共同的高标准目标，以维持和加强欧美在知识产权议题上的合作领导关系；加强并保护美国创作者、创新者、企业、农民和工人基于知识产权强保护和知识产权有效执法而获取的利益，以及在国外市场的竞争力。

欧盟提出"明确而清晰"的强保护领域包括地理标志。这是欧盟在知识产权领域历来强调的重点，欧盟强调对地理标志的广义保护，常见名字的产品都拥有专有权。而美国则希望限制对地理标志的强保护，认为地理标志要是复合词，而不是通用名称，这样可以避免混乱。

（四）竞争

国内竞争法通过防止某企业垄断一个经济领域，并阻止其他企业进驻市场、妨碍竞争，以达到保护消费者权益的目的。美国与欧盟已经签署的一些FTA中包含竞争政策条款，竞争政策条款的目的是限制国内竞争法对贸易带来的负面影响。这些竞争政策条款还要求协议签订国对来自伙伴国因涉嫌违反该国反垄断法而受到行政处理的个人发出审讯通知，为其提供申辩的机会。根据FTA中的规定，缔约国通过交换信息、相互磋商来一同履行竞争法。已被认定的垄断企业及国有企业在运营时，应遵照协定，遵守商业惯例。

目前，欧美双方在TTIP谈判中对竞争政策的谈判目标为加强反腐措施，防止价格密谋以及市场权利滥用，确保与国有企业的公平竞争，公布对企业的补贴等。根据披露文件，TTIP缔约国正在制定竞争政策相关条款，希望创建一个竞争性商业环境，保护消费者权益，保证TTIP缔约国公平竞争。协定中将包括以下条款：一般原则、法律框架、竞争法执行中的公正性和透明性、双方的合作、审查条款以及争端的解决等。欧盟认为，双方应维护反垄断与兼并竞争立法，采取有效措施解决企业间各种阻碍、扭曲竞争的行为和协定。为了保证实施，应维持一个业务独立的机构,以透明和非歧视的方式应用各自的竞争立法,尊重有关企业的程序公正和辩护权,不论其国籍或所有权状况如何。相对于 WTO 体系中的有关竞争的部分,欧盟和美国在竞争立法的程序公平性内容上中更加详细和严格。

三、改进 WTO 原先疏漏甚多的相关规则

(一)政府采购

TTIP 关于政府采购章的一个基本支柱是公共实体在采购时应用的一套规则。WTO 政府采购协议(GPA)的文本定义了公共实体在采购时适用的程序,包括所有采购规则中的基本原则——透明度和不歧视。欧盟和美国在政府采购谈判上的目标有两方面:一是构建一个"GPA+",建立一个更高的标准和未来发展的范本,来促进 WTO 未来 GPA 协议的进一步修改。二是促进美国和欧盟企业更好的市场准入,试图通过对"GPA+"式条款的双边谈判以破除对公务合约外国竞争者的限制与歧视并提高政府采购全过程的透明度,尤其是在建筑、工程与医疗设备等领域。

自谈判开始以来,政府采购一直是欧盟在 TTIP 中的优先议题,努力实现美国—欧盟就业与增长高级别工作组(HLWG)在第 15 轮谈判期间制定的共同目标——创造"在国民待遇的基础上大大改善各级政府对政府采购机会的获取"。对于同现有各国内规章或国内实践有关的、同现有的贸易障碍的补救措施,欧盟建议谈判包括以下的议题:取消跨境采购和固定单位采购的障碍;进一步提高采购有关信息的获得(透明度问题);减少行政性限制;确保欧盟和美国电子采购方面的规定不会造成额外的贸易障碍;确保采购合同的规则不会成为限制市场准入的条件;确保技术规定不构成贸易障碍;与质量奖励标准、质量程序和测试报告有关的规定。欧盟还强调了案文规定中支持透明度,不歧视和采购程序中适当反映环境、社会考虑与劳工权利的重要性。关于透明度,欧盟强调,关于采购机会信息的单一电子接入点和适当使用电子投标方式将有助于欧洲中小型企业参与美国采购程序,也有助于联邦级(州和城市)采购合同。在这方面,欧盟还强调,先前供应商登记的要求不应为获取信息创造障碍。

总体来看,TTIP 关于政府采购的谈判可能采取两种方式,一种是"GPA+"规则,包括在修改后的 GPA 文本附件中;另一种是直接取代 WTO 的 GPA 文本。双边谈判后改进后的规则将在 GPA 承诺中完全适用,包括额外的市场准入承

诺。双方基于国民待遇原则,在政府的所有层面实质性地提高进入政府采购的商业机会。①

(二)原产地规则

《原产地规则协议》是 WTO 在原产地规则领域最为系统化的一项法律文件,但并没有针对原产地标准、直运规则、微量条款与原产地证明等作出一个统一的规定,一定程度上缺乏实际进行的操作性,并且对成员国没有相对有力度的约束力,因此很容易沦为成员国实施贸易保护的一种工具。

TTIP 对原产地规则的谈判目标为确定受益于协议中优惠待遇的产品原产地规则,协调欧美双方对某产品原产地产生疑问时的核实途径,并简化原产地证明和防止作弊的通用流程。现该章节主要包括"原产程序"(B 节,要求优惠地位的条件,核查程序和拒绝优惠的条件)、"一般规定"部分(A 节,侧重于价值规则的累积条件和定义)和产品特定规则(双方都提出了几乎所有产品具体规则的提案)。

双方还详细讨论了纺织品和服装原产地规则。美国最惠国关税达 5%以上的工业产品占了 1/3,包含纺织及成衣产品在内。有些纺织及成衣产品关税相当高,例如:人造长丝缝纫线关税为 11.4%,平织棉布为 14.7%,裤子为 28.6%,T 恤为 32%。从历史背景来看,为了纺织品及成衣产业,美国的 FTA 都是基于"从纱开始"的原产地规定,也就是,为了产品能免税进入美国,从纱线起的所有材料都必须由协议签署国所生产。美国是欧洲纺织品与成衣产业的最大出口国。因此,欧洲纺织品及成衣产业希望该规定更具灵活性,以更好地与"欧洲的市场现况及发展"维持一致。如欧洲纺织服装组织 Euratex 建议"从布开始",比"从纱开始"的原产地规定的限制少一些。至今,纺织品原产地规则讨论了以下问题:

(1)产品特定原产地规则(PSR)的双方标准方法以及缔约方各自体系的一些其他水平要素,例如公差(不得超过产品具体规则要求的非原产材料的最大值/重量)、原产地名称减免(上限下适用于特定产品的更宽松的原产地规则)和累计(在自由贸易区内或从特定第三国使用纱线或织物的可能性)。

(2)关于纺织品和服装部门的"反规避"和"信息共享"的规定(缔约方在原产地核查和相互协助、防止侵权和欺诈、原产地问题立法方面的合作、特惠和非特惠原产地)。

① 付丽:《世界贸易新规则体系的核心内容及中国的应对之策》,《对外经贸实务》2015 年第 7 期,第4—8 页。

（三）投资保护与国家—投资者争端解决机制（Investor-State Dispute Settlement, ISDS）

投资保护的目的是为了确保一国政府在对待外来投资者时遵守一定的规则，给予外来投资者与本国公民、公司同样的权利（例如不无偿征用、诉诸司法、不受歧视等）。同时，外国投资者与国内投资者一样，必须充分尊重东道国的国内法律制度。

目前，在全球范围内有普遍管辖效力的争端解决机构主要有根据《华盛顿公约》设立的"解决投资争议国际中心"（ICSID）和 WTO 的"争端解决机构"（DSB）。ICSID 主要通过仲裁方式解决东道国政府与外国投资者之间的投资争端，实践中以投资保护争端为主，且仲裁裁决的执行也依赖东道国的有效配合。而 WTO 处理各成员国之间基于 WTO 相关协议所产生的投资争议，目前主要限于投资管制争端，并通过司法机制保证了裁决的执行。可以说，两者存在着一定的互补性。但两者也存在着冲突的情况，最典型的例子是，投资东道国既违反了 WTO 的义务又对投资者违约的时候，投资者和投资者所在国分别将争端提交给 ICSID 和 DSB 解决时，ICSID 和 DSB 之间便产生了管辖权冲突。

投资争端解决机制是国际投资协定中的常见条款。ISDS 是指当东道国损害了投资者的正当权益，该投资者可援引此条款向专门的国际商事仲裁机构提起仲裁申请，要求东道国向其赔偿损失。目前，ISDS 被大多数发达国家和发展中国家的投资协定所接受，例如欧盟成员国与第三国签订的大多数双边投资协定（Bilateral Investment Treaty, BIT），以及 NAFTA 和《能源宪章条约》（The Energy Charter Treaty, ECT）等区域或多边协定。设立 ISDS 机制的初衷是为保护投资者不受东道国法院的不公平对待，但现行的 ISDS 机制可能被投资者滥用。

已披露文件显示，TTIP 协议内容将建置 ISDS，谈判的目的是为了提升透明度以及防止歧视行为、不合理征收、不平等待遇和对资本流动的过度限制等，该机制允许在投资者认为当其权益受到侵害时，可就相关争端向所投资的东道国或第三方仲裁法庭提起诉讼。ISDS 机制允许企业向立法、行政措施甚至东道国为保障公共卫生和其他公共利益事务作出的司法决定提出异议，允许公司要求赔偿由于实施这些公共利益保护措施而未能获得的利润。重启第 12 轮谈判后，欧盟在与美国谈判 TTIP 时针对 ISDS 机制作出了几点改革，从原有的倾向于保护投资者转向关注东道国的利益，以弥补传统的 ISDS 机制在解决国际投资争议方面的不足。欧盟在谈判中提出的 ISDS 机制纳入了 CETA 等制度创新，如透明度要求、仲裁员行为准则、败诉方付费原则、对投资者滥诉的预先驳回机制等。在此基础上,TTIP 草案增加了一些创新改革规定,如明文规定东道国规制权、提出双边投资法院机制等。

四、修订 WTO 原先明显落伍的相关规则

(一)货物贸易与关税

市场准入类的关税削减本是传统贸易谈判的关键核心,但在 TTIP 的谈判里却是"最不成问题的问题"。欧美均已形成服务业为主体的经济结构,跨大西洋贸易中商品贸易仅占 20% 左右,而且欧美目前平均关税水平已经很低,只在 3% 和 4% 之间,除了纺织品、鞋类和农产品这几个行业还维持高关税外,其他领域均为低关税或零关税税率。即使在农产品这个最困难的领域里,欧美很多类别的农产品也已实现免税,美国 30.7%、欧盟 31.2% 的农产品已经免税。高关税不是很多,美国高于 15% 关税的产品只占所有农产品类别的 5.3%,欧盟高于 15% 关税的产品只占所有类别的 26.2%。欧美只在少许几个类别互征高关税,如奶制品、糖、饮料、烟草和一些动物产品。[1]由于高关税商品类别较少,价值不高,因而较易用其他条件交换或是用"例外"条款处理。TTIP 的谈判进程也证明了关税问题较易解决,据欧盟委员会的通报,欧美双方已就 97% 的商品关税清零问题基本达成一致意见。当前关税谈判重点为农产品如葡萄酒、烈酒等与劳动密集型产品等高关税(存在关税峰)领域,如苹果、橄榄油、纺织品与服装、鞋类、玩具等产品等。相对与 WTO 以及现已签订的多边贸易协定,TTIP 协议谈判在货物贸易方面进一步开放。

(二)服务业

WTO 关于服务贸易的基本规范和核心规范是《服务贸易总协定》(GATS)。GATS 适用于各成员采取的影响服务贸易的各项政策措施。它的宗旨是在透明度和逐步自由化的条件下,扩大全球服务贸易,并促进各成员的经济增长和发展中国家成员服务业的发展。协定考虑到各成员服务贸易发展的不平衡,允许各成员对服务贸易进行必要的管理,鼓励发展中国家成员通过提高其国内服务能力、效率和竞争力,更多地参与世界服务贸易。

---

[1] Tim Josling and Stefan Tangermann, "Agriculture, Food and TTIP: Possibilities and Pitfalls," in Daniel S. Hamil-ton and Jacques Pelkmans (eds.), *Rule-Makers or Rule-Takers? Exploring the Transatlantic Trade and Investment Partnership*, pp.264—266.

TTIP 对服务业的谈判目标为破除服务贸易壁垒（如对外资比例的限制、对从业资格与证书的拒绝承认等），并限制国有及垄断企业对市场的扭曲，从而提高透明度。服务业是 TTIP 谈判的核心部分，其承诺超过迄今为止的所有双边和多边协定。欧美希望对金融和公共服务（主要是卫生、教育与社会服务）等关键领域保持管控，欧盟还希望继续执行其个人数据保护法，并通过欧盟配额等手段保持电影广播电视领域的文化多样性。相对于 WTO，该协定还扩展了许多新的内容，例如电信服务与电子商务，后者包括垃圾邮件问题、电子信托服务、在线服务授权程序、在电子传输和通过电子手段的合同订立上的关税等。美国文本提议涉及数码产品的非歧视、网络中立和消费者保护问题。这些都是传统WTO 规则中没有考虑的问题。

（三）技术性贸易壁垒

1. 技术性贸易壁垒（TBT）

详见第 4 章相关内容。

欧美双方对技术管控的要求和程序相差巨大，因此相对于 WTO 中关于技术贸易壁垒的规定，欧美推动的 TTIP 致力于通过融合、合作或者标准化等方式进一步减少各种不必要的 TBT 对双方贸易的阻碍。根据 TPP 协定和 TTIP 草案，监管一致性规则主要包括以下内容：第一，成员方内部协调和审议机制。该机制要求成员方在制定监管措施时，进行有效的机构间协调和审议，以促进监管一致性。第二，监管影响评估（regulatory impact assessment）机制。它是指成员方政府运用连贯的分析工具，确定和评估拟议监管措施所产生的预期影响的过程。作为良好监管实践的核心内容，监管影响评估的目的在于增强监管措施的合理性，提高其质量。第三，监管措施回溯审议（retrospective review of regulations）机制。成员方应主动或应利益相关方请求对已生效的监管措施予以定期审议，确定其是否需要修改、简化、扩充或废止，以便更好地实现其监管目标。第四，监管措施制定过程的透明度和参与机制。其主要内容包括：公开和释明义务，参与和评论权利等。①

2. 卫生与动植物检疫（SPS）

根据美国—欧盟高层工作小组关于就业与增长的报告的建议，缔约方力求建立一个建立在 WTO 卫生与动植物检验检疫协定（SPS）的主要原则基础上的"SPS+"章节，包括各种技术有关方面，同时保持每个缔约方在与人类、动物或

---

① 李冬冬：《"21 世纪贸易协定"技术性壁垒规则：内容、特征及启示》，《国际经贸探索》2016 年第 11 期，第 98—112 页。

植物的生命或健康有关的情况下达到适当的保护水平的能力。

根据已披露文件可以看到,欧盟提出该章节的主要目标是:(1)尽可能促进双方之间的贸易,同时保持各方在其领土内保护人类、动物或植物生命和健康的权利,并尊重各方的监管制度、风险评估、风险管理和政策制定过程;(2)确保缔约方的卫生和植物检疫措施不会产生不必要的贸易壁垒;(3)进一步落实WTO"卫生和植物检疫措施实施协定";(4)建立并扩大完全纳入该章的"兽医协定"的范围;(5)加强缔约方之间卫生和植物检疫措施的交流与合作;(6)提高各方 SPS 措施的一致性、可预测性和透明度;(7)提供对话与合作框架,加强动物保护和福利,就动物福利标准达成共识。双方谈判内容还包括 SPS 适用范围、双方的权利与义务、主管部门、贸易便利化/条件(进口程序和一般 SPS 进口要求与特殊 SPS 进口要求)、冗余控制措施的消除、等价性、出口标准、进口检查和费用、审核和验证以及透明度等,分别进行了详细的说明与规定。相对于WTO 中的 SPS 协议,TTIP 中的"SPS+"一方面对适用条件和特别产品的进出口做了更加严格和明确的规定和要求,另一方面通过降低冗余措施,提高透明性,加强了双方措施的一致性和兼容性。

不过,目前欧美双方在围绕卫生与植物检疫的手段问题异见较大,融合空间较小。美国围绕检疫问题极力推动采用"基于科学的"最简单手段,而欧盟则力图保持其"合法的"更严格标准,并寻求在动物福利方面与美达成高标准协议。

第 3 节　TTIP 协议新规则评析

一、TTIP 协议新规则的基本评价

由上述分析可知,TTIP 是欧美国家应对新兴经济体的崛起带来的挑战和国际治理结构上的权力再分配,继续保持其主导"新一代国际贸易规则"、通过扩大双边贸易与投资促进经济增长和创造就业而实施的战略。TTIP 协议谈判的内容涵盖非常全面,远超过 WTO 体制下作出的各种承诺。不仅包括关税(相互取消关税,涉及万种商品)、投资、技术贸易壁垒、食品安全、知识产权、政府采购,还纳入了竞争政策、绿色增长、劳工标准、监管一致性、贸易救济等 WTO 体制下无法达成的新兴领域,而且在市场开放、技术标准和竞争、劳工条件和环保方面的标准高于 WTO 的一般原则。

不过由于欧盟成员国之间的经济发展、经济结构等方面存在明显差距,各国对此项谈判的利益诉求和关注重点并不相同,导致欧盟内部本身分歧较大。

同时,欧美双方由于国内利益群体的影响、体制和立法框架不同、技术标准不一致等各种原因,在多个领域如服务业、公共采购、国际投资争端解决机制、数据跨境流动、监管合作、汽车制造、农业等存在重大分歧。

二、TTIP 新规则的可行性分析

(一) 分歧导致谈判达成一致存在困难

欧盟和美国是世界上最大的两个成熟经济体,两方加起来有 8 亿多人口,国内生产总值相加占到世界总量的 35%(以购买力指数衡量)。双方经济与贸易联系十分密切,其共同推动的 TTIP 规则是涵盖几乎所有产业领域和贸易争端解决机制等制度性问题的 21 世纪"新一代"(Next Generation)贸易与投资协定,协商的内容早已超出传统意义上的互免关税的自由贸易区范畴,而是一项已牵涉欧美双方管制自己市场主权诸多事项,需要欧美政治层在行政管理和市场规制方面作出调整的深度协议,所以 TTIP 谈判引发了美国和欧盟内部资本与社会两种力量的激烈博弈,它们之间的较量与斗争直接反映到美国和欧盟的内部政治运作之中,其博弈结果决定着谈判的成败。

由于其内部利益的不一致性(如欧盟内部存在不同声音)、某些经济领域规则或制度的差异性等种种经济与政治原因,双方尚在许多具体的条款方面存在较大的分歧,这导致 TTIP 协定谈判一度陷入僵局。最初的预期达成时间是 2014 年年底,然而到 2017 年 6 月仍未达成。预期达成的目标时间尚未可知。除非双方在某些分歧较大的条款如国际投资争端解决机制、数据跨境流动、监管合作、汽车制造、农业等领域能够达成一致意见或者提出新的双方都能够接受的有许多"例外"条款的文本,否则该协议很难达成。

由于欧美在世界经济、贸易中的地位的重要性,一旦 TTIP 达成新的规则,其在国际贸易投资新秩序方面的建立方面将产生巨大的作用。无论是发达国家还是发展中国家都将受到影响。

(二) 主要大国的集体认可程度与发展中国家接受能力

新规则范围广、自由度高、标准高,符合发达国家经济发展水平,有利于其发挥产业优势和技术优势,因此 TTIP 新规则对欧美的经济增长、出口与就业产生强大的促进作用,日本等发达国家也将从中获利颇丰。因此,主要发达国家对新规则的认可度相对较高。

但是对于新兴经济体大国如金砖五国以及一般的发展中国家,虽然其在国际贸易与经济中地位不断上升,但其技术水平、标准与规制等方面与发达国家还存在一定的距离。这些新兴经济体被欧美等国发起的 TPP 及 TTIP 等谈判排除在外,失掉贸易规则话语权,将使其陷入被动,超过自身经济发展水平的高标准将阻碍出口增长,边界内规则对国家内部经济政治体制调整与改革施加强大压力,原产地规则将使全球产业链中间产品生产国的利益蒙受损失。总体来说,TTIP 中的多项高标准规则对于发展中国家来说接受难度较高。

(三)国内利益集团的大力抗争

如前面所述,TTIP 涉及的领域非常广泛,一些新的协定或规则的达成将对某些领域的国内利益集团产生重要的影响。例如,相对美国,欧盟在农产品方面的竞争力相对较低,一直存在很高的补贴。一旦美国与欧盟在农业章节方面谈判达成一致,如要求欧盟取消或降低农产品补贴或降低来自美国的农产品的关税壁垒或非关税壁垒如转基因农产品的规制标准,将会对欧盟的农民的利益产生严重的负面影响,必然导致相关利益集团的极力反对。尤其是欧盟内部包括 28 个国家,每个国家有其想要保护的相关产业。TTIP 的推动在给消费者以及某些产业尤其是出口部门的发展带来好处的同时,必然会损害到成员国内部进口替代产业等相关集团的利益。如何平衡这些内部矛盾或者如何在各利益集团中间协调其收益分配,例如将获益部门的收益转让一部分给受损的部门,这对欧盟委员会来说是一个巨大的挑战。因此,构建一个利益协调与补偿机制对于欧美降低来自成员国内部某些利益集团阻力至关重要。

(四)与 WTO 规则体系能否有效对接

TTIP 谈判中许多新的条款是在 WTO 规则体系基础之上进一步丰富或者改善或者修订,与 WTO 规则体系具有继承性和发展性的特点,因此存在一定对接的基础。但是一些新的完全超越 WTO 原先规定的新规则使得 TTIP 与 WTO 规则体系的对接仍存在一定的挑战。

三、TTIP 新规则的初步展望

(一)谈判前景展望

TTIP 谈判可能出现以下三种结果:第一种可能是如欧美决策层所愿,达成一个综合全面的协定,并且该协定得到各自立法机构的批准而生效。欧美互免所有关税,并大幅度削减本章表格中所提及的诸多领域的非关税壁垒,建立起动态的美欧市场监管和规制协调机制;第二种可能是双方签署一个包含诸多例外条款的"低版本"的 TTIP,在欧美各自国内民众和利益集团的压力下,免除农产品关税、美国开放政府采购市场、美国转基因食品进入欧洲市场、欧盟开放文化产品市场,以及 ISDS 和一些领域的规制协调都被列入例外条款,这样的"妥协"版本的协定也可以提升欧美市场一体化的水平;第三种可能是谈判无法如期达成协议,或者得不到立法机构,即美国国会、欧洲议会和欧盟各成员国议会的表决通过而生效。

目前第三种可能性正变得越来越大,这有两方面原因:一方面是在欧美各自社会内部反对 TTIP 的声音越来越高,欧美的工会和众多非政府组织强烈反对 ISDS,反对欧美资本家阶层联合起来降低社会标准和环保标准。近年来,反全球化的民族主义情绪在不断酝酿和积累,欧美内部都出现了孤立主义和民粹主义的政治代表人物,如美国新任总统特朗普、英国独立党的前党首法拉奇、法国极右翼"国民阵线"领导人玛利亚·勒庞等。英国 2016 年 6 月的脱欧公投以及 2016 年特朗普的上台都意味着现在的社会气氛与 2013 年 TTIP 谈判启动时相比已有显著不同。另一方面是 TTIP 所赖以加速的政治意愿在欧美双方都有很大损耗。

(二)规则影响力

欧美加强合作无疑可在全球规则制定方面发挥统治性的作用。欧美试图将 TTIP 打造为高标准的综合贸易协定,可以率先建立新的工业标准和贸易规则,并在其中体现它们的核心价值观。一旦该协定达成一致并实施,将会为制定全球规则设置基准和范本。对于几乎所有国家来说,美国和欧盟都是最重要的贸易和投资伙伴。如果新兴经济体与一般发展中国家不联合起来,可能为了自身利益(贸易创造效应和贸易转移效应)而不得不按照欧美国家制定的规则与标准加入其推动的贸易协定。其中市场开放如降低关税、政府采购、海关贸易便利化等方面可能会逐渐被其他国家所接受。不过,TTIP 中的许多标准高于 WTO 的一般原则,尤其是劳动条件、环保和知识产权等比较新的一代贸易规则,而一般的发展中国家可能很难达到这些高标准或者为了达到需要付出很大的代价,因此这些新的规则更可能被一般发达国家接受,而在一般发展中国家的接受度可能较低。另外,在规制融合方面,由于每个国家的经济发展水平、文化、价值观等差异甚大,监管体系与标准也明显不同。规制融合的成本过高,因此规制融合这一方面在其他国家被接受的可能性比较小,至少短期内可行性比较低。

（三）对中国可能产生的影响

无论 TTIP 能否达成，我们都应当注意它所代表的世界贸易谈判的趋势和方向。中国虽然是世界货物进出口第一大国，但中国目前与韩国、澳大利亚、冰岛、瑞士等发达国家签订的自贸区协议均为浅度一体化协定，虽有部分边境内措施，但还是多以边境措施为主，主要是免除绝大多数商品贸易的海关关税，不涉及服务业贸易和规制协调。

美国和欧盟均未同意与中国进行自由贸易区谈判，目前中国与这两大经济体之间进行的是双边投资协定（Bilateral Investment Treaty，BIT）谈判。中美双边投资协定谈判于 2008 年启动，迄今已进行了 20 余轮谈判；中欧投资协定谈判 2013 年启动，现已进行了 11 轮，中美和中欧就投资体制、投资保护、市场准入等问题深入交换意见，但仍未达成具体协议。欧美如果达成包含贸易与投资问题在内的 TTIP，它们就有可能一同以此协议为标准，向中国施加更大压力，要求中国向欧美双方同时开放更多领域的市场。

对于中国以欧美市场为目的地的出口企业来说，如果欧美达成一个普惠性的 TTIP，即所有第三方国家企业与欧美企业一样适用欧美新达成的一致的标准，而无需出口欧洲时去适应欧盟的标准，出口美国时再对产品进行改造以适应美国的标准，从而必须满足两种标准认证的话，则可以大大节省生产成本，享受欧美双边贸易协定的"面向所有人"的福利。但就目前来看，TTIP 更像是一个具有排他性而非开放性的协定，市场开放、标准相互认定或是标准一体化都局限在欧美谈判双方的意愿上[1]，欧盟委员会 2013 年的文件中已经明确表示，在汽车业和电气设备产业里，欧美共同认同的标准将不会产生"对第三方的外溢效应"，只有欧盟企业才能更容易地进入美国市场。[2]

当然，即使欧美谈判最终达成一个排他性的协议，由于欧美之间全面免除关税，中美和中欧处于全球产业链的不同位置，它也会对中国出口产生"贸易创造效应"，比如欧盟增加对美国汽车出口，会产生对中国钢铁和零部件的额外需求。但是，TTIP 产生的"贸易转移效应"对中国的影响更大，即欧美因为相互免除关税和共同认证或协调产品标准，从而以自己生产的产品替代从中国进口产品。中国学者张晓通仅测算了欧美互免关税对中国出口的"贸易转移效应"，中

① Ferdi De Ville and Gabriel Siles-Bruegge, *TTIP: The Truth about the Transatlantic Trade and Investment Partner-ship*(Cambridge: Polity Press, 2016), p.57.

② European Commission, "European Commission Staff Working Document: Impact Assessment Report on the Future of EU-US Trade Relations," SWD(2013) 68 Final(Brussels: European Commission), pp.41, 43.

国出口将因 TTIP 至少损失 200 亿欧元,约占中国总出口的 1% 和国内生产总值的 0.3%。随着中国逐渐在全球产业链上爬升,中国产品与欧美同质产品的竞争加剧,这一损失额还将继续上升。橡胶、塑料、汽车、有机化学品等产业由于欧美之间现有关税水平高,中国这些行业的出口受 TTIP 达成的影响最大。①

四、小结

即使 TTIP 因美国国内政治原因和欧美国内社会抗议无法达成或得到议会批准,我们仍然应当清醒地看到它所表现出的欧美发达经济体对全球贸易的意向和看法,它们虽然以全球化进入新阶段为口号要求"平等"对待每个企业,但是它们实质上具有保守化和集团化的特征。根据帕斯卡尔·拉米的"贸易新世界"论,政府的核心作用将转为保护消费者。那么在这一宗旨下,趋同后的"共同市场"规制就应当坚持高标准,贫弱的发展中国家不但无法再"享受"特惠或发达国家单方面开放市场的贸易协定,而且在零关税的"贸易新世界"里,发展中国家还要在国有企业、知识产权、环保和劳工标准等问题上向欧美发达国家"看齐",这样无疑将把许多发展中国家"挤出"全球化进程。

中国在全球产业链中处在发达国家和普通发展中国家的中间位置,党的十八届三中全会确定了"建立面向全球的高标准自贸区网络"的要求,所以我们还需要在 WTO 总体谈判推进不力的客观现实面前,大力探索与发达国家签订何种既有利于双方贸易自由往来和投资便利,又能有效维护中国经济主权的投资和自由贸易区建设方案。

>>>

【思考题】

1. 欧美推动 TTIP 的经济与政治动因是什么?
2. 相对于 WTO 框架下的规则,TTIP 提出了哪些新的领域?
3. TTIP 协议一旦达成,将会对世界贸易规则产生什么影响?
4. TTIP 一旦达成将对中国可能产生什么影响?
5. 面对 TTIP 协议形成的高标准的贸易投资规则,中国应该如何应对?

---

① Jean-Frederic Morin, Tereza Novotna, Frederik Ponjaert and Mario Telo et al., *The Politics of Transatlantic Trade Negotiations: TTIP in a Globalized World* (Surrey: Ashgate, 2015), pp.113—125.

第8章
RCEP 协议探析

区域全面经济伙伴关系（Regional Comprehensive Economic Partnership, RCEP）是东盟国家近年来首次提出，并以东盟主导的区域经济一体化合作，是成员国间相互开放市场、实施区域经济一体化的组织。RCEP 是目前国际上参与成员国较多、最具代表性的 FTA 之一。本章主要介绍 RCEP 谈判的进展、涉及的主要贸易投资规则及其与 WTO、TPP 相关规则的区别，包括其应用的前景等内容。

第1节　RCEP 谈判的进程与特点

一、RCEP 谈判的启动与意义

RCEP 诞生于美国金融危机之后，面对全球性的危机影响，世界经济全球化的趋势日益增强，不论是发达国家还是发展中国家都逐渐加快了 FTA 谈判的步伐，希望"抱团过冬"。RCEP 就是在这种背景下应运而生的。

2011 年 2 月 26 日，第十八次东盟经济部长会议首次提出 RCEP，邀请中国、日本、韩国、澳大利亚、新西兰、印度共同参加，在同年举行的东盟峰会上得到东盟十国领导人的正式批准。2012 年 8 月在柬埔寨举行的首届东盟与自贸伙伴国经贸部长会议上，东盟十国和澳、中、印、日、韩、新的经贸部长发表联合声明，就启动 RCEP 谈判达成原则共识并通过了《RCEP 谈判指导原则和目标》，在 11 月 18 日至 20 日召开的第 21 届东盟峰会期间，亚洲领导人正式启动了 RCEP 的谈判工作（见表 8.1）。

表 8.1　RCEP 的筹建过程

时　间	会议名称	达成的共识及取得的成果
2011 年 2 月	第十八次东盟经济部长会议	会议结果是产生组建 RCEP 的草案，RCEP 概念被首次提出
2011 年 8 月	东盟与中日韩"10+3"经贸部长会议和东亚峰会"10+6"经贸部长会议	建立亚洲区域范围自由贸易区的倡议再度被提上日程

时　间	会议名称	达成的共识及取得的成果
2011 年 11 月	第 19 届东盟峰会	东盟正式提出了 RCEP，与会成员一致同意建立 RCEP
2012 年 4 月初	第 20 届东盟峰会	在此次峰会上，与会各方同意积极推动实现新的广域自由贸易区，即 RCEP
2012 年 8 月底	东盟"10+6"经济部长会议	RCEP 协议谈判达成实质性共识，并达成《RCEP 谈判指导原则和目标》。拟于 2013 年年初正式开始 RCEP 谈判，计划于 2015 年年底完成，之后正式实施。RCEP 货物贸易工作组已经运转
2012 年 10 月		RCEP 的服务工作组和投资工作组启动
2012 年 11 月	第 21 届东盟峰会	发布《启动 RCEP 谈判的联合声明》，RCEP 谈判正式启动

资料来源：根据东盟网站（www.aesen.org）提供的资料整理而得；陈淑梅：《经济全球化新趋势下我国自由贸易区的战略定位研究》，经济科学出版社 2015 年版，第 72—73 页。

RCEP 从概念提出到正式启动谈判仅用了两年左右的时间，进展迅速。它的启动有重大的现实意义。

第一，RCEP 有利于增进亚太国家的经济福祉。RCEP 如若能达成，它将是东亚地区参与成员最多、规模最大的 FTA，其涵盖亚太地区 16 个国家，拥有一半的世界人口（34.35 亿，2013 年），占全球产出的 31.6% 和贸易额的 28.5%（2016 年），吸引全球 1/5 的外国直接投资。RCEP 建成后，将成为亚太地区唯一能与 TPP 相竞争的区域 FTA 安排，并且其经济效应远高于TPP。据专家测算，RCEP 如能实现，仅是关税壁垒和非关税壁垒的消除就能使亚太地区 GDP 增长 2.1%，使世界 GDP 增长 1.4%；而 TPP 如能实现，仅使亚太经济和世界的 GDP 各自增长 1.2% 和 0.6%。可见，RCEP 的经济效应要比 TPP 的大。①

第二，RCEP 有利于提升区域贸易投资自由化水平。RCEP 将在现有参与国之间自由化水平基础上渐进式实现货物贸易更高水平的自由化。服务贸易领域的开放也将超出参与国对《服务贸易总协定》（GATS）以及"东盟+1"FTA 的承诺。投资谈判将涵盖促进、保护、便利化和自由化四大支柱，以打造更加自由、便利的具有竞争力的投资环境。可以预见，RCEP 的建成将提升东亚区域贸易投资自由化水平，改善区域贸易投资环境，从而促进区域贸易

---

① 魏民：《全球自贸架构与中国战略选择》，世界知识出版社 2014 年版，第 170 页。

投资的发展。

第三,RCEP 有利于增强亚太地区的凝聚力。近些年来,随着中国的和平崛起和新兴经济体在全球经济中地位的不断上升,亚太区域逐渐成为大国博弈的热点地区。不仅美国加快实施亚太再平衡战略,欧盟、俄罗斯等也加紧在亚太谋篇布局,区域政治安全环境日趋复杂,领土领海主权争端不断,一些国家甚至出现了动荡与危机。RCEP 参与国均为亚太区域核心国家,以 RCEP 自贸区建设作为纽带,推进区域一体化,进一步加强和放大互利合作的经济效应,使各国经贸更加紧密,促进区域经济更快增长,有利于增强亚太地区的凝聚力,对于这一区域的和平与稳定将起到重要作用。[1]

二、RCEP 谈判的进展

RCEP 自 2012 年启动以来已进行了多轮谈判并取得了一些可喜的成果。

RCEP 首轮谈判于 2013 年 5 月在文莱举行。中国、日本、韩国、澳大利亚、新西兰、印度以及东盟 10 国均派代表团与会。本轮谈判正式组建了货物贸易、服务贸易和投资三方面的工作组,并就货物、服务和投资等议题展开磋商。各方就三个工作组的工作规划、职责范围、未来可能面临的挑战等议题深入交换了意见,还就其他领域谈判问题进行了初步探讨。

第二轮谈判于 2013 年 9 月在澳大利亚布里斯班举行。在这次谈判中贸易谈判委员会和货物贸易、服务贸易、投资等三个工作组召开了会议并就某些问题进行了协商。货物贸易方面,各方重点讨论了关税减让模式和章节结构及要素等问题,并就关税和贸易数据交换、原产地规则、海关程序等问题进行了交流,决定成立原产地规则分组和海关程序与贸易便利化分组。服务贸易方面,各方对协定章节结构、要素等问题展开讨论,并就部分各国感兴趣的服务部门开放问题初步交换了意见。投资组重点就章节要素进行了讨论。此外,各方还就知识产权、竞争政策和争端解决等议题进行了信息交流。

第三轮谈判于 2014 年 1 月在马来西亚吉隆坡举行。中国、日本、韩国、澳大利亚、新西兰、印度和东盟 10 国派代表与会。此轮谈判的重点内容包括市场准入模式、协定章节框架和相关领域案文要素等。各领域议题由工作组讨论,主要议题和协调工作由贸易谈判委员会负责。在此轮谈判中,为进一步推动谈判在广泛领域取得进展,各方还决定成立知识产权、竞争政策、经济技术合作和

---

[1]　商务部新闻办公室:《发挥中国重要作用,加速推动 RCEP 谈判》,http:www.mofcom.gov.cn,2014 年 8 月 28 日。

争端解决等四个工作组,启动这些领域的谈判。至此,RCEP 贸易谈判委员会正式成立了货物贸易、服务贸易、投资、知识产权、竞争、经济与技术合作、争端解决机制等七个工作组以及原产地规则和海关程序与贸易便利化两个谈判分组。RCEP 谈判框架已经基本形成。

第四轮谈判于 2014 年 4 月在中国广西南宁举行。东盟 10 国、中国、日本、韩国、印度、澳大利亚、新西兰代表团共 500 余人参加谈判。在前三轮谈判基础上,各方在本轮谈判中继续就 RCEP 涉及的一系列议题进行最密集磋商,在货物、服务、投资及协议框架等广泛的问题上取得了积极进展。在货物贸易方面,重点讨论了关税、非关税措施、标准技术法规合格评定程序、卫生与植物卫生措施、海关程序与贸易便利化、原产地规则等议题。在服务贸易方面,就谈判范围、市场准入领域等议题充分交换了意见。在投资方面,就投资模式文件和投资章节要素进行了深入探讨。新成立的知识产权、竞争政策和经济技术合作工作组也就相关议题进行了讨论。

第五轮谈判于 2014 年 6 月在新加坡举行。与第四轮谈判一样,各方代表就许多议题进行了广泛的磋商。在货物贸易方面,各方重点讨论了关税减让模式、贸易救济、原产地规则、海关程序与贸易便利化、标准、技术法规和合格评定程序、卫生与植物卫生措施等议题。服务贸易方面,就谈判模式、章节要素等领域充分交换意见。投资方面,就投资模式文件和投资要素进行了深入探讨。

第六轮谈判于 2014 年 11 月在日本东京举行。在本轮谈判中,各方针对分歧最大的商品特许协商方针、服务和投资自由化等问题展开了集中讨论。

第七轮谈判于 2015 年 2 月在泰国曼谷举行。本次谈判召开了货物贸易、服务贸易、投资、经济技术合作、知识产权、竞争及法规和制度工作小组会议和电子商务专家会议等,并讨论了谈判进行方式及谈判领域。

第八轮谈判于 2015 年 6 月在日本京都举行。在本轮谈判中,原产地工作组就原产地规则及操作程序合并文本进行了逐条讨论,并对产品特定原产地规则的第 1—24 章产品进行了沟通,明晰各方观点,为进一步推动谈判奠定了基础。

第九轮谈判于 2015 年 8 月在缅甸内比都举行。本轮谈判在货物、服务和投资三个领域取得了实质性进展。

第十轮谈判于 2015 年 10 月在韩国釜山举行。各方按照 8 月部长会议达成的共识,就货物贸易、服务贸易、投资等领域展开实质性磋商,并举行了竞争政策、知识产权、经济技术合作、电子商务、法律与机制工作组会议。此外,本轮就协定文本也进行了谈判。

第十一轮谈判于 2016 年 2 月在文莱举行。在本轮谈判中,举行了货物贸易、服务贸易、投资、原产地规则四个分组会议,重点推进货物、服务、投资三大领域的市场准入谈判,并推进文本磋商。同时,为落实领导人关于力争 2016 年结束谈判的指示,各方初步确定了 2016 年谈判计划。

第十二轮于谈判 2016 年 4 月在澳大利亚珀斯举行。各方就货物、服务、投资、知识产权、经济技术合作、电子商务、法律条款等进行了深入磋商。

第十三轮谈判于 2016 年 6 月在新西兰奥克兰举行。各方继续就货物、服务、投资、知识产权、经济技术合作、竞争、电子商务、法律条款等领域进行深入磋商。其中,货物贸易、服务贸易和投资工作组对这些领域进行细节谈判,而对其他领域则侧重于谈判方法和谈判范围的讨论。

第十四轮谈判于 2016 年 8 月在越南胡志明市举行。东盟 10 国、中国、日本、韩国、澳大利亚、新西兰、印度和东盟秘书处派代表团与会。在 8 月 5 日第四次部长会议成果的基础上,各方就货物、服务、投资三大核心领域市场准入问题展开了深入讨论,并继续推进知识产权、经济技术合作、竞争、电子商务、法律条款等领域案文磋商。

第十五轮谈判于 2016 年 10 月在中国天津举行。本轮谈判的最大收获是完成了关于经济和技术合作章节草案的谈判。

第十六轮谈判于 2016 年 12 月在印度尼西亚举行。本轮谈判就中小企业问题达成一致意见,中小企业在促进经济增长、创造就业和推动改革上被成员国寄予厚望。另外,RCEP 还就有关商品、服务、投资和劳工自由流动等内容进行了磋商。

2017 年 RCEP 又进行了多轮谈判。至 2018 年 2 月,RCEP 共进行了 21 轮谈判。每轮谈判都就货物、服务、投资和部分规则领域议题展开深入磋商,并取得了积极进展,所有成员国一致同意于 2018 年年内完成相关议题谈判。

三、RCEP 谈判的特点

RCEP 为亚洲带来了历史性机遇,它对亚洲各国起到对接作用。当中国、印度、印度尼西亚和其他亚洲发展中国家在加入 TPP 遭遇困难时,RCEP 可以抵消 TPP 对贸易和投资的影响,并致力于实现整个亚太地区的一体化。RCEP 一旦达成,除了贸易和投资更加便利化之外,还将把产业合作作为重点,这将进一步缩小 RCEP 内部的经济差距,从而为亚洲经济发展提供新动力。从 RCEP 谈判的过程、谈判的方式和谈判的内容来看,作为当前亚洲地区规模最大的 FTA

谈判,RCEP 谈判主要有以下几个特点。

（一）RCEP 是以东盟为主导的东亚地区经济一体化机制

东盟推进一体化进程,实行的是"双轨"制度,即在积极推进内部一体化的同时,主动加强与周边国家的经济合作。截至目前,东盟已分别与中国、日本、韩国、印度、澳大利亚—新西兰(以下简称澳新)、欧盟等签订了 6 个 FTA 协定。东盟通过"10+6",已初步实现了与大国建立自由贸易区的目标,在亚洲尤其东亚经济一体化进程中的中心和主导地位日益突出。除东盟—欧盟 FTA 外,其余 5 个"10+1"的实施为 RCEP 奠定了有力基础。从表面看,东盟是在整合 5 个"10+1"FTA 的内容,并解决东亚区域经济合作长期以来的"10+3"和"10+6"路径之争等问题,但其背后还有深层次的战略意图,即在近年来 TPP 扰乱东亚区域经济合作的情况下,以 RCEP 为契机,巩固和发展东盟在区域经济合作中的核心地位。由东盟主导建立的 RCEP 是大势所趋,也符合经济全球化和区域经济一体化发展的大趋势。

（二）计划将来对区域内和区域外成员兼具开放性

东盟指出未来的 RCEP 将会有一项开放加入条款,借以允许东盟 FTA 伙伴或任何其他外来经济伙伴加入。更重要的是,东盟强调有兴趣加入 RCEP 的国家不一定要在最初协商时即选择加入,而是可以选择在东盟准备好后再加入。这显示出东盟尊重不同国家不同国情与需求的特点,与过去 FTA 一般所采取的封闭式条款有所差异(封闭式条款是指 FTA 的开放与规范均只对签署国有效,且不准其他成员参与)。在实际操作中,目前东亚峰会的另外两个新成员——美国与俄罗斯,因尚未与东盟建立 FTA,故尚未在 RCEP 计划之内。按照计划,东盟将在 RCEP 建设到一定程度后,再进一步探讨美俄加入事宜。

（三）在倡导高水平 FTA 目标的同时,注重协定落实的渐进性

东盟指出,达成 RCEP 协议将可通过连续或单一承诺,或是与其他与会各国统一的方式。该特点充分延续了东盟强调弹性与重视个别需求的特质。RCEP 的目标是消除内部贸易壁垒、创造和完善投资环境、扩大服务贸易等,最终建立一个覆盖大约 30 亿人口、区内经济总量接近 20 万亿美元的全球规模最大、贸易自由度较高的自贸区。RCEP 高水平的自由化程度将高于目前的 5 个"10+1"FTA,但考虑到 RCEP 成员之间经济发展水平差距,RCEP 谈判将会充分注意到可行性和各国在落实中的"舒适度",例如在协定中有望安排取消关税时间表等渐进性措施。

第 2 节　RCEP 与 WTO、TPP 相关规则的比较

一、RCEP 中的贸易投资新规则

RCEP 的贸易投资新规则还没有正式公布,但从其于 2012 年已通过的《RCEP 谈判的指导原则和目标》和历届谈判议题中,可以窥见一些大概。

RCEP 的目标是要在东盟成员与其 FTA 伙伴之间达成一个现代、全面、高质量、互利的,涵盖货物贸易、服务贸易、投资、经济技术合作、知识产权、竞争、争端协调及其他问题的经济伙伴协议。RCEP 谈判要遵循的主要原则有:(1)RCEP 将与 WTO 协定保持一致,适应范围包括对 1994 年《关贸总协定》提出的第 24 条内容范围及对 GATS 条款中第 5 条的规定。(2)在承认参与国特殊和不同条件的前提下,RCEP 致力于在现有的"东盟+1"FTA 框架下推动更加广泛的参与。(3)RCEP 将包括贸易便利化和投资条款,促进贸易、投资便利化及参与国之间投资关系的透明性,方便参与国参与全球及区域价值链。(4)考虑到参与国不同的发展水平,引入适当的灵活机制,对最不发达的东盟国家给予特殊照顾和差别待遇。(5)各参与国之间已签署的"东盟+1"FTA 和双边或诸边自贸区协定将继续有效,RCEP 的建立将不降低各成员已签署的双边和诸边条款的效力。(6)RCEP 将保持开放性,引入与新参加国有关的条款,既可在谈判过程中吸收东盟的其他 FTA 伙伴国,也可在谈判达成后吸收区域之外其他的经济伙伴国。(7)RCEP 将为区域内的发展中参与方和最不发达参与方提供有关技术支持和能力建设的帮助,充分顾及各成员国的发展利益,使各方都能充分参与谈判,承担域内责任,共享利益。(8)同时推进货物贸易、服务贸易、投资和其他领域的谈判,以期实现全面、均衡的谈判结果。

关于 RCEP 谈判中的贸易投资新规则。尽管谈判中的贸易投资新规则还未公开,但 RCEP 的条款规定可以从其指导原则和历届谈判所涉及的议题中可大致推知一些,以下作简要的介绍。[①]

(一)货物贸易

RCEP 要求在实质上所有货物贸易领域取消关税和非关税壁垒,建立高标

---

① 参阅叶波:《〈区域全面经济伙伴关系协定〉介评及其应对》,上海对外经贸大学学报 2017 年第 2 期,第 16—25 页;全毅、沈铭辉:《区域全面经济伙伴关系(RCEP)的中国视角》,《国际贸易》2014 年第 6 期,第 57—61 页。

准的自由贸易区。为达成目的,未来关税谈判将更注重全面性,以追求高程度自由化。但为寻求区域经济整合的最大利益,早期关税减让货品的优先顺序将视东盟最低度开发国家的利益而定。预计 RCEP 建成后将推动 90%—95%的货品降低关税,仍将允许 5%—10%的货品免于降税。

（二）服务贸易

RCEP 致力于在参加方之间取消服务贸易领域的限制和歧视性措施。按照指导原则,服务业领域的所有产业和服务提供模式都将展开谈判,具体的服务业谈判条款主要涉及国民待遇、最惠国待遇和市场准入条款。就目前 RCEP 谈判而言,服务业谈判主要采取了各方提交出价在服务业领域作承诺的方式,并且也已经建立了金融服务和电信业的工作组来讨论上述两个产业的市场准入事宜。至于服务业能开放到什么地步,根据 RCEP 的谈判指导文件,RCEP 服务贸易谈判的规则与义务将与 WTO 的 GATS 一致。依据各成员国在 GATS 以及"东盟+1"FTA 中所作的自由化承诺为基础,寻求服务贸易进一步的自由化。唯其在"东盟+1"FTA 中的自由化承诺内容相当保守。例如,东盟与中国的 FTA 中,仅新加坡、马来西亚、菲律宾与泰国较其在 WTO 下的服务业承诺提出了进一步的市场开放,至于越南和柬埔寨则未作任何额外承诺;中国开放的服务业部门仅 5 个,其中 26 个分部门。东盟与韩国签署的 FTA 中情况十分类似。只有东盟与澳新、东盟与日本的服务贸易自由化水平相对较高,澳新开放的服务业部门达到 11 个,85—99 个分部门,日本则开放 11—12 个服务业部门、100—150 个分部门。东盟优先开放的服务业是旅游业、物流服务、航空运输、医疗保健、电子商务等领域,而发达经济体则热衷运输、通信、金融等服务部门。因此,未来服务贸易谈判如何达成目标值得关注。

（三）投资

在东盟国家已经签署的 FTA,虽然多包含有投资协议或投资专章,但仍然以投资促进和保护为主,较少涉及给予外资实质性的开放待遇。相比于制造业部门的外商投资自由化,服务业部门的外商投资自由化程度更低。RCEP 的目标是在投资议题的谈判范围中纳入投资促进、投资保护、投资便利化与投资自由化四大核心议题,促进谈判成员放宽外商投资限制与禁令,在自贸区内创造一个更自由、便捷与竞争的投资环境,以有效吸引外国投资。就目前而言,已经建立了投资问题的工作组并且形成了投资文本,可以预计 RCEP 投资章将包括主流国际投资协定的大多数条款,诸如国民待遇、最惠国待遇、保护的最低标准、征收和补偿等。目前 5 个"东盟+1"FTA 在投资条款上的差异最小,所以

RCEP 各成员国达成共同的投资协定不难。至于投资仲裁机制,由于该机制对外国投资者授予了对东道国起诉的权利,从而具有一定的政治敏感性。但与此同时,RCEP 参加方为发展中国家,具有强烈的吸引外资的需求,而投资仲裁机制对外国投资者提供了国际法层面的保护,所以整体而言纳入投资仲裁机制是有利的。在这方面,中国已经通过缔结《中澳 FTA》在投资仲裁机制领域形成了良好的实践,可以此协定为基础开展 RCEP 投资仲裁机制相关条文的谈判。

(四)经济及技术合作

RCEP 经济与技术合作的目标是,缩小参与国之间的发展差距,履行 RCEP 协定利益最大化。经济和技术合作将建立在目前东盟成员之间和东盟自贸区伙伴之间合作的基础上,对包括电子贸易以及 RCEP 成员国互相认同的其他领域给予承诺。从目前已有的实践看,除东盟—印度 FTA 外,其他 4 个"东盟+1"FTA 都将经济技术合作单独成章,尽管各 FTA 经济合作的侧重点并不相同,但是一般都就投资、贸易便利化等方面进行了原则性规定。韩、中两国更多地侧重于具体合作领域,澳新更侧重于合作的规范性设计。这些经济技术合作事项原则上将成为 RCEP 经济与技术合作条款的基础。

(五)知识产权

RCEP 有关知识产权的协定是以"东盟+六国"框架和亚太经合组织经济合作为基础,由东盟和澳大利亚、中国、印度、日本、新西兰、韩国 6 国提出,反映了亚太地区 16 国的知识产权保护方面的要求和利益。不同于 TPP 协议主要以美国的知识产权保护水准制定,RCEP 的知识产权谈判几乎囊括了所有重要的知识产权问题,包括知识产权保护总的原则、版权及相关权、商标权、专利权、反不正当竞争与商业秘密保护以及知识产权保护措施和侵权救济。目前的知识产权谈判尚未完成,所起草的知识产权协定草案具体呈现了东盟及其他 6 国赞同或反对的条款内容和表述方式。在原则性规定上,各国都遵循了 TRIPs 协定的保护水准,倾向于制定一致的保护规定,但由于亚太地区 16 国经济和产业发展并不均衡,就具体的知识产权保护问题,各国之间分歧较大。日本、韩国、澳大利亚、新西兰这 4 个发达国家倾向于采用强保护标准,尤其针对数字网络环境下出现的知识产权侵权,倾向于采取有效措施制止网络环境下的重复侵权,国内授权机构可命令网络服务提供者提供涉嫌侵权人的具体信息。中国和印度则倾向于采用与 TRIPs 协定一致,甚至是强过 TRIPs 协定的强保护标准,只是在个别问题上采取保守的态度,并未跟从日本和韩国的步伐。而东盟 10 国由于经济发展水平相对较低,则倾向于采取较弱的知识产权保护标准,明确反对发达国家相当一部分的提议。由于亚太地区 16 国就 RCEP 协定知识产权方案的提议仍存在争议，RCEP 知识产权保护规则究竟为何，还有待观察。

（六）竞争政策与国有企业

完备的竞争政策是确保商业环境能够有效促进竞争、提高经济效率、维护消费者利益，以及抑制反竞争行为的法制基础。东盟—澳新 FTA 就竞争政策进行了原则性约束，同时还就部分具体纪律以合作的形式加以确立。竞争条款在日本与东盟签署的双边 FTA 中也有所体现，但并未体现为严格的纪律约束。东盟与中国、韩国和印度的 FTA 则都没有涉及竞争条款。RCEP 关注竞争问题。RCEP 的指导原则要求 RCEP 中的竞争规则旨在促进竞争、经济效率、消费者福利等宏观目标，并且就竞争问题建立了一个专门的工作组。就目前谈判进展而言，主要是要求各国竞争法的实施应当与各国的实际状况相一致，言下之意，RCEP 的竞争政策具有一定的灵活性，这可能是考虑到了 RCEP 成员国在竞争领域内存在的显著差别。RCEP 的指导原则并没有明文规定国有企业的问题，目前正在进行的谈判也没有涉及国有企业。但现实情况是，国有企业在一些 RCEP 参加方如中国和新加坡等国中占有重要地位，如果谈判涉及国有企业的话，多半会比较激烈和困难，不太容易确立具有实质内容的约束性规则。

（七）争端解决机制

一般而言，自贸区成员间因贸易、投资活动频繁，极易发生贸易摩擦和投资纠纷。例如，北美自贸区成员美国和加拿大间经常因贸易纠纷而诉讼不断。因此，为解决未来成员间可能发生的贸易与投资争端，RCEP 将建立一套争端解决机制，以提供成员间有效率且透明的咨询与争端解决程序。

（八）其他技术性事宜

在目前正在进行的 RCEP 谈判中，成员方的谈判议题涉及标准、技术法规、合格评定程序、卫生与植物卫生措施、海关程序、贸易便利化措施和原产地规则。在原产地规则方面，就如何认证原产地已经产生了不同意见，澳大利亚和新西兰主张就货物的原产地自己出具证明，而印度则主张由第三方出具货物原产地证明。相对而言，澳大利亚和新西兰的主张更加高效，而印度的主张更加公平。与此同时，已经有主张认为，为了确保产品的原产地来自 RCEP 参加方，出口方必须至少确保最低 40% 的价格增值幅度。上述规定就使得有些生产过程可以在 RCEP 参加方之外进行，只要累积的价格增值幅度没有超过 60% 即可。

二、RCEP 与 WTO 相关规则的比较分析

（一）大力深化和丰富 WTO 原先规定的规则

1. 透明度原则

透明度原则是 WTO 的重要原则，它体现在 WTO 的主要协定、协议中。RCEP 也保留和发展了 WTO 的透明度原则。RCEP 规定各成员应公正、合理、统一地实施各有关法规、条例、判决和决定。统一性要求在成员领土范围内管理贸易的有关法规不应有差别待遇，即中央政府统一颁布有关政策法规，地方政府颁布的有关法规不应与中央政府有任何抵触。但是，中央政府授权的特别行政区、地方政府除外。公正性和合理性要求成员对法规的实施履行非歧视原则。RCEP 的透明度原则还规定，鉴于对海关行政行为进行检查和纠正的必要，要求各成员应保留或尽快建立司法的或仲裁的或行政的机构和程序，这类法庭或程序独立于负责行政实施的机构之外。除进口商在所规定允许的上诉期内可向上级法庭或机构申诉外，其裁决一律由这些机构加以执行。

2. 特殊差别待遇

特殊与差别待遇是允许发展中国家作出的减让承诺比发达国家少的原则，是 WTO 各协定给发展成员方的优惠待遇，指在一定范围和条件下，发展成员方可以背离各协定所规定的一般权利和义务，享有较优惠和特殊的待遇。在 WTO 中各成员方有一个共识，即发展中国家成员方参与国际贸易的能力先天不足，但发展中国家成员方经济可持续发展对发达国家成员方的利益至关重要，帮助发展成员方全面参与和融入全球多边贸易体系，是发达国家成员方共同利益的需要。因此，特殊与差别待遇已成为 WTO 处理发展中国家成员方经济发展问题时必须遵循的一项基本原则。WTO 尽管首先强调的是多边贸易规则的普适性和非歧视性，但是，考虑到各国不同的经济发展水平和利益的差别，它也允许在一些特殊的情况下可以免受多边贸易规则的约束，这便是允许例外和保障措施原则。该原则是指在某些特殊的条件下，WTO 成员可以不履行已承诺的义务，对进口采取一些紧急的保障措施，如提高关税、实施数量限制等。但是，该原则在适用的条件、手段和期限等方面都具有严格的限制。考虑到各参与国不同的发展水平，RCEP 也将包括灵活性，包含设立特殊和差别待遇条款在内的适当形式的灵活性，并给予最不发达的东盟国家额外的灵活性，制定专门区别待

遇等条款,让其在不同的发展阶段承担不同的义务,甚至相比 WTO 的特殊差别待遇规定有更多的照顾。

(二)完全超越 WTO 适用范围的新规则

1. 在货物贸易领域

WTO 缔约方要求根据互惠互利原则,对货物贸易免征超过其已商定的普通关税部分的份额。关税减让原则是 GATT 多边贸易谈判的最主要原则,关税保护原则又是各缔约方对国内工业保护的主要手段。因为关税的增减直观地反映出其所影响的贸易量的增减,保护的程度一目了然,易于对各国的保护水平进行比较,便于谈判时有明确的衡量标准,且关税减让协议达成后通过透明度原则以及关税减让总表公布于世,有利于国际贸易的顺利进行。所以,WTO规定关税保护原则是唯一的国际贸易保护原则。WTO 自其前身 GATT 成立以来已进行了多轮多边贸易谈判,而每一轮谈判都把关税减让作为重要议题。通过谈判,目前成员方关税已大幅度削减,发达国家成员整体的工业制成品的加权平均关税从乌拉圭回合之前的 6.3% 下降到乌拉圭回合后的 3.8%,转型经济体成员整体从 8.6% 下降到 6.0%,发展中国家成员均有程度不同的下降,从而促进了世界贸易的发展。RCEP 要求在实质上对所有货物贸易领域取消关税和非关税壁垒,但是首先将针对最不发达东盟国家的产品削减关税。就目前协定谈判的情况来看,主要内容之一集中在削减关税,在参与国之间建立一个自由贸易区。关税削减的幅度将是空前的,将大大超出 WTO现有的水平。

2. 在投资领域

WTO 多边投资谈判步履维艰是各国纷纷缔结双边投资条约的直接原因。虽然国际社会对于制定多边投资规则进行了不少努力,但是多边投资谈判依然毫无进展,究其原因,主要是:一是投资问题的复杂性导致 WTO 多边投资谈判旷日持久。对 WTO 而言,将议题扩大到投资问题,将使谈判既要处理原来遗留的各种问题,如市场准入、投资保护、投资争端解决问题,又要解决许多新的投资问题,如投资与贸易、劳工、环保的关系问题;既要着眼于原有各种协议落到实处,保证其实施,又要努力达成新的协议并推动其实施,同时还要协调新协议与旧协议之间的冲突。GATT/WTO 的实践充分证明:随着 WTO 成员在数量上越来越多,在成分上越来越复杂,如今要在一个特定的议题上形成协商一致越来越困难,与此同时,随着 WTO 一个回合接着一个回合致力于全球投资自由化,多边贸易谈判议题的难度越来越大,政治敏感性越来越强,从而妥协的余地越来越小。二是成员国之间的分歧大导致 WTO 多边投资谈判无果而终。在是否有必要制定多边投资协定问题上,发达国家(主要的资本输出方)普遍希望尽快启动多边投资规则框架的谈判。发展中国家(主要的资本输入方)则因原来普遍运用的对其有利的限制外国投资的措施已经被 TRIMS 协议所限制,坚持反对在 WTO 框架下启动多边投资规则的谈判。在是否将投资激励和更多的实绩要求纳入 TRIMS 协议加以禁止问题上,发达国家大多支持将投资激励和更多的实绩要求纳入 TRIMS 协议所禁止的范围,而发展中国家成员则基本上持反对意见(墨西哥除外)。在是否规定投资保障问题上,发达国家比较强调保障投资者的利益,发展中国家则比较强调东道国的利益,对是否纳入更多的投资保障条款反应并不积极。过多的分歧导致多边投资谈判屡次不欢而散,亟须引进外资的国家不得不转向谈判主体少、议题简单、易于取得成果的双边投资谈判。

RCEP 在投资问题上旨在建立一个自由和竞争性的投资环境。RCEP 目前正在进行的投资谈判涉及投资促进、保护、便利化和自由化,比 WTO 的 TRIMS 协议涉及的范围和内容要广泛得多,并有可能建立投资仲裁机制,解决各参与国的投资争端,这是 WTO 的 TRIMS 协议所没有的。就目前而言,已经建立了投资问题的工作组并且形成了投资文本,可以预计 RCEP 的投资条款内容比 WTO 的相关投资条款内容要深化得多。

3. 在准入原则上

WTO 要求申请加入国将工作组报告、加入议定书和减让表组成的最后一揽子文件提交世界贸易总理事会或部长级会议审议。如果 WTO 成员方的 2/3 多数投票同意,申请者即可签署议定书,加入 WTO,成为正式的成员方。RCEP 要求后续成员加入需要既有成员一致同意。

三、RCEP 与 TPP 的比较分析

RCEP 和 TPP 都属于广域一体化的自由贸易区组织,都坚持开放性、包容性原则,二者之间参与方互相重叠,相互影响,并影响其他区域一体化及世界经贸的发展。RCEP 和 TPP 这两条整合路径之间有竞有合。它们在推进贸易自由化及经济整合方面,二者有相同的目标,尤其是在体系准入、成员范围和合作机制等方面存在多重交叉;但同时,两者在谈判议题和标准方面存在本质上的区别。[1]

---

① 参阅金中夏:《全球化向何处去》,中国金融出版社 2015 年版,第 39—40 页。

从谈判议题来看,TPP所涉及的议题范围广而深,其目标是要构建一个高标准的经贸集团。因此,TPP偏重于新议题的规则及制度问题,谈判议题除包括货品市场进入、跨境服务贸易、技术性贸易障碍、知识产权、投资、政府采购、食品安全检验及动植物防疫检验措施、原产地规则、纺织品与成衣、贸易救济、商务人士暂准进入等传统FTA贸易议题外,还包括合作与能力构建、电子商务、环境、金融服务、竞争政策、电信与劳工等FTA新兴贸易议题,谈判范围将会涉及国内经贸制度与会员之间的衔接,这已远超过WTO旨在降低关税的内容范围,所以又被称为"WTO-plus"。相较于TPP的议题和高标准,RCEP的议题较为狭窄,以传统议题为谈判重点,主要包括货物贸易、服务贸易、投资、经济与技术合作(含电子商务、知识产权、竞争、争端解决等)。RCEP更强调根据参与国的不同发展水平,给予其适当的开放与调适弹性。其中,除在尽可能符合既存"东盟+1"FTA的情况下,给予会员国中的发展中国家额外弹性外,更将透过技术协助与能力构建条款,帮助RCEP中的发展中国家能够完全参与谈判、履行RCEP下的义务,并得以享有RCEP的具体利益。由于RCEP的标准设定比起TPP更具弹性,容许发展程度较落后的成员国设置关税例外措施以及较长的过渡期,同时其加入条件也是比强调高标准、高质量的TPP来得宽松,RCEP比TPP更为实际和切实可行,从而更容易被参与国所接受。

RCEP与TPP的其他差异见表8.2。

表8.2 RCEP与TTP的不同特征比较

特征差异	RCEP	TPP
核心主导国不同	东盟	美国
主要经济体不同	囊括当今世界经济发展潜力和活力最大的中国、东盟、印度等新兴经济体	主要经济体是老牌经济强国,如美国、日本、加拿大
成员经济发展水平不同	多数是欠发达经济体	多数成员的经济发展水平高,约占2/3的成员是发达经济体或者富裕国家
地域分布的集中度不同	除澳大利亚、新西兰外,其他成员均是亚洲经济体,地域集中,地缘凝聚力强	分散性强,不集中
议题范围不同	以经贸问题为主,更多专注货物、服务和投资自由化	谈判议题"包罗万象",甚至涉及环保、劳工和国企经营等,远远超过一般FTA谈判的内容

特征差异	RCEP	TPP
自由化程度不同	自由化程度不要求过高，对各成员国的敏感、关键部门或产业尽量回避，或者设置一定时间段的"缓冲期"	要求的自由化程度极高，秉持"无例外"原则，即使是对内部成员国内的敏感、关键部门或产业也一样
政治意图	目前只专注于经贸领域	强调政治目的，充斥着美国"重返亚太"的政治意图

资料来源：孙红玉：《多国博弈视角下 TPP 谈判引发的政策互动和中国的战略选择》，对外经济贸易大学出版社 2014 年版，第 154—155 页；徐占忱：《全球化变局与中国新一轮对外开放》，中国经济出版社 2014 年版，第 91—95 页；许宁宁：《RCEP：东盟主导的区域全面经济伙伴关系》，《东南亚纵横》2012 年第 10 期，第 35—38 页。

第 3 节　RCEP 新规则的前景展望

一、RCEP 新规则达成的可能性、难点及应用前景

（一）各成员对 RCEP 的认可程度

1. 东盟对 RCEP 的态度

东盟是 RCEP 的提出者和主导推动者，其成员均持支持的态度，希望通过 RCEP 将 FTA 框架下的货物、服务及投资贸易自由化扩展到中国、日本、韩国、澳大利亚、新西兰和印度。

2. 中国对 RCEP 的态度

在 2012 年 9 月闭幕的 APEC 会议上，中国明确支持发展水平各异的东亚各国缔结更适合的广域一体化组织 RCEP，同时积极与东盟联系启动 RCEP 谈判。在 2012 年 11 月下旬举行的东亚峰会上，中国领导人又再次重申中国将全力支持东盟推进 RCEP 建设。2017 年中国商务部称将加快实施自贸区战略，力争尽快完成 RCEP 等谈判。

作为迄今为止亚太区域内规模最大、参与成员最多、成员构成最复杂的 FTA 谈判，RCEP 谈判注定是个复杂的过程，但中国加快推进谈判的决心和意愿没有改变。

3. 日本对 RCEP 的态度

自 TPP 谈判达成后，日本对于 RCEP 的态度变得扑朔迷离。日本认为亚太

地区自由贸易圈构建上，与 RCEP 和中日韩 FTA 相比，TPP 处于领先的局面日趋明显。可见，日本对于 TPP 的期望高于 RCEP 和中日韩 FTA。在 RCEP 谈判的深度方面，日本首相安倍晋三在二十国集团（G20）首脑会议上强调"TPP 构建的经济秩序将成为 RCEP 制定规则时的蓝本"。不难看出，日本认为 RCEP 协议应该与 TPP 协议保持一致，使其成为高标准的贸易协议。如果 RCEP 协议标准无法达到日本的预期，日本对 RCEP 的热情可能会减退。但是，到了 2016 年，美国对外宣布退出 TPP，这种状况使得全球经济一体化的支持者们将目光转向了 RCEP。尤其是日本对 RCEP 的态度又开始变得积极起来，随之开始重新审视 RCEP 的谈判。

4. 韩国、澳大利亚和新西兰对 RCEP 的态度

总体上看，这三国对 RCEP 持支持态度，在参与 RCEP 上阻力较小。韩国已将参与 RCEP 视为其经济发展战略的重要内容。早在 2012 年，韩国外交部表示："目前东亚正在展开各种一体化相关的讨论，在这种背景下，韩国政府通过推进韩中日 FTA 和 RCEP 追求国家利益最大化。"2015 年 9 月，在第十二届中国—东盟博览会上，韩国产业通商资源部副部长文在焘表示："韩方将积极推动 RCEP，共建 21 世纪海上丝绸之路。"而澳大利亚和新西兰也是非常重视 RCEP 的。在世界经济重心向亚太地区转移的背景下，美国退出 TPP 后，作为 TPP 成员的澳大利亚和新西兰更加重视 RCEP 的谈判和参与亚太经贸合作的机会。韩国是高标准 FTA 的签订者，东盟—澳新 FTA 在 5 个"10+1"中自由化水平最高，这些都有利于上述国家参与 RCEP 谈判。

5. 印度对 RCEP 的态度

近几年来，印度对 RCEP 的态度既矛盾又积极，但总体上是积极的。印度加入 RCEP 经济上也是为了巩固其同东盟之间长期形成的商业联系，并更方便地进入亚太市场，非经济上则出于对海洋安全、区域力量平衡的考虑。2014 年前印度对 RCEP 的谈判曾一度不太积极，甚至缺席 2014 年 8 月的部长会议，关税减让上印度同其他国家的要求也相去甚远。但在 2014 年莫迪执政后，随着"东进政策""印度品牌战略""印度制造"相继推出，对外贸易的地位被提升到前所未有的高度，RCEP 等各种形式的 FTA 协定因此受到政府的重视。在 RCEP 谈判上，印度同意在关税减让上采取渐进式开放路径；服务贸易和投资上，则提议采取更高的标准。

（二）RCEP 达成的可能性

当前，全球多边贸易体制多哈回合谈判停滞不前，被称为"小多边"的区域性自贸区建设因灵活性强而日趋活跃，成为更被看好的贸易自由化新方向。亚太地区多种合作机制如中日韩自贸区、TPP 纷纷加快建设步伐,呈现出多元化的发展趋势。RCEP 谈判正是顺应了这一潮流,建设前景较为乐观,RCEP 协定的达成是绝对有可能的,其有利条件包括以下几个方面。

1. 区域内贸易联系紧密

RCEP 区域内贸易重要性十分明显,这是构建 FTA 的基础性条件。总体来看,日本、韩国、澳大利亚和新西兰区域内贸易比重较高;中国和东盟次之,尽管其传统贸易集中在欧盟和美国,但区域内贸易比重也达到了 30% 以上;印度区域内贸易比重相对最低,但是贸易联系并不低。根据联合国国际贸易数据库、国际贸易中心组织数据库统计结果显示,2003—2016 年间,中国与区域内贸易额占总贸易额比重在 29.92%—35.02% 之间,其中,中国各年自其区域内进口比重均高于向区域内出口比重;东盟与区域内贸易额占总贸易额比重大致在 29.59%—36.88% 之间,且进口比重高于出口比重;印度与区域内贸易占总贸易的比重低于中国和东盟,大致在 21.1%—28.49% 之间,且进口比重大于出口比重。由此可以看出,中、印和东盟与区域内贸易额占总贸易的比重低于其他四国,但是从绝对值来看,与区域内贸易关系比较紧密,且这三国在区域内都倾向于扮演进口者的角色。与此形成对照的是,日本与区域内贸易占总贸易比重在 39.62%—49.24% 之间,且进口比重大于出口比重,倾向于进口者的角色;韩国与区域内贸易占总贸易比重在 43.94%—49.13% 之间,且 2011 年之后出口比重大于进口比重;澳大利亚和新西兰与区域内贸易占总贸易比重均超过 50%,其中澳大利亚出口比重大于进口比重,在区域内倾向于充当出口者角色。从以上对各国贸易比重的分析不难看出,RCEP 区域内贸易重要性十分明显,这是构建 FTA 的基础性条件。日、韩、新、澳四国与区域内各国贸易联系更为紧密,区域内贸易对这四国的重要性非常明显。

2. 各成员国贸易互补性较高

各国间热衷于建立自由贸易区的根本原因是想在发挥比较优势的基础上,通过建立自由贸易区,更合理的国际分工、降低贸易关税、利用有利投资条件等相关有利政策来提高自身福利水平,而测度比较优势的最重要指标是贸易互补性,因此较高的贸易互补成为建立自由贸易区的根本动力。RCEP 协定国中既有日本、韩国、澳大利亚、新西兰、东盟内部新加坡这样经济发达的国家,又有印度、中国这样经济水平不断提升的发展中国家,还有东盟内部成员国缅甸、老挝、柬埔寨、越南这样经济发展水平不高的发展中国家,可以说区域内国家间在经济和贸易结构上差异化明显,不会有特别激烈的竞争,协定各国可以通过区域内贸易发挥自身比较优势,弥补自身比较劣势,进而实现商品的互通有无,提高国内福利水平,这是建立自由贸易区的最重要追求。而现实中协定国间只有一两个国家的贸易互补指数在有些年份低于1,其余国家间在绝大部分年份贸易互补指数都大于1,这说明协定国间贸易互补性很高,这也符合现实的情况。例如,中国、东盟在劳动密集型产品上存在比较优势,而韩国、日本因资源和人口的限制劳动密集型和资源型产品存在比较劣势,在技术密集型产品上有很大的优势,各方进行发挥优势弥补劣势的多边贸易会使各国获得贸易利益和社会福利的提升。各国间存在的很强的互补性已说明 RCEP 协定存在达成的最重要基础条件。

3. 谈判方对 RCEP 抱有强烈的政治意愿

美国主导的 TPP 步步紧逼,使东盟感到有被边缘化的可能。东盟 10 个成员中的 4 个(新加坡、文莱、越南和马来西亚)已经加入了 TPP,泰国在美国的要求下也表示了加入的意向,而 TPP 废除所有关税的严格条款,令经济相对落后的国家如印度尼西亚、柬埔寨、老挝和缅甸望而却步,使东盟无法整体加入TPP。因此,东盟迫切需要借助 RCEP,维护其自身凝聚力和在地区合作中的核心地位。而东盟的对话伙伴国也高度重视区域合作可能带来的经济利益和政治影响,支持 RCEP 能尽早取得成果。

4. 由已签订的 FTA 作为基础

RCEP 协定国中东盟 10 国、中国、日本、韩国和印度同为亚洲国家,地理位置相邻,经贸往来频繁,经济联系紧密,协定国中的澳大利亚和新西兰虽然地处大洋洲,与其他协定国地理距离较远,但它们同其他协定国经济联系紧密,贸易往来比较频繁,其中澳新是东盟国家外资的主要来源国,澳新对东盟国家有大量的援助项目。RCEP 协定的构建还有各国已签订的和正在谈判 FTA 的基础,东盟先后与中国、日本、韩国、印度、澳大利亚和新西兰签订了 FTA(其中澳大利亚和新西兰作为一个经济体与东盟签订 FTA),5 个"10+1"的建立有力地促进了区域内经济贸易的发展,各国经贸合作领域进一步扩展,各国市场开放度进一步提升,各国在货物贸易、服务贸易、投资等领域的合作和开放度进一步提升,而且目前中国与韩国、澳大利亚和新西兰的 FTA 已经建立,中日韩自由贸易区的谈判已有进一步的发展,这些都是 RCEP 协定建立的有利基础性条件。

5. 目标可行性高,机制灵活

虽然 RCEP 成员间的开放程度将高于目前与东盟签订的 5 个 FTA,但仍以渐进性和过渡性为特征,门槛适中。谈判指导原则明确指出,会尽量考虑成员的不同发展水平,对东盟最低水平成员国如柬、老、缅等给予特殊待遇及额外灵活机制。这些灵活的做法有利于各成员国达成共识。

（三）RCEP 达成的障碍

RCEP 尽管获得了 16 国的支持，并举行了多轮谈判，但协定的最终达成也面临着一系列不确定性和艰巨挑战。这突出表现在作为以东亚国家为主体的首个巨型自贸区，RCEP 到目前经历了数年的谈判历程，尽管取得了阶段性成果，但谈判并没有在规定的时间内结束，反而两次延期，且谈判议题不断增加，谈判小组从最初的 3 个增加到后来的 15 个。目前面临的难点主要有以下几个方面。

1. 技术上如何整合各成员方的诉求

这是最大的问题。根据《东盟区域全面经济伙伴关系框架文件》和《RCEP 谈判指导原则和目标》，RCEP 是想通过整合现有的以东盟为中心的 5 个双边"10+1"FTA，最后形成一个区域性多边的"现代、全面、高质量、互利的"FTA。但整合在技术上有很大的困难。[①]

首先，在货物贸易方面。关于自由化水平，东盟—澳新 FTA 的自由化水平最高（95.7%），而东盟—印度 FTA 最低（79.6%）。最为关键的是，东盟—印度 FTA 与其他 FTA 差距悬殊，其余四个 FTA 彼此差距不大，平均都在 90% 以上。这样，东盟—印度 FTA 同其他 FTA 的整合就存在困难。RCEP 除了"统一关税标准"这个门槛，还要进一步提高关税减让幅度。有观点认为 RCEP 要达到95% 的关税削减水平，因此除新加坡削减关税 100% 外，东盟其他国家和中国在削减关税上仍需努力。

值得一提的是，在关税减让方式、执行阶段和敏感产品设置上，5 个 FTA 也存在差异，缺乏统一的架构。如从执行阶段看，东盟同韩国、中国的 FTA 是从2010 年至 2018 年实现零关税，相比之下东盟—印度 FTA 是从 2010 年至 2022年实现零关税，而东盟同日本、澳新的 FTA 要从 2019 年至 2026 年实现全部商品零关税。敏感产品设置上，澳新没有提出敏感产品；中、韩、日分别对东盟提出了 402、858 和 656 个税目的产品，中韩主要集中在农产品、矿产品、机电产品等项，日本则集中在农产品领域。印度对东盟提出的敏感产品最多，高达 3 142个税目，主要集中在纺织品、化工产品等领域。

原产地规则上的不同是导致区内大量双边 FTA 出现"面条碗效应"的重要原因，因此成为 RCEP 谈判重点。东盟 5 个 FTA 在原产地规则方面存在较为明显的差异：东盟—中国 FTA 主要采用 40% 的区域价值成分标准（RVC）；东盟—

---

① 参阅刘均胜：《RCEP 谈判进程及挑战：从区域视角的评估》，《国际经济合作》2017 年第 8 期，第 38—44 页。

韩国 FTA、东盟—日本 FTA 和东盟—澳新 FTA 则比较宽松,采用选择性原产地规则,既可以采用 40% 的标准(RVC),也可以采用税目改变标准(CTC);东盟—印度 FTA 最为严格,需要同时满足 35%—40% 的区域价值成分标准(RVC)和税目改变标准(CTC)双重原产地规则。由此可见,RCEP 如果采用统一且简单的原产地规则,那么在整合东盟—印度 FTA 同其他四个 FTA 在原产地规则上存在不小的困难。

其次,在服务贸易方面。由于 WTO 框架下服务贸易市场准入谈判停滞,当前服务贸易和投资正在成为新一轮国际贸易与投资谈判和规则制定的核心内容。RCEP 定位在全面和高质量的 FTA,因此服务贸易也是谈判的重点和难点。RCEP 原则上要求实质性取消对服务贸易的限制和歧视,在参照 WTO 的 GATS 的同时还要遵守"10+1"FTA 的承诺。在 5 个"10+1"FTA 中,东盟与中国、澳新和韩国的 FTA 专门签署了《服务贸易协议》,同印度签署了但没公布,同日本是采取一揽子协议的方式。RCEP 服务贸易方面的整合,可能要参照同澳新 FTA 与东盟自身的《东盟服务框架协定》(AFAS)。自 1995 年以来,东盟已进行了五轮 AFAS 协议谈判,达成了七个阶段的自由化和计划承诺开放的服务部门。东盟—澳新 FTA 服务部门开放标准介于 AFAS 第五阶段与第七阶段的标准之间。

从衡量服务贸易的市场准入和国民待遇承诺水平高低的霍克曼指数看,对上述三个服务贸易协议中有关方承诺的自由化程度和范围进行对比,对东盟来说,其服务贸易协定框架下第五阶段的指数为 0.24,低于东盟—澳新 FTA 的 0.33,高于同中、韩 FTA 的 0.17 和 0.2。从对东盟开放的服务贸易部门数量来看,新西兰最多,有 116 个;澳大利亚和韩国相同,为 85 个;中国最少,只有 33 个。可见,如果以东盟—澳新 FTA 的服务开放水平为参照,则东盟 10 国以 AFAS 第五阶段的水平衡量还需要进一步的提高。特别是像印度尼西亚、老挝、越南等国的服务部门开放程度较低,专业服务领域受到严格限制。同样,参照东盟—澳新 FTA 的标准,中国在开放服务贸易部门上也面临不小的压力。中国—东盟 FTA 中服务贸易协议是 2007 年才签订的,服务贸易方面进展比较缓慢。

第三,从投资看。除东盟—印度 FTA 外,其他四个"10+1"都有投资条款,但不同 FTA 之间条款规定有较大差距,主要体现在国民待遇、最惠国待遇、业绩要求、透明度的具体要求上。从国际贸易谈判趋势来看,近期 FTA 都倾向于在服务贸易和投资准入上相互提供更加宽泛的国民待遇。服务贸易和投资等敏感产业领域的市场开放和程度已成为决定一个 FTA 高水平与否的关键。可以说,RCEP 谈判各方在投资条款层面上的差异最小,相较于货物贸易谈判和服务贸易谈判,投资条款理论上是最容易达成妥协的领域,但是考虑到涉及准入前国民待遇、负面清单、绩效条款等高水平开放的要求以及平衡的谈判成果目标,投资条款的谈判也有一定难度。

2. 成员方存在的历史和政治问题阻碍协定的迅速签订

政治与经济的相互作用是影响各国间经贸合作的重要因素,政治上存在摩擦会导致国家之间的互不信任,政府层面的经济往来难以为继。从目前区域内各国间政治间关系看,虽然不存在十分尖锐的政治矛盾,但还是存在影响区域合作的政治和历史因素。首先是领土领海主权之争,问题主要集中在中日韩和东盟国家菲律宾。中国和韩国都同日本存在领土主权之争,近年中日钓鱼岛之争越发激烈,对双方经贸关系产生了严重影响,据日本摩根大通证券的报导,日本对中国出口衰退,中国赴日游客锐减,而中国对日本产品的抵制,使得日本企业撤离中国,日对中国投资减少。日韩之间存在的独岛(日本称为竹岛)问题,中国和菲律宾存在的黄岩岛问题,这些政治因素会影响各国间的经济合作,阻碍协定的顺利签署。

3. RCEP 框架外因素也在一定程度上影响协定的达成

世界各国积极构建各种形式的 FTA,以谋求促进自身经济发展,同时也是为了抵消其他 FTA 对自身经济的影响,保持自身处于稳定或者优势地位。东盟组建 RCEP 的原因是:一是提升东盟国际地位,在国际事务中发挥更大的作用;二是整合和优化东盟与中日韩等国已签署的 FTA,改变规则过多、操作易乱的现状;三是应对美国主导的 TPP 协议和中日韩三国建立自由贸易区而带来的新变化。在 TPP 协议成员国进行谈判,并有望迅速签署协议之际,RCEP 成员国也加快了该协议的谈判进程,推动该协议尽快"落地"。然而特朗普在当选美国总统后宣布退出 TPP,这使得此前 TPP 对 RCEP 的倒逼压力减小,在一定程度上有利于 16 国更专注于 RCEP 谈判进程的推进。但日本方面或许会在美国的压力下,提高 RCEP 谈判过程中的要价,争取更大的利益和好处,这样就将拖延RCEP 协定谈判的进程。此外,从区域经济合作组织新发生的变化以及全球经济新形势来看,作为区域经济一体化合作标杆的欧盟因英国"脱欧"以及欧盟内部经济的恢复疲软而有所褪色。近期世界经济发展又在一定程度上缺乏方向感,全球整体上新的经济增长点并未完全释放,新兴经济的谈判进展会有一些波折,其过程中的不确定性仍然存在。

(四) RCEP 达成的前景展望

从 RCEP 的谈判进程和目前状况来看,尽管 RCEP 协定的最终达成还存在着一定的困难,然而,这些阻碍也并不能够成为削减 RCEP 合作潜力的因素。

它所表现出来的是一种区域经济合作的趋势。从长远发展来讲,地域经济的制度化合作遇到了种种困难,无论是东盟还是其他六个国家,都希望通过区域协定在亚太地区构建一种经济秩序或者一种经济层面的制度化合作。但这种经济秩序的建立虽不能在短时间内完成,但在不久的时间里,这种经济秩序的建立的要求促成 RCEP 还是指日可待的。按照霍建国的判断,2018 年完成 RCEP 谈判的可能性大幅上升,至少可以先签署一个框架协议,以推动亚洲经贸合作进程并探索一体化进程。①作出如上判断的理由有三:一是全球经济进入缓慢复苏阶段,需要主要经济体及具有增长活力的国家行动起来,加强对贸易投资的推动,维持经济增长动力和活力。二是 RCEP 谈判参与国领导人已形成高度共识,且在具体问题上已达成一致,说明已经有了解决问题的方法和路径。三是谈判人员能落实领导人的要求,相互配合、抓紧工作,针对具体问题进行突破。如此一来,结束 RCEP 谈判指日可待。

那么,世界将迎来一个怎样的 RCEP? 政界和学界都认为,达成一个现代、全面、高质量、互惠的协定是完全可以做到的。因为从"10+1"来看,中国与东盟自贸区升级版协议即体现了高水平开放的安排。在"10+6"框架内,中国分别与澳大利亚、新西兰、韩国签署了 FTA,均为高水平开放的安排。不管怎么说,高质量意味着贸易投资自由化水平和便利化水平比较高,意味着在一些重大的非关税领域,比如电子商务、环境保护、国有企业规制、公平竞争政策、知识产权保护等方面会与新的发展形势紧密结合,其目标是促进更加公平自由的国际贸易和投资。

(五) RCEP 如若达成新协定应用的前景

RCEP 谈判涉及 8 个领域,即货物贸易、服务贸易、投资、经济技术合作、知识产权、竞争、解决争端和其他。货物贸易、服务贸易、投资是 FTA 的核心要素,而解决争端是实现其实效性所不可或缺的要素。除此以外,还明确记载了经济技术合作。这是基于区域内经济差距较大的东盟所提出的主张。另外,关于"其他",澳大利亚要求需包含"环境"和"劳动力",但中国和印度等提出了反对。日本则希望包括"政府采购"和"商业环境改善"等内容。目前,RCEP 已完成了经济技术合作和中小企业章节的谈判;货物、服务和投资三大重点领域有了实质性推进,各方就货物贸易初始出价模式、原产地规则、海关程序与贸易便利化、市场准入减让模式、清单形式等方面达成一致;电子商务等新议题进展迅速。不过,在投资、知识产权及通信、金融等服务贸易方面仍存在

---

① 栾国鉴,刘明:《RCEP 谈判:光明前景可期》,《国际商报》2017 年 11 月 24 日,第 A03 版。

分歧。

以下就 8 个谈判领域中的货物贸易、服务贸易、投资这三个领域,估测一下其新规则可能实现的程度。①

1. 关于货物贸易

关于货物贸易,RCEP 要求对所有的货物贸易逐步撤销关税及非关税壁垒。此外还注明,谈判应以 RCEP 参加国现有的自由化水平为基础,以"撤销关税品目数量及贸易额比重较大的商品的关税"为目的。但没有设定 RCEP 自由化水平的具体数值目标,只是提出原则上大幅改善"东盟+1"FTA 的内容,明确要撤销关税品目数量及贸易额比重较大的商品关税。例如,在东盟与澳大利亚、新西兰 FTA(AANZFTA)中,就关税品目数量来看,约定在协定生效后 10 年内,澳大利亚、新西兰及新加坡 100%,泰国 99%,马来西亚 96.3%,菲律宾 94.6%的商品要取消关税。我们预计,RCEP 协定达成后,取消 90%以上的商品关税的可能性还是蛮大的。作出这种判断的依据是,在贸易自由化上,目前中国、日本、韩国、东盟、澳大利亚、新西兰都在追求 90%以上的贸易自由化和尽可能多采纳 TPP 的诸多边境后条款,只是印度在这方面可能要"掉队"。印度制造业的竞争力不强,可以接受的货物贸易开放度有限,如何满足印度的贸易自由化要求比较棘手。

2. 关于服务贸易

关于服务贸易,RCEP 采取准许进口货单方式的可能性很大。RCEP 是"全面的、高水平的"协定,规定"实质上要取消有关服务贸易的限制及歧视性措施"。此外还规定,RCEP 的规则和义务与 WTO 的 GATS 是统一的,以所有的领域及形态为谈判对象。由于以 GATS 的自由化约定和"东盟+1"FTA 的自由化约定为基础进行谈判,因此可以期待在 RCEP 中实现东盟各国和中国、印度等国在 GATS 没有实现的服务贸易的自由化是有可能的。

在服务贸易的自由化中,其约定方法是采取准许进口货单方式还是采取不准进口货单方式,常常成为问题。准许进口货单方式是列举约定自由化领域、内容的方式,在 GATS 中也得到采用,因此也容易得到对服务贸易自由化持慎重态度的发展中国家的理解。而不准进口货单方式则是明确记载不约定(保留)自由化领域、内容的方式,被认为可以实现较高透明度、较高水平的自由化,重视服务贸易自由化的发达国家大多希望采取这种方式。在日本的经济伙伴协定(Economic Partnership Agreement,EPA)中,与瑞士和中南美各国(墨西哥、智

① 参阅[日]菅原淳一:《东亚区域全面经济伙伴关系谈判展望》,《南洋资料译丛》2013 年第 2 期,第 36—41 页。

利、秘鲁）的 EPA 采用了不准进口货单方式,而在与东盟各国和印度的 EPA 中则采用了准许进口货单方式。

在 RCEP 的协定"大框架"中,RCEP 的规则和义务与 GATS 是一致的,但这未必意味着采用准许进口货单方式。但是,区域内发达国家澳大利亚和新西兰在与东盟各国的 FTA 中均采用了准许进口货单方式,因此 RCEP 采用准许进口货单方式的可能性应该是很大的。

3. 关于投资

关于投资,RCEP 的谈判"大框架"的全文为:"RCEP 旨在创建区域内自由、顺利、竞争的投资环境。RCEP 的投资谈判包括促进、保护、便利、自由化 4 个主要项目。"其中,注明"自由化"作为谈判的主要项目之一是很有意义的。

从 2012 年 5 月签订的中日韩投资协定的正式名称《中华人民共和国政府、日本国政府及大韩民国政府关于促进、便利和保护投资的协定》中可看出,中日韩投资协定的支柱是促进、便利、保护,并没有包括自由化。投资自由化将会促进通过吸引外资的经济发展,但也容易束缚本国的产业政策,因此许多发展中国家抱着慎重的态度。在包括东盟各国和中国、印度的 RCEP 中能够明确记载投资自由化作为谈判的支柱之一,这对谈判各国来说是一个喜讯。但是,能够实现多大程度的自由化,则要看谈判而定,估计 RCEP 将是相当严峻的谈判。

在投资领域,关于解决争端,是否包括"解决投资者与国家的争端"的规定（ISDS 条款）也是应该注意的一点。尽管 RCEP 参加国的投资者（企业等）因违反受资国政府的协定而遭受损害,但没有得到适当的补偿,投资者和受资国之间产生投资纠纷时,投资者可以将该纠纷交由国际仲裁,这就是 ISDS 条款。该条款因关系到保护投资企业的权益和财产,为了促进积极的投资,产业界一般会要求在 FTA 和投资协定中加入该条款。在日本与东盟各国及印度的 EPA 中,除了菲律宾之外,均加进了 ISDS 条款。但是,部分人认为非法提高外国企业的权利,侵害了受资国政府的限制权限,曾强烈反对 ISDS 条款。在澳大利亚,杰拉德现政权就强烈反对将 ISDS 条款加进贸易协定。该条款在 TPP 中也成了很大的论点之一,在 RCEP 谈判中是否加进该条款将受到注目。

二、发挥中国在 RCEP 谈判及新规则实施中的作用

RCEP 是中国目前参与谈判的最大规模的自由贸易区,其成员大部分位于亚洲,且很多国家均是中国的邻国和重要的经贸伙伴。推动 RCEP 达成协议并早日实施其新规则,是中国加快实施自贸区战略,构建以周边为基础、面向全球

的高标准自贸区网络的关键环节。

建成 RCEP 符合中国的战略利益。首先,由中国与 RCEP 成员国的贸易现状可知,中国与 RCEP 成员国之间存在着密切的贸易往来,RCEP 的达成将会继续扩大中国对外贸易的范围和领域,提升中国在东亚地区的经济影响力。其次,RCEP 作为东亚地区的经济合作机制,必将加深中国与各成员国间的经贸往来,而密切的经济联系也将为沟通、协调中国与某些成员国之间的历史争端(如南海问题)提供可能。最后,RCEP 的自由化程度要高于东亚现存的 5 个"东盟+1"FTA,中国加入 RCEP 谈判,必然会促进国内经济体制的改革和产业结构的调整,促进中国经济的转型和升级。因此,可以说,RCEP 离不开中国,同时,中国也需要 RCEP。此外,面对美国主导的 TPP 谈判的"高标准",中国目前可谓"望而却步"。一方面,TPP 谈判中涉及服务贸易、劳工、政府采购、知识产权和环境等领域的高标准并不适合当前中国经济发展现状。另一方面,目前,TPP 谈判已基本达成协议文本,新成员若想加入进来必须无条件答应全部的协议条款,不会再有协商谈判的过程。因此,中国短期内必然不会加入 TPP。如果中国长期置身于"21 世纪经济新规则"之外,必然会蒙受利益损失。因此,中国应该将 RCEP 作为一个实现自身经济转型升级的契机,借助 RCEP 这个经济合作机制,不断提升自身的经济影响力,为参与和主导"高标准"的区域经济合作机制积极准备。

目前,中国应主动加速推进 RCEP 的谈判进程和 RCEP 新规则的实施。针对谈判中的分歧与难点问题,应及时与各成员国加强沟通,以更加灵活和弹性的原则求同存异,用创造性的思维方式共同寻求智慧的解决方案。更重要的是,需要凝聚国内共识,以更加开放的立场、更加自信的心态去参加和推动 RCEP 谈判。应综合考量总体利益与局部利益的得失,敢于将 RCEP 谈判作为进一步深化改革开放的试验田,以此为契机主动推动新一轮对外开放,在货物、服务、投资等领域适当提高国内自由化水平,在规则标准领域加快与国际接轨,这样才能在谈判中真正发挥主动作用,以实际行动推动 RCEP 谈判的加速进行。①

>>>

【思考题】

1. 阐述 RCEP 谈判的背景与意义。

---

① 商务部办公室:《发挥中国重要作用:加速推动 RCEP 谈判》,htttp://www.mofcom.gov.cn,2014 年 8 月 28 日。

2. RCEP 谈判有何特点？

3. RCEP 谈判的目标和原则是什么？

4. RCEP 谈判涉及的规则的主要内容是什么？

5. RCEP 新规则与 WTO 和 TPP 相关规则有何异同？

6. RCEP 谈判的前景如何？

7. 试述中国在 RCEP 谈判中的作用。

第9章
诸边服务贸易协议探析

发达国家的服务业增加值及服务业就业人口早已超过 GDP 和全部就业人口的 70%，服务业占 GDP 的比例和人均收入的正相关关系早已被广泛地接受。根据世界银行的统计数据，服务业在欧盟经济中占比约 75%，在美国经济中约占其总产出的 80%，在全球其他大部分经济体中，尤其是发达经济体中都占据其经济总产出的主要部分。世界经济正逐渐转向以服务业为导向。服务业、服务贸易在一国经济和全球经济中的作用显著加强，为了实现通过服务贸易促进增长的目标，新的服务贸易谈判必然会发生。

第1节 诸边服务贸易规则概述

纵观当今全球贸易格局，可以看到，国际贸易的展开不是建立在全球水平上的，而是建立在国家和地区之间的。特别地，我们可以看到不断涌现的 RTA，尤其是超级区域之间的贸易协定。当今关于贸易协定的各项研究，主要集中在超级区域协定，如 TFA、TPP 等。然而，诸边贸易协定的作用也不能被忽视。本部分主要阐述 TISA，及其作为诸边服务贸易协定，在当今世界贸易中的地位与作用。

服务贸易协定(Trade in Service Agreement, TISA)，由美国于 2011 年 12 月发起，也被称作"服务业挚友集团"(Really Good Friends of Services, RGF)。

其最初成员包括澳大利亚、加拿大、智利、台澎金马关税区、哥伦比亚、欧盟、日本、中国香港、墨西哥、新西兰、挪威、巴基斯坦、新加坡、韩国、瑞士、美国等 16 个经济体，后又有哥斯达黎加、冰岛、以色列、列支敦士登、毛里求斯、巴拿马、巴拉圭、秘鲁、土耳其和乌拉圭加入。因新加坡、乌拉圭、巴拉圭中途退出，截至 2015 年乌拉圭加入 TISA 谈判后，参与方数目达到 24 个。其中，欧盟含 27 国，故涉及 50 个经济体。

TISA 的目标是在符合 GATS 的基础上谈判达成更高水平的协议，覆盖服务贸易的所有领域和模式,并在成员之间形成新的更好的规则。

一、诸边服务贸易协议的起因和形成

自 1995 年 GATS 签署生效以来,由于技术进步、商业实践及全球经济一体化的发展,世界经济已经发生了巨大的进步。然而,GATS 希望实现的服务贸易自由化几陷于停滞,GATS 已经不能适应新形势的需要。服务业的利益与推动是 TISA 产生的最直接、最根本的缘由。

(一) 近年来 GATS 多哈谈判几无进展

WTO 关于服务贸易的谈判自开始以来,几经波折且收获甚微,可谓是止步不前。就制定规则来说,设定的在规定时间完成关于紧急保障措施、国内法规、政府采购和补贴等议题的谈判,都没有如期完成。

造成这种僵持的原因是多方面的,有经济因素和政治因素,也有多边体制和成员国国内政策因素。

1. "一揽子承诺"

首先,多哈回合采取"一揽子承诺"的方式,即将农业及非农产品市场的开放、发展和服务贸易谈判、贸易规则等九大议题合并在一起进行谈判,成员国不能单独就某项议题表示接受与否。事实上,早在乌拉圭回合谈判的时候,发展中国家就极力反对引入"一揽子承诺",但是在发达国家同意将发展中国家成员所关注的有关纺织品、服装贸易等行业的补贴和实施的相关要求纳入乌拉圭回合谈判后,各方最终达成妥协,"一揽子承诺"才正式写入发起乌拉圭回合谈判的部长宣言。

根据"一揽子承诺"原则,各项议题下的谈判必须同时达成一致意见,则整个回合谈判才能算作谈判成功。这种多重利益的冲突和纠葛,使各成员国之间的互惠措施难以平衡实现。因此"一揽子承诺"的谈判原则表明,服务贸易的谈判与多哈回合中其他议题的谈判息息相关,其他议题谈判的成败直接影响着服务贸易谈判的成败。

2. 议题过于庞杂

随着各国关于服务贸易利益诉求的多样化,新的议题不断被加入多哈回合谈判。

具体来说,WTO 将服务贸易所涉及的领域划分为 12 个部门,每个部门又划分为数量不等的各个分部门,共计 160 多个分部门。仅仅服务贸易方面就涉及人权、劳工标准、环境、补贴、竞争与反垄断、政府采购、国内规制（法规）、准入前国民待遇等方面的议题，谈判越来越复杂，各成员之间的分歧越来越大。此外，由于服务无形性的特点，服务贸易壁垒更多表现为非关税壁垒，因此国际服务贸易的政策措施的隐蔽性、灵活性都很强。

3. 发达国家和发展中国家的利益冲突

我们知道，由于发达国家与发展中国家对服务贸易自由化的态度和侧重点不同，因此存在较大的利益冲突与观点分歧，而这些冲突和分析对服务贸易谈判产生直接的影响。相比之下，发展中国家的侧重点是解决货物贸易方面的分歧，而发达国家由于服务贸易的迅猛发展，更希望进一步寻求服务贸易的自由化。因此，正如上文所述，在谈判中，发达国家希望主张服务贸易自由化，希望发展中国家可以减少或削弱服务业市场的进入障碍；而发展中国家由于国内服务业发展水平低，不敢轻易放开本国市场。而在今后的服务贸易谈判中，发达国家与发展中国家的冲突还是会以不同的形式表现出来。

停滞不前的 GATS 谈判与服务贸易的快速发展形成了鲜明对比。以美国为首，发达国家开始寻求更多的突破口，试图建立新的服务贸易体制。因此多边服务贸易协定谈判开始出现，包括由美国主导的 TPP、TTIP 以及 TISA 等。

（二）对 GATS 谈判方式的突破

近年来，WTO 自身也已意识到其"一揽子"承诺、要求和响应等谈判方式存在局限性，在部长级会议宣言中对此有所松动。2005 年 12 月，中国香港第六次部长级会议宣言附件 C 关于服务贸易谈判方式提出，在不违背 GATS 基本原则和《服务贸易谈判准则和程序》的前提下，可引入诸边谈判方式。2011 年 12 月，在日内瓦第八次部长级会议发表的《政治指南要点》中已经认识到，由于部长们对"一揽子承诺"的谈判结果存在不同观点，多哈回合所确立的九大领域要同时达成一致的可能性十分渺小。

2012 年初，澳大利亚主导的由 16 个成员组成"服务业挚友"集团，共同讨论了找寻能够达成更进一步服务贸易自由化的新路径，以突破多哈回合的谈判困境。以此次会议为基础，TISA 共识初步达成。2013 年 4 月起，TISA 的谈判密集展开，平均约每 2 个月举行一轮。谈判依次由美国、欧盟和澳大利亚轮流主持，没有设置截止时间表。截至目前已经进行了 21 轮谈判。TISA 谈判参与方世界服务贸易比重约占全球服务贸易的 70%，其中，TISA 成员中 OECD 成员的服务贸易量占了 TISA 成员方的 91%，其余 8 个非 OECD 成员的贸易量仅占 TISA 成员服务贸易量的 9%。由于 TISA 并不涉及货物贸易，而 TISA 的成员方以发达国家（地区）为主，又使得授权条款并不适用于 TISA 偏离多边贸易体制的例外。

二、TISA 谈判的进程与内容

TISA 从早期磋商直到目前一直都是通过诸边方式进行的,谈判目标就是要以 GATS 多边化、最优区域化承诺为基础,做出"高雄心水平"(high level of ambition)的市场开放承诺。TISA 希望在 GATS 的基础上实现更大程度的自由化,范围涵盖几乎所有的服务提供方式和服务部门。

(一)TISA 谈判的进程

截至目前,TISA 已经进行了 21 轮谈判,大致可以划分为三个阶段①,分别为初步磋商阶段、广泛讨论阶段、成果初步取得阶段。第一轮到第五轮为初步磋商阶段。此阶段谈判主要提出金融服务、内部管制、自然人流动、电子商务、海陆空运输等重要议题,并以市场准入为谈判重心。第一轮谈判重心是金融服务和自然人流动议题。第二轮谈判主要以金融服务和内部管制等议题作为切入点,同时展开对电子商务和海上运输服务专题的讨论。第三轮谈判,各成员方就初步提交市场准入清单达成共识。第四轮谈判在前几轮的基础上就空运、能源、邮递、补贴等内容展开讨论。第五轮谈判重心为市场准入这一核心议题,并继续完善前几轮谈判的议题。

第六轮到第十四轮谈判为广泛讨论阶段。该阶段邀请有关行业的专家共同参与讨论,谈判内容主要集中在行业层面,并提出相关新议题,各方开始提交准入清单。第六轮谈判邀请了相关领域的专家学者共同参与讨论,在金融服务、内部管制、电子商务和海运通信服务等领域取得较大进展。第七轮谈判以市场准入为重心,共同讨论了邮政服务、陆上运输两个议题。第八轮谈判引入相关新议题,包括销售服务、政府采购、环境服务等。第九轮谈判再次邀请特定部门专家学者,对前几轮议题进行深入探讨。第十轮谈判引入出口补贴议题。第十一轮谈判主要就金融服务、通信服务、内部管制等议题继续展开讨论。第十二轮谈判继续针对前几轮谈判的结果深入讨论,并开始对市场准入清单展开讨论,大多数成员提交了准入清单。第十四轮谈判引入了能源服务相关议题。此外,乌拉圭在第十四轮谈判之后宣布退出 TISA 谈判。

第十五轮之后的谈判为成果初步取得阶段。该阶段的谈判逐渐进入密集谈判期,反映了欧盟、美国和澳大利亚的积极态度。第十五轮谈判在继续前几

---

① 段子忠、林海:《服务贸易协定(TISA)谈判追踪》,《WTO 经济导刊》2016 年第 6 期,第 53—56 页。

轮谈判的基础上,引入国有企业相关议题,并在内部管制相关方面取得进展。第十六轮谈判中,TISA 成员同意,就谈判的关键议题上,于 2016 年 7 月形成附录框架,于 2016 年 9 月之前形成文本。此轮谈判又针对市场准入这一核心议题进行深入讨论。同时,在人员出入境议题上取得部分成果。第十七轮谈判针对金融服务、国际标准、金融服务自律组织等问题展开讨论。而通信服务和电子商务领域的谈判取得了阶段性成果,部分条款基本达成共识。此外,第十七轮谈判还引入专业服务、采矿服务议题及其他相关议题进行讨论。第十八轮谈判旨在讨论 2016 年 5 月早期各方提交的改进出价,并进一步就电信、电子商务、本地化、金融服务和模式四案文缩小立场差距。此外,还讨论了交通附件(包括海运、空运和道路运输)和机构框架。谈判积极就改进出价进行了讨论,并取得进展。

(二) TISA 谈判的内容

从 TISA 的谈判中可以看出,谈判核心主要集中在以下议题:金融服务、通信服务、电信与电子商务、自然人流动、海陆空运输服务等方面。总体来说,谈判内容十分广泛,但是在谈判中也存在不少分歧。

金融服务谈判的议题主要包括跨境金融服务准入标准制定、金融服务领域垄断透明度、用户数据保护,以及非歧视性原则、国民待遇原则、金融自律组织管理等方面。金融领域的谈判目前尚未取得实质性进展。

通信服务谈判主要集中在市场准入标准制定,这也是谈判的重点方面。此外,通信服务谈判内容还包括通信基础设施建设、通信领域监管独立性等问题,进展相对较快。在第十七轮谈判中,通信领域在跨国通信准入方面,已经在 GATS 的标准下形成了具体条款。同时,对通信供应商的跨国移动通信漫游和开放方面也已经建立相应的条款。

随着电子商务全球化进程不断加速,电子商务也成为谈判的重要领域之一。各成员在该领域谈判的内容主要包括商家认证、消费者保护、跨境数据流动以及服务器设施建设等。电子商务的国内管制方面,主张提高管制透明度。此外,部分成员主张在谈判文本中添加电子商务政策的例外条款,以确保本国信息安全。第十五轮谈判中,已就执照发放程序形成了部分条款。

自然人流动领域的谈判主要集中在专业服务人员入境批准程序、入境停留,专业人员安全保障以及签证办理等问题上。第十七轮谈判中,该领域的谈判也有较大进展,预计不久将会形成初步的文本条款。

海陆空运输议题主要集中在海运港口服务和费用、机场运营服务、陆上运输基础设施使用等议题上。该部分的谈判进程还较为缓慢。

根据欧盟官方发布的材料,金融服务、电子商务、通信领域等领域进展缓慢的原因是发展中国家成员对发达国家的一些"超前"提案持谨慎或反对态度。以美国、欧盟和澳大利亚为代表的发达国家希望 TISA 谈判最终能够形成自由化程度较高的服务业市场。而 TISA 成员的发展中国家成员,在资本积累、技术水平和市场机制方面,与发达国家存在一定差距,出于本国利益考虑,这些国家在自由化程度上难免与发达国家群体存在分歧。此外,与欧美的意见也存在分歧的不乏高收入国家:新加坡作为 RGF 的初始成员,在欧美及澳大利亚提出主要谈判议题之后就退出了 TISA 谈判,其主要原因就是对 TISA 谈判的议题内容难以认同;乌拉圭在参与了多轮谈判之后,认为 TISA 将会开放本国原本不打算开放的部门,最终也放弃了 TISA 谈判。在自然人流动方面,发达国家对于政策门槛放低之后大量涌入的移民和专业技术人员也存在一定的警惕,它们认为这些内流人口将会挤占国内就业市场,对社会稳定带来较大压力。为了避免此类现象发生,不少发达国家成员在自然人流动相关议题的讨论持相对保守的态度。

三、TISA 协议的作用

　　GATS 生效以来,服务贸易谈判基本上可以分成三个阶段:1995—1999 年乌拉圭回合阶段、2000—2011 年多哈回合阶段,以及 2012 年开始至今的 TISA 磋商。从 RGF 成员达成基本共识开始,TISA 框架文本援引了 GATS 的核心规范,又不乏新的内容与发展。具体我们将从多边贸易体制、区域经济一体化、对企业和市场的影响,以及国际经贸规则等几方面展开论述 TISA 协议的作用。

(一)对多边贸易体制的影响

　　事实上,TISA 对多边贸易体制产生了不少的影响。首先,TISA 谈判会影响各国多边贸易谈判的聚焦。若一国同时进行多项多边谈判,其资源和焦点无疑会被分散。但由于 GATS 谈判几近停滞,从某种角度可以认为 TISA 是对多边谈判停滞的一种弥补。

　　其次,TISA 提出了许多不同的新规则与新纪律。TISA 提出的"新的和强化的纪律"(new and enhanced disciplines),如国内规制、电子商务、金融服务、电信服务、自然人流动及海运服务等,在范围和强度上超出了 GATS,但它与 GATS 并存时,二者只对各自的缔约方产生约束,可以做到互不相干。如果 TISA 能够在未来多边谈判时把相关内容引入多边框架,这时 TISA 对 GATS 产生的是促进作用。

　　最后,产生了竞争性自由贸易框架。自 1995 年 GATS 缔结以来,世界各国

（地区）达成的含有服务业市场开放内容的特惠贸易协定（Preferential Trade Arrangement, PTA），仍有效的已近 140 项。但具体对于 TISA，按照美国、欧盟的提议，在 TISA 参与方之间实行延伸最惠国待遇，即任一参与方必须把先前达成的其他 RTA 中提供的最优待遇也得无条件地给予 TISA 所有参与方。因此，总体来说，TISA 的促进作用相对明显。

（二）对区域经济一体化的影响

从区域经济的角度来看，主要是 TISA 与 WTO 的关系。随着经济全球化不断深化，2008 年金融危机以来，受全球价值链的影响，国际经贸格局逐渐开始走上调整的进程。在多边经贸规则发展受阻的情况下，以自贸区为代表的区域经济合作势头高涨。以发展中国家为代表的新兴市场经济体在国际经贸规则制定中的地位不断攀升。

近年来，区域经济一体化集团的数量急剧增加；同时如上文所述，服务贸易作为一个新的国际贸易领域也是在近些年来异军突起，成为世界各国集中发展的对象。随着区域性贸易协定越来越多地包括了服务贸易的内容，我们应当对区域经济一体化中服务贸易的法律问题进行重点研究。当前中国已经意识到在区域经济一体化中掌握主动权的重要性，并且与 30 多个国家展开 FTA 谈判、商建自由贸易区，其中包括了服务贸易的经济一体化。

作为目前符合 GATS 的经济一体化协定的 TISA，极可能成为 WTO 体系中的诸边协定，一旦条件具备，还可能基于最惠国待遇而多边化。这是 TISA 与现存的众多 PTA 的根本区别，从而决定了它对以 WTO 为核心的多边贸易体系、对此后 PTA 的框架和内容、对世界各国国内规制都会产生不同且重要的影响。

（三）对企业和市场的影响

服务贸易对技术和理念的依赖性较强，在 GATS 有关服务贸易的分类中，有不少类别都专设有"其他服务"类。众所周知，发达国家企业在服务贸易领域的发展较为领先，而近年来，随着服务贸易模式的不断丰富与创新，发展中国家的服务部门企业也必然会得到更多的贸易机会。从发展中国家的角度来看，如果过于谨慎，避免市场开放，很可能因为过度保护使得市场缺乏活力，则企业发展将会止步不前，从而使相关技术理念脱离创新。

事实上，市场开放创造的空间不仅限于原有市场部门的更大准入，还可能因为基础服务领域的开拓提供更多服务的可能。我们知道，建立高标准的服务贸易协定是 TISA 的目标，因此，各成员对域内服务业的保护都会受到较大制约。在 TISA 的框架下，域内消费者可以享受到域外竞争者提供的高质量服务，这会促使域内消费者按照高标准要求域内服务提供商。此外,由于服务业对能源、资源的需求相对较少,服务提供者的效率提升空间很大。而这种效率的提升也会给服务提供者带来更高的收益。

如同其他国际贸易协定一样,TISA 规范的是参与成员方政府影响服务贸易的一切措施,但它最终作用于企业,即最终是为各企业提供一个公平、开放的竞争环境。如果说规则纪律和具体承诺都约束政府行为,那么具体承诺还直接影响企业。对企业而言,各缔约方所作出的具体承诺对于进入目标市场,制定经营策略是至关重要的。如企业要进入其他缔约方服务业市场,就必须在结合自己服务产品的前提下,了解目标市场对该种服务部门和提供方式、国民待遇和市场准入方面作出的具体承诺,包括具体的条件、限制和资格等,从中发现市场机会,识别可能遇到的障碍。

(四) 对国际经贸规则体系的影响

1995 年 WTO 成立后,确立了以多边贸易体制为核心的多边国际经贸规则体系。进入 21 世纪之后,由于多哈回合谈判的停滞不前,多边贸易体制发展缓慢,反而导致了 RTA 的剧增,在一定程度上加快了国际经贸规则重构。国际经贸规则无论是在双边还是在多边层面,均出现了新的走向,在较大程度上突破了原有 WTO 法律体系的框架。以 TTP、TTIP、TISA 为代表的综合性国际经贸规则的逐步形成,使得竞争政策成为区域与双边层面的磋商与谈判中的重点内容之一。

作为国际经贸规则重构的代表性规则之一,TISA 的谈判将对国际服务贸易规则具有重要意义和深远的影响。自 2008 年全球金融危机爆发以来,美国、欧盟等发达经济体一蹶不振,相比之下,以"金砖国家"为代表的新兴经济体反而在全球金融危机的冲击下表现突出,成为推动全球经济复苏的重要力量。作为世界贸易重要的组成部分,服务贸易的地位逐渐攀升,在各国经济增长中具有举足轻重的作用。以美国为代表的发达经济体在服务业具有较高的比较优势,并希望借助 TISA 谈判,主导国际服务贸易领域新秩序的建立与新规则的制定,从而实现其促进经济增长的目的。

四、TISA 协议的特点

(一) 采用 GATS 的核心规范

TISA 引用了 GATS 的一些核心规范,主要包括对服务的定义、服务贸易的四种提供方式以及一些基础条款。引用 GATS 核心规范是有意义的,主要是因为这些核心规范早已为世界各国所了解与认可,直接引用可以大大加快 TISA 谈判的进度。此外,若是将所有的规范和条款从零开始进行商议,不仅浪费时间,也无法实现与 GATS 的无缝对接。

具体来说,就服务的定义来看,虽然 GATS 并没有提供明确的定义,但 TISA 是在 WTO 将服务分为 12 类,并细分为约 160 个分部门的基础上,加上由于科技进步而引起的新的服务类型,如电子商务等。

对服务贸易的界定,TISA 依然采用的 GATS 提供的四种划分方式,即(1)“跨境交付”;(2)“境外消费”;(3)“商业存在”;(4)“自然人流动”。此外,它应用 GATS 的条款还包括市场准入、国民待遇和例外条款等,均在上文有所提及。

(二)“高雄心水平”的市场开放承诺

谈判之初,TISA 就明确要达成具有“高雄心水平”的市场开放承诺,这体现在各缔约方作出承诺的依据上。当前,我们已经可以清楚地看到,TISA 在市场开放承诺的方式、机制和制度方面有重要创新,它采用了混合清单,涵盖新的服务部门,引入棘轮条款(ratchet clause)和冻结条款(standstill clause)①,以及倡导最优的双边、区域的 PTA,即引入非成员最惠国待遇。最惠国待遇原则,我们在本节第一部分中已经提及,此处便不再赘述。而 TISA 引入的非成员最惠国待遇是指:TISA 缔约方在其他 PTA 中给予该协定中其他缔约方的优惠待遇必须给予 TISA 其他缔约方,即把在其他 PTA 中最优惠的待遇在 TISA 诸边化。

TISA“高雄心水平”的市场开放承诺,不管与 GATS 相比,还是与现今众多双边或区域的 PTA 相比,都是成立的。“高雄心水平”的具体程度有待谈判完成,各参与方公开各自的减让表后,通过运用频度、等值关税等方法直接测度,或通过数理建模从价格、数量角度来间接进行。必须认识到,引入非成员最惠国待遇是有意义的,因为这将会实现更高水平的自由化,有助于 PTA 成为多边贸易体制的基石。

(三)创新性

首先,多哈回合谈判进入僵局,“一揽子承诺”的谈判方式是导致谈判停滞不前的一大因素。TISA 则采用了诸边谈判方式,以求谈判更顺利地推进。上文提到,在谈判伊始,TISA 就致力于达成“高雄心水平”的市场开放承诺,从目前

---

① 关于禁止逆转机制会在本章第三节第一部分具体阐释。

官方公布的谈判文件上来看,TISA 谈判最大的创新之处体现在市场承诺上。我们可以看到 TISA 在市场开放承诺的方式、机制和制度方面等有重要创新,这里再做一次总结。首先,减让表采用了混合清单,即在市场准入方面采用正面清单的形式,在国民待遇方面采用负面清单的形式,从而提高自由化水平。第二,出现了新的服务部门,其中包括新型金融服务贸易等市场型新服务[①]以及其他一些新型服务。其次,为了实现服务贸易更高水平的自由化,促进成员形成更高水平的开放观念,TISA 引入了禁止逆转机制,即棘轮条款和冻结条款。最后,TISA 引入非成员最惠国待遇,即 TISA 成员国须把在其他 PTA 中最优惠的待遇在 TISA 诸边化。

(四)适用范围特殊性

实质上看,TISA 不属于 WTO 内诸边谈判。[②]原因如下:其一,TISA 谈判有违 WTO 作为多边体系的根本属性。WTO 内诸边协定有一个共同特点:它们都是针对贸易中的某一具体问题、部门或产品的协定,且数量少。目前属于 WTO 附件 4 的只有两个。就服务贸易领域来说,以议定书形式存在的《金融服务协议》和《基础电信协议》仅针对减让表,基本不涉及规制层面的内容。由于 WTO/GATS 的多边属性,WTO 不能允许诸边协定成为主体,也不能成为诸边协定共同体。其二,其难以符合 WTO"全体一致"的基本规定。根据《马拉喀什建立 WTO 协定》第 10 条第 9 款规定,诸边协定只能经协商一致作出。而目前只有 23 个 RGF 成员,其他 139 个 WTO 成员都没有加入。此外,自 2013 年 4 月进入正式谈判阶段以来,只有列支敦士登、中国、乌拉圭和毛里求斯先后提出加入申请。"全体一致"将难以实现。

因此,TISA 目前只是作为 WTO 外诸边协定,即 WTO 所称的经济一体化协定(Economic Integration Agreement, EIA)。TISA 基本符合 GATS 第 5 条提出的 EIA 必须满足的两项主要条件。其一,它符合"涵盖众多服务部门"的要求。从早期磋商开始,TISA 就提出要涵盖广泛的服务部门。具体谈判时,在提出和交流具体承诺减让表过程中,除美国对海运服务、欧盟和澳大利亚对视听服务等分部门的警惕之外,没有其他成员完全排除任何服务部门,与此相反,表示要纳入"新服务部门"。与此同时,TISA 也未预先排除任何服务提供方式,并明确表示要进一步推动各国间自然人流动的自由化。其二,它符合"取消现有歧视性

---

① 李伍荣、周艳:《服务贸易协定(TISA)市场开放承诺的机制创新》,《国际贸易》2015 年第 3 期,第 55—59 页。
② 诸边协定有分属于 WTO 内外之别。

措施和/或禁止新的或更多的歧视性措施"的要求。如果说 GATS 这一条件只是隐含着冻结义务的话，那么，TISA 中就提出了明确、独立的相关条款，即冻结条款。退一步讲，即便 TISA 在个别义务或具体承诺上，相比于此前达成的 RTA 或 GATS 有所紧缩，但整体上它的"更高水平"是不可否定的。

第 2 节　诸边服务贸易协定中的新规则

本节中，我们将从超越 WTO、丰富 WTO 和适当修订 WTO 三个层次，逐一与 WTO 原有规则对照分析 TISA 中的新规则。

一、超越 WTO 的新模式与新规则

（一）减让表采用混合清单

减让表的具体范式有两种，即正面清单和负面清单。正负面清单的分类，主要是针对减让表对承诺开放的服务部门的列表方式而言的，但也可针对减让表的市场准入、国民待遇等栏目列明条款、限制、条件和资格等。

1. 减让表的形式

在谈判伊始，有关减让表的形式，美国提倡采用"负面清单"，而欧盟则提倡采用"正面清单"，最终，TISA 谈判各方同意采用"混合清单"的方式，即在市场准入方面采用"正面清单"，而在国民待遇方面采用"负面清单"（见表 9.1）。该模式对成员的要求比 GATS 更高。

表 9.1　TISA 具体承诺减让表

部门或分部门	市场准入限制	国民待遇限制	附加承诺
Ⅰ. 水平承诺 缔约方作出与 TISA 第二部分相符的承诺			
A. 依照 TISA Ⅱ-1(2)(3) 作出的保留		依照国民待遇、冻结条款、棘轮条款，缔约方对下列具体服务部门、分部门、活动保留制定或维护任何措施的权利	
B. 依照 TISA Ⅱ-1(1) 作出的保留		缔约方对所有服务部门维持的国民待遇限制	

部门或分部门	市场准入限制	国民待遇限制	附加承诺
本减让表 Ⅱ 中的所有服务部门			
Ⅱ．部门承诺			
1. 商务服务（正面清单） 12. 其他服务部门 （以上未提及的其他服务）	（正面清单）	（负面清单）	（负面清单）

　　值得一提的是，在承诺方式上，不同于以往的区域协议，TISA 采用混合清单的方式。过去 GATS 是正面清单为主，TISA 采取了混合清单，TPP 则彻底采用了负面清单的方式。美国在 20 世纪 80 年代的双边投资条约中最早使用了负面清单列表的形式，1994 年生效的 NAFTA 创立了"准入前国民待遇+负面清单"的投资规则模式，在实践上取得了新的突破，美国因此成为负面清单模式的最大推动者。尽管从本质上讲，"正面清单"与"负面清单"承诺方式均能促进服务部门的自由化，然而后者比前者更具有透明性、稳定性、普遍适用性和高效性等优势，因此，采用"负面清单"方式也被认为蕴含着高标准的自由化。

　　与 WTO 框架下的 GATS 相比，GATS 国民待遇采用正面清单模式，只对已经承诺开放的部门实施国民待遇，而 TISA 在国民待遇上采用负面清单模式，原则上所有部门都需实施国民待遇，除非成员有例外规定。国民待遇采用了水平承诺的方式，同时在国民待遇栏中列出国民待遇的政策空间有所保留的措施，明确列举出参与方承诺不适用国民待遇的任何部门、分行业或活动，以及不适用于维持现状以及棘轮机制的任何部门、分行业或活动。

2. 减让表的内容

　　在内容方面，关于 TISA 参与方承诺表具体内容的谈判还在进行中，但可以确定的是，TISA 参与方确定承诺减让表的谈判是以最开放的 RTA 为起点，而 TISA 谈判参与方绝大多数都参与了区域服务贸易协定的谈判，这些区域服务贸易协定的承诺显著高于 GATS 的承诺以及多哈回合服务贸易谈判的报价，TISA 参与方中在 GATS 作出高水平市场承诺的发达经济体，以及 TISA 参与方中的发展中经济体在区域服务贸易协定中都有显著的提升。因此，TISA 承诺减让表谈判的最终结果是不低于现有 TISA 参与方在区域服务贸易协定中承诺的自由化水平的。具体来说，将会以区域经济协定关于服务贸易承诺的交换为谈判结果，并有可能涵盖 GATS 之后出现的新类型服务贸易。如果 TISA 成员方坚定高水平开放服务贸易领域的目标,TISA 承诺减让表的谈判很可能超越现有的 RTA 的承诺。

在国民待遇领域,TISA 谈判参与方将 GATS"正面清单"的开放模式改为"负面清单"开放模式。在"正面清单"的模式下,在国民待遇方面,WTO 成员同意开放某些具体的领域,而成员方没有开放的领域,其域内的服务商比域外服务商更为有利。而在"负面清单"的模式下,TISA 要求参与国给予服务及服务的提供者国民待遇,除非参与方根据其市场经济发展水平列明不给予国民待遇的服务部门或服务提供者,除了 TISA 参与方特别保留之外,在所有开放领域提供充分的国民待遇承诺。TISA 谈判成员方选择在国民待遇领域进行改革的原因是在服务贸易领域政府逐步放开歧视性规则比市场准入的改革更加容易启动。同时,为了避免引起条款兼容的混乱和法律的复杂性,TISA 拟在国民待遇领域使用修改权条款和冻结条款,即引入禁止逆转机制,以期顺利地将国民待遇从"正面清单"过渡到"负面清单"。

(二) 引入禁止逆转机制

禁止逆转机制是 TISA 谈判设置的新规则。上文已经说过,TISA 期望具有"高雄心水平"的市场开放承诺。而更高水平的自由化需要从延伸最惠国待遇条款和对自然人流动方式的重视等方面体现出来。

对比 GATS 初始减让表、修正的"出价"表和各国实际政策执行情况可以发现一个"特征化事实"——服务贸易自由化水平呈依次递增态势[①],即各国实际执行的服务贸易自由化水平最高,其次是 GATS 修正的"出价"水平,最后为初始减让表水平。各方在实际的谈判中,希望冲破多边协定的约束,因此实际谈判中的服务贸易自由化水平会高于多边贸易中现行的承诺。而 TISA 引入禁止逆转机制,希望突破 GATS 框架下承诺的水平,在更高的水平实现自由化。下面分别介绍禁止逆转机制中的棘轮条款和冻结条款。

1. 棘轮条款

为了尽可能地使成员方,尤其使发展中国家成员在 GATS 作出进一步承诺,WTO 采用了棘轮机制。而 TISA 仅在国民待遇领域沿用棘轮机制,旨在鼓励参与谈判的成员方作出相应的国民待遇承诺,从而进一步延伸单边国民待遇的承诺。

棘轮条款指某一成员未来任何取消歧视性措施的做法都将被自动锁定,不

[①] 李伍荣、冯源:《〈国际服务贸易协定〉与〈服务贸易总协定〉的比较分析》,《财贸经济》2013 年第 12 期,第 86—93 页。

得倒退并使其具有永久效力,纳入贸易协定而受其约束,而一些成员(如欧盟)提出对于公共服务如教育、卫生和水资源分配等不适用此条款。此外,棘轮条款针对的是单边、自主方式实现的贸易投资自由化,一旦做出,在下一回合谈判时要把其纳入贸易投资协定而永久受其约束。WTO 采用棘轮条款的目的是为了减轻成员方尤其是发展中国家成员在 GATS 作出进一步承诺的担忧,同时,非常重要的一点是 WTO 成员单边修改的国民待遇原则将通过最惠国待遇延伸到其他成员。TISA 仅在国民待遇领域沿用棘轮机制,目的是鼓励谈判的参与方作出相应的国民待遇承诺,单边国民待遇的承诺也将通过棘轮机制进一步延伸。TISA II-1(3)规定:如果一缔约方以减少或取消的方式对条款 I-4 的条件、限制和资格相关的措施的不一致性作出修改,这种修改约束缔约方,除非该缔约方在具体承诺减让表中予以排除。

棘轮条款的重要意义在于,它保证服务贸易自由化不断向更高水平推进。任何缔约方不管是以诸边方式还是单边方式减少或取消的歧视性贸易措施,一旦做出承诺就被锁定,不得回退,相对来说,尽管当前的自由化水平较低的,而未来的水平总是会更高。

2. 冻结条款

另一方面,TISA 需要在"负面清单"模式下固定国民待遇方面的重要承诺,同时通过保留修改权条款,增加负面清单的灵活性,从而使国民待遇原则从"正面清单"过渡到"负面清单",因此引入了冻结条款。

冻结条款是指各谈判成员承诺自协定生效时起,以当前的实践承诺为基准,而非以当时各成员的 GATS 减让表为准,不得实施新的或更严格的贸易投资限制措施,约束了成员现有的开放水平。根据冻结条款,TISA 将锁定 GATS 生效而成员方单方面采取的自由化措施,冻结条款是 TISA 谈判参与方自愿签署的,一旦签署后参与方在该具体项目下对于外国服务提供者或服务的条件,将不会比成员方加入 TISA 之日更具限制性。GATS 中有些条款与冻结条款相关,属于隐含冻结义务,如 GATS V 在规范 WTO 成员缔结经济一体化协定(EIA)时要求必须满足的条件之一,即"取消现有歧视性措施和(或)禁止新的或更多的歧视性措施",意味着 WTO 成员在 GATS 及其承诺生效后不能因缔结 EIA 而在多边承诺中增加新的或更多的歧视性措施。冻结条款除了出现在 TISA 在核心文本中,还作为做出具体承诺的依据和基础,具体体现在减让表水平承诺国民待遇栏目的 A 部分(见表 9.1)。

冻结条款的意义在于,TISA 在"负面清单"模式下使用该条款,以固定国民待遇方面的重要承诺,同时通过保留修改权条款,增加负面清单的灵活性,从而能够有助于国民待遇原则从"正面清单"过渡到"负面清单"。

（三）新成员的加入问题

在 WTO 框架内，GATS 第 5 条的规定为最惠国待遇提供了一个例外，GATS 允许成员方通过谈判豁免某些服务业最惠国待遇义务，这就使成员方有可能在特定服务业中给予某些成员方的服务提供者更优惠的待遇。如果将 TISA 算作 WTO 框架之外的 RTA，则其谈判所达成的利益因最惠国待遇的例外而暂时不会扩展到其他 WTO 成员。因为无条件最惠国待遇免费搭便车有两项不利后果：第一，不论免费搭车者实际上是否作出贸易减让，事实上却接受了因互惠而产生的贸易减让的利益；第二，如果成员方基于互惠，开放了部分内部市场，但却不能在互惠基础上进入免费搭便车国家的外国市场，则会失去允许外国服务提供者进入其内部市场的动力。因此，目前新的申请方的加入需通过反向协商一致得到 TISA 参与方的共同同意。TISA 谈判成立后，参与方希望能够通过"关键多数"（critical mass）的方式多边化。"关键多数"的评价标准并不是依据参与方的具体数量，而是成员方所达成的服务贸易占国际贸易的比例，如果参与协议的谈判方所占世界贸易量总和超过 90%，则根据"关键多数"原则，协议中的开放内容对所有 WTO 成员依照最惠国待遇原则适用。

事实上，TISA 到目前为止没有一致同意接受新的参与者，但是 TISA 成员应该尽可能制定一个开放的、可预测的、可持续的准入程序，但在目前的协商中还无法做到。这些问题将作为 TISA 重要议题在今后商议。

（四）金融服务的监管纪律

目前，金融服务的监管纪律已经以附件的形式公开。如果 TISA 谈判达成，将成为 TISA 正文条款的一部分。金融服务附件在整合《关于金融服务的附件》和《关于金融服务的谅解》的基础上，对 WTO 的超越主要体现在透明度和金融监管的有效性两个方面。

TISA 金融协议附件建议改进透明度条款。金融服务附件第 12 条规定："任何成员方都应该在实际可行的情况下，通过官方出版物或者其他书面或电子形式将有关措施提前通知有兴趣的当事方，以便有兴趣的当事方能够有机会对该项措施作出评论；任何一方都应该使兴趣方提出服务贸易的申请要求具有可能性。就申请人的请求而言，相关当事方应该通知兴趣方申请的状态，如果相关方要求申请人提供额外的信息，相关方应该没有不适当的延迟。TISA 金融服务协议附件同时倡议增进许可程序的透明度。"上述改进的透明度条款在许多 RTA 中已经存在，该条款能够提醒金融服务者注意投资国规则的变化，并对草案条款进行评论，以引起投资国对草案负面评价的关注。其次，TISA 要求参与方应该尽力确保金融服务部门领域执行和适用国际公认的标准和监管,以及执行和适用国际反逃税和反避税问题的规则,该项规则目的是考虑国际监管机构稳定和连贯一致的监管的重要性,并在金融市场的监管及其进一步自由化之间创建更好的联系。

二、丰富了 WTO 原先规定的新规则

(一)涵盖了新的服务部门

在乌拉圭回合谈判时,WTO 秘书处参考《联合国中央产品分类标准》(CPC)制订了一份服务业谈判版的分类标准《服务部门分类及对应 CPC 编码》(W/120)以作参考,成员大都是以此为基础来填写减让表的。减让表中列入的服务部门的数量,代表着服务业市场开放的广度。

自 GATS 生效至今的近 20 年时间里,世界经济活动发生了重大变化,服务业、服务贸易的作用整体不断增强,某些特定服务部门不断在适应时代要求。由于科学技术的进步,在互联网高速发展的同时,出现了 W/120 没有涵盖或归属不明确的新服务。为应对此类变革,TISA 减让表作出了反应:在减让表中把某一服务部门独立出来,并考虑纳入新服务等。例如,由于对能源产品与能源服务的划定缺乏明确的规定,在 W/120 中没有独立的能源服务部门,只有商务服务中与能源分销有关的服务以及运输服务部门中的管道运输被认为属于能源服务。同时,在 GATS 减让表中,各成员对能源服务作出的承诺十分有限。在 TISA 减让表中,谈判方则把能源服务作为独立的服务部门。如欧盟把能源服务作为第 14 个服务部门,具体涵盖与采矿相关服务,燃料管道运输服务,通过管道运输燃料的仓储服务,固体、液体和气体燃料及相关产品的批发贸易服务,汽车燃料的零售服务,燃料油、灌装煤气、煤和木材的零售服务。

对于"新服务",TISA 涉及两类:一是市场型新服务,即在某一缔约方领土内尚不存在但在其他缔约方领土内有提供的服务,目前主要指新的金融服务。按照《金融服务附件》规定:缔约方必须允许其他缔约方在自己辖区内设立的金融机构提供新金融服务,但事前应获得授权。授权必须在合理时间内做出,如拒绝授权必须基于审慎的理由。二是还未被认知的新型服务,针对此类服务,有两种措施:其一,在第 12 类"其他服务部门"下,除缔约方可列出 W/120 未包含的但已被认知的服务外,在最后设"以上未提及的其他服务",且在市场准入

和国民待遇下作出完全自由化承诺或只做较少限制；其二，如 GATS《金融服务谅解》或 TISA《金融服务附件》，在 TISA 中加入缔约方允许其他缔约方在自己辖区内提供新服务的义务。

服务部门覆盖广泛，异质性强，任何国家和地区都不可能绝对优势可涵盖所有的服务部门，在对外开放时，一方对某些服务部门不作承诺或只做有限承诺，如美国对海运服务、欧盟对视听服务、澳大利亚对健康和公共教育服务等。

（二）引入非成员最惠国待遇

事实上，TISA 提出"高雄心水平"的市场开放承诺的同时，还引入了非成员最惠国待遇（non-party MFN）。

最惠国待遇是 WTO 的一项基本原则，也是 GATS 的一般纪律与义务，而 TISA 引入的非成员最惠国待遇要求 TISA 缔约方在其他 PTA 中给予该协定中其他缔约方的优惠待遇必须给予 TISA 其他缔约方，即把在其他 PTA 中最优惠的待遇在 TISA 诸边化。美国、欧盟承诺以美韩 FTA、欧韩 FTA 作为 TISA 承诺的基础。引入非成员最惠国待遇条款，将会实现更高水平的自由化，而且能消除过多的 FTA 带来的一体化和碎片化现象，即"意大利面碗效应"，是 PTA 促进多边贸易体制的重要机制和保证。

然而，这一事件在目前阶段仅体现了 TISA 对推动服务贸易进一步自由化的强烈企图，完全落实还存在一定难度。

（三）监管纪律涵盖众多领域

TISA 的监管纪律将涵盖众多的领域，包括内部规制、透明度规则、金融服务、能源服务、自然人流动、交通运输、信息通信技术服务和电子商务等方面。监管纪律的谈判正在展开。而在其中，金融服务领域的监管纪律是谈判的重中之重，也是目前成果最丰富的一部分。上文已经介绍金融服务监管利率对 WTO 的超越，此处不再赘述。

此外，在有关自然人流动方面的谈判，欧盟建议为方便管理而给予母公司和子公司之间核心人员流动的便利；在新增的能源服务方面，TISA 谈判参与方希望能够取消对境外环境服务提供者的现有歧视；其他领域监管纪律的谈判正在进行中。

（四）其他方面的新做法

首先，TISA 在水平承诺和部门承诺方面进一步丰富。就水平承诺部分而言,由于市场准入、国民待遇分别采取的是正面清单和负面清单,因而,在水平承诺部分,国民待遇又分为 A、B 两部分,分别依据 TISA Ⅱ-1(2)(3)列出缔约方有权制定和维持的限制措施,以及依据 TISA Ⅱ-1(1)列出缔约方对所有服务部门可维持的限制,而此时对应的市场准入为空白。就部门承诺部分而言,通常,市场准入限制多为数量型,国民待遇限制具有歧视性,当国民待遇限制也体现为数量型时,它就与市场准入限制难以区分了,如外国资产限制、雇员或商业存在的外国雇员的人数限制等。TISA 对同时属于市场准入和国民待遇的限制要求一并列出,这是由于市场准入和国民待遇采用不同的列表方式,特别是冻结条款、棘轮条款仅适用于国民待遇。

非歧视原则作为 WTO 奉行的最基本的原则,最惠国待遇和国民待遇是其两大支柱,然而在 GATS 框架内则受到了严重侵蚀。在 TISA 中,最惠国待遇仍然被作为一般义务且没有例外;国民待遇尽管仍然是作为具体承诺,但由于采用负面清单方式,如果其清单足够短,那么它在程度上就更趋近于它的原则性质。可以说,TISA 对国民待遇采取负面清单做法,有力地维护了 WTO 非歧视原则。

再次,TISA 谈判还涉及"劳工"和"罢工"条款。如欧盟提议,TISA 应对劳工标准给予保护和尊重,为此引入"劳工"条款,规定欧盟与其他成员涉及劳动者准入、居留、工作和社会安全的措施应该继续得到适用,这包括居留的时间、最低工资以及集体工资等。"罢工"条款则规定所作承诺不适用于劳动管理纠纷。这些特殊的新规则都需要中国引起特别的关注。在 TISA 关于劳工条款的谈判中,在国际劳工组织规则、"人权无国界"和市场化原则等标准下,最终达成了以下一些基本劳工权利公约:结社自由与集体谈判权;废止强迫劳动;禁止雇佣童工;禁止就业歧视;设立最低工资标准;设立工作时间标准;劳工发展权利;体面工作和有意义的工作等。TISA 规定,国际劳工组织可以无国界监管,同时可以通过"劳工权益调查员制度",允许非政府组织跨国调查。

三、适当修订 WTO 原先规定的新规则

大部分成员支持保留 GATS 的核心规则作为 TISA 的框架结构,若要令 TISA 最终回归到多变化的框架下,必须要保持 GATS 的核心规则。具体而言,TISA 最后谈判文本或将涵盖三个主要部分。第一部分是基于 GATS 的一般条款,第二部分是各成员的承诺减让表和谅解备忘录,第三部分是具体的章节,这其中包括运输服务、自然人流动、金融服务以及其他内容等章节。而第三部分

与 GATS 最大的不同之处在于,GATS 是将关于"空运服务""金融服务""海运服务"和"电信服务"的规定置于其附件中,而 TISA 则将其增加为一些新的章节,如上文提及的增加了很多"新服务部门",并补充相关的内容。

(一)以数字经济(电子商务)为例

TPP 电子商务专章的核心是自由、开放的数字产品和服务贸易,内容主要是鼓励数字贸易、保护消费者隐私、限制数据保护主义以及支持开放互联网的相关规则。TPP 采用的是负面清单方式,未在不符措施中列明的新型电子商务也要承担开放义务。而正在谈判的 TTIP、TISA 致力于达成更加细化和深化的数字贸易规则,但谈判不涉及跨境数据流动和数据本地化,因为欧盟没有就此提出提案。但欧美在数据本地化和跨境数据流动等问题上的巨大分歧阻碍了谈判的推进。具体而言,TISA 数字贸易规则旨在解决跨境数据流动的贸易壁垒、线上消费者保护、个人信息保护以及其他领域的相互协调等问题,这与 TPP 基本相同。TISA 同时明确规定重要的国内监管目标例外原则。禁止缔约方给予国内供应商优惠待遇、禁止对跨境数据流动征收关税、禁止要求数据本地化或服务器本地化、就跨境数据监管问题开展国际合作等条款。在 TISA 数字议题谈判中,参加方的分歧主要是数据本地化和跨境数据流动,此条款对于金融服务公司的数据跨境自由流动意义重大。

需要特别注意的是,和 GATS 下的传统服务不同,TISA 文本中可能将"数字经济"进行专章规定。因为在互联网和大数据时代,服务贸易数字化的特征明显。GATS 是前互联网时代的产物,没有包含任何关于数字贸易的内容,因此 TISA 将会引入数字贸易的相关内容。数字经济将大量涉及跨境数据的流动、存储和接入等,目前很多产品都是智能化制造和数字化服务的融合,互联网将成为未来服务贸易的核心渠道。因此,在目前无有效充足的规则保持该渠道畅通的情况下,TISA 在此方面进行修正是适应了时代的要求。关于跨境数据流动,美国在 TISA 谈判中极力主张将跨境数据流动的条款纳入核心文本,水平适用于所有部门,而不是仅适用于电子商务附件。美国提议,要求各参与成员保持数据的自由流动,确保网络的自由访问,并提出不得要求将当地存在、技术转让或购买本国技术作为企业提供跨境服务的条件。

(二)其他方面的一些修订

1. 自然人流动

《外国国民流动规则》旨在通过临时入境和停留为商业旅行提供服务。这是美国国会关注的问题。因此,美国尚未提出这一类别的提议,并且只能提供有限的提议,在拟议的 TPP 中,美国贸易代表办公室大使承诺,协议不会对美国移民法或政策或签证制度产生影响。欧盟提议在单独的议定书而不是在 TISA 核心案文中对高技能专业人员临时入境和停留作出承诺。

2. 政府采购

TISA 重申了 GATS 关于政府采购的条款,这些条款规定非歧视和市场准入规则不适用于与政府机构采购服务相关的规则、规章和要求。但是这仅仅适用于政府行政办公目的而非商业转售或用于销售目的的服务提供。这一规定不适用于政府承包的供电供水服务,或者通过公私合营和合同而进行的交通或社会服务的建设和运营。

大多数 TISA 参与者,包括美国和欧盟,都是《政府采购协定》的积极或观察的缔约方。TISA 可以提供一个机会来鼓励或要求所有参与者成为《政府采购协定》的成员。据报告,TISA 草案的强度低于《政府采购协定》,美国目前正遵从 WTO 的《政府采购协定》,而不是在 TISA 寻求额外的承诺。

3. 内部法规

专业服务的许可和资格要求等规则由各方自己制定。

4. 组织条款

这个部分主要解决了新成员怎样进入 TISA,以及怎样将 TISA 融入 WTO。参与讨论的成员还在考虑是否采用轮换秘书的制度。该条款中还包括了政府与政府之间的争议调解机制。

第 3 节 诸边服务贸易协定新规则评析

本节中,我们将分析 TISA 的可行性,并对未来进行展望。

一、TISA 可行性简析:以对金融业的影响为例

金融服务方面,预计 TISA 将根据 GATS 附件中有关金融服务的承诺以及在多哈回合谈判中提出的其他承诺来建立。在 TPP 的提议中,金融服务被明确地从电子商务章节中独立出来,因此不包括删除数据流限制和本地化要求的规定。相反,金融服务章节规定保护这一部门的数据流动更为有限。除了审慎例外提供的灵活性外,美国金融监管机构明确主张限制 TPP 中跨境数据流的能力。

（一）TISA 可能带来的金融服务贸易标准和规则变化

目前,TISA 贸易协定涉及 50 个参与方,其年贸易额超过 4 万亿美元,覆盖了大约 75% 的全球服务市场。我们知道,TPP 最主要的目的是实现货物贸易零关税壁垒,涉及服务业的开放;而 TISA 是真正的旨在开放全球服务贸易的协定。因此,相对于 TPP,TISA 对金融业带来的影响更大。

对于金融行业,TISA 的具体要求有:要求各方扩大金融服务的外资准入,给予外资国民待遇;允许设立外商独资金融机构,取消对外资进入的数量限制和兼并、收购限制;允许外资介入境内的支付和清算系统,为金融服务的跨境贸易以及金融数据的跨境流动提供便利,并允许外国企业在其境内提供新的金融服务等。

（二）TISA 成员方对 TISA 中金融服务规则的态度

为了解决美国国会和许多金融服务行业提出的担忧,这些行业反对在 TISA（如 TPP）中划分一个潜在的具体部门,美国为 TISA 提出了新的说法,除了在某些情况下,禁止金融监管机构在某些情况下对跨国数据流量和数据本地化要求施加障碍。美国的建议是基于美国监管机构、国会和行业之间的 TPP 讨论,这导致许多金融服务利益相关者对 TPP 的支持,八成 TPP 合作伙伴正在参与TISA 谈判。

欧盟在金融服务谈判中的立场也引起了潜在的顾虑。例如,欧盟表示,其在 TISA 的立场是维护所有现行的欧盟和国家有关金融服务隐私保护的法律,这可能与美国的提案不一致。伦敦是目前全球最大的金融中心,而英国脱欧的潜在政治和经济影响也引发了有关欧盟谈判地位的疑问。

另一个问题是,TISA 将在多大程度上包括金融服务的监管合作,是否通过TISA 还是其他机构,如 20 国集团。欧盟在美国和欧盟之间的 TTIP 谈判中强调了金融服务的监管合作。然而,美国目前通过其他场所支持金融服务监管合作,例如 2016 年 7 月成立的联合财务监管论坛,以取代欧美金融市场监管对话,并包括更多来自各方的监管机构代表,更广泛的 20 国集团或巴塞尔公约三。

此外,在大多数美国 FTA（包括提议的 TPP）和美国双边投资条约（BIT）中,金融服务条款从适用的投资章节中纳入了选定的投资者—国家争端解决规定（ISDS）。这使私人金融服务提供者在某些情况下可以利用 ISDS,以解决有关东道国政府涉嫌违反投资义务的争议。由于 TISA 不包括投资章节,因此不存在 ISDS 机制。相反,投资者可能会通过政府与政府之间的争议解决机制来解决分歧,而不是通过 ISDS 的仲裁小组来解决。

(三)TISA 可能会给欧盟金融服务领域规则注入全新的内容

TISA 涵盖 23 个国家和地区(包括了世界上所有的金融中心),覆盖了金融服务贸易的大多数份额,TISA 在金融服务领域对欧盟有着战略性的意义。最终包括在 TISA 协议中的市场准入水平的措施将会建立一个新的基准和对于未来欧盟的一体化协商有影响的参考点。根据协议所保留的内容,TISA 可能会在数据传送、强化本土化、资源密码、监管透明度和内部监管方面建立一种有影响力的、全新的、稳固的内容。

(四)TISA 金融服务贸易标准和规则的变化,对中国金融业的影响

在 TISA 规则下,中国金融服务业的发展仍然存在挑战,当然也包括机遇。对于中国金融业来讲,一旦放开 TISA 的各项规定,中国金融市场的外资银行、外资保险公司数量增加,合资公司外资控股比例上升,而金融服务业在发达国家已经是非常成熟且高利润的行业,发达国家金融机构有很强的竞争优势,这势必对中国金融行业造成极大的挑战。但国外金融业先进的技术和管理经验以及完善的人才培养方法也势必产生外溢效应,同样给中国金融业带来极大的机遇。

挑战方面,虽然中国金融每个子行业都有实力较强的民营龙头企业,但金融机构整体实力不强,且由于中国金融市场体系不完备,监管能力弱,若完全放开,势必对中国金融市场造成不小的冲击,短期内会消减中国金融业的市场份额,且国内和国外金融机构对客户和高端人才的争夺会更激烈。首先是中国银行业、保险业等行业,本身就处于相对劣势,若不提升自身实力,在 TISA 谈判下,必定受到较大冲击。此外,还要考虑对金融安全的冲击。从宏观角度看,TISA 的规则很可能会对金融安全形成冲击。从制度监管层面来讲,监管不足、监管滞后、多头监管是中国金融行业的弱点。而 TISA 谈判其实是欧美试图进一步对全球金融服务业市场"去监管化",以助其发达而强势的金融业继续对外扩张,这将给金融监管较弱的国家带来潜在的风险。因此,对于制度本来就不太健全的中国金融市场来说,TISA 谈判对金融安全会形成一定的冲击。

机遇方面,从长期看,银行业、保险业等外资机构进驻国内市场,其丰富的金融理念和经验、成熟的运作和管理模式,以及先进的技术,会对国内金融企业产生技术、竞争及创新效应,带动国内金融业在技术和管理上的改进,提高企业运作效率,填补中国金融市场业务空白,推动整个中国金融业的发展与繁荣。

同时,TISA 可推动中国金融业的国际化。TISA 谈判成立,市场准入条件和国民待遇等约束性限制会放宽,不仅外资金融机构走进中国金融市场会更方便,国内金融机构走向世界也同样更便利。此外,TISA 签订也会带动中国其他产业国际化。若 TISA 签订,中国一些实力较强的龙头企业可进一步扩张其全球业务,带动这些产业快速发展和繁荣。其次,可以促进制度改进。外资的进驻带来的竞争势必会倒逼中国本地金融机构、金融市场进行改革,进一步向金融自由化发展,这也是符合中国金融业发展方向的。

TISA 的签订给中国的金融业同时带来了挑战和机遇,而其最终影响,则取决于中国是否能够采取措施将挑战压到最小,且能及时抓住机遇。

二、TISA 面临的主要障碍

(一)各方的诉求差异明显

1. 由总体经济发展水平差距引起的诉求差异

对大型新兴经济体而言,印度、印度尼西亚和中国已经与一些 TISA 的成员达成协议,而其他国家如俄罗斯、南非和巴西等国则还没有达成协议。在这些现有协定中,服务贸易方面的差别很大。因此,在服务方面的协议还不是很完善的情况下,这些规定可能不会减少监管异质性的程度。例如,中国与澳大利亚签订了一个针对新兴经济体服务贸易的前所未有的协定,这可以减少监管随时间的差异,而印度和印度尼西亚的情况并非如此。一些东南亚国家处于同样的情况,谈判的只是关于服务的贸易协定,而非洲在这一领域完全孤立。

几乎所有的 TISA 成员都签订了一些 FTA 协定,这些 FTA 不仅包括这些成员方之间相互签订的,也包括与 TISA 之外的国家和地区签订的。我们可以推测,在 TISA 最终完成后,此类协议可能产生的溢出效应。一些由 TISA 成员参与谈判的 PTA 还涵盖了非 TISA 参与者,因此参与签订协议的各方将有更大的机会从 TISA 中产生积极的溢出效应,例如那些参与签订 TPP 协定和东盟—澳大利亚—新西兰 FTA 的非 TISA 缔约国。而 TISA 成员和非成员方之间现有的协议可以帮助确定"自然合作伙伴",它们可能会参与 TISA 谈判或是将来再进行 TISA 谈判。这与新加坡的情况类似,超过一半的 TISA 参与者与新加坡签订了 FTA 协定。马来西亚、泰国和越南也可能出现这种情况。此外,中国也与TISA 中的 11 个成员签订了贸易协定或者正在进行一些贸易协定的谈判。然而,这不是任何其他金砖国家或主要新兴经济体的情况,它们之间没有与任何的 TISA 参与者谈判过贸易协定,因此也没有成为新兴的服务业的一部分。此外,对发展中国家潜在开放的最大的挑战之一是恢复对服务自由化进程的信心。由于大量的 TISA 参与者所签订的优惠协定覆盖了非参与者的服务贸易,因此技术溢出效应是可以预期的。

总结来说,TISA 的难度会在很大程度上取决于参与者的监管程度的异质性。发展中国家和 TISA 成员方之间的监管标准的差异越大,这些国家和地区变成未来协议的一部分将变得更具挑战性。对这些已经在 TISA 成员中占有重大份额的国家和地区来说,贸易分流对它们经济的影响将会变低,新兴经济体和发展中国家加入协议的担忧将导致自由化深度的成本普遍存在。

2. 不同行业层面各方的诉求差异

第一,在海运服务方面,虽然许多国家和地区可能寻求包括这一行业在内的更多进入外国市场的机会,但美国和其他一些国家可能会反对。美国谈判代表目前受制于法律,禁止任何外国制造或外国的船只在美国从事沿岸贸易。海上服务可能在更广泛的运输服务附件中得到解决,但美国的市场准入可能不包括这一领域,也可能仅限于现有美国法律允许的那些港口服务。

第二,在电子通信领域,TISA 可能会建立在 GATS 电信附件和各方承诺的基础上,以促进贸易和开放市场竞争。据报道,在参与者讨论义务是否适用于只与公共电信网络的接入和使用有关的措施或与增值服务相关的措施时,范围是不确定的。最初的 GATS 提供的重点是增值服务,但是,在多哈回合的背景下,许多成员提出了改进现有的 GATS 承诺或作出初步承诺的提议。而 TISA 可以利用或建立这些优惠。

第三,在专业人才服务方面,TISA 目前的谈判不包括明确的相互承认协议,但讨论的目的是促进有兴趣的各方认识外国专业人士(如律师、会计师)和加速他们的许可证(类似于 TPP 条款)。到目前为止,医疗服务被排除在 TISA 之外。

(二)谈判方的范围不够广泛

事实上,TISA 谈判违反了 WTO 谈判坚持的多项原则,这在一定程度上会阻碍 TISA 的进一步发展。

首先,其违反了 WTO 谈判坚持的多边化原则。TISA 谈判采取诸边谈判方式进行,虽然参加谈判的成员均为 WTO 成员,但其数量只占全体成员的小部分,未参加谈判的成员不能享受到 TISA 谈判的成果,这明显违反了 WTO 谈判坚持的多边化原则。其二,违反了包容性原则。WTO 谈判始终坚持包容性原则,具体来说,在决策机制方面包括多数票表决原则、三分之二多数原则、协商一致原则与全体一致原则等原则。而目前 TISA 谈判虽然放弃了 WTO 多哈回合"一揽子承诺"的目标,仅针对服务贸易进行选择性谈判,但是由于未参加谈判的成员无法享受到谈判取得的成果,发展中国家成员失去了保证国家贸易利益的重要手段,这违反了 WTO 谈判坚持的包容性原则。

(三) TISA 与其他区域协议谈判模式不易融合

全球区域性谈判目前正处于兴盛期,RTA 作为多边贸易体制的重要补充,正在成为全球贸易自由化的主要推动者。在开放的服务市场,TISA 比其他的 FTA 更有野心。TISA 中有 8 个 TPP 成员国,TPP 可能只是作为 TISA 基础。在一些方面,TISA 的野心和自由化程度比 TPP 更高,比如在跨境数据流动方面。一些成员支持 TISA,并希望借助 TISA 来制定"21 世纪的规则",而且还可以借助 TISA 来开辟市场,扩大出口。一些成员表示出对 TISA 的担忧,比如一些潜在的移民和网络安全方面上的政策影响。

中国方面,目前中国在建自贸区 21 个,涉及 32 个国家和地区。其中,已签署 FTA 共 12 个,正在谈判的共 9 个。然而,中国与东盟、新西兰等的自贸区协定,在服务贸易市场准入和国民待遇上,采取的都是正面清单模式,且不适用最惠国待遇,并保留了本地成分的要求。这与美国的自贸区谈判不同,负面清单是美国签署 FTA 普遍采用的模式,即协定签署方原则上应开放所有部门,且履行最惠国待遇、国民待遇、市场准入和跨境自由等义务,否则必须列出例外清单,例外清单一经列出,不得随意增加。如美韩自贸区谈判在市场准入和国民待遇方面都采用负面清单模式,开放的部门相互适用国民待遇和最惠国待遇原则,且不存在本地成分等要求。

目前 TISA 谈判的 23 个成员中,除了巴基斯坦和巴拉圭外,其他成员都就服务开放提出了自身出价清单。TISA 谈判成员提交的市场准入清单多是基于其现有双边或 RTA 所提出的服务承诺来制定的,欧美提出的初始清单是基于各自与韩国签订的双边 FTA,其开放承诺比中国服务业的开放标准要高很多。如美韩自贸区协定有关"电子商务"的一章规定:承认信息自由流动对促进贸易的重要性,努力避免实施或维持对电子信息跨境流动不必要的壁垒。而中国出于国家安全和文化因素的考虑,目前对于国外的出版物、视听娱乐以及相关在线服务仍然存在审批,在此方面,中国与主要发达成员之间在开放承诺上仍然存在差距。

(四) 各方对 TISA 的支持度大不相同

1. 欧盟

欧盟参与谈判持较为积极的态度。作为最大的服务出口区,欧盟的服务业产值约占 GDP 的 70%，服务贸易约占据全球 1/4。欧盟认为 TISA 与 TTIP 具有很强的互补性，TTIP 只是解决欧美之间的贸易，而 TISA 则可能推广到所有的 WTO 成员。其次，欧盟赞成 TISA 的文本框架保持 GATS 的核心规则，如国内规制、国民待遇和一般安全例外等，为其最终回归到多边化的框架下奠定基础。此外，欧盟关于 TISA 谈判的透明度和包容性方面更为开放。在欧盟看来，若 TISA 缺乏金砖国家以及东盟成员的参与，将使其最终成果大打折扣，将难以实现 TISA 最终回归多边化。

此外，关于中国申请加入 TISA 谈判，欧盟一直持积极支持的态度。

2. 美国

美国服务业约占据美国 GDP 总量的 75%，服务业就业人数占据就业比例的 80%，美国政府响应服务业企业的提议，在 TISA 的进程上起着主导作用。

自 2001 年服务贸易自由化纳入 WTO 多哈回合发展议程以来，不论是在新规则纪律制定还是市场准入承诺方面均没有取得实质性的进展，因此需要在现实中寻找一种替代的方案。为此，美国抛开 WTO 多边贸易体制，试图构建新的国际服务贸易规则。在 TISA 谈判路径选择方面，美国更倾向于先联合 RGF 成员达成区域性的 TISA 协定，然后吸纳新成员的加入。与欧盟相反，在 TISA 谈判的包容性方面，美国则相对保守。

在对待中国申请加入 TISA 谈判的问题，美国怀疑态度，并采取相当的措施想要阻止中国的加入，如设置相关的评估标准等。美国认为中国申请加入 TISA 谈判是为了阻碍美国主导的贸易协定谈判。

3. 澳大利亚

澳大利亚作为 TISA 谈判的倡导者之一，其服务业占本国经济总量的 80%，服务业就业人数约为 85%，服务业以及服务贸易已经成为解决就业的主要载体。澳大利亚贸易委员会认为，在参与 TISA 谈判同时，澳大利亚政府应该保持其实现公共目标所需的能力，如环境保护、社会安全、公共健康、金融稳定及保护劳工和消费者等，同时，服务贸易协定谈判应该尊重文化价值。此外，澳大利亚对 TISA 谈判的包容性持开放态度。同欧盟一样，澳大利亚认为，如果中国、印度等能够加入 TISA 谈判并顺利达成协定，将增加其来自 TISA 的贸易收益。

4. 日本

日本方面，相关的专家和学者认为，日本不应该忽视美国和欧盟将 TTP、TTIP 以及 TISA 等谈判纳入战略决策，而应该充分地融入 TISA 谈判。TISA 谈判将形成新的全球服务贸易规则，这会给日本带来新的商业机会。同时，服务贸易领域的规则制定和自由化，将为日本的海外投资带来巨大的商业机会。因此,在很大程度上,TISA 能够保护日本的国家利益。

此外,即使日本不加入 TISA 谈判,美国、欧盟等成员也必将会把其中的相关条款加入 TTP 或与日本双边自贸区的谈判,即日本只能被动接受。而若加入谈判,由于在 TISA 中需要考虑到其他成员的利益,最终的结果可能更能增加日本的利益。

5. 韩国

韩国一致认为应该积极参与 TISA 谈判。从未来经济的发展来看,服务业和服务贸易必将成为经济发展的重要动力,虽然在服务贸易领域,韩国处于弱势,但是应该发挥服务贸易的比较优势。从未来的趋势来看,服务贸易自由化不可避免,回避谈判对韩国是不明智的选择,若新的国际规则一旦形成,未来很难被修改。而服务贸易作为较新的领域,必将需要新的国际规则,如果不积极加入谈判,则难以反映出自身在服务贸易新领域的诉求。

6. 中国参与 TISA 的进程

2013 年 9 月 30 日,中国商务部正式宣布申请参加 TISA 谈判,以争取在新一轮服务贸易发展中的主动权和话语权,这与中国改革开放的要求是相吻合的。然而,中国加入 TISA 的进程困难重重。

首先,中国服务贸易发展滞后,服务贸易总体水平低,长期处于贸易逆差状态。同时,中国服务贸易内部结构发展不合理。从总体上看,仍主要集中在传统劳动密集型和资源优势型部门,而高附加值的资本、知识、技术密集型服务贸易还较为落后。其次,中国加入 TISA 受到国外的重重阻力。国外高附加值服务贸易产业对国内传统服务产业将造成较大冲击。一旦加 TISA,中国势必要在服务贸易产业加大开放力度,而国外同类或新型产业的大批量涌入,对中国传统服务贸易产业将是一大冲击。此外,虽然大部分 TISA 成员是欢迎中国申请加入的,如欧盟在 2016 年 2 月 4 日投票表决通过中国申请加入 TISA 谈判的提案,但最大的阻力在于美国。美国对中国的加入持怀疑态度,其主要怀疑中国加入 TISA 谈判的动机以及对实现承诺的意愿和能力。对中国来说,如何能够打消美国对中国加入 TISA 动机的疑虑是当前最大的难点。

三、对 TISA 的初步展望

一些成员支持 TISA,并希望借助 TISA 来制定"21 世纪的规则",而且还可以借助 TISA 来开辟市场,扩大出口。一些成员表示出对 TISA 的担忧,比如对一些潜在的移民和网络安全方面上的政策影响。那么,让我们来看看 TISA 在未来将会如何进一步改善和发展呢?

(一) 未来 TISA 还需在规则的透明化上进一步加强

事实上,与 WTO 或其他任何贸易框架相似,从本质上来看 TISA 是政府间谈判结果的过程。迄今为止,几乎没有政府对其具体承诺透明化,就我们所知,美国和欧盟在 TISA 所提供的优惠与它们为使 TTIP 的跨大西洋贸易自由化所做的努力之间还存在争议。

服务自由化是不可避免的,但是这种自由化的过程是怎样的呢? 其实在 TISA 谈判中,赌注是很高的。然而,由于缺乏透明度,谈判内容仍存在许多不为人知的地方。不过我们还是可以得出一些结论,特别是关于贸易体系的总体情况以及 TISA 的潜在国内后果。作为一项多边谈判,TISA 让那些希望在服务自由化方面进一步加快步伐的政府参与进来,这对它们和那些希望尽早利用自由化机会的企业来说是一个积极的发展。此外,TISA 的各方基本上都在编写有关服务的最新规则,其目标是超越 GATS 所采取的试探性步骤。

(二) 最惠国待遇条款有待进一步明确

迄今为止,TISA 文案是否包括最惠国待遇条款仍不明确,如果 TISA 不纳入最惠国待遇,则 TISA 各方(包括欧盟)都可以自由地与任何其他双边或多边国家谈判,而不用将优惠扩展到 TISA 其他成员,基于此,未来的 FTA 将需要遵守 GATS 第 5 条;如果 TISA 纳入最惠国待遇,且没有经济一体化协议的相应例外,则 TISA 各方将无法在双边基础上制定未来贸易协定,也就不会将协议的利益扩大到所有成员国,那么对欧盟 FTA 的未来战略也构成限制,而非 TISA 合作方将有能力按照《服贸总协定》第 5 条进行经济一体化协议的协商;如果 TISA 纳入最惠国待遇,但伴随着一个条款规定了按照 GATS 第 5 条经济一体化协议的例外情况来灵活的调整不一致的最惠国措施,则只有在满足 GATS 第 5 条的条件下,TISA 各方可自由地与其他国家就服务进行进一步的优惠安排。

欧盟方面,TISA 所同意的"一揽子承诺"有可能成为欧盟未来 FTA 谈判的新基准。鉴于目前的承诺处于或接近自由化的现状,金融服务业面临跨境自由化的监管挑战,因而这种增长不大可能是激进或快速的。就目前来看,如果未来的经济一体化协议没有相应的例外,那么这个动态在将来不太可能改变。在这种情况下,如果定期施行最惠国待遇,TISA 将会很好地融入各方 FTA 承诺,并将其多边化到 TISA 各方。但同时,它将明确禁止在今后的 FTA 谈判中进行额外的承诺。

（三）TISA 倡导的服务贸易自由化对各国国内监管形成挑战

谈判服务自由化则意味着要在一系列政策领域探索国内监管,因为许多所谓的服务贸易壁垒都是被监管的。例如,旨在实现非贸易目标的规定可以被设计成符合与贸易相关的目标。又如,旨在实现环境或消费者安全结果的法规,可以与服务自由化努力保持一致,只要它们是非歧视性的。当旨在实现非贸易结果的法规与服务自由化的努力发生冲突时,挑战就出现了。这些冲突将如何解决呢? 这是每个社会都要回答的问题。理想情况下,这些冲突的指导方针不会出现在幕后谈判中,而是来自激烈的公开辩论。

对于发展中国家来说,监管差异可以反映其加入协议的困难程度。这些监管差异将显著影响未来发展中国家加入 TISA 协议的前景。由于这些监管存在差距,一些国家在这一过程中将面临较高的调整成本。以中国为例,与欧盟和美国相比,中国在某些服务贸易部门的监管差异比其他任何经济体都要大得多。对于许多新兴经济体来说,政治因素的考虑在解释它们弃权或反对服务的诸边协议的决定占有更大比重。考虑到不同服务业经济发展水平,TISA 参与者可以将协议重点放在发展上。我们知道,在 TISA 服务发展章包括:通过特定的技能提升项目和网络工作的创建来提高妇女在服务经济中的参与机会;促进旨在新服务产品领域开发相关专业知识和管理技能的联合研究和创新活动;促进私营服务公司的公共和私立部门的伙伴关系,包括中小企业,可以把它们的专业知识与政府机构合作等。TISA 可以把这些举措专门针对发展中国家和地区成员,当然,这就需要当地发展委员会的审查。

（四）TISA 中的监管条款可能会以各种不同的方式对未来的贸易协定产生重大影响

首先,TISA 将会融合欧盟和美国处理问题的方法。针对欧盟和美国在其FTA 实践中采用不同文字方式的问题,TISA 提供了一种采取单一综合性的方法。实际上美国和欧盟的谈判者认为现有的差异仅仅是文字方面的,而其实质方法并没有真正的差异。

其次,在金融监管方面,无论数据传输,数据本地化和源代码最终达成什么样的结果,它都会对(其他 FTA)如何处理问题产生重大影响。选择是否将规则应用于金融服务部门尤其重要,可能会反映在未来协议的架构中。

最后,我们认为,TISA 文案似乎可以代表国内监管的透明度和横向程序规则的现状,也可为未来自由贸易谈判中的条款提供新的基准。但在监管合作、协调统一和相互承认规则方面,不可能实现重大的创新和进步。历史上这些问题在多边谈判中常遭困境,但在双边谈判中很有可能会取得一定成果。

四、TISA 与中国的服务贸易

根据欧盟的统计,TISA 成员之间的服务贸易总额约占全球服务贸易总额的70%。G20 成员国中有 12 国参加了 TISA,但也有一些 G20 中重要新兴市场国家目前还没有参加 TISA 谈判,包括巴西、中国和印度。虽然许多大型新兴经济体的服务市场相对较小,然而现在,作为服务提供者和服务消费者的市场扩张的潜力是巨大的。这不仅使这些国家的工业在国内迅速增长,同时这些新兴市场也吸引了外国供应商。到目前为止,在那些目前没有参与 TISA 的新兴市场国家中只有中国表达了对其兴趣。

中国作为全球服务贸易大国,是 TISA 成员中的欧盟、美国、韩国、加拿大、中国香港等主要的服务贸易出口贸易伙伴。然而,中国的利益在 TISA 参与者中产生了分歧,中国于 2013 年申请加入谈判至今,还在持续中。

此外,对于中国申请加入谈判,在上文已有提及,各成员方意见不一致,欧盟持欢迎态度,美国持谨慎态度。而国内学界则认为中国加入谈判利弊并存。支持者认为,由于中国服务贸易发展滞后,中国加入 TISA 谈判能够为中国服务业创造更多的国际市场机会,推动国内服务业市场改革,促进国内服务业标准与国际市场标准接轨。与此同时,也有不少专家学者认为,中国的服务业目前处于快速发展阶段,如果协调不好服务业国内发展和国际竞争的关系,加入TISA 谈判有可能对国内服务业改革和发展带来较大冲击,贸易逆差加速扩大,加入 TISA 谈判,虽然可以促进中国经济与国际市场接轨,但是复杂的国际金融环境将给国内服务业乃至中国经济带来诸多不确定影响。

对此,不管未来形势如何发展,中国的应对措施是应该认真研究 TISA 承诺机制的创新及其影响,并为将来可能的诸边或多边自由化预研减让承诺。为此,不仅要基于 TISA 本身特点和内容,也要基于我国的国情和贸易利益,需要考虑中国服务业、服务贸易发展的实际和以开放促改革、促发展的需要。应及时关注 TISA 谈判动向,跟踪 TISA 谈判热点,做好多种谈判结局的应对预案;不仅要考虑当前,更要着眼未来,以 TISA 谈判为契机,推动国内服务业改革;鼓励有竞争力的服务业企业参与国际竞争,优化中国服务业国际贸易结构。

【思考题】

1. TISA 协议的作用和特点分别包括哪些?

2. TISA 协议中超越 WTO 的新模式和新规则包括哪些?

3. 什么是禁止逆转机制? 试举例说明。

4. 请结合课本理论和现实,以对金融业的影响为例,分析 TISA 的可行性。

5. 结合中国发展现实和对 TISA 的最新态度,分析 TISA 对中国服务贸易的影响。

第 10 章
中国与他国协议探析

第 1 节　中国已签订 FTA 概述

一、中国发展 FTA 的背景

在 WTO 为代表的贸易体系停滞不前的情况下,世界各国纷纷将扩大对外开放的方向转向自由贸易区的建设。中国首次明确提出自由贸易区战略是在 2007 年的十七大上①,在十八大以及十八届三中全会上有了更加具体的要求:"中国要加强自由贸易区战略的建设,形成面向全球的高标准自由贸易区网络。"

在中国经济新常态的形势下,对外贸易是中国经济增长的主要动力,自由贸易区是促进对外贸易的有效途径。目前,中国在 FTA② 和 FTZ③ 的建设发展方式上处于探索和学习阶段。中国 FTA 全球战略与国内 FTZ 战略同步发展,在中国 FTA 全球战略努力参与新一轮的全球经济重新配置的同时,国内 FTZ 战略为中国经济发展模式的成功转变以及提高中国在全球经济格局中的地位提供了有力的保障。2013 年中国开始国内 FTZ 战略的实施,上海自由贸易试验区的成立是中国发展国内 FTZ 战略的重大实践,上海 FTZ 的建设主要是以探索中国经济发展的新的模式,调整经济结构,实现以科技创新代替要素的发展模式为主要目的。④2015 年 3 月 24 日,中国政治局会议通过了广东、天津、福建 FTZ 总体方案和上海 FTZ 进一步改革开放方案。2017 年 4 月 1 日,中国第三批 7 个自由贸易试验区正式挂牌,分别为辽宁、浙江、河南、湖北、重庆、四川、陕西自由贸易试验区,与此前的上海、天津、福建、广东 4 个自贸试验区,共同形成了东中西协调、陆海统筹的全方位、高水平对外开放新格局。

---

① 匡增杰:《全球区域经济一体化新趋势与中国的 FTA 策略选择》,《东北亚论坛》2013 年第 2 期,第 90—98、130 页。
② 广义上的自由贸易区(Free Trade Area),简称 FTA,中国—东盟、欧盟等自由贸易区是典型的 FTA。
③ 狭义上的自由贸易区,简称 FTZ,上海自由贸易区等自由贸易区是典型的 FTZ。
④ 姜洋:《自由贸易区战略与中国经济发展关系研究》,贵州财经大学 2015 年硕士学位论文。

就 FTA 而言,截至 2017 年 7 月,中国已经签署 15 个 FTA,涉及 24 个国家和地区(表 10.1)。这些 FTA 分别是与东盟、韩国、澳大利亚、新加坡、巴基斯坦、冰岛、瑞士、智利、秘鲁、哥斯达黎加、新西兰、格鲁吉亚签署的 FTA,以及内地与香港、澳门的《更紧密经贸关系的安排》(CEPA),大陆与台湾的《海峡两岸经济合作框架协议》(ECFA)等,FTA 伙伴遍及亚洲、拉美、大洋洲、欧洲等地区。从表 10.1 可以看出,2008 年金融危机后,国际经济形势的变化促使各国纷纷调整区域经济合作战略,中国的 FTA 谈判进程也显著提速,在已生效的 13 个 FTA 中,超过一半是在 2008 年以后签署的。①

表 10.1 中国已签署 FTA 进程

序号	名　　称	进　　程
1	中国—格鲁吉亚	2017 年 5 月 13 日签署
2	中国—澳大利亚 FTA	2015 年 6 月 17 日签署,2015 年 12 月 20 日生效
3	中国—韩国 FTA	2015 年 6 月 1 日签署,2015 年 12 月 20 日生效
4	中国—东盟 FTA 升级版	2015 年 11 月 22 日签署
5	中国—瑞士 FTA	2013 年 7 月 6 日签署,2014 年 7 月 1 日生效
6	中国—冰岛 FTA	2013 年 4 月 15 日签署,2014 年 7 月 1 日生效
7	大陆—台湾《海峡两岸经济合作框架协议》ECFA	2010 年 6 月 29 日签署 ECFA 2012 年 8 月 9 日签署《海峡两岸投资保护和促进协议》 2013 年 6 月 21 日签署《海峡两岸服务贸易协议》
8	中国—哥斯达黎加 FTA	2010 年 4 月 8 日签署,2011 年 8 月 1 日生效
9	中国—秘鲁 FTA	2009 年 4 月 28 日签署,2010 年 3 月 1 日生效
10	中国—新加坡 FTA	2008 年 10 月 23 日签署,2009 年 1 月 1 日生效
11	中国—新西兰 FTA	2008 年 4 月 7 日签署,2008 年 10 月 1 日生效
12	中国—巴基斯坦 FTA	2006 年 11 月 24 日签署,2007 年 7 月 1 日生效
13	中国—智利 FTA	2005 年 11 月 18 日签署,2006 年 10 月 1 日生效
14	中国—东盟 FTA	2002 年正式启动,2010 年 1 月 1 日全面建成 2007 年 1 月 1 日服务贸易协议生效 2009 年 2 月 15 日投资协议生效
15	内地与澳门关于建立更紧密经贸关系的安排(CEPA)	2003 年 10 月 17 日签署并生效
16	内地与香港关于建立更紧密经贸关系的安排(CEPA)	2003 年 6 月 29 日签署并生效

---

① 目前大陆与台湾的 ECFA,中国—格鲁吉亚 FTA,中国—东盟 FTA 升级版尚未生效。

新编国际贸易投资规则教程

266

表10.2 中国已签订 FTA 涉及的主要章节

	内地—港澳	中国—东盟	中国—智利	中国—巴基斯坦	中国—新西兰	中国—新加坡	中国—秘鲁	中国—哥斯达黎加	中国—冰岛	中国—瑞士	中国—韩国	中国—澳大利亚	中国—格鲁吉亚
货物	国民待遇市场准入	国民待遇市场准入	国民待遇市场准入	国民待遇市场准入	国民待遇市场准入	国民待遇市场准入	国民待遇市场准入	国民待遇市场准入	国民待遇市场准入	国民待遇市场准入	国民待遇市场准入	国民待遇市场准入	国民待遇市场准入
	关税削减	关税削减	关税削减	关税削减	关税削减	关税削减	关税削减	关税削减	关税削减	关税削减	关税削减	关税削减	关税削减
	非关税措施	非关税措施			非关税措施	非关税措施	非关税措施	非关税措施			非关税措施	非关税措施	非关税措施
					海关程序	海关程序	海关程序	海关程序	海关程序	海关程序	海关程序	海关程序	海关程序
	原产地规则	原产地规则	原产地规则	原产地规则	原产地规则	原产地规则	原产地规则	原产地规则	原产地规则	原产地规则	原产地规则	原产地规则	原产地规则
			农业出口补贴		农产品出口补贴		农业出口补贴	农业出口补贴	农产品出口补贴				
		承认中国市场经济地位											
						国营贸易企业	国营贸易企业			国营贸易企业	国营贸易企业		
服务	市场准入	国民待遇市场准入	国民待遇市场准入	国民待遇市场准入	国民待遇市场准入	国民待遇市场准入	国民待遇市场准入	国民待遇市场准入	国民待遇市场准入	国民待遇市场准入	国民待遇市场准入	国民待遇市场准入	国民待遇市场准入
	具体承诺减让表	具体承诺减让表	具体承诺减让表	具体承诺减让表	具体承诺减让表	具体承诺减让表	具体承诺减让表	具体承诺减让表	具体承诺减让表	具体承诺减让表	具体承诺减让表	具体承诺减让表	具体承诺减让表
	国内规制	国内规制	国内规制	国内规制	国内规制	国内规制	国内规制	国内规制	国内规制	国内规制	国内规制	国内规制	国内规制
	商业惯例	商业惯例	商业惯例	商业惯例		商业惯例			商业惯例	商业惯例	商业惯例		

（续表）

类别	内地—港澳	中国—东盟	中国—智利	中国—巴基斯坦	中国—新西兰	中国—新加坡	中国—秘鲁	中国—哥斯达黎加	中国—冰岛	中国—瑞士	中国—韩国	中国—澳大利亚	中国—格鲁吉亚
服务	承认	承认		承认	承认	承认	承认	承认	承认	承认	承认	承认	承认
	支付与转移	支付和转移		支付与转移	支付与转移	支付与转移	支付与转移	支付与转移	支付与转移	支付与转移	支付与转移	支付与转移	支付与转移
					最惠国待遇	最惠国待遇				最惠国待遇		最惠国待遇	最惠国待遇
	金融合作								金融服务		电信	电信服务	
	贸易投资便利化	国民待遇与最惠国待遇	国民待遇与最惠国待遇	投资待遇	国民待遇与最惠国待遇	参考中国—东盟FTA	国民待遇与最惠国待遇	投资待遇	信息交流	投资促进	国民待遇与最惠国待遇	国民待遇与最惠国待遇	
投资		征收	征收	征用	征收		征收	征收			征收		
		转移	转移	转移	转移		转移	转移			转移		
			业绩要求								业绩要求		
			最低待遇标准								最低待遇标准		
知识产权					遗传资源、传统知识及民间传说		遗传资源、传统知识和民间文艺	遗传资源、传统知识和民间文艺		遗传资源和传统知识	遗传资源、传统知识和民间文艺	遗传资源、传统知识和传统民间文艺	遗传资源、传统知识和传统民间文艺
										商标	商标	商标	商标

类别		内地港澳	中国—东盟	中国—智利	中国—巴基斯坦	中国—新西兰	中国—新加坡	中国—秘鲁	中国—哥斯达黎加	中国—冰岛	中国—瑞士	中国—韩国	中国—澳大利亚	中国—格鲁吉亚
知识产权	专利								技术创新转让		专利	专利和实用新型	专利	专利
	著作权										版权和相关权利	版权和相关权	著作权 集体管理	著作权 集体管理
	植物品种										植物品种新保护	植物品种新保护	植物育种者的权利	植物育种者的权利
	工业品外观设计										工业品外观设计	工业品外观设计		
	地理标志						地理标志	地理标志	地理标志		地理标志		地理标志	地理标志
	执法										执法		执法	执法
	合作与信息交流					通知和信息交流				合作与信息交流				
	国民待遇												国民待遇	
电子商务	海关关税											海关关税	海关关税	
	电子认证											电子认证 电子签名 数字证书	电子认证	
	在线数据保护											个人信息 在线数据保护	在线数据保护	
	无纸贸易											无纸贸易	无纸贸易	
	电商合作											电商合作	电商合作	

（续表）

竞争/环境	内地港澳	中国—东盟	中国—智利	中国—巴基斯坦	中国—新西兰	中国—新加坡	中国—秘鲁	中国—哥斯达黎加	中国—冰岛	中国—瑞士	中国—韩国	中国—澳大利亚	中国—格鲁吉亚
竞争									缔约方承诺适用各自竞争法	缔约双方适用各自竞争法律	竞争法和竞争机构		竞争法和竞争机构
											执法原则		执法原则
											信息交换		信息保密
											执法合作		合作
环境											保护水平		保护水平
											环境措施的执行		环境措施的执行
										合作	双边合作		双边合作
										资源和资金安排	机构和资金安排		

二、中国已签订 FTA 的框架结构

绝大部分中国已签订的 FTA 都包含货物贸易、服务贸易和投资章节,其中与部分国家或地区是通过补签服务贸易协定和投资协定。中国—新加坡 FTA 没有另设投资章节,而是参考《中国—东盟全面经济合作框架协议投资协议》;中国—格鲁吉亚 FTA 也没单独设立投资章节。"知识产权"方面,中国与新西兰、秘鲁、哥斯达黎加、冰岛、瑞士、韩国、澳大利亚和格鲁吉亚的 FTA 都设置了独立的"知识产权"章节。对于"环境""竞争"和"电子商务"新议题,只有少数 FTA 涉及。"竞争政策"只在中国与冰岛、瑞士、韩国、格鲁吉亚的 FTA 中有所包含。"环境"作为独立章节只出现在中国与瑞士、韩国、格鲁吉亚的 FTA 中。而"电子商务"只有中国与韩国、澳大利亚的 FTA 包含。具体结构情况参见表 10.2 。①

三、中国已签订 FTA 的作用与主要特点

中国签订 FTA 对扩大国家对外开放程度、增加双边贸易、促进经济发展具有非常重要的作用。以中国—东盟 FTA 为例,中国—东盟自贸区是中国对外商谈的第一个也是最大的自贸区。2016 年 8 月 4 日,前商务部长高虎城出席第 15 次中国—东盟(10+1)经贸部长会议指出,1991 年至 2015 年,双边贸易额从 79.6 亿美元增加到 4 721.6 亿美元,年均增长 18.5%,占中国对外贸易总额的比重由 5.9% 上升到 11.9%。中国和东盟互为对方的第一和第三大贸易伙伴,中国与东盟双向投资累计规模超过 1 600 亿美元。双方经贸合作广度和深度不断拓展,2002 年中国—东盟自贸区进程正式启动,并于 2010 年全面建成,2015 年完成自贸区升级谈判,有力地推动了双边经贸关系的长期稳定健康发展,成为发展中国家间互利互惠、合作共赢的良好合作范式。双方在农业、林业、渔业、矿业、制造业、建筑业、服务业等领域的合作快速发展,公路、铁路、港口等跨境基础设施互联互通合作项目相继启动。中国与东盟 10 国同为创始成员国的亚洲基础设施投资银行也已经正式投入运营,首批贷款对象就包括东盟国家项目。②

---

① ECFA 受两岸关系影响而处于停滞状态,这里不进一步研究;下面中国—东盟的 FTA 都以升级版来探讨。

② 《高虎城出席第 15 次中国—东盟(10+1)经贸部长会议》,中国自由贸易区服务网,http://fta. mofcom.gov.cn/article/chinadm/chinadmnews/201608/32878_1.html。

梳理近16年来中国FTA发展的过程,中国FTA战略及其实践的特征和变化,主要表现在以下三个方面。①

第一,中国FTA伙伴涉及的国家和地域均有所扩大。

从与小国、发展中国家签署FTA为主,逐步转向发展中经济体与发达经济体并重。2013年,中国首次与瑞士和冰岛这两个发达的欧洲经济体签订了FTA。2014年,又分别与澳大利亚和韩国两个亚太地区的发达经济体签订了FTA。

第二,FTA涉及的内容和议题不断扩大和深化,从简单的降低关税逐渐涉及透明度、知识产权、政府采购、电子商务等21世纪贸易议题。如中国—新西兰FTA首次将透明度议题单独作为一章,中国—冰岛FTA首次将竞争单独作为一章,中国—瑞士FTA将竞争和环境问题单独作为一章。此外,2013年10月,中方提出"打造中国—东盟FTA升级版""中国—新加坡FTA升级版"的倡议。2015年11月22日,中国—东盟FTA升级谈判成果文件正式签署,进一步加强了中国与东盟之间的合作和开放水平。

在这一方面,2015年12月20日中韩和中澳FTA的正式生效对于中国的FTA建设具有分水岭式的重要意义,这两个FTA是中国目前签订的最为全面、高水平的FTA。中澳FTA是中国已缔结的FTA中自由化程度最高的。目前,中国FTA的自由化率一般在90%上下,而中澳FTA将即刻撤销占双方进出口总额85.4%的商品的关税,最终自由化率将达到95%,特别是澳大利亚对华最终关税撤销率将接近100%。更为重要的是,中澳FTA区涉及电子商务、政府采购、知识产权等TPP包含的所谓"21世纪的贸易议题"。澳大利亚也成为首个对中国采用负面清单方式开放服务贸易的国家,中方以正面清单方式向澳方开放服务部门。

中韩FTA同样意义重大,这是东北亚地区的第一个FTA。协定范围涵盖货物贸易、服务贸易、投资和规则等17个领域,还包含诸多经贸新议题,如首次以单独章节的形式对金融服务和电信作了规定,第一次在FTA协定中纳入了地方经济合作和产业园的建设条款等。

第三,规则标准更高、更具体。例如,早期关于"货物贸易"制定的规则仅为"逐步取消关税与非关税壁垒"的原则性安排,新近签订的FTA则改为更为具体的"全部工业品和多数农产品削减关税"或"根据关税取消减让表取消原产自另一方的货物的关税"。《中国—澳大利亚自由贸易协定》则明确规定了"国民

---

① 贺平、钱亚平:《TPP与RCEP背景下的中国FTA战略》,《中国周边外交学刊》2016年第1期,第111—129页。

待遇、最惠国待遇、正面清单市场准入、仲裁解决纠纷、监管者自由裁量权"的内容。在争端解决方面,《中国—东盟全面经济合作框架协议》规定了磋商、调解、仲裁程序规则。①目前,中国 FTA 采用的规范标准已经接近或达到发达国家FTA 水平。2015 年签订的中—澳 FTA 被认为是"中国近年来水准最高的协定。在市场准入规则、投资和贸易的规则以及相关的标准,所有管理的体系、框架的建设,与西方发达国家几乎是完全一致的"。②

第 2 节　中国已签订 FTA 中的新规则

一、完全超越 WTO 适用范围的新规则

（一）环境保护

在中国已签订的 FTA 中,只有中国—瑞士、中国—韩国和中国—格鲁吉亚的 FTA 设立独立章来专门规范"环境与贸易"的相关议题。中国—瑞士、中国—韩国 FTA 都回顾了《1972 年斯德哥尔摩人类环境宣言》《1992 年里约环境与发展宣言》《1992 年 21 世纪议程》《2002 年约翰内斯堡可持续发展实施计划》和 2012 年"里约+20"峰会成果文件《我们希望的未来》等相关的国际环境条约。这三个 FTA 都强调多边环境协定在全球和国内层面对保护环境发挥着重要作用,并都重申双方的承诺,在各自的法律和相关实践中有效实施双方均为缔约方的多边环境协定。

在"保护水平"方面,中国—韩国和中国—格鲁吉亚 FTA 重申每一缔约方各自拥有确定各自环保水平及其环境发展优先领域,以及制定或修订其环境法律和政策的主权权利。并指出缔约方不得通过持续或不间断的作为或有意的不作为,未能有效执行其包括法律法规在内的环境措施,以影响到缔约双方之间的贸易或投资的方式。

中国—瑞士和中国—韩国 FTA 在各双边环境合作方面探讨得比较具体。例如中国—瑞士 FTA 指明双方间的环境合作将重点关注信息和专业知识交流、能力建设和培训、研讨会和讲习班、实习和奖学金,以及关注国际上此方面动态

---

① 《中华人民共和国政府和澳大利亚政府自由贸易协定》,http://fta.mofcom.gov.cn/Australia/australia_special.shtml。

② 高虎城:《中澳自由贸易协定与西方国家几乎完全一致》,新浪财经网,http://finance.sina.com.cn/china/20150307/102821668478.shtml。

等;特别是关于环境友好型技术的合作和转让问题。中国—韩国FTA确定在以下领域合作的指示性清单:(1)推广包括环境友好产品在内的环境产品和环境服务;(2)环境技术开发与环境产业促进的合作;(3)交流关于环境保护政策、活动和措施的信息;(4)建立包括环境专家交流的环境智库合作机制;(5)能力建设,包括环境领域的专题会、研讨会、博览会和展览会;(6)在两国各自建立环境产业示范区基地;(7)双方认为适当的其他形式的环境合作。

此外,中国—瑞士和中国—韩国FTA还涉及了相关环境保护的资金安排和机构设立等议题。强调充足和可持续的财政资源对"环境与贸易"相关条款的实施重要性。中国—瑞士FTA商定分别以中国商务部、瑞士联邦经济总局为各自联络点,如有相关问题,提请在联合委员会框架内进行协商。中国—韩国FTA也规定一缔约方应在其行政部门内指定一个办公室作为与另一缔约方的联络点,双方成立环境与贸易委员会以监督"环境与贸易"相关条款的实施和执行。

(二)竞争政策

竞争政策章节是为了确保市场的公平竞争、消费者保护和透明度原则,禁止违反竞争的商业行为,禁止欺骗、损害消费者权益的商业活动。实施竞争政策,有助于促进贸易自由化,提高经济效率和增进消费者福利。

在中国已签订的FTA中,涉及竞争政策章节的有四个:中国—冰岛FTA、中国—瑞士FTA、中国—韩国FTA和中国—格鲁吉亚FTA。前两个FTA虽然都包含竞争政策相关议题,且强调加强在反竞争行为方面的开展合作,但都指明相关竞争章节不对缔约双方的经营者创设任何具有法律约束力的义务,只是软性条款。而后两个FTA相关竞争政策条款是具有法律硬性约束力的。

中国—韩国FTA和中国—格鲁吉亚FTA所依据的竞争法都是各自国内的竞争法。例如,对中国而言,是指《反垄断法》及其实施规定和修正案;对格鲁吉亚而言,是指《格鲁吉亚竞争法》及其实施规定和修正案以及行业监管部门制定的法律法规。这两个FTA相关竞争政策章节都强调执法必须符合透明、非歧视和程序正义原则。在竞争执法过程中,各缔约方给予非本方相对人的待遇应不低于本方相对人在同等条件下享有的待遇;并保持竞争执法的独立性。就"透明度"而言,这两个FTA都规定各缔约方应以网络公开等方式公开其有关竞争政策的法律法规,包括调查的程序规则在内;各缔约方应确保所有认定违反竞争法的最终行政决定以书面形式做出,并提供做出该决定的事实和法律依据;各缔约方应根据其法律法规尽量公开决定和命令,被公开的决定或命令不应包含商业秘密信息或按照法律规定不宜公开的其他信息。此外,还涉及竞争政策相关的信息、技术合作。例如,中国—韩国 FTA 规定一缔约方在不影响正在进行的调查,且符合有关法律法规的情况下,应另一缔约方请求,应尽力提供相关信息,以便于对方进行有效的竞争执法;同时,一缔约方对另一缔约方提供的秘密信息应当予以保密,不得将相关信息泄露给任何未经提供信息的缔约方认可的机构。中国—韩国 FTA 和中国—格鲁吉亚 FTA 都指出缔约双方可以通过经验交流,以培训项目实现的能力建设、举办研讨会、科研合作等方式开展技术合作,以提高双方执行竞争政策和竞争法的能力。最后,对于争端解决,两个 FTA 的竞争政策章节都指明仅通过缔约双方之间的友好磋商来解决。

(三) 电子商务

目前 WTO 还没就电子商务达成独立的统一的标准协议,只能应用 GATT 或 GATS 相关联的规则来规范。而中国—韩国、中国—澳大利亚自由贸易协定已经设立独立一章来规范电子商务相关议题,大致包含海关关税、电子认证和数字证书、在线数据保护、无纸贸易等条款。其中电子商务海关关税方面,两个协定都是与 WTO 2013 年 12 月 7 日部长决定《关于电子商务的工作计划》(WT/MIN(13)/32-WT/L/907)第 5 条相一致的方式,维持不对双方之间电子交易征收关税的做法。"电子认证和数字证书"条款指明各方的电子签名法律应允许:电子交易相关方共同决定符合其约定的电子签名和认证方式;以及电子认证服务提供者,包括机构,向司法部门或行政机构证明其电子认证服务遵守法律中关于电子认证的规定。各方应致力于数字证书和电子签名的互认。各方应鼓励数字证书在商业领域的使用。"无纸贸易"条款规定各方应接受贸易管理文件的电子版本和纸质文件具有同等法律效力。两个 FTA 都强调加强双方电子商务合作——中澳 FTA 指出各方应鼓励开展研究和培训活动的合作,以推动电子商务发展,包括分享电子商务发展的最佳实践。中韩 FTA 指出缔约双方同意就电子商务相关问题交流信息和经验,包括法律与法规、规则与标准,及最佳实践等;鼓励在研究和培训方面的合作,鼓励企业间的交流、合作活动和联合电子商务项目;缔约双方应以合作的方式积极参与地区及多边论坛,以促进电子商务发展。

此外,中国—澳大利亚自由贸易协定电子商务章节还包含"透明度"和"国内监管框架"条款。"国内监管框架"条款指明各方应在《1996 年贸易法委员会电子商务示范法》的基础上维持电子交易监管的国内法律框架,并适当考虑其他相关国际标准。而且各方应将电子商务的监管负担最小化;并确保监管框架支持产业主导的电子商务发展。

二、大力丰富 WTO 原先规定的新规则

（一）原产地规则

1995 年 1 月 1 日，第一个正式的、专门制定原产地规则的国际多边协议《原产地规则协议》正式生效。WTO《原产地规则协议》所存在的不足在于，协议并没有确立一个统一的原产地标准，只是对基本的目标、原则、磋商、争端解决等达成比较粗糙的协定。

中国签订的 FTA 关于货物的原产地标准包括：税则归类改变标准、区域价值成分标准、加工工序标准及特定原产地标准。中国 FTA 中的原产地规则经历了逐步由宽泛到细致的演变过程，判定标准则由区域价值成分为主向产品特定原产地规则转变，已基本与国际惯例接轨，原产地程序也不断得到充实和完善，向更加便利化的方向发展，逐步形成一套比较规范的原产地规则标准。①

1. 累积规则

中国 FTA 中普遍适用累积规则，即一方的原产货物或材料在另一方用于生产另一货物时，该货物或材料应当视为原产于后一方。除早期内地与港澳地区《关于建立更紧密经贸关系的安排》的原产地规则中没有明确列明累积规则，其他所有中国签订的 FTA 都有涉及"累积规则"条款。

2. 微小含量

中国与东盟、巴基斯坦等签署的 FTA 中主要采用区域价值成分确定原产货物，因而不包含微小含量条款。其他 FTA 关于微小含量的规定较为宽松，基本上非原产材料价值不超过离岸价格的 10% 均被视为原产货物。仅中韩 FTA 对货物进行了分类，其中对纺织品和服装（即协调制度 HS 第 50 至 63 章），除价值占比要求外，还允许非原产材料重量不超过货物总重量的 10% 作为原产货物判定标准。

3. 中性成分

中性成分是指货物生产中使用的物品，该物品既不构成该货物物质成分也不成为该货物组成部件，其范围一般包括：（1）燃料、能源、催化剂和溶剂；（2）用于测试或检验货物的设备、装置和用品；（3）手套、眼镜、鞋靴、衣服、安全

① 王蕊：《从 TPP 看中国自由贸易协定原产地规则的完善》，《国际经济合作》2016 年第 10 期，第 46—50 页。

设备和用品;(4)工具、模具和模子;(5)用于维护设备和厂房建筑的备件和材料;(6)在生产中使用的,或者用于运行设备或设施的润滑剂、油(滑)脂、合成材料和其他材料;(7)在货物生产过程中使用,虽不构成该货物组成成分,但能合理地表明为该货物生产过程中一部分的其他任何货物。除了早期内地与港澳地区的《关于建立更紧密经贸关系的安排》和中国—巴基斯坦 FTA 没有涉及"中性成分"条款,其他中国签订的 FTA 都包含该条款。

4. 直接运输

除了内地与港澳地区的《关于建立更紧密经贸关系的安排》,中国签署的 FTA 均包含直接运输条款,其主要内容大体一致,仅在非缔约方停留时限的规定上有所区别。其中,与东盟、巴基斯坦、冰岛和瑞士 FTA 均未规定期限;与澳大利亚 FTA 规定为 12 个月,与新西兰 FTA 规定为 6 个月;与韩国 FTA 规定一般为 3 个月,遇不可抗力时最多 6 个月;与格鲁吉亚、新加坡、智利、秘鲁、哥斯达黎加 FTA 规定为 3 个月。

5. 免于提交原产地证书

中国与智利、秘鲁、哥斯达黎加、冰岛、瑞士、韩国、澳大利亚及格鲁吉亚的 FTA 还包含"免于提交原产地证书"的条款。其中,与韩国 FTA 规定对完税价格不超过 700 美元或该缔约方币值等额的一批次原产货物免予要求提交原产地证书,并给予本章规定的优惠关税待遇;与澳大利亚 FTA 规定,在澳大利亚,完税价格不超过 1 000 澳元,在中国,完税价格不超过 6 000 元人民币的一批次原产货物免予要求提交原产地证书,并给予本章规定的优惠关税待遇;其他 FTA 规定都是对完税价格不超过 600 美元的一批次原产货物免予要求提交原产地证书,并给予本章规定的优惠关税待遇。

6. 区域价格成分

WTO 原产地规则只是强调,百分比标准的情况下,原产地规则也应标明计算百分比的方法,并没有给出具体的计算方法。中国已签订的 FTA 给出了具体的计算方法,但不同的 FTA 其计算方法有些差异。例如中国与东盟、巴基斯坦、新西兰、秘鲁和韩国的 FTA,直接基于 FOB 和 CIF 计算得到;中国与新加坡、澳大利亚的 FTA 是根据 FOB 基础调整价格和 CIF 计算得到;中国与智利、哥斯达黎加、冰岛的 FTA 是基于 FOB 基础调整价格和 CIF 基础调整价格来计算;中国与瑞士、格鲁吉亚的 FTA 是通过出厂价格和 VNM 海关完税价格来计算的。此外,中国已签订的 FTA 多数直接规定区域价格成分不低于 40% 方可视之为原产货物,如中国与东盟、智利、巴基斯坦、新西兰、新加坡、瑞士、韩国、格鲁吉亚的 FTA。还有一些没有统一说明,而是在产品特定原产地规则体现,如中国与秘鲁、哥斯达黎加、冰岛、澳大利亚的 FTA。

7. 原产地电子数据交换系统

中国—秘鲁、中国—韩国及中国—格鲁吉亚 FTA 包含"原产地电子数据交换系统"相关条款。其中,中国—秘鲁 FTA 指明在协定生效 6 个月后,缔约双方应当按照双方主管机构共同商定的方式,启动电子发证及核查系统的开发工作,以便该系统在本协定生效后 3 年内予以实施,以确保本节规定的有效和高效实施;而中国—格鲁吉亚 FTA 只是强调双方应当建立原产地电子数据交换系统,确保海关之间能实时交换原产地相关信息;相关条款最前卫的是中国—韩国 FTA——"根据《中华人民共和国海关总署与大韩民国关税厅战略合作安排》,缔约双方致力于按照共同确定的方式在本协定生效之前建立原产地电子数据交换系统,以确保本章的有效和高效实施"。

8. 成套货物

部分中国已签订的 FTA 中涉及成套货物的原产地确定规则。例如中国与秘鲁、智利、哥斯达黎加的 FTA 规定:"根据协调目录归类总规则三定义的成套货品中的全部部件为原产,则该成套货品应当被视为原产。当该成套货品由原产及非原产产品组成时,但按照第 17 条确定的非原产产品的价值不超过该成套货品的 15%,该成套货品仍应当被视为原产。"

中国—韩国 FTA 规定:"对于协调制度归类总规则三所定义的成套货品,如果各组件均原产于一缔约方,则该成套货品应当视为原产于该缔约方。如果部分组件非原产于一缔约方,只要按照第 3.5 条所确定的非原产货物价值不超过该成套货品 FOB 价格的 15%,该成套货品仍应视为原产于该缔约方。"

中国—格鲁吉亚 FTA 规定:"对于协调制度归类总规则三所定义的成套货品,如果成套货品中的所有组成产品均原产于一缔约方,则该成套货品应当视为原产于该缔约方。如果部分组成产品非原产于一缔约方,只要其中非原产产品价值未超过该成套货品出厂价格的 15%,该成套货品仍应视为原产于该缔约方。"

可见,中国与韩国、格鲁吉亚的 FTA 中对部分组成产品的成套货物规定得更详细,分别具体指出不超过成套货品 FOB 价格和出厂价格的 15%,即视之为原产货物。

（二）服务贸易

中国自贸区服务贸易承诺基本上是按 WTO《服务贸易总协定》(GATS)的模式进行的。WTO 把国际服务贸易分成 12 个大类,具体又分为 55 个部门 100 多个分部门、子部门及具体部门。中国在《中国加入世界贸易组织法律文件》附件 9 中承诺开放的服务贸易有 9 大类,而中国自贸区服务贸易承诺涉及了

GATS 的 12 大类。中国自贸区服务贸易承诺的部门与分部门有的超过了对
WTO 的承诺。总体上来说,中国服务贸易对外开放程度一般,但中国 FTA 有些
条款还是在 WTO 的基础上进行了丰富和深化。

第一,覆盖范围。WTO 的《关于空运服务的附件》中规定其条款适用的范
围为:航空器的修理和保养服务、空运服务的销售和营销,以及计算机预订系统
(CRS)服务。而中国与智利、澳大利亚的 FTA 在此基础上进行了丰富和扩展,
如中国—智利的 FTA 服务条款适用于:通用航空服务、退出服务航空器的修理
和维护服务、空运服务的销售和营销服务、计算机预订服务、机场运营服务,以
及机场地面服务;中国—澳大利亚 FTA 服务条款适用于:航空器的修理和保养
服务、空运服务的销售和营销、计算机订座系统(CRS)服务、机场运营服务、地
面服务,以及专业航空服务。这里的专业航空服务是指非运输航空服务,如航
空消防、观光、播撒、测量、绘图、摄影、跳伞、滑翔机牵引、为伐木和建筑使用的
直升机搬运,以及与空运有关的其他农业、工业和检查服务。

第二,资格互认合作。中国—澳大利亚 FTA 服务贸易章节中的"资格互认
合作"条款将中医纳入其中。"教育服务"方面,中澳将进一步促进学生之间的
流动性以及相互承认高等教育学历和学位,澳新增 77 家可以接受中国海外留
学生的教育机构。此项安排将有助于中国赴澳留学人员及时获取准确、权威的
信息。中澳双方还通过换文形式,决定扩大并深化两国教育服务的进一步合
作。①中国—新西兰 FTA 强调探索开展对各自学历资格、专业和职业许可的互
认合作。中国—格鲁吉亚 FTA"资格互认合作"也强调探索开展专业和职业资
格互认。中国—新加坡 FTA 具体就会计与审计的工作经验、资格以及会计与审
计准则方面加强互认合作。

第三,电信服务。中国—澳大利亚 FTA"电信服务"条款方面,双方强调应
在制定电信产业政策、监管制度和标准方面,为与在其领土内运营的另一方公
共电信网络或服务提供者展开磋商提供便利;以及鼓励各自电信服务提供者展
开合作,以降低相互间国际漫游结算价水平,进而降低国际漫游资费水平。中
国—韩国 FTA 就"电信服务"通过独立一章进行规范,也丰富和深化了 WTO 的
相关条款。就互联互通而言,该协定规定:"各缔约方应确保本方境内的主导提
供商为另一缔约方已在其境内按照相关法律法规取得相应电信业务经营许可
的公共电信网络或服务运营商的设施和设备提供互联互通时,做到:质量应不
低于提供给自己的同类服务、提供给非附属关系的服务提供商的同类服务或提

---

① 姜国庆、郭修宇:《中澳自由贸易协定对中国服务贸易的影响分析》,《商贸纵横》2015 年第 34 期,第
97—98 页。

供给其分支机构或其他附属机构的同类服务的质量；及时提供，以相关条款和条件（包括技术标准和规格）为基础，费率以成本为导向。且设定费率应遵循透明、合理、考虑到经济可行性以及充分做到非捆绑定价，从而避免寻求互联互通的提供商为其不需要的网络要素或设施付费。"即对电信服务的质量和价格进行比较详细的规定。而且，还就"保护竞争"和"电信稀缺资源的分配和使用"规定得比较清晰，以及双方鼓励其电信服务提供商降低缔约方之间国际漫游结算价水平，推动降低国际漫游资费水平。[1]

（三）知识产权

WTO 知识产权相关的协议文本为《与贸易有关的知识产权协议》(TRIPs)，于 1994 年 4 月 15 日签署，1995 年 7 月 1 日正式生效。TRIPs 的规定主要限于合法有形货物买卖以及假冒商品贸易中涉及的知识产权问题，并不管辖非贸易领域的知识产权保护。2013 年之前，中国与其他国家或地区签订的 FTA 中，相关知识产权条款没有任何超越 TRIPs 的实质内容；而之后，中国与瑞士、韩国、澳大利亚、格鲁吉亚的 FTA，出现了一些的超越 TRIPs 保护水平、或其内容为 TRIPs 所没有的专门约定的条款。

对中国与瑞士、澳大利亚、韩国、格鲁吉亚 FTA 知识产权章进行系统分析，部分超越和丰富深化 TRIPs 的条款主要可归纳为以下几方面[2]：

第一，超出 TRIPs 范围的知识产权国际公约被并入。中国与瑞士、澳大利亚、韩国的 FTA 所并入的著名知识产权国际公约大体包括：TRIPs 协定、《保护工业产权巴黎公约》、《保护文学艺术作品伯尔尼公约》、《专利合作条约》、《国际承认用于专利程序的微生物保存布达佩斯公约》、《商标注册用商品和服务国际分类尼斯协定》、《商标国际注册马德里协定议定书》、《世界知识产权组织表演和录音制品条约》(WPPT)、《世界知识产权组织版权条约》(WCT)、《保护录音制品制作者防止未经许可复制其录音制品公约》、《植物新品种保护国际公约》(UPOV)、《建立世界知识产权组织公约》等。中国—瑞士 FTA 还专门提到双方应"尽所有合理努力"批准或加入最新的《视听表演北京条约》。其中，WPPT、WCT 是典型的数字时代产物，内容明显超越 TRIPs；UPOV 虽然出台时间早于 TRIPs，但 TRIPs 并没有对植物新品种的具体保护形式作强制要求；《视听表演北京条约》纳入了视听制品载体、信息网络传播权和民间文艺权利等内

① 姜国庆、郭修宇：《中澳自由贸易协定对中国服务贸易的影响分析》，《商贸纵横》2015 年第 34 期，第 97—98 页。

② 刘彬：《论中国自由贸易协定的"超 TRIPs"义务新实践》，《厦门大学学报（哲学社会科学版）》2016 年第 5 期，第 70—79 页。

容,更是体现新时代数字条件和发展中国家利益的晚近立法成果,同样为TRIPs所不及。

第二,知识产权保护类型有一定扩大。中国—韩国FTA知识产权章节,第15.16条"实用新型"规定:"考虑到缔约双方均建立了实用新型制度,为了促进缔约双方权利人和公众对实用新型制度的了解和利用,以及保持权利人和公众之间的利益平衡,缔约双方同意通过交换有关实用新型法律法规的信息和经验,在实用新型法律框架方面加强合作。在缔约方没有规定实质审查的情况下,在实用新型侵权纠纷中,法院可以要求原告出具由有权机构基于现有技术检索所做的评价报告,作为审理实用新型侵权纠纷的证据。"即中国—韩国FTA将实用新型专利纳入保护的权利类型,这与TRIPs明显不同。TRIPs保护的权利类型中只有专利和工业品外观设计,没有实用新型,这是由于世界上许多国家并没有专门的实用新型保护制度。中国与瑞士、澳大利亚、韩国、格鲁吉亚FTA将"植物新品种"纳入保护范围——"缔约双方应遵守对方关于植物新品种保护的规则,并对植物新品种育种者给予充分和有效的保护。缔约双方将加强植物新品种测试的合作,以提高效率。至少涉及受保护品种繁殖材料的下列活动应获得育种者授权:以商业为目的的生产或繁殖(扩繁);以商业繁殖为目的的处理;许诺销售;销售或其他市场行为;及进口或出口。"而TRIPs未将其列入保护范围。

第三,邻接权保护水准有所提高。此点突出体现在中瑞FTA中,其第11.3条第2款规定双方应努力批准或加入《视听表演北京条约》。该公约于2012年在北京签署,中国已经在2014年批准。过去TRIPs以及《罗马公约》、WPPT虽然也对表演者权利提供保护,但其仅针对录音制品提供保护,而不涉及录像制品。且《视听表演北京条约》的"表演者"概念并不局限于普通作品的表演者,更扩大至民间文学艺术的表演者。

第四,包含电子技术、数字技术相关条款。这一点是TRIPs的缺憾,中国FTA作了有效弥补。中国—韩国FTA第15.8条旨在制止故意规避技术措施的行为,技术措施是指为禁止或限制未经国内法上版权和邻接权权利人授权的行为而设计的技术设备或零件,包括阻止或限制访问互联网上作品的访问控制措施。第15.9条旨在保护版权和邻接权的电子权利管理信息,权利管理信息是指权利人提供的任何识别作品、表演或录音制品、作者或任何其他权利人的信息,或有关作品、表演或录音制品使用条件的信息,以及代表此种信息的任何数字或代码。中国—韩国FTA第15.14条"商标注册和申请"规定了一系列网上电子程序,缔约方应提供商标的电子申请、处理、驳回、注册及维持机制,以及向公众公开的有关电子数据库。这一精神在中国—澳大利亚FTA知识产权章第6

条与第 9 条中也有体现,且范围不限于商标权事项,扩大到协定所保护的各种知识产权。此外,中国—韩国 FTA 第 15.28 条专门提及反网络版权重复侵权的措施,第 15.29 条规定网络服务提供商有义务向版权人及相关机构迅速提供其所掌握的识别被控侵权人的信息。中国—澳大利亚 FTA 知识产权章第 20 条规定,网络服务提供商在已经采取措施防止用户访问侵犯版权的资料的前提下,在其用户仍因使用其服务或设施而发生版权侵权时,其侵权责任可以得到限制。上述关于电子和数字技术应用的规定已成大势所趋。

(四)投资措施

WTO 有关投资措施的协议为《与贸易有关的投资措施协议》(TRIMS),但 TRIMS 并没有涉及太多的投资规则,只是明确规定了禁止采取的一部分投资措施。大多数中国已签订的 FTA 包含"投资"独立章节(或另外签订投资补充协定),部分内容相对 TRIMS 更为丰富。

第一,对投资的定义不同。多数中国已签订 FTA 对投资的定义更加宽泛,不仅包括直接投资,还包括与证券、知识产权、合同投资等相关的投资。如中国—韩国、中国—澳大利亚 FTA 指明投资的形式可包括:(1)企业及其分支机构;(2)企业的股份、股票或其他参股形式,以及由此衍生出的权利;(3)债券、信用债券、贷款及其他形式的债,以及由此衍生出的权利;(4)合同权利,包括统包、建设、管理、生产或者收益分配合同;(5)金钱请求权,以及请求履行具有与投资相关经济价值的合同的权利;(6)知识产权,包括著作权及相关权利,专利权,以及与实用新型、商标、工业设计、集成电路布图设计、植物新品种、商号、产地标识、地理标识及未披露信息相关的权利;(7)依据法律法规或合同授予的权利,如特许权、许可、授权和许可证;(8)任何其他有形及无形财产,动产、不动产以及任何相关的财产权利,如租赁、抵押、留置权、质押权(投资也包括由再投资的投资产生的收益,特别是利润、利息、资本利得、股息、特许费及其他费用。投资资产发生形式上的变化不影响其作为投资的性质)。而根据 TRIMS 第 1 条的规定,其适用范围较窄,仅限于"与贸易有关的投资措施",即指投资东道国政府采取的能够影响国际贸易的流向和流量的措施,与贸易无关的措施不在该 TRIMS 规范之列。值得注意的是,这里的"贸易"是狭义的贸易,仅指货物贸易,不包括服务贸易。

第二,缔约方的义务不同。部分中国已签订 FTA(如中韩、中澳、中智 FTA)规定的缔约方的义务有国民待遇、最惠国待遇、最低标准待遇、征收、转移等。而 TRIMS 所规定的缔约方的义务则只有国民待遇和透明度要求。根据 TRIMS 第 2 条的规定,将原本适用于货物贸易的国民待遇原则引申适用于与贸易有关的投资领域,投资东道国采取的与贸易有关的投资措施应符合《1994 年关贸总协定》确立的国民待遇原则,即在投资过程中产生的进口产品的待遇仍适用国民待遇原则。

三、显著改变 WTO 原先规定的新规则

(一)原产地核查程序

WTO 原产地核查规则中规定:应出口商、进口商或任何有正当理由的人的要求,只要必要的材料已呈交,应尽快地在不迟于要求的 150 天内确认货物的原产地。接受这样的确认申请,可以在有关货物开始进行贸易之前,也可以在任何较晚的时候,只要事实、条件(包括做出这种确认的原产地规则)一直保持基本不变,则此确认三年有效。即只要进口商提交了必要材料,任何时候都可以要求出口方进行原产地核查。而中国部分已签订的 FTA 对这一方面的规定进行了较大改变。如中国—瑞士 FTA 中规定:进口方应在原产地证据文件签发后 36 个月内向出口方提出核查请求。出口方对在此期限之后收到的核查请求不承担核查义务。中国—澳大利亚 FTA 要求进口方海关通过风险管理方法控制核查请求次数;同时尽可能在核查开始后 6 个月内完成核查,并在核查完成后迅速将核查结果以书面形式提供给相关方。即核查次数会有限制,同时在出口方海关的协助下,进口方需在 6 个月内完成核查。此外,中国—澳大利亚 FTA 还强调出口方在其国内法律法规和政策允许的情况下,尽可能提供协助,但由于资源限制的原因可仅提供有限协助或拒绝协助。

(二)服务贸易市场准入

市场准入方面,在中国—澳大利亚 FTA 中,中方是以"正面清单"方式对澳方做出服务贸易开放承诺,而澳方对中国则以"负面清单"方式作出服务贸易承诺,GATS 一般都是以"正面清单"的方式作出承诺。这对于中国未来服务贸易的发展有着至关重要的作用,从事食品、农业、资源和能源、交通、电信、供电和发电、环境旅游等领域大型投资和工程项目的人员到澳大利亚将更为便利。

(三)知识产权透明度与邻接权

第一,透明度。TRIPs 的"透明度"条款规定:一成员有效实施的、有关本协定主题(知识产权的效力、范围、取得、实施和防止滥用)的法律和法规及普遍适

用的司法终局裁决和行政裁定应以本国语文公布,或如果此种公布不可行,则应使之可公开获得,以使政府和权利持有人知晓,一成员政府或政府机构与另一成员政府或政府机构之间实施的有关本协定主题的协定也应予以公布。即TRIPs更强调相关法律法规的裁决有公开公布。而中澳FTA投资章节中的"透明度"条款规定:为提升知识产权制度运作的透明度,各方应使其已授权或已注册的发明专利、实用新型、工业设计、植物品种保护、地理标识和商标数据库在互联网上可获得。另外,各方应努力公开发明专利、商标、植物品种保护和地理标识申请,并使其在互联网上可获得。也就是说,中澳FTA投资规则强调各类型知识产权具体信息应该通过互联网公开公布。这与TRIPs的"透明度"条款内涵不一样。同样,中国—格鲁吉亚FTA的知识产权章节中"透明度"条款与中澳FTA类似。如其"透明度"条款规定:为了提高知识产权制度运作的透明度,每一缔约方应使其已授权或已注册的发明专利、实用新型、工业品外观设计、植物品种、地理标志和商标数据库在互联网上可获取。

第二,邻接权的保护期限。在广播组织邻接权的保护上,中国—韩国FTA、中国—瑞士FTA规定了广播节目50年的保护期,这大大超越了TRIPs的20年保护期。

四、适当修订WTO原先规定的新规则

部分中国已签订的FTA知识产权保护章节的执行措施较TRIPs有所细化。[1]执行措施是TRIPs的一个重要部分,规定了知识产权保护的程序性条款。中国FTA知识产权章在这方面作了不少细化规定。

(一)边境措施

中国—韩国FTA第15.26条第1、2款在TRIPs于普通关境有关规定的基础上,增加了在自由贸易园区进口、出口、转运、存放以及在保税仓库存放侵权货物亦可适用边境措施规定的新内容。而且,该条脚注专门界定了"侵权"的范围,指出这里的侵权货物不仅包括假冒商标货物和盗版货物,且根据缔约方法律法规,还可包括侵犯专利权、植物多样性、已注册的外观设计或地理标志权利的货物。相比之下,TRIPs第51条只规定了对盗版或假冒商标的进口货物的强制性义务,而对于侵犯其他知识产权的货物以及意图从本国出口的货物,该条

---

① 刘彬:《论中国自由贸易协定的"超TRIPs"义务新实践》,《厦门大学学报(哲学社会科学版)》2016年第5期,第70—79页。

只规定了选择性义务。中国—瑞士 FTA 知识产权章涉及边境措施的第 11.16 条第 1 款与中国—韩国 FTA 类似,也规定了强制性义务要求,同样适用于出口行为。但这些对中国并无不利影响,因为中国知识产权边境措施制度原本就对货物进出口实行双向保护。中国—澳大利亚 FTA 关于边境措施的第 22 条第 4 款也有类似强制性要求。此外,中国—瑞士 FTA 知识产权章第 11.16 条第 2 款规定,当主管部门有正当理由怀疑进出口货物侵权时,缔约方应当允许主管部门依职权主动采取中止放行措施。这对应于 TRIPs 第 58 条,但 TRIPs 没有规定强制性义务,中国—瑞士 FTA 则明确为强制性。

(二)工业品外观设计

中国—瑞士 FTA 知识产权章节规定:"缔约双方应确保其国家法律通过规定至少 10 年的保护期给予工业品外观设计充分和有效的保护。"这与 TRIPs 是一致的,但其进一步规定:"如果工业品外观设计被认定为实用艺术作品并符合各自国内法中版权保护所需的一般条件,则缔约双方应为工业品外观设计提供版权保护。保护期限自作品创作起应不少于 25 年。"而 TRIPs 这一方面没有具体规定,而只是对摄影作品或实用艺术作品外的版权及相关权利的期限做了规定,例如 TRIPs 第 12 条保护期限规定:"除摄影作品或实用艺术作品外,只要一作品的保护期限不以自然人的生命为基础计算,则该期限自作品经授权出版的日历年年底计算即不得少于 50 年,或如果该作品在创作后 50 年内未经授权出版,则为自作品完成的日历年年底起计算的 50 年。"

第 3 节 中国已签订 FTA 的新规则评析

一、中国已签订 FTA 的新规则可行性简析

(一)与欧美主流 FTA 的一致性

环境保护方面。当前一些主流的 FTA 都包含环境相关规则。1992 年签署的包括美国、加拿大和墨西哥三国的《北美自由贸易协定》(NAFTA)是第一个明确规定有关环境保护规则的综合性贸易协定,也是第一个由两个发达国家和一个发展中国家达成的协议。NAFTA 在初始达成的主协定中并没有就环境议题单独设章讨论,但在 1993 年签署了作为主协定附属协议之一的《北美环境合作协定》(North American Agreement on Environmental Cooperation),与主协定同

时生效。

在《跨太平洋伙伴关系协定》(TPP)中,美国将环境保护视为其核心价值之一,将在亚太地区促进环境保护视为 TPP 谈判中的关键事项之一。除了环境保护的核心要求与义务外,TPP 还达成了更严格的环境保护标准。具体而言,主要包含以下环境规则:首先,成员须遵守更高标准且可执行的环境保护责任,如果成员违反相关规定的责任或义务,则相应的与环境相关的争端解决机制,应与 TPP 所规定的其他事项(如传统货物或服务贸易)的争端解决机制相同。其次,成员需承诺有效地执行本国国内的环境保护法律,以及所达成和签署的多边环境保护协定中的有关规则,并承诺不会出于鼓励贸易或吸引投资的目的,而放弃或降低环境保护法律法规中的有关责任与义务。第三,建立一种公众与政府有效沟通的机制,在这一机制下,如果公众认为成员政府违反了其应遵守的环境保护责任,则可以直接向成员政府提出申诉,并要求成员政府对相关申诉给予回应。第四,与其他贸易协定相比,TPP 在保护自然资源领域作出了新的努力,达成了关于野生动物贩卖与走私、非法伐木、非法捕鱼等保护动植物生态环境方面的新条款。

在《跨大西洋贸易与投资伙伴协议》(TTIP)中,美国试图谋求欧盟方面能够作出相应的承诺,以与美国所关注的重点和目标一致的方式,加强保护环境,包括对自然资源的保护,并应确保有效地执行各自的环境保护法律。鉴于美国和欧洲各自都执行和保持着较高的环境保护水平,美欧双方也试图通过 TTIP 在 FTA 中树立高水准的环境保护规则,以影响其他区域或多边自贸谈判中环境议题的内容和进程。[①]

可见,区域及双边 FTA 中的环境规则越来越具体和详尽,而且其要求和法律约束力也呈现出越来越强的趋势,美国、欧盟等发达国家所签署的区域或双边 FTA 大多就环境规则单独设章,它们大多具有强制约束力和较严格的惩罚机制,并且将争端解决机制和相应补偿办法纳入约束性条款。总体上来说,相对美欧发达国家,中国已签订的 FTA 环境规则薄弱了一些,但在中国与瑞士、韩国和格鲁吉亚的 FTA 中有设立独立章来专门规范"环境与贸易"的相关议题,并不断提高 FTA 中环境规则标准。

电子商务是指交易双方通过电子商务平台达成交易、进行支付结算,并通过跨境物流企业送达商品、完成交易的一种商业活动,是互联网技术与商务活动结合而形成的一种商业活动形式。

[①] 庄媛媛、卢冠锋:《环境议题新进展和中国的对策——从 WTO 规则到区域 FTA 规则的演变》,《国际经济与合作》2016 年第 2 期,第 19—22 页。

1. 海关关税及其他反歧视性措施

关税作为维护本国市场稳定的重要手段素来为各国所重视。跨境电子商务贸易不同于传统跨境贸易模式,无论是国际货款结算还是国际运输、进出口通关等都可实现完全的线上操作,这对传统方式进行海关监管与征税提出新的挑战,而针对电子商务中的数字化产品贸易的关税征收与监管问题更是在国际上争议颇多,至今仍未达成一致。

在中韩与中澳 FTA 条款中,虽然均依照 WTO 于 2013 年 12 月 7 日部长决定《关于电子商务的工作计划》第 5 条相一致的方式,维持不对双方之间的电子交易征收关税,但中澳 FTA 在条约上还是保留了对税收征收调整权利的规定。TPP 协议在第 14.3 条直接提出了"零关税"政策,美国贸易代表办公室(USTR)认为,通过禁止向数字产品征收关税,可以确保以电子形式分售的软件、音频、视频、电子书、游戏等产品不会处于不利地位。可见,中韩、中澳 FTA 在税收规定上并未与 TPP 有太大区别,只是在条约中赋予缔约双方更多的税收规定自主权,这也符合贸易自由化的发展趋势。

2. 消费者权益的保护

随着中国市场经济体制的逐步完善,市场竞争日益激烈,以消费者为中心已经成为当代市场竞争中生存的基本法则。而跨境电子商务通过网络平台实现了商业洽谈、下单、合同签订、支付结算等缔约程序的在线化,提高了交易效率的同时,其侵权风险也大大提高,且电子商务所独有的虚拟性与无形性,使得消费者的权益维护比实体消费更为艰难。因此,加强消费者权益的保护一方面是发展电子商务的必然要求,另一方面也成为了拉动消费、提高市场竞争力的筹码之一。

中澳 FTA 规定了"网络消费者保护"条款,要求缔约方应至少以与其法律法规对其他商业形式的消费者提供的保护相当的方式,为使用电子商务的消费者提供保护。同时对个人信息保护和非应邀商业电子信息也作出相对简单的规定。而中国 2013 年新修订的《消费者权益法》对通过网络方式购买商品或服务的消费者合法权益进行了特别规定,这部法律同时包含了有关禁止对消费者实施商业欺诈或侵犯消费者隐私权、选择权的一般规定。2015 年 6 月出台的《中华人民共和国网络安全法(草案)》直接规定出售公民个人信息最高 10 倍违法所得罚款。对于非应邀电子商务信息,中国于 2015 年修订的《广告法》《中国互联网协会反垃圾邮件规范》《通信短信息服务管理规定》等均对其作出了详细的处理规定。

TPP 协定从多方面对消费者权益进行保护,包括线上消费者保护,要求缔约方重视本国消费者权益保护法,并在个人信息保护条款中明确肯定了保护电子商务用户个人信息的经济和社会价值。此外,还特别强调消费者对电子商务网络的接入和使用的选择权,同时许诺缔约方对非应邀商业电子信息(俗称垃圾信息)加强监管。

总之,随着以互联网为媒介的消费者主权时代的到来,传统的商业模式已然发生变革,消费者金融兴起,贸易导向的核心逐渐转变为以用户为中心并围绕信息价值实现网络资源配置。因此,无论是 TPP、FTA 还是中国的相关立法均秉持一致的理念,将互联网用户的权益和信息保护摆在一定的战略高度,全力保障互联网交易环境的安全。

3. 电子商务便利化措施

中韩 FTA 谨慎地规定要探求电子化文件和纸质文件具有同等法律效力的可能性,中澳 FTA 直接对实现公众文件无纸化进行鼓励和推广。但在电子认证和电子签名的法律效力认可上,中韩 FTA 与中澳 FTA 保持较为一致的规定。而中国早在 2004 年就颁布了《电子签名法》,规范电子签名的法律效力。TPP 也鼓励缔约国之间进行无纸贸易,同时承认电子认证与电子签名的效力。可见,无论是中国国内法还是中韩 FTA、中澳 FTA,均与 TPP 一样对无纸贸易、电子签名和电子认证予以认可和鼓励。可以看出,这在国际贸易的国内行政管理提高工作效率,统一认证标准方面,是目前国际电子商务发展中最成功的一个方面。

(二)与 WTO 规则的相适应性

从 1994 年开始,环境议题在 WTO 框架内得到重视,但由于发达国家和发展中国家存在较大分歧,环境规则的进展十分有限。在以美国为主导的区域 FTA 中,环境规则依然是谈判重点。目前在 WTO 框架下并没有形成对成员有强制性约束力的针对环境问题的协定,但在乌拉圭回合所达成和签署的有关协定中,已在多处涉及贸易与环境议题。①

目前 WTO 还没就电子商务达成独立的统一的标准协议,只能应用 GATT 或 GATS 相关联的规则来规范。中国—韩国、中国—澳大利亚 FTA 已经设立独立一章来规范电子商务相关议题,大致包含海关关税、电子认证和数字证书、在线数据保护、无纸贸易等条款。

(三)国际上的认同性

自然环境的恶化,特别是主要由温室气体排放而引致的全球气候变暖的趋

---

① 庄媛媛、卢冠锋:《环境议题新进展和中国的对策——从 WTO 规则到区域 FTA 规则的演变》,《国际经济与合作》2016 年第 2 期,第 19—22 页。

势,是全球面临的共同问题,对自然环境的保护也日益受到人们的关注和与支持。一部分美欧发达国家的环保主义者认为,多数发展中国家由于环境监管和要求比较宽松,环境污染的成本较低,不仅在国际贸易中构成了不公平贸易,也增加了温室气体排放或加重了其他环境污染问题。在西方发达国家的支持和推动下,WTO 于 1994 年 4 月成立了贸易与环境委员会,专门协调和处理与贸易相关的环境问题。然而,广大发展中国家与发达国家在这一问题上存在着较大分歧。

在大数据时代,随着互联网信息技术的发展,传统的贸易模式已经不能满足如今经济贸易的发展需求,电子商务在全球贸易中扮演着越来越重要的角色。根据目前交易的种类看,电子商务几乎涉及传统商务活动交易的所有商品,包括有形货物、无形货物和服务,也包括数字化的产品和服务。[①]

电子商务本身就是以一种创造性破坏的方式突破了一直以来的传统商业模式,其发展时间尚短,仍有不完善之处,各国仍需不断探索行业规范,从而引导该新兴行业健康发展。TPP 协议所承载的是美国欲书写 21 世纪规则的经济野心,对跨境电子商务的运作模式大胆突破传统,跨出了很大一步。相比之下,中国在追求稳步发展的过程中适当放宽准入门槛,在加强监管的同时为这一新兴行业预留充足的发展空间。

二、中国已签订 FTA 的新规则面临的问题

(一)标准水平与欧美主流 FTA 有些差距

环境保护方面,虽然在中国已签订的 FTA 中,中国—瑞士、中国—韩国和中国—格鲁吉亚的 FTA 设立独立章来专门规范"环境与贸易"的相关议题;但其要求、规格与 TPP、TTIP 等欧美主导的 FTA 还是有一些差距。中国目前签订的 FTA 协定中的环境与贸易条款不适用于争端解决机制。将环境条款纳入 FTA 已经是重要的趋势,TPP 建立了以区域贸易协定来处理缔约国国内环境问题的新范本。此外,在对外 FTA 中设置相对较高标准的环境保护章节能否取到实质的保护仍然存在疑问;因为相关法律法规的执行能力薄弱,很多法律形同虚设,对控制污染基本没有起到应有的作用。

TPP 协议在第 14.3 条直接提出了"零关税"政策,禁止向数字产品征收关

---

① 陈筱璇:《TPP 协议电子商务章节分析与解读——同中国现行法和 FTA 的相关规定进行对比》,《公民与法(法学版)》2016 年第 8 期,第 37—40 页。

税,此外,TPP 进一步强调数字产品的非歧视性待遇。而中国目前尚未有直接针对跨境电商贸易制定的关税政策。

(二)侧重点与欧美主流 FTA 存在一些偏差

跨境数据流动这一概念由经合组织在 20 世纪 70 年代提出,具体是指点对点的跨越国家、政治疆界的数字化数据传递。"确保全球信息和数据自由流动"被认为是 TPP 协定中最大胆和最具抱负的一项规则。TPP 规定,除非是为实现合法公共政策目标,当通过电子方式跨境传输信息是为涵盖的人执行其业务时,缔约方应允许此跨境传输,包括个人信息。且不得以构成任意或不合理歧视的方式适用,或对贸易构成变相限制,不对信息传输施加超出现实目标所需要的限制。可见,TPP 通过明文规定强制要求缔约国之间的信息和数据流动尽量减少不必要的约束,以防止成员国出现随意屏蔽网站等不合理的限制,充分保证数据信息传输交流的便捷性。

相比 TPP 协议所主张的信息数据流动化和自由化,中国更加强调国家互联网的主权意识。早在 2010 年中国国务院发表的首份《中国互联网状况》白皮书中,中国就宣示了自己的"互联网主权"(internet sovereignty),认为互联网是国家重要基础设施,中国境内的互联网属于中国主权管辖范围,中国的互联网主权应受到尊重和维护。2015 年出台的《网络安全法(草案)》的立法宗旨也是以制度建设提高国家网络安全保障能力,掌握网络空间治理和规则制定方面的主动权,切实维护国家网络空间主权、安全和发展利益。它还进一步要求关键信息基础设施的网络运营者在境内储存公民个人信息等重要数据,确需在境外存储或者向境外组织或个人提供的,应当按照规定进行安全评估。可以说,相对于 TPP 主张的"自由化、全球化"理念,中国更强调互联网的秩序化和安全性保障,因此对于信息数据传输的开放程度较为慎重。[①]

三、中国已签订 FTA 的新规则的初步展望

虽然中国已签订 FTA 涉及了环境保护、电子商务方面的条款,但与欧美发达国家主流 FTA(TPP、TTIP 等)在高标准、高要求、高规格方面有不小的差距。而且,美国为首的发达国家一直想主导、引领国际经济贸易新规则,掌握最高的话语权。中国贸易投资新规则在向欧美看齐的同时,也需要考虑自身经济发展

---

① 陈筱璇:《TPP 协议电子商务章节分析与解读——同中国现行法和 FTA 的相关规定进行对比》,《公民与法(法学版)》2016 年第 8 期,第 37—40 页。

水平。环境保护规则方面,应重视并积极开展 FTA 环境议题的影响评估。欧美等发达经济体在签署双边或区域 FTA 之前与之后,一般都会开展详细的环境评估。在签署 FTA 之前会预估有关环境规则可能产生的影响,在 FTA 签署之后,则定期或不定期地检验环境议题带来的实际影响。在这方面,中国应借鉴欧美等发达经济体的经验,重视并积极开展对包含环境规则的 FTA 签署前后的环境影响评估。在对外开展环境议题谈判时,中国应与其他发展中国家一道,合理要求发达国家在有关环境保护技术和能力方面加大对发展中国家的支持和援助力度,争取将环境保护技术援助与相关能力建设作为发展中国家执行更严格环境保护标准的先决条件及发达国家的必要义务。

在电子商务跨境数据和信息流动方面,中国更强调互联网的秩序化和安全性保障,以及 TPP 主张的"自由化、全球化"理念。这两方面都比较重要,未来更多的是尝试在两者之间进行很好的平衡。

>>>

【思考题】

1. 中国已签订的 FTA 中的哪些规则内容是 WTO 所没有的?

2. 中国已签订的 FTA 中的哪些规定丰富着 WTO 的相关规则?

3. 中国已签订的 FTA 中的哪些新条款有可能被未来主流贸易投资规则协议所采纳?

4. 中国—澳大利亚 FTA 中服务贸易协议部分,澳方采取的负面清单的方式;中国未来 FTA 中是否也可以尝试采取负面清单的方式?

后 记

>>>

近年来,构筑新国际贸易投资规则体系一直是国际经济学界十分关注和讨论甚广的热门话题。这种局面的出现,主要基于两方面原因。一方面,随着经济全球化的日益深化,国际贸易活动不断涌现出新的业态、种类和方式,导致现行的多边贸易规则体系已经难以满足客观的需要。现行多边贸易规则体系必须变革与创新,这已是大势所趋。另一方面,由于国际经济力量的此长彼消,以美国为代表的发达国家以往那种主导国际经贸规则的垄断地位亦不复存在。于是,它们转而采取迂回包围战术,试图通过尽快建立新国际贸易投资规则体系,来重新占领全球经贸规则的制高点和主导权,并把中国等新兴经济体彻底边缘化。所以,新国际经贸规则体系即将形成,实际上已经成为国际社会的一种共识。

就实际状况而言,新国际贸易投资规则体系目前尚未真正形成,它还处于一个广泛酝酿和逐步成熟的过程之中。可是,鉴于国际经贸规则的极端重要性,各国都迫切需要尽快地了解和把握这个即将出现的新规则体系的基本框架和主要内容,以便自己在构建这个新国际规则体系的过程中拥有足够的话语权,并相应地及时变革国内经济体制、政策和基本做法,以利于在日后的国际经贸格局里能够占据主动有利的制高点和战略位置。何况,对于中国这个新兴经济体来说,这还有着另一层重大的意义,即真正确立自身在今后世界经济格局中的战略地位。因此,全面且深入地研究和分析这个新规则体系的基本框架、主要内容和实际可行性,理应成为中国国际经济学界当前的一项重大使命。

正是在这种使命感的驱动下,上海对外经贸大学国际经贸学院领导十分重视有关新国际贸易投资规则的教学与科研工作,并于 2016 年年中决定:在原先讲述 WTO 规则体系课程的基础上,再分别对本科生和研究生增设一门关于新国际贸易投资规则的专业课程;编著一本讲述新国际贸易投资规则的教材。在院领导的直接组织和大力指导下,本编写组历经将近两年时间,广泛收集资料,认真研读有关文献,反复琢磨思考和相互交流,又各自数易其稿(最多的曾经修改六稿),终于形成了这本专门阐述和前瞻新国际贸易投资规则的教材。

本书共有 10 章。第 1 章是总论,尤其阐述了新规则体系的一些重要方面以及对于中国的影响。第 2 章主要展望了新规则体系的基本框架,不过没有涉及它的运作机制。第3章探析了 WTO 体系中可能被新规则承袭的和必须修改变革的规则内容。第4至第10章分别对北美自由贸易协定、欧盟条约、TPP、TTIP、RCEP、诸边服务贸易协定以及中国与他国双边协定作了具体探析,力图从中挖掘出值得被新规则体系吸收的可行的相关规则。

应该说,本书还具有一些自己的特点和新意。例如,关于新规则体系的重要特征、形成渠道、制约因素和多边博弈,关于新规则体系的基本框架,关于 WTO 规则的一些优点与疏漏之处,关于北美自由贸易协定、欧盟条约、TPP、TTIP、RCEP、诸边服务贸易协定以及中国与他国双边协定中的规则亮点及其可行性,本书基本上都有一些新鲜阐述甚至独特见解。细心的读者可以从中窥见到编著者为此进行的艰苦劳动。

本书的框架结构和各章论述内容由石士钧教授确定和审核,而各章的文字润色修改工作则由宾建成教授负责。各章的具体撰写者分别是:第1章至第3章,石士钧;第4章,文娟;第5章,张运婷;第6章,殷敏、孙晓昱;第7章,张运婷;第8章,宾建成;第9章,杨希燕;第10章,何武。诚然,全书出现的疏漏和差错当由两位主编承担责任。

必须指出,本书有些论述内容尚无正式出台的协议文件可循,资料收集十分不易,而全书阐述更是带有前瞻或预测的性质。不难看出,本书的撰写难度明显要高于一般教材的编著,同时,它几乎注定会出现更多的错误、偏差和疏漏。因此,我们特别欢迎诸多同仁和各位读者不吝赐教,多提宝贵的批评意见和修改建议。我们衷心希望本书第二版的阐述分析能够更加全面、深入和富于时代性,力求为中国对外经济的蓬勃发展略尽绵薄之力。

石士钧

2018 年 8 月 18 日

图书在版编目(CIP)数据

新编国际贸易投资规则教程/石士钧,宾建成主编.
—上海:格致出版社:上海人民出版社,2018.10
(高等院校国际经贸类教材系列)
ISBN 978 - 7 - 5432 - 2929 - 7

Ⅰ.①新… Ⅱ.①石…②宾… Ⅲ.①国际贸易-高
等学校-教材 ②国际投资-规则-高等学校-教材 Ⅳ.
①F74 ②F831.6

中国版本图书馆 CIP 数据核字(2018)第 221977 号

责任编辑　贺俊逸
封面设计　钱宇辰

高等院校国际经贸类教材系列
新编国际贸易投资规则教程
石士钧　宾建成 主编

出　　版　格致出版社
　　　　　上海人民出版社
　　　　　(200001　上海福建中路 193 号)
发　　行　上海人民出版社发行中心
印　　刷　苏州望电印刷有限公司
开　　本　787×1092　1/16
印　　张　18.75
插　　页　1
字　　数　332,000
版　　次　2018 年 10 月第 1 版
印　　次　2018 年 10 月第 1 次印刷
ISBN 978 - 7 - 5432 - 2929 - 7/F・1164
定　　价　52.00 元